华东政法大学
课程和教材建设委员会

主　任　何勤华
副主任　杜志淳　王立民　顾功耘　叶　青
委　员　刘宪权　张梓太　王虎华　杨正鸣　宣文俊
　　　　　王嘉禔　张明军　岳川夫　徐永康　穆国舫
　　　　　苏惠渔　游　伟　肖建国　刘丹华　殷啸虎
　　　　　林燕萍　何　萍

新闻传播学系列教材

中国新闻传播史

ZHONGGUO XINWEN CHUANBOSHI

杨师群 ◎著

北京大学出版社
PEKING UNIVERSITY PRESS

华东政法大学
新闻传播学系列教材编委会

主 任 岳川夫
委 员 沈济时　范玉吉　林　凌　巢立明

前　言

1644年,英国人弥尔顿发表了著名的演说辞《论出版自由》。他第一次明确提出,言论出版自由是人的一切权利中最重要的权利,因为人在接受智慧方面有"知"的基本权利,书报检查制度是有害的。1859年,英国人穆勒出版了名著《论自由》。他提出,每个人在意识形态领域,都应享有良心的自由、思想的自由、发表意见的自由。他总结了法国革命的经验教训,提醒人们注意防范"多数人的暴虐",保护少数人的权益。"假定全体人类都执有一种意见,而仅仅一人执有相反的意见,这时,人类要使那一人沉默并不比那一人要使人类沉默更为正当。"他指出,专制统治使人民不敢说话,使思想家不敢秉笔直言,精神奴役的最大危害莫过于思想枯萎、智力下降、精神怯懦,所以倡导精神与言论自由主要是为了产生智力活跃的人民,这样的社会才会有真正的创造力。

1842年,马克思在《评普鲁士最近的书报检查令》一文中说:"你们赞美大自然悦人心目的千变万化和无穷无尽的丰富宝藏,你们并不要求玫瑰花和紫罗兰散发同样的芳香,但你们为什么却要求世界上最丰富的东西——精神只能有一种存在方式呢?……每一滴露水在太阳的照耀下都闪耀着无穷无尽的色彩。但是精神的太阳,无论它照耀着多少个体,无论它照耀着什么事物,却只准产生一种色彩,就是官方的色彩!"[1]他表达了对当局新闻管制的强烈不满。他在《第六届莱茵省议会的辩论(第一篇论文)》一文中强调:"没有新闻出版自由,其他一切自由都会成为泡影。"[2]同时,恩格斯这样告诉我们:"每个人都可以不经国家事先许可自由无阻地发表自己的意见,这也就是出版自由。"[3]可以说,马克思与恩格斯一生都在为新闻自由而奋斗,反对限制思想的文化专制,要求拥有基于精神太阳照耀下无穷无尽的、千变万化的个体化表达思想自由的个人权利。

"自由"是人权中最重要和最基本的理念,或者说人的本质就是自由,它与

---

[1] 《马克思恩格斯全集》第1卷,人民出版社1956年版,第7页。
[2] 《马克思恩格斯选集》第1卷,人民出版社1995年版,第201页。
[3] 《马克思恩格斯全集》第1卷,人民出版社1956年版,第695页。

法律的根本精神是一致的。由是观之,世界历史的发展进程也就是人的这种自由本质的实现过程,世界历史的最终目的就是要实现一切人的自由。马克思曾经指出:"法典就是人民自由的圣经。"①《共产党宣言》也是这样提出其理想社会的蓝图:"代替那存在着阶级和阶级对立的资产阶级旧社会的,将是这样一个联合体,在那里,每个人的自由发展是一切人的自由发展的条件。"法国作家夏多布里昂说过:"没有新闻自由,就不可能有民主政府。"新闻自由是公民权利的重要保障。陈力丹在《谈谈"绝对的出版自由"问题》一文中理直气壮地论证了"资本主义民主制度下绝对的出版自由是常规",指出:"要求在中国公开宣布没有绝对的出版自由,只实行有限制的出版自由,并以此为自豪,这在理论上是愚蠢的,在策略上也是缺乏政治头脑的。"②然而,这些基本理念在中国尚未得到充分的重视。

历史研究与新闻报道的魅力在于用变焦镜头对准某一时期的某一事件,以不同的尺度、从不同的层面观察,进行深入的剖析。历史的实在性在于不断改变焦距时看到的各种景象的综合。新闻报道也同样如此,单方面的一种观点的解说,绝得不出真实的结论。同时,任何一个有价值的见解的形成,应该是通过不受限制的各种思想的辩论,而不是只听取单方面的意见。由此可知,只有在思想自由、文化多元的开放型社会中,人们在各种思想观点的参照比较中作出理性的选择,才能有成效地推动社会的进步。一些重要的思想知识的进步,往往都要靠独立思考,不受主流思潮的影响。在像服从上帝的意志那样服从某个人或多数人意志的地方,这种对真理探索的科学态度是不可能存在的。

然而,翻开有关的历史,目睹以往的脚步,呈现的却是那么多的苦涩与无奈:中国的新闻之路走得极其艰难、坎坷。首先是先天不足,中国古代信息传播基本由朝廷和官府垄断,官文书、官报占据着绝对主导的地位,新闻检查的严格控制使社会信息闭塞、思维活动僵滞,所谓的"民报"也只是"官报"的翻版,民间非法小报实在微不足道。古代新闻传播的狭隘传统,在一定程度上造成了近代社会的愚昧落后。近代报刊业完全由外国传教士开创,中国人这才逐渐知道新闻传播应该是怎么回事。随着维新运动的兴起,国内近代报刊业才出现一些高潮。但是,好景不长,随着百日维新的失败,改良派和革命派的报刊只有到国外寻求发展。直到清末被迫"立宪",实行新政,国内新闻传播业才得以再次繁荣。辛亥革命后,新闻界很快又遭遇袁世凯的"癸丑报灾"及其他军阀的一些压制。期间,包括新闻界工作者在内的资产阶级激进民主主义者进行了顽强的抗争,演绎

---

① 《马克思恩格斯全集》第 1 卷,人民出版社 1956 年版,第 71 页。
② 《陈力丹自选集》,复旦大学出版社 2004 年版,第 132—134 页。

出极为壮观的新文化运动。国民革命后,国民党又搞一党专政,企图用一个主义、一个党、一个领袖统领新闻传播领域。新中国成立后,新闻界的发展依旧步履蹒跚,跌跌撞撞,没有一个正常的运作体制,从反右运动至"文革"的十年浩劫,媒体的舆论监督功能几乎丧失殆尽。改革开放以来,中国新闻界重新整顿,虽略显生机,但问题依然不少。中国新闻界需要对自己的历史进行深刻反省,认真总结。

笔者在为本校新闻专业学生教授中国新闻史课程的数年时间里,选用过好几种权威的教材,也参考过许多有关的教辅用书,然而都不能令人满意,总体上缺乏一种开拓性的、多角度的、多层面的研讨氛围,大都是用一种几乎众口一词的教条在说教。所以,笔者决心自己啃一啃这块硬骨头,希望能实事求是地多方位叙述中国新闻事业的发展历程。笔者广泛搜集材料,努力深入挖掘,并注意论说逻辑清晰,坚持学术个性,用了三四年的时间完成这本教材。因为许多方面材料的搜集如今已相当困难,对一些新闻史实的客观评判也不可能一蹴而就,教材中有许多内容仍需不时进行修改、补充。希望同行、专家们能不吝赐教,提出中肯的批评意见,使本教材在今后的修改中能更上一层楼,以为中国的新闻教育事业贡献绵薄之力。

杨师群

2007 年 3 月于华东政法大学

目 录

第一章 中国古代的新闻传播活动 …………………………………… (1)
    一、先秦时期的信息记载与传播 ………………………………… (1)
    二、汉魏时期的官报与信息传播 ………………………………… (4)
    三、唐代官报与信息传播 ………………………………………… (6)
    四、宋代报业及相关制度 ………………………………………… (8)
    五、元代的信息传播活动 ………………………………………… (11)
    六、明代报业及有关制度 ………………………………………… (12)
    七、清代中期前的报业与制度 …………………………………… (15)
    八、中国古代新闻传播的特点 …………………………………… (18)

第二章 晚清洋人创办中文报刊 ……………………………………… (23)
    一、在南洋开创中文报刊 ………………………………………… (23)
    二、在中国南部发展新闻报业 …………………………………… (26)
    三、上海外国人报业的崛起 ……………………………………… (30)
    四、在华外报网的逐渐形成 ……………………………………… (35)
    五、有关的文化评价与探讨 ……………………………………… (37)

第三章 国人办报与维新运动 ………………………………………… (42)
    一、从译报跨越到办报 …………………………………………… (42)
    二、王韬与香港《循环日报》 …………………………………… (44)
    三、精英新闻思想剖析 …………………………………………… (47)
    四、报业实际运作之概况 ………………………………………… (51)
    五、维新运动与首次办报高潮 …………………………………… (53)
    六、维新名人与报业贡献 ………………………………………… (57)

第四章　改良与革命的二重奏……………………………………（61）
　　一、改良派在境外的办报活动…………………………………（61）
　　二、国内改良派报刊浏览………………………………………（64）
　　三、革命报刊在海外的发展……………………………………（68）
　　四、国内革命派报刊的苦斗……………………………………（71）
　　五、两派论战与第二次办报高潮………………………………（74）
　　六、改良派的新闻报刊思想……………………………………（77）
　　七、革命派的新闻报刊思想……………………………………（78）

第五章　清末官报与新闻法制……………………………………（81）
　　一、晚清官报与政治信息流通…………………………………（81）
　　二、从戊戌变法到宣布"新政"…………………………………（83）
　　三、清廷迫害报人有关案例……………………………………（86）
　　四、清末新闻法制进程简介……………………………………（89）
　　五、清末新闻法制的一些特点…………………………………（92）
　　六、新闻报人反抗斗争诸例……………………………………（96）

第六章　民国初期新闻业的波折…………………………………（100）
　　一、初年的短暂繁荣与党报堕落………………………………（100）
　　二、袁世凯对新闻事业的摧残…………………………………（106）
　　三、民初三大名记者……………………………………………（109）
　　四、北洋政府新闻法制状况的紊乱……………………………（111）
　　五、新闻界的顽强抗争…………………………………………（114）
　　六、通讯广播与私营报业………………………………………（117）

第七章　新文化运动与新闻报刊…………………………………（121）
　　一、社会背景的有关分析………………………………………（121）
　　二、陈独秀与《新青年》………………………………………（123）
　　三、《每周评论》与李大钊……………………………………（125）
　　四、胡适及其有关报刊…………………………………………（127）
　　五、《现代评论》与现代评论派………………………………（129）
　　六、其他主要报刊与观点争论…………………………………（130）
　　七、新闻学研究与教育的开端…………………………………（133）

八、新闻界名记者画像……………………………………………（136）
　　九、主要成就与思想局限……………………………………………（140）

第八章　革命新闻事业的开端与挫折……………………………（144）
　　一、共产党成立前的有关报刊………………………………………（144）
　　二、共产党成立初期的革命报刊……………………………………（147）
　　三、大革命时期国民党的新闻报刊…………………………………（149）
　　四、中共党团报刊体系的建立………………………………………（153）
　　五、进步报刊与工农群众运动………………………………………（156）
　　六、蒋介石反革命政变前后…………………………………………（159）

第九章　国民党统治早期新闻业…………………………………（163）
　　一、国民党新闻宣传系统……………………………………………（163）
　　二、国民党新闻统制政策与立法……………………………………（165）
　　三、共产党报刊及左翼新闻活动……………………………………（169）
　　四、史量才和《申报》………………………………………………（172）
　　五、《大公报》及其办报方针………………………………………（175）
　　六、成舍我与《民生报》、《立报》………………………………（178）
　　七、自由主义诸刊物…………………………………………………（180）
　　八、陈铭德、邓季惺与《新民报》…………………………………（182）
　　九、邹韬奋与《生活》周刊…………………………………………（184）
　　十、新闻学教育事业的发展…………………………………………（185）
　　十一、新闻业其他相关概况…………………………………………（187）
　　十二、记者节与"新生事件"…………………………………………（188）
　　十三、新闻业发展的有关分析………………………………………（190）

第十章　抗日战争时期的磨炼……………………………………（194）
　　一、抗战时新闻界概况………………………………………………（194）
　　二、获新闻奖的《大公报》…………………………………………（198）
　　三、精彩纷呈的《新民报》…………………………………………（200）
　　四、《新华日报》及其民主自由精神………………………………（202）
　　五、中共根据地的新闻事业…………………………………………（206）
　　六、沦陷区的新闻界概况……………………………………………（209）

七、外国新闻工作者在中国……………………………………（213）

第十一章　解放战争时期的概况……………………………………（217）
　　一、国民党新闻业的膨胀与瓦解………………………………（217）
　　二、《大公报》的最后风采………………………………………（219）
　　三、储安平的《客观》和《观察》周刊…………………………（222）
　　四、自由主义的《世纪评论》……………………………………（225）
　　五、《新民报》的顽强抗争………………………………………（226）
　　六、其他民主报刊简介…………………………………………（228）
　　七、共产党在国统区的新闻宣传………………………………（231）
　　八、共产党解放区的新闻事业…………………………………（234）
　　九、新闻界抗争与国民党迫害…………………………………（236）

第十二章　中华人民共和国早期……………………………………（240）
　　一、解放初期的调整布局………………………………………（240）
　　二、社会主义的思想改造历程…………………………………（245）
　　三、1957年反右运动中的新闻界………………………………（250）
　　四、1958年"大跃进"的荒诞岁月………………………………（257）
　　五、新闻事业的波动时期………………………………………（262）

第十三章　"文化大革命"时期………………………………………（266）
　　一、发动初期与新闻界…………………………………………（266）
　　二、个人崇拜的狂热宣传………………………………………（268）
　　三、夺权斗争与一月风暴………………………………………（271）
　　四、"文革"小报的兴衰始末……………………………………（275）
　　五、继续革命的混沌路程………………………………………（277）
　　六、十年浩劫的悲凉尾声………………………………………（280）

第十四章　改革开放初期风云………………………………………（284）
　　一、思想观念的艰难转折………………………………………（284）
　　二、《中国青年》复刊风波………………………………………（288）
　　三、气象万千的早春时节………………………………………（290）
　　四、风风雨雨的20世纪80年代………………………………（294）

五、探索前进的新闻传播业……………………………………（298）
　　六、管理体制与存在问题…………………………………………（301）

第十五章　香港、澳门地区概述……………………………………（303）
　　一、香港早期新闻业的开拓………………………………………（303）
　　二、香港中文报刊的发展…………………………………………（305）
　　三、中资与台资对峙时期…………………………………………（309）
　　四、香港新闻界几大事件…………………………………………（312）
　　五、回归前后的香港报业…………………………………………（315）
　　六、通讯、电台、电视诸业………………………………………（317）
　　七、新闻媒体管理及新闻教育……………………………………（319）
　　八、澳门新闻传播述略……………………………………………（320）
　　九、港澳新闻传媒的特点…………………………………………（322）

第十六章　宝岛台湾新闻简史………………………………………（325）
　　一、早期新闻报业的发展轨迹……………………………………（325）
　　二、国民党退守台湾初期…………………………………………（327）
　　三、严厉控制与奋力反抗的较量…………………………………（331）
　　四、雷震与《自由中国》案………………………………………（333）
　　五、《文星》李敖案与柏杨案……………………………………（338）
　　六、20世纪70—80年代的转型期…………………………………（341）
　　七、现代台湾新闻传播格局………………………………………（345）

第一章　中国古代的新闻传播活动

中国古代的新闻传播活动,主要是围绕"官报"的产生与运作的一些话题。所谓的"民报"也主要是"官报"的翻版,民间非法小报实在微不足道。需要强调的是,中国古代官报与近代新闻报业存在着质的区别,不能混为一谈。

一、先秦时期的信息记载与传播

远古人类交流信息主要靠语言和符号,用语言叙述传播较为复杂的事情,用打手势、喊叫等方式传递简易消息,如北京周口店发现的山顶洞人使用过的经过加工的海蚶壳,青海民和县阳山遗址出土的新石器时代的陶制喇叭筒等。为了将信息传播得更远、更久,人们开始将自己的经验和知识用便于记忆的语言编成歌谣、口诀,一些生动的故事代代相传,便成为传说。当然,随着时间的推移,故事会走样而失实。同时,人们又摸索出一些便于记忆和传递的新方法,如结绳、击物、标识、雕刻、图画、符号、书契等,这样便逐渐产生了文字,由口头信息过渡到手写信息。

从殷墟甲骨文中可以发现几种原始的通讯方法:(1)击鼓报警。《甲骨文合集》第6057号片记载中出现的一个从"女"或从"人"跽跪守"鼓"的字样,可能就是击鼓报警方法,后发展出用旗鼓指挥进退,主要用在军队中发号施令。《孙子兵法》曰:"言不相闻,故为金鼓;视不相见,故为旌旗。"(2)远程呼告。《甲骨文合集》第6068号片记载:"长友化乎告曰:工方征于我奠丰,七月。"即长友化(部族或人名)呼喊报告:工方(北边敌国)在七月侵犯了我边地奠丰。一种军事情报远程接力传呼告急系统在当时可能已经趋于形成。(3)刻骨传告。《甲骨文合集》第20576号片记载:"庚申卜贞,雀无祸,南土骨告事?"即庚申日占卜询问:雀(部族或首领名)没有祸,南方骨告何事?这"骨告"或许是把事情刻写在甲骨上进行消息传递。如果这一估计不错,商代可能已出现了原始简明的文字通讯。《尚书·多士》记载,周公曾对商代遗民训话说:"惟尔知,惟殷先人有册有典,殷革夏命。"这说明商代已有记事典册。

烽燧报警的方法大约也产生于商代,到西周时已普遍用于边防,《史记·周本纪·魏公子传》载有周幽王和魏国信陵君使用烽烟报警的故事。当时还有一种特殊的传播媒介——木铎。《左传·襄公十四年》师旷引《尚书·夏书》称:"每岁孟春,遒人以木铎徇于路。"杜预注:"遒人,行令之官也。木铎,木舌金铃。徇于路,求路谣之言也。"即夏商时代有一种被称为"遒人"的官员,春天巡行各地,手摇木铎,既宣达政令,也聆听搜集各处的民情传言。近代个别报纸曾以"木铎"作为自己的注册商标,就是这个缘故。

商代除甲骨记事外(主要用于占卜),开始在青铜器上刻铸文字,此风后盛行于周代。金文记事多用于记录帝王诏令或帝王与贵族的有关重要事项,以传后代。至春秋时期,郑国"铸刑书",晋国"铸刑鼎",一般史书定性为公布成文法,其实是以此公布和传播国家法律。

史官的源头是巫、卜,史官记事制度到周代已渐趋完备,即所谓"左史记言,右史记事"。春秋战国时期,以竹简、木牍和缣帛作为文字载体,毛笔也早已作为书写工具。《春秋》这本鲁国编年大事记,相传是孔子根据鲁国史官的记载整理编辑而成,其文字简明扼要,且含褒贬之意,近似今天的新闻标题或导语。此外,其中还有官府对民间诗歌的采集活动,有一定的采访性质。《汉书·艺文志》载:"古有采诗之官,王者所以观风俗,知得失,自考正也。孔子纯取周诗,上采殷,下取鲁,凡三百五篇。"《诗经》中"国风"之大半,当采自民间。

有学者断言:"史官也正是当时的新闻记者……他们那时所记载下来的新闻就成了不可改变的历史记录。"[①]话似乎不无道理,然而记者记事是为了传播各种新闻,让百姓了解时事国情,而史官所记国事究竟在当时能在多大程度上得以传播,却存在一定的问题,后人得以见到的许多史事应有其传播的成分,但其传播面在当时是相当狭窄的,更重要的是史官记事的目的在于为统治者树碑立传和作为国家的档案记录;而采诗官把各地民歌提供给帝王,主要是让帝王从不同侧面了解民情,以稳固统治,虽然同时也丰富了相关的文化生活,传播了一些民意与民风,但却并不是为了传播时事新闻,让百姓了解国情。所以,史官、采诗官与新闻记者存在着本质上的差异。虽然当代史与新闻很难划分,但是史官与记者的职能基本不同,将其混为一谈是不足取的。

一般认为,中国古代史官记事有直笔的传统美德,以下举春秋时期最著名的几位史官的实例:

《左传·宣公二年》载,晋灵公是位十足的暴君,不但厚敛百姓,滥杀无辜,甚至放凶狗扑咬臣属,数次派人暗杀执政大臣赵盾(宣子)。在数次苦谏不改,

---

① 甘惜分:《新闻论争三十年》,新华出版社1988年版,第294页。

且面临被暗算的境况下,赵盾只得出走。在他还未出境时,大夫赵穿杀了晋灵公。"大史书曰:'赵盾弑其君',以示于朝。宣子曰:'不然。'对曰:'子为正卿,亡不越竟,反不讨贼,非子而谁?'"对此事,孔子赞曰:"董狐,古之良史也,书法不隐。"此事中之良史董狐,博得古今一片喝彩。然而,从事实上看,并非"赵盾弑其君",而且从事理上分析,也应是灵公自取灭亡,即如此暴君实在该杀!如果董狐书"赵盾弑暴君",倒也情有可原,可惜的是其非但不肯书此"暴"字,且要求赵盾应立即返回"讨贼"。如此偏袒暴君,董狐是一个值得称赞的"良史"吗?其中原因何在?

《左传·襄公二十五年》载,齐庄公淫乐无度,大臣崔杼强娶故去的棠公之妻棠姜为妾,庄公也勾搭上棠姜,引起崔杼的怨恨,借机杀了庄公而立景公,自己为相国。"大史书曰:'崔杼弑其君。'崔子杀之。其弟嗣书,而死者二人。其弟又书,乃舍。南史氏闻大史尽死,执简以往。闻既书矣,乃还。"此事也被誉为中国古代史官不畏强暴、秉笔直书的典范。其实,真正的秉笔直书,至少应加上"庄公淫"三字。为尊者讳竟如此之早就成为中国史官之传统,问题就在于这些史官实际上已成为君主豢养的知识类家臣,从中更可见古代史官与近代记者的职能性质所存在的巨大差异。

周代邮传制度逐步形成,情报信属于国家密件。《韩非子·外储说右上》载,西周初年,太公望在齐杀二居士,"周公旦从鲁闻之,发急传而问之"。这"急传"可能是邮传初期的一种应急方式。《周礼·司徒·行夫》载,周代负责传驿事务的官员称行夫,"掌邦国传递之小事……虽道有难而不时必达"。春秋战国时期,邮传制度应较为完备。《孟子·公孙丑上》引孔子的话说:"德之流行,速于置邮而传命。"周人有"师行三十"之说,意谓部队行军每天以三十里为程,需支帐露宿。《左传·庄公三年》载:"凡师,一宿为舍。"故三十里又称一舍,"退避三舍"便由此而来。后代多沿袭此制,两驿之间一般距离为三十里。这样,传邮制度便成为两周时期传递官文书信息的主渠道,并为历代所沿袭。

春秋战国时期,群雄割据,各诸侯国往往需要发布政令或通报军情,因此都设有驿站和邮传,以方便信使往来。这一时期,处士横议,聚徒讲学,弘扬自己的学说;或周游列国,说服君王,宣传自己的政治主张;或著书立说,记载当时社会各方面的情况,提出自己的社会理想与治理方案。人们或可在乡校之类的公众场所聚会议事,或可在城镇集市中交换有关经济信息。总之,由于当时统治相对松弛,信息传播活动颇为频繁。

在岩崖上刻字,以传播信息,在周代已盛行,当时主要用于颂德和记功,以垂之久远。最典型的例子是,秦始皇统一中国后,曾经到各地巡游并多次刻石记功:在泰山刻石,到琅琊台刻石……,到处传播其歌功颂德的信息文字。他统一文字、修筑驰道等措施，为社会信息传播提供了有利的条件；而焚书坑儒、禁止私学、思想专制诸政策，也给文化发展、信息传播造成了极大的阻碍。

另一方面，在当时记载史事过程中存在着掺假问题。1923年，顾颉刚提出"层累地造成的中国古史"学说，推翻了历代相传的三皇五帝历史系统，将其还原为神话传说。其实，中国上古历史中的许多故事记载，往往把神话传说与历史事件，乃至想象杜撰混为一谈。

比如，家喻户晓的尧、舜、禹禅让故事是否为历史真实？仔细推敲，其首领推举过程中往往夹有暴力争夺的痕迹。《竹书纪年》诸古籍中有关尧、舜、禹之间残酷争夺权位斗争的记载不少，如："昔尧德衰，为舜所囚。""舜囚尧，复偃塞丹朱，使不与父相见也。""舜放尧于平阳，取之帝位。"可以说，其记载在一定程度上揭露了当时历史的真相。此外，尧舜时，鲧违帝命而被害，舜流放尧之子丹朱，益作为继位人而被禹之子启所杀等等，都可以作为当时权位斗争激烈的注脚。《孟子·万章篇》说："居尧之宫，逼尧之子，是篡也，非天与也。"《韩非子·说疑篇》说："舜逼尧，禹逼舜，汤放桀，武王伐纣，此四王者，人臣弑其君者也，而天下誉之。"可见，"舜逼尧"、"禹逼舜"诸故事在当时已很流传，应也有一定的历史依据。

再如，秦始皇生父是谁？《史记·吕不韦传》说得活龙活现，吕不韦与赵姬有孕后，再将赵姬献给子楚，子楚回秦国继承王位，后传位给子政。于是，《汉书》径称嬴政为"吕政"。由于没有旁证，明代王世贞提出两种可能：（1）是吕不韦为使自己长保富贵，故意编造；（2）是吕不韦门客骂秦始皇以泄愤，而编造此说。当然，王世贞也只是猜测。

中国古代史事记载与传播存在着许多后人的编造掺假成分，真伪难辨。

二、汉魏时期的官报与信息传播

戈公振《中国报学史》认为，西汉已有"邸报"，根据是《西汉会要》卷六十六《百官表》"大鸿胪属官有郡邸长丞"，颜师古注："主诸郡之邸在京师者也。按郡国皆有邸，所以通奏报，待朝宿也。"即各个郡国在京城都设有"通奏报"的"邸"（地方在京办事处），而"通奏报云者，传达君臣间消息之谓，即'邸报'之所由也"[①]。邸的职能是上呈章奏，下报上情，中转信息，招待来京地方官的食宿等，负责人是郡邸长丞。大鸿胪是中央政府接待边远地区和少数民族使节的主官，郡邸长丞是其属官。这说明，当时中央与地方的接待、通报诸事务融合发展。有

---

① 戈公振：《中国报学史》，上海古籍出版社2003年版，第35页。

学者指出,《汉书》中有燕王旦在封地获知都城御林军调动的情况记载,而推测其有可能从当时的"邸报"上得到了这一消息。20世纪初,英国探险家史坦因在新疆地区沙漠中发掘出一批西汉年代的官文书,内有简书的"边报"。有学者对居延汉简和敦煌汉简进行研究,发现其中抄录了不少皇帝制书和大臣奏记,总之有许多国内外的信息,认为其应具官报性质。然而,在汉代有关记载中,"邸报"并未出现,所以多数学者仍认为当时还没有建立发布官报的正常体制。

在东周应该已产生官方用正式文告发布天下的相关制度,到秦汉时已普遍使用。如秦朝末年,刘邦入关与民"约法三章",即是布告政令。西汉元狩年间(公元前122—117年),汉武帝封萧何曾孙萧庆为酂侯,为此公告全国。《汉书·萧何传》载:"武帝元狩中,复下诏御史,以酂户两千四百封何曾孙庆为酂侯,布告天下,令明知朕报萧相国德也。"这类事情也可能由中央以文件形式向地方发布。

汉代邮传已有法律制度给予一定的规范。《张家山汉简·二年律令·行书律》规定:"十里置一邮。南郡江水以南,至索南水,廿里一邮。"《汉书·平帝纪》颜师古注:"邮,行书舍也。"即邮站。汉代1里约合今180丈,就是540米。一般10里约5400米,就设一邮站。南方地区约是20里设一邮站。"北地、上、陇西,卅里一邮。地险狭不可邮者,得进退就便处。"西北地区约是30里设一邮站。地势险要处就便设邮站。"邮各具席,设井磨。吏有县官事而无仆者,邮为炊;有仆者,假器,皆给水浆。"邮站主要是为邮人或官吏提供食、宿及交通工具。"邮人行书,一日一夜行二百里。不中程半日,笞五十;过半日至盈一日,笞百;过一日,罚金二两。邮吏居界过书,弗过而留之,半日以上,罚金一两。书不当以邮行者,为送告县道,以次传行之。诸行书而毁封者,皆罚金一两。""复蜀、巴、汉中、下辨、故道及鸡中五邮,邮人勿令繇戍,毋事其户,毋租其田一顷,毋令出租、刍藁。"邮人获免田租一顷及免繇戍的待遇。

西汉发明造纸术,到东汉蔡伦加以不断改进,时称"蔡侯纸"。然而,当时造纸的数量还很有限,主要还是用笔墨书写在简、帛之上,有关文书还是难以广泛传播。清人孙毓修著《中国雕版源流考》认为:"竹帛废而纸大行,当在魏晋间矣。"从存世的文献资料和地下出土的文物看,魏晋时用得最多的还是简牍,其次是纸,最后是帛。这主要还是从成本考虑,帛的成本最高,而掌握纸张制造工艺的工匠还不多,其产量仍不能满足社会的需要。直到公元404年,东晋桓玄下令废简用纸,才开始了纸张作为主要传播载体的历史。

三国魏晋历时近二百年,军阀割据,战乱频仍,时局纷扰。诸国之间在政治、军事、经济上的交往错综复杂,诸国政治家都有强烈的信息需求,都注意搜集对方各方面的情报,十分重视有关的信息传播,因为这往往与交战双方的胜负关系密切。各国都很重视驿传网络,以便及时获得有关信息。刘备为了与魏、吴作战,曾在成都至汉中与成都至夷陵二线修了不少驿站。孙权在境内也广设驿站,史称"驿使往来,冠盖相集"。曹魏的驿站制度最为周全,曾制定过单行法《邮驿令》,驿传网络四通八达,其驿传速度可达一日300公里。所以,在《三国志》一书中,"消息"一词被使用达数十次。

魏晋南北朝时,政府广泛使用布告和露布。《三国志》和《三国会要》中经常提到以政府文告"布告天下",内容主要为行政法令,一般是在固定地点张贴。露布则是一种以流动方式传播消息的方法,主要用绢帛或木板,大多传播军事信息,或发布政治檄文,尤其是用在宣传战争胜利的时候。《封氏闻见录》卷四载:"露布,捷书之别名也。诸军破贼,则以帛书建诸竿上,兵部谓之露布。"据魏晋时期有关文献资料的记载和相关考证,当时依然没有建立发行官报的正常体制。

三、唐代官报与信息传播

迄今为止,还没有发现唐代初期有官报的记载。一般认为,古代官报发行的地方体制雏形产生于唐代中期,即"进奏院状报"的出现。9世纪初,各地节度使发展到四十几个,藩镇割据后,皆置邸于京师,或称上都留后院(简称"留邸")、上都知进奏院(简称"进奏院")。其长官称留后使或进奏官,泛称邸使或邸吏,只对派遣他们的藩镇负责而不受朝廷管辖,职掌呈递章奏、接转朝廷文书及相关事宜。柳宗元在《邠宁进奏院记》中说,其长官可以"稽疑于太宰,质政于有司",能"历闻阖,登太清,仰万乘之威而通内外之事。"可见,进奏官可了解许多朝廷政务,并可向地方传送京城的消息。为满足地方及时了解朝廷政事动态的需要,由进奏院编抄的"进奏院状报"应运而生。该状报不定期地由进奏院向地方藩镇传发,其信息大多为国家政事活动,主要是筛选朝廷的消息文告进行抄发,也有部分是进奏官们自行采集的,时间上往往要早于正式发布的朝廷官方文书。

唐人崔致远在《桂苑笔耕集》中记载了进奏院状报的许多具体内容,如朝廷改年号,册封官位爵号,与边界少数民族的通和贸易等。进奏院状报的别称、简称很多:《李义山文集》卷一《为濮阳公论皇太子表》中别称"进奏院状",《全唐文·为田神玉谢兄神功于京兆府界择葬地表》中别称"上都留后状",孟棨《本事诗》中别称"留邸状报",《旧唐书·李师古传》中别称"邸吏状",刘禹锡代杜佑所作《谢男师损等官表》中简称"状报",李德裕《会昌一品集》卷十七《论幽州事宜状》中简称"报状",杜牧《樊川集》卷十二《与人论谏书》简称"报"。这么多称呼,实指一样东西。需要注意的是,"报状"、"状报"、"状"、"报"等简称,当时也被用来泛指一些官文书或私人书信。

最有争议的文字记载是孙樵《经纬集》卷三《读开元杂报》。孙樵,字可之,一作隐之,关东(陕西关中以东)人,约生活在唐宪宗至唐僖宗时期,中过进士,担任过宣宗时期的中书舍人和僖宗时期的职方郎中诸官职。此文作于宣宗大中五年(851年),谈到前段时间他在湖北襄汉一带闲居,看到"得数十幅书,系日条事,不立首末"之杂报,内载"条布于外"的"开元政事""凡数十百条",后"及来长安,日见条报朝廷事者"。孙樵所举"杂报"中的国家政事,大都发生在开元十二年至二十三年间(724—735年),很可能就是开元年间流布于外的进奏院状报。唐时,襄汉地区隶属山南道,估计就是当时都城山南道进奏院的邸吏们传发给其地方长官的状报,或是相关抄件。也有学者认为,这"开元杂报"是当时中央朝廷所编发的政府公报性质的官报。

由于没有记载任何官报的款式和名称,也没有记载固定的刊期与报头,对于如何解释这"杂报"和"条报",新闻史界意见并不一致。有学者认为,这是一种近似于进奏院状报之类的报纸,所以中国有官报的时间不会晚于开元年间。有学者认为,这应属于开元和大中年间的政府文告,"杂报"还不能算新闻报纸,"条报"实为动词。其实,中国古代官报本身就是政府文告与新闻报纸的杂交儿,两者没有严格的界线。所以,中国古代形成的是政府文告与新闻报纸结合的一种文化传统,它对近代以后的中国社会的影响还是相当大的。

现存的唐代两份官报,是1900年在敦煌莫高窟出土的两张进奏院状报的残页,1907年前后被英籍考古学家斯坦因和法国汉学家伯希和从敦煌掠走。现藏于伦敦大英图书馆的一份,是唐僖宗光启三年(887年)前后,随驾进奏官从凤翔发给归义军节度使(在沙州)的状报,是一张长97厘米、宽28.5厘米的横条卷。全状开头部分较完整,有"进奏院状上当道"等字样,残存有60行字,后半部已佚,记载归义军所派专使在兴元、凤翔两地向朝廷要旌节的情况。现藏于巴黎国立图书馆的一份,是唐僖宗乾符五年(878)前后,驻京进奏官从长安发回归义军节度使的状报。这份进奏院状较为完整,共47行,以"上都进奏院状上当道"开头,用"年、月、日谨状"结束,报道了归义军所派贺正专使在京活动的情况。两份状报均属敦煌文物,史界称"敦煌进奏院状",它们实际是我国,也是世界上仅存的年份最早的原始报纸。

综上所述,唐代主要是出现了地方驻京办事处各自编发的保留着官文书痕迹的进奏院状报,它或在京城和地方官僚中传阅,也或在一些关心时事的各地士人中传播,然而不见有中央政府统一管理下正式向地方发行的"邸报"体系。孟棨《本事诗·情感》有"留邸状报制诰阙人"之句,《全唐诗话》中将其改为"邸报制诰阙人",后者为宋人尤袤所著,并非唐代第一手资料,估计是用了宋代概称,所以唐时并无此"邸报"之简称。

此外,唐代官方信息传播渠道还有烽燧、露布、檄文、榜文和告示等,驿站系统也覆盖全国。《唐六典·尚书兵部》载:"天下驿凡一千六百三十九。"其中,陆驿1297处,水驿260处,水陆兼驿86处。陆驿约30里一设,分七个等级。此外,士人们的书信、著述也有一定的传播手段,其中以诗作的传播范围最广、影响最大,以题壁、寄赠、传抄、唱和等方式传播,存世的唐诗在55000首以上,有姓名可考的作者不下3600人。中国最早的印刷品也出现在隋唐之际,雕版印刷到中唐已达很高水平,当时主要用来印刷佛经,而没有印刷的报纸,官报都是手抄的。

四、宋代报业及相关制度

宋初,沿唐代旧制,各路州郡在都城东京自置进奏院,最多时达二百余个。太平兴国六年(981年),朝廷对散处于都城各坊巷的进奏院进行整顿,改为中央直属,设立都进奏院,对其业务活动实行统一管理,总管天下之官报发行,隶属门下省管辖,任命监官,掌管朝廷有关号令、赏罚、书诏、章表等政事播告四方之职,即由朝廷把已经审阅核准的政府公报通过各进奏院转抄后向全国各级官府传播,名称同为进奏院"状报"、"报状"、"状"、"报",或称"邸报"、"邸吏状"、"邸吏状报"、"朝报"等。

由是,宋代建立起一套完整的中央和地方统一管理下的官报传播制度。朝廷有通进司,掌奏章案牍,一方面"具事目进呈",另一方面选择有关内容"颁布于中外"。同时,中书省检正或枢密院检详将审定后的官报内容"月以事状录付"进奏院,由进奏官"誊报天下"。神宗以后,改由分隶中书、门下两省的检正、检详两类官员负责审定。总之,宋时已形成较为完整的审稿制度,由进奏院或门下诸省的官员负责"判报",再由枢密院官员最后批准。宋初是每月,有时是每旬,后又改为每五日。《宋史·刘奉世传》载:"熙宁三年,初置枢密院诸房检详文字,以太子中允居吏房。先是,进奏院每五日具定本报状,上枢密院,然后传之四方。"经审定后的官报样本称"定本"。《宋会要辑稿·刑法二》载:"真宗大中祥符元年诏:不得非时供报朝廷事,宜令进奏官五人为保,犯者科违制之罪。"赵升《朝野类要》卷四载:"朝报,日出事宜也,每日门下后省编定,请给事判报,方行下都进奏院,报行天下。"总之,进奏院等机构在中央政府完全控制有关新闻发布权的基础上,严格审稿和编辑,对涉及灾异、军情和朝廷机密等消息,严加发布控制。

官报被概称为"邸报",始见于宋代。首次出现"邸报"一词,应是在《宋史·韩琦传》中,范仲淹写给韩琦的信中提及"顷接邸报"的有关内容,时间约为仁宗庆历二年(1042年)。此后,"邸报"在各种诗文中时有出现,成为士人对这种官报的习惯称呼。它基本从官文书的模式中分离出来,成为官方传播政事信息的重要载体。《宋会要辑稿·刑法二》载:"国朝置进奏院于京师,而诸路州郡亦各有进奏吏,凡朝廷已行之命令,已定之差除,皆以之达于四方,谓之邸报,所从久矣。"其内容大致包括:朝廷诏旨、皇帝起居、宫廷情况、官吏任免、臣僚奏章、边地战报、刑罚案件和法令条例等。邸报一般是定期发行,有"每月",或"逐旬",或"每五日"。南宋"朝报"改为每日发布,这与当时战事频繁有关。

京师进奏院状报下达至诸路的州、军、府、监,而各路、州设进奏吏再为传抄,然后传达至县以下地区。地方传抄"邸报"的特点是:不是全抄状报,往往略而不详,或会加进其他更能吸引人的内容。《宋会要辑稿·刑法二》载:仁宗时,"访闻诸州进奏官日近多撰合事端,誊报煽惑人心,将机密不合外报之事供申,今后许经开封府陈告"。这样更具新闻性,递送较快,传播更为广泛,比唐代"进奏院状"有很大改进。可见,宋代通进司、都进奏院及地方进奏吏构成一个统一而严密的传报组织系统。

《宋会要辑稿·职官二》载:"诏自今朝省及都水监司农寺等处,凡下条贯,并令进奏院募印颁降诸路,仍每年给钱一千贯,充镂板纸墨之费。"其中提及进奏院印刷经费问题,其邸报也可能部分采用雕版印刷。这样肯定会增加其发行数量,更扩大了读者的层面,不但有中央到地方的各级官吏,而且包括广大的士大夫知识分子。

宋代的驿递分步递、马递、急脚递、水递等,邸报属常程邮件,路上传递时间较长。如南宋从都城临安(今杭州)发往安徽广德需要六天,发往四川则需要一个月。宋代虽有金字牌递、摆铺递等快速邮递制度,但主要用于军事方面紧急文书的传递。

北宋末出现一种由民间经营的印刷后公开出售的假"朝报"。《宋会要辑稿·刑法二》载:"徽宗大观四年十月六日诏:近撰造事端,妄作朝报,累有约束,当定罪赏,仰开封府检举,严切差人缉捉,并进奏官密切觉察。"《靖康要录》卷十五载,靖康二年(1127年)二月十三日,"凌晨有卖朝报者,并所在各有大榜揭于通衢,云金人许推择赵氏贤者。其实奸伪之徒假此以结百官毕集也"。这与北宋末期因民族冲突而危机四伏的特殊历史条件有关。

北宋后期出现非法小报。熙宁二年(1069年),监察御史张戬奏言:"窃闻近日有奸妄小人,肆毁时政,摇动众情,传惑天下,至有矫撰敕文,印卖街市。迄下开封府严行根捉造意、雕卖之人行遣。从之。"《宋会要辑稿·刑法二》载,天圣九年(1031年)谕旨:"诏如闻诸路进奏官报状之外别录单状,三司开封府在京诸司亦有探报,妄传除改,至感中外。自今听人告捉勘罪告停,告者量与酬赏。"此类小报可能开创于进奏官的非法"单状"。南宋周麟之《海陵集》卷四载其在绍兴二十六年(1156年)上呈高宗的奏折《论禁小报》中指出:"小报者,出于进奏院,盖邸吏辈为之也。比年事之有疑似者,中外不知,邸吏辈必竞以小纸书之,飞报远近,谓之小报。"可见,进奏院官吏与其内外勾结,非法经营。《宋会要辑稿·刑法二》载,光宗绍熙四年(1193年):"比来有司防禁不严,遂有命令未行,差除未定,即时誊播,谓之小报,始自都下,传之四方。甚者凿空撰造,以无为有,流布近远,疑悟群听。""近年有所谓小报者,或是朝报未报之事,或是官员陈乞未曾施行之事,先传于外,固已不可。至有撰造命令,妄传事端,朝廷之差除,台谏百官之章奏,以无为有,传播于外。访闻有一使臣及暗门院子,专以探报此等事为生。或得于省院之漏泄,或得于街市之剽闻,又或意见之撰造,日书一纸,以出局之后,省、部、寺、监、知杂司及进奏官,悉皆传授,坐获不资之利。以先得者为功,一以传十,十以传百,以至遍达于州郡监司。人情喜新而好奇,皆以小报为先,而以朝报为常,真伪亦不复辨也。"

此时,始将小报称作"新闻"。赵升《朝野类要》卷四载:"其有所谓内探、省探、衙探之类,皆衷私小报,率有漏泄之禁,故隐而号之曰新闻。"内即大内,指宫廷;省指三省之类的中央一级政府机构;衙指寺、监、司等一般政府机关。三者包括当时朝廷所有主要部门,其中都有提供消息的"探"者。可见,小报消息灵通,来源广泛。总之,从北宋中期至南宋,由"单状"到假"朝报",直呼"小报"。开始于进奏院官吏的私自经营,发展到与民间勾结,出现"暗门院子"中"专以探报此等事为生"者,或已职业化。政治局势动乱之际,小报最为活跃,内容较为丰富,新闻性较强,既有手书抄写,也有印刷品,采用私下传售方式,或绕街叫卖,已属于商业取利性质,且传播迅速,时效性也较强;或已形成一支专业和业余结合的采编、传播队伍,读者范围也很广。

《宋会要辑稿·刑法二》载,淳熙十五年(1188年)正月诏:"近闻不逞之徒,撰造无根之语,名曰小报,传播中外,骇惑听闻。……令临安府常切觉察禁戢,勿致违戾。"各朝有关严禁小报的奏、诏不少,然而并不能有效地阻止小报的发行。这也说明小报的发行满足了一定的社会需求,得到了社会各层面的不少支持,颇有生命力。

有人提出,宋代小报应是中国古代新闻报纸的开始。小报时或也能反映民间的一些声音,客观上有舆论表达的作用。如大观四年(1110年)九月,有一份小报登载皇帝训斥蔡京的诏书曰:"前宰相蔡京,目不明而强视,耳不聪而强听,公行狡诈,行迹诏谀,内外不仁,上下无检,所以起天下之议,四海凶顽,百姓失业,远窜忠良之臣,外擢暗昧之流,不察所为,朕之过也。"后来,据说此诏书是伪造的,说明小报敢于矫御笔以抨击奸臣。绍兴七年(1137年),御史胡铨上呈奏疏,请"斩秦桧以谢天下"。对此,奸臣控制的官报自然不会刊登,而小报却全文照发。小报还详细报道了军民抗金的事迹等,以及许多官报不可能报道的情况,其新闻色彩远比官报深厚。

民间小报的出现在中国新闻史上具有重要意义,它突破了官方对国事报道的垄断和封锁,打破了官报一统天下的局面,满足了一部分士大夫知识分子对另类朝政信息的需求,这无疑是一种进步。可是,这类进步在中国往往是非法的,小报屡遭查禁,要突破法律的束缚又几无可能。同时,小报没有自己的言论,只能通过所选刊的文件和消息表达自己的政治主张。小报虽是比官报更具新闻特征的传播媒介,但其内容仍没有超出为当时的国家统治服务的性质范畴,起不到多少舆论监督的作用,往往只是官报的一种补充。

宋代的传播媒介还有榜文、檄文、告示、边报、传单、名人诗文、科举范文、名家书信、碑传铭志等,以及出自临安、福建、四川等地书肆的各种版本书籍。其中尤其值得注意的是政府发布的"榜文",公布法令和国事,其提供信息之及时,受到百姓关注之程度,都远超汉唐。如北宋末年,金军兵临城下,都城开封平均每两天出一次榜,向公众公布战况。情况最紧急时,还有过一天连续出榜数次的记录。

五、元代的信息传播活动

元代疆域辽阔,驿传制度相当发达,设有"站赤"和"急递铺"之属。《元史·兵志四·站赤》载:"盖以通达边情,布宣号令……凡站,陆则以马以牛,或以驴,或以车,而水则以舟。"计各路站赤,总约一千四百余处。《元史·兵志四·急递铺兵》载:"以达四方文书之往来……立急递站铺,每十里或十五里、二十五里,则设一铺","每铺置铺丁五人","每十铺设一邮长"。急递铺传递文字有较严格的制度,"稽滞者治罪"。

元代信息邮传制度并不比他朝逊色,却没有朝廷统一发布的官报及相关体制。迄今为止,人们还没有见到过文献中出现元代官报的相关记载,更谈不上有关实物了。元代中枢部门三省合一,有关政事信息大部分汇集于中书省,由主管官员上达于皇帝。虽也保留了"给事中"这一官职,但只记录各部门的奏闻诸事,并无"判报"职责。通政院则隶属于军事部门,也只负责驿传等事宜,没有将朝廷政事"报行天下"的任务。有关官方国事传播之职任,只在中书省设有一名正八品的低级官员,负责"出纳四方文移"。

民间雕印发卖的"小本",可能是宋代小报的延续。元代言禁很严,各类法令层出,如《元史·刑法四》载有"但降诏旨条画民间辄刻小本卖于市"的条例,所以"小本"的编印和发行都只能私下秘密进行。

元代印刷术已有相当水平，杭州、建阳、平水等地都有书籍出版，有雕版印刷者，也有活字版印刷者，或使用朱墨套色，印刷十分精美。科举方面，元代有印刷发卖新科进士名录和登门报录之类的活动。经济方面，元代甚至出现了印刷的商品广告。1985年，湖南沅陵县城郊双桥村一号元墓出土了一张潭州（今长沙）油漆作坊印发的广告，距出土墓地250公里，其传播地域已较远。可见，元代民间各类信息传播活动还是大量存在的。

包公案诸故事几乎都是元代以后民间杂剧、戏曲所编造，以此神化包公，反映当时社会盼望清官的民情。《宋史·包拯传》只载有一例"审牛舌"案，说一位农民告状，有人割掉他家耕牛的舌头，请求捉拿凶手。包公估计是仇家所为，就令农民杀牛而鬻之。这是违法行为。不久，就有人来告发农民私杀耕牛。包公断定此人为割牛舌之凶手，其善断狱讼的名声就此传开。《宋史·穆衍传》记载的一案与此惊人地相似。史界有学者提出到底此案为谁所断之疑问，因为时人没有必要为"穆衍"这样一位小人物而去抄袭《包拯传》，而反过来却颇有可能。如果此说成立，则历史上的包公几无断案之记载。总之，元代民间在以杂剧、戏曲形式创造、传播社会民情所需的文学故事方面，是相当活跃的。

六、明代报业及有关制度

明代由中央政府统一管理和发行的官报概称"邸报"，简称"邸钞"、"邸钞"、"阁钞"、"钞报"、"科抄"、"朝报"、"京报"等，或别称"除目"。除，拜官；目，条目。除目，意即官吏任命的名单目录，此为邸报的重要内容。邸报由通政司、六科编辑和发布，提塘报房抄传发送全国各地，下达至各级官吏，乃至缙绅人士。邸报是时人了解国家大事的主要来源，在明人文集记载中随处可见，可以说是当时社会上一种常见的读物，影响颇大。有人还以此作为收藏，作为修史的资料。

通政司为朱元璋明初政治体制改革的产物，是政府"大九卿"之一。《明史·职官志》载："通政使掌受内外章疏敷奏封驳之事……凡在外之题本、奏本、在京之奏本，并受之，于早朝汇而进之……有机密则不时入奏，有违误则籍而汇请。凡抄发、照驳诸司公移……月终类奏，岁终通奏。凡议大政、大狱及会推文武大臣，必参预。"通政司收受各类章奏后，根据不同内容分送有关衙门处理，"凡各科行移各衙门，俱经通政司转行"①。重要的由内阁批答后直呈皇帝裁决，然后由司礼监根据皇帝的旨意用笔批复，称为"批红"，再交还内阁，内阁根据内

---

① 《明会典》卷二一三。

容分别送交六科。通政司是帮助皇帝汇总朝政信息和流通相关情报的重要机关,直接听命于皇帝,与六部平起平坐,与六科共同编定朝报,为朝廷之喉舌,权力颇重。其长官通政使为正三品,只相当于各部的侍郎,但其人选往往由皇帝直接任命。

六科也是明代新设的监察机构。六部给事中合称六科,即在六部设七品的左、右给事中共十二人,监察六部的日常政务活动。六科先隶通政司,明成祖后成为独立的监察机构。《明史·职官志》载:"六科掌侍从、规谏、补阙、拾遗、稽查六部百司之事。凡制敕宣行,大事复奏,小事署而颁之……凡日朝,六科轮一人立殿左右,珥笔记旨……凡题、奏,日附科籍,五日一送内阁,备编纂,其诸司奉旨处分……凡大事廷议,大臣廷推,大狱廷鞫,六科皆预焉。"可见,六科级别虽不高,但权力颇重,参与朝廷的各项重大政事活动。期间,它负责记录有关内容,同时将皇帝批答的章奏分类抄出,交有关部门奉旨执行。《明会典》卷二一三载:"凡六科每日接到各衙门题奏本,逐一抄写成册,五日一送内阁,以备编纂。"六科同意发布的内容经过整理和编辑便成朝报,再转发以供邸报抄传。

明代没有地方进奏院,各省派有提塘官长驻京城,担任军情等官文书的呈递和邸报抄传下达等任务。明初提塘官在京城居无定所,中叶后开始自置馆舍,其居住和办公地通称提塘报房,简称"报房"。提塘官的工作之一是编辑汇总"塘报",其内容限于军事动态,由各军事单位交由原称为"刻期百户所"、后称为"塘"的机构传递。塘报是地方向中央上报军情的官文书,唐宋时称"边报"。提塘官的另一项重要工作是抄传邸报。沈德符《万历野获编》说:"巡抚及总兵官,俱有提塘官在京师专司邸报。"提塘官是武职,必须雇佣一批能干懂行的书手,主要从六科发布的朝报中筛选与摘抄,完成的邸报再由塘兵或通过驿站发送各地官府,就形成了邸报。所以,提塘官的工作与唐宋时的进奏官颇为接近。

各省城也有专门人员复制邸报,再分送下级官府,或再有转抄,供一般官吏和士人阅览。整个过程一般都是手抄,传抄中会出现增损和差错,往往只抄与本地相关或自己感兴趣的消息,所以邸报内容下传过程中损失颇大。邸报基本上每日发行,传抄也逐日进行。其外观如书册,页数不定,时有增减,常在三、五千字之间。万历后可能已出现雕版印刷的邸报,明末可能出现活字印刷版。顾亭林(即顾炎武)《与公肃甥书》载:"忆昔时邸报,至崇祯十一年方有活版,自此以前,并是写本。"邸报内容主要为:皇帝活动(皇恩浩荡)、皇室动态、朝廷诏谕、官员升黜、财政经济、教育科举、军事情报、社会新闻、外交往来、灾异情况等。明末东林党和宦官斗争,及南明小朝廷内部派系争斗,邸报曾被利用为政治斗争的工具。

同时,民间有人经营报房。如万历年间,"报房贾儿博锱铢之利"(于慎行

《谷山笔麈》卷十一《筹边》），社会上出现"抄报行"，因利薄而得税收减免的待遇（沈榜《宛署杂记》卷十三《铺行》），有人"送邸报为业"（《祁忠敏公日记》，崇宁五年（1106年）三月一日）。小说《醉醒石》第一回里记有明嘉靖年间存在"那些府县间抄日报的"，为地方官府的日报传抄。谢肇淛（万历年间进士）《五杂俎》卷三十"自述"言："一日看除目，三年损道心。除目，今之推升朝报也。其中升沉得丧，毁誉公私，人情世态，畔援歆羡，种种毕具。"不知被其如此评论的"朝报"具体何指？黄卓明在《中国古代报纸探源》中说它类似南宋"小报"。俞正燮《癸巳存稿》卷十四《书芦城平话后》记有"明时不全京报"，其内容为邸报之翻版。但是，明末天启间"京报"只此孤证，不能说明什么问题。

一般认为，明朝中叶后，随着社会经济和教育的发展，生活基本安定，人们有了解新闻信息的欲望，而官办邸报不能完全满足社会的需求，所以就有了民间报纸填补其空缺。政府允许民间"报房"传抄部分邸报内容，公开出售。除北京外，南京、苏州、江陵、杭州等地也有报房。民间报纸能够在竞争中生存下来，得力于它拥有优于官报的迅速传递手段，甚或直接派报子传递至家中，往往比官报要快几天；还能补充一些消息动态，报道也力求生动通畅，可读性强，吸引了许多读者。然而，民间报纸的报道也时有失实、失真、可信度不高的缺陷，引起官府与读者的不满。

明代邸报唯一保存至今的原件是《急选报》，出版于万历八年（1580年）四月二十二日，存北京国家图书馆，用雕版印刷，长宽为24.6×14.4厘米，共六页，小本状，以黄纸为封面，左上端印有加黑框的报头，内含"急选报"三个大字和"四月份"三个小字。正文部分以"吏部一本急选官员事，奉圣旨，计开"打头，以下分四栏，刊出162名官员的名单，包括姓名、籍贯和官任。《急选报》没有出版单位和发行人，纸张和印刷质量都不高，估计是民间报房抢时间草印出来的，可称为全世界最早的印刷品报纸，弥足珍贵。

另外，保存下来的还有当时人的邸报摘抄本。例如，现存台北"中央图书馆"的《万历邸钞》，共32册，1969年出版影印本。《弘光实录钞》原载于明代史料丛书《甲申传信录》，该书由南京政府的中国历史研究所编辑，其序言说："《弘光实录钞》系根据弘光朝的邸报，参以见闻的记载。"弘光是南明福王政权的年号，《弘光实录钞》主要为弘光邸钞，抄作者是思想家黄宗羲。此外，还有明人书籍附录的邸报翻印件。如收入《颂天胪笔》等书的《天变邸钞》，它是一份专门报道天启六年（1626年）北京发生的一次特大灾异事件的报纸，全文约两千字，估计并非官方发布，而是抄报人编写而临时刊发。

明代的告示、榜文等官方公报也不少。农民起义队伍中还流行竹筹、揭贴、旗报、牌报等消息传播手段。竹筹大约是一种写有紧急信息的竹签，当时白莲教

"飞竹筹,报机事,一日数百里"。揭贴类似近代的大字报,农民起义军所到一地常常采用。旗报渊源于古代的露布,由人扛旗骑马奔驰,旗上写口号、捷报或文告。牌报是用木牌记载信息进行传播,内容可以是战报、法令、檄文等。

七、清代中期前的报业与制度

清代沿袭明代的制度,官报发行主要通过通政使司、六科、提塘三个渠道。主持政事的枢纽机关是军机处,它把应抄发下达的谕旨章奏发交内阁,然后传知各衙门抄录执行。其中可以发布的内容,由通政使司汇总交由六科传抄。经由六科发抄的谕旨章奏,简称"科抄"。然后,再由各省在京所设的提塘官把科抄有关内容再抄录传报各地,形成完整的传报系统和抄送制度。《历代职官表》卷二一载,国朝定制,"谕旨及奏疏下阁者,许提塘官誊录事目,传示四方,谓之邸钞"。邸钞,或称"邸报"、"阁抄"、"京抄"、"朝报"、"京报"。

官报的抄传发行活动逐日进行,有手抄的,也有印刷的,数量不断增加。大约乾隆之后,以印刷者为多。袁栋《书隐曲说》载:"印刷之盛,莫盛于今矣。吾苏特工,其江宁本多不甚工。比有用活字板者。宋毕升为活字板,用胶泥烧成,今用木刻字,设一格于桌,取活字配定。印出,则搅和之,复配他页。大略生字少刻,而熟字多刻,以便配用。余家有活板《苏斜川集》十卷,惟字大小不划一耳。近日邸报,往往用活板配印,以便屡印屡换,乃出于不得已。即有讹谬,可以情恕也。"邸报改用活字印刷,其印数必有大增。

邸报内容往往由皇帝最后定夺。一般说来,非明降的谕旨,直接发给重臣的"廷寄",以及未经皇帝审阅批示的章奏,是不能抄发的。而能够批红下阁经过六科、提塘抄传成为官报内容的,不到全部谕旨章奏的三分之一。黄卓明《中国古代报纸探源》整理出报房编辑京报的过程:清王朝内阁在东华门外设有一个称为"抄写房"的机构,这是清廷发布"邸钞"的地方,报房每天中午派人去抄录当天发布的官文书,回去再编排出版,次晨发行。有时为了抢时间,争取读者,先将宫门抄部分印成单页,当晚发行。

提塘官分京塘、省塘两种。京塘为各省在京所设,职责为收受和转呈地方上报中央的各类公文,或收受和下达中央给本省的有关公文,以及发行邸钞。兵部还派提塘官驻扎各省省会,受各省按察使司管辖,主要负责京城和各省间的官文书传递。清初提塘就自设报房,乾隆二十一年(1756年)规定:"嗣后令各提塘公设报房,其应抄事件,亲赴六科抄录,刷印转发各省。所有在京各衙门钞报,总由公报房钞发。"(《钦定大清会典事例》卷七〇三)连在京各衙门的钞报也由报房抄发,可见报房业务繁忙。因为"邸钞"是通过提塘报房广为传播的,或有称"塘报"者。

提塘报房除发行官报外,还曾发行过小报谋利,又称小抄,刊载报房自行采录的一些消息。《东华录》卷二十二载,康熙五十三年(1714年),左都御史纳兰揆叙在奏疏中说:"近闻各省提塘及刷写报文者,除科抄外,将大小事件采听写录,名曰小报。任意捏造,骇人耳目,请饬严禁,庶好事不端之人,有所畏惧。"雍正五年(1727年),四川按察使程如丝畏罪自杀事件就是由小报引发的。程因事被参,奉旨处斩,部文到达成都之前五天,有关内容的小抄已先到达,结果程先期自缢。此事引起政府重视,雍正帝强调设法防范漏泄。康熙末年,小报开始受到政府的查禁。到雍正、乾隆二朝,又一再查处小报。乾隆后没有发现有关记载,小报可能因朝廷的严加禁止而不复存在了。

民间报房主要集中在北京。随着报业的发展,部分人可能从中分离出来,自立门户,私设报房。清代民间报房源于提塘自设的报房。报房经营人多数为低级胥吏,以刊刻抄发邸报为副业,他们与官府有一定的关系,能够得到内府发布的谕旨章奏及朝廷政事的宫门抄。此类报纸俗称"京报",也或混称"邸钞"、"邸报"。同治后,京报有较为固定的刊期、报头和形式,一般为日刊,也有两日刊、周刊,为书本式、长方形的小册子,几页到十几页不等,封面用黄纸,印有楷书"京报"二字,下面印有报房的字号,用木刻宋字体活字印刷。除零星叫卖外,京报可接受订户,每册零售大约10文,有人上门送报,还有的送往各省各地的报站。

民间报房以公慎堂为最早,国内和日本收藏有这家报房从乾隆三十五年(1770年)至嘉庆六年(1801年)间发行的邸报,它至少有30年以上的历史,是乾嘉时期最有影响的一家报房。此后至清末,仅北京一地就有聚兴、聚升、合成、杜记、集文、同文、同顺、天华、公兴、洪兴、永兴、聚恒、连升、信义等十多家字号民间报房,其中聚兴、公兴创业于咸丰年间,历史也较长。报房多时五六家,少则二三家,大都设在正阳门外大街西侧的一些小胡同里,其发行范围遍及全国,读者面也相当广泛。

京报的内容主要有三:朝廷政事动态(或称"宫门抄")、皇帝谕旨、官员奏章。此外,偶尔也有一些铨叙、科举和司法案件方面的消息。由于京报旨在赢利,实质上只是邸钞消息的翻印,自采新闻很少,更没有言论之类的内容,运作过程中一般能严格自律,遵守当局的禁令,不敢越雷池半步,所以得到统治者的默许,"所有刊发钞报,乃民间私设报房转向递送,与内阁衙门无涉"。然而,其编辑、印刷、发行业务并无法律的正式许可制度。

京报存在两种情况:(1)官报"邸钞"的别称。《东华录》所载雍正六年(1728年)二月的一道谕旨称:"提塘管理京报,设立久矣。"这显然是指官文书的"邸钞",而非民间经营的报纸。(2)"邸钞"的民间翻版,即民间报房的产品。俞正燮《癸巳存稿》有多处记载雍正、乾隆、嘉庆年间的京报。现存主要为道光、咸丰、同治、光绪、宣统年间的京报。随着社会的发展,京报一方面继承官方"邸报"的余绪,一方面开始民间的翻版和订阅,向大众传播媒介跨出了一步。这当然与近代新闻传媒有质的区别。

地方上也有多条新闻传播渠道。除省会城市外,一些大的州府也设有提塘报房,负责当地的官报发行,或经营翻印京报出售业务。北京、上海图书馆收藏有河南、四川、湖北、江西等省塘报房的这类京报。地方民间报房也有以个人名义进行经营活动的,如安徽的"卖新闻人杨世荣",江苏的"刊卖告示及捏写谕旨报单之人"胡老八、王添盛等,天津有永济、福兴公、协成信、义兴、福昌、天顺等报房。最受注意的辕门抄,是一种以报道地方官场消息为主的民间报纸。如广州、苏州等地的辕门抄,是提供地方信息的重要渠道。道光、咸丰后,京城报房多数改用民间信局从北京附近的良乡发出京报,按站雇人接递,传播速度快,发行面更广,报价较贵,称"良乡报",地方报房也同样翻印出售。清代中叶以后,一些城市还出现过随时事需要而出版的单页小报,内容往往是突发性政事新闻或及时的自然灾害消息,新闻性极强,突破了旧式官报模式,受到民众欢迎。

清代言禁极严,尽管朝廷允许民间报房存在,但是对其抄发内容限制颇多,尤其对伪造政事、御批、奏章的不实报道更是严加惩办。雍正四年(1726年),民间流传"小钞",揭露皇帝在圆明园与王公大臣们从早到晚饮酒作乐,消息严重失实。结果被雍正发现,认为是政敌有意构陷,查得出版小钞的报房经营者何遇恩、邵南山,将两人处死。这是中国新闻史上因办报获罪被杀的首例案件。乾隆年间发生的"伪传邸钞案",主犯为江西抚州卫千总卢鲁生和南昌卫守备刘时达,他们列举"五不解,十大过",反对乾隆帝南巡,并以吏部尚书孙嘉淦奏稿的名义,伪造"朱批",假借为内阁发抄的"邸钞",交给提塘传抄。这可谓利用原始形态报纸作为政治斗争工具,矛头直指最高统治者而遭到杀害的新闻传播案。此案不但主犯被凌迟处死,而且株连甚广,凡是抄发者均受牵连,处罚极重。

清代统治者也常用榜文、帖示、告示等发布和传播官方消息。随着印刷技术的发展,书籍、年画、历书、商业传单等印刷品也大量问世。其中,新闻信息汇编之类不少,如《谕折汇存》、《阁抄汇编》、《邸报全览》、《邸钞汇编》、《时事采新汇编》等,内容大多取材于京报。此外,还有以传播文学艺术信息为主的唱本、小说,以传播史事典故信息为主的笔记、文集,等等。各类有关记载中关于某些事件的误差,还是相当大的。

八、中国古代新闻传播的特点

中国古代官方邸报已有一千几百年历史,民间小报也应有千年的发展,民间京报也走过了约四百年的历程,时间都不算短了,但是从形式到内容都没有大的变化。可以说,在君主专制统治之下,新闻传播限制重重,发展缓慢。

(一)朝廷官文书、官报的信息传播方式占绝对主导地位。

从商周时的官文书开始,及至汉唐时的官报出现,官方一元化的信息主导传播方式源远流长。政治统治需要"令行禁止",一方面,谕旨章奏应叙事明白,指令清楚。南宋周麟之《论禁小报》指出:"使朝廷命令,可得而闻,不可得而测;可得而信,不可得而诈,则国体尊而民听一。"另一方面,人们对官府发布的消息,不可进一步探听其内幕,也不可进行有关的推测,只能闻而信,尊而从之。如此,方可有力地维护统治集团的利益,巩固相关的社会秩序。

这当然需要选择性地发布谕旨章奏,臣民不允许知道的消息是不能发布的。官报从它第一天问世起,就有了如何核定有关消息能否发布的功能。梁启超《戊戌政变记》第一篇第二章《新政诏书恭跋》云:"我国凡百政务,皆以诏书为凭,而诏书又分两种:一为明谕,下之于内阁,刊之于邸报,臣民共见者也;一为廷寄,亦称交片,下之于军机处,不刊于邸报,臣民不能共见者也。"各朝不能发布的、不能见于邸报的谕旨章奏、档案材料,数量还是很大的,所以不要说民众,就是士大夫们也生活在朝廷框定好的信息世界之中,对许多朝政重大事件或是一知半解,或是疑惑无知。

总之,唐至清代中央朝廷对邸报发布消息掌握的主导性原则是:有利于维护其专制统治者,就发布;反之,就不发布。这是由专制政权的性质所决定的。作为最高统治者的皇帝也十分重视邸报的影响与作用,往往对哪些旨意消息应该发布、哪些不能发布,都亲自作出决定,当时的新闻传播权已被统治者牢牢掌握。

(二)新闻检查制度与政治统治知情度之间的矛盾。

报纸检查制度逐步形成,什么消息可以报道,什么消息不能报道,什么消息需要加工改造,都已有严格规定和一定程序。唐代官报主要由中书舍人或进奏官审定。宋代官报主要由门下省编定,由进奏院抄发。宋真宗咸平二年(999年),制订了对进奏院编好的官报"定本"送枢密院等机构审查制度,经审查通过的定本才准向各地传发,不得擅自增减。这可能是最早的新闻检查制度。此后,进奏院状报中的有关内容都须"具事目呈上",由相关机构(中书省检正、枢密院检详文字或门下省等机构)审阅核定,给事中"掌读中外出纳及判后省之事",方可报行天下。《宋会要辑稿·刑法二》载,南宋绍熙四年(1193年),"朝报逐日自有门下后省定本,经由宰执始可执行"。庆历八年(1048年),秘阁校书相州杨孜上言:"欲乞下进奏院,今后唯除改差任臣僚,赏罚功过,保荐官吏,乃得通报;其余灾祥之事,不得辄以伪题亲识名衔,以报天下。如违,进奏院官吏并乞科违制之罪。从之。"哲宗元符元年(1098年)规定:"进奏官许传报常程申奏,及经尚书省已出文字,其实封文字或事干机密者,不得传报。如违,并以违制论。"可见,宋代新闻检查制度已相当详密。

明清官报由通政司、六科负责编定,塘官报房抄发,其重要政事的有关内容能否发布,往往由皇帝亲自审定。如崇祯帝一上台就宣布:"各衙门章奏,未经御览批红,不许报房抄发泄漏机密,一概私揭不许擅行抄传,违者治罪。"①《明史·王应熊传》载有崇祯时给事中何楷的奏言:"故事:奏章非发抄,外人无由闻,非奉旨,邸报不许抄传。"崇祯年间的一些奏本封皮上赫然写有皇帝手书"不应抄传"的字样,可见皇帝是当时最高的新闻检察官。② 然而,由于新闻检查过严,许多章奏不能在邸报上发表,断绝了邸报的稿源,国事四方不闻,官员士大夫很不习惯,渐生不满。明万历间,新闻检查一度相当严厉,邸报运作瘫痪,南京户部给事中段然大声疾呼:"禁科抄之报,不使誊传,一世耳聋,万年长夜。"③由于持反对意见的官员不少,崇祯帝也只好有所妥协和让步。

在全面整理明清邸报的过程中,也会看到一些揭露某些官员违法乱纪的现象,指责和攻击当朝权要的奏折,朝廷内权贵之间明争暗斗的故事,纠正某些冤假错案的报道,甚至个别指责皇帝某些言行的章疏。例如,万历年间,御史马经纶上书,委婉地指责皇帝有五大罪过,震怒的明神宗将其谪为极边杂职,再革职为民。又如,群臣与明神宗讨论立储之事,最终以礼法纲常为武器,击败了强大的皇权(神宗由是开始"消极罢工")。有学者认为,这些不利于皇帝形象的报道"居然能够出现于邸报,通达于天下。这就有力地证明:明代社会的新闻环境确实是比较宽松和舒张的,也比较开明和豁达"。"明代邸报具有较高的政治透明度,还表现在于它敢于揭露朝廷弊政和官场上的黑暗,从而起到了监督政府和官吏的作用。"④其论点很值得思考:这是有关制度"具有较高的政治透明度",还是专制政治统治的一种自行修补机制的作业?

君主专制统治需要对百官实行严格的监察,所以中国很早就出现了御史台,明清时改称"都察院"。言官的主要职责就是替皇帝监视各级官员,对其不轨行为进行上疏参劾。如果没有言官的监督与纠察,那么皇帝就完全有可能被蒙在

---

① 《天府广记》卷二四。
② 参见尹韵公:《中国明代新闻传播史》,重庆出版社1990年版,第28页。
③ 《万历邸钞》,台北1969年版影印本,第1619页。
④ 尹韵公:《中国明代新闻传播史》,重庆出版社1990年版,第78页。

鼓里,乃至危及整个王朝的管理和统治。所以,高度中央集权的统治体制离不开言官制度。这就为邸报准备了较好的编辑材料。另外,人们普遍认为,儒家礼教秩序是社会的根本价值,一个不遵守封建伦常的皇帝不是一个好的统治者,士人们要敢于上谏,纠正皇帝违反礼法之行为,以保国运之长久。所以,有一些官员甘愿赴汤蹈火,维护儒家的道统,写出批评皇帝的章疏。一方面,这是君主专制统治体制的需要,是官僚统治知情度的需要,而并非因为其制度有较高的政治透明度。另一方面,官报运作体制在抄发过程中必然会出现某种纰漏,"近日都下邸报有留中未下,先已发抄者;边塞机宜有未经奏闻,先已有传者"[①]。

实际上,新闻检查制度与政治统治知情度之间存在着难以克服的矛盾,前者是维护专制统治的基本手段,后者是专制统治自行修补机制的必需条件。这应该是专制统治下的新闻传播业必然存在的一个悖论。

(三)严格控制民间及其他各种内容与形式的新闻传播。

首先是严禁官报内部非法别录新闻进行传播取利。《宋会要辑稿·刑法二》载,北宋天圣九年(1031年)谕旨:"诏如闻诸路进奏官报状之外别录单状,三司开封府在京诸司亦有探报,妄传除改,至感中外。自今听人告捉勘罪决停,告者量与酬赏。"周麟之《论禁小报》指出:"小报者,出于进奏院,盖邸吏辈为之也。"这类小报"往往以虚为实,以无为有","眩惑众听","此于害治,虽若甚微,其实不可不察。臣愚欲望陛下深诏有司,严立罪赏,痛行禁止"。《东华录》载,康熙五十三年(1713年),有官员报告,"近闻各省提塘及刷写报文者,除科抄外,将大小事件采听录写,名曰小报",要求朝廷严加查禁。

其次是严禁民间小报的编辑发行。《宋会要辑稿·刑法二》载,淳熙十六年(1189年)诏:"今后有私撰小报,唱说事端,许人告首,赏钱三百贯文,犯人编管五百里。"清光绪二十七年(1901年)印行的《大清律例增修统纂集成》在刑律盗贼类的"造妖书妖言"条中规定:"各省抄房,在京探听事件,捏造言语,录报各处者,系官革职,军民杖一百,流三千里。"

明清时,官府对民间报房严加控制。京报虽然主要是民间报房的产品,但是就其操作工序而言,最多只是官文书邸钞的翻版,实为官报的附庸。京报很少有自采新闻,更没有自己的言论,一般能严格自律,遵守当局的有关禁令,不敢越雷池半步,所以能得到官府的允准。孙承泽《春明梦余录》卷四十九载:"崇祯元年上谕,各衙门章奏,未经御览批红,不许报房抄发,泄漏机密。一概私揭不许擅行抄传,违者治罪。"可见,报房只能抄传朝廷审核同意的政事,否则便是非法作

---

① 于慎行:《谷山笔麈》卷十一《筹边》。

业。吴廷俊关于明清的"京报"为"合法民报"的结论是不能令人苟同的,①当时根本不可能产生类似的法律概念,同时它们也不是真正意义上的民报。

此外,反映社会舆论与民心向背的童谣、传言,以及农民起义时经常使用的带有迷信色彩的揭贴、传单、符录、瑞应等宣传方式,都被当局称为妖言、伪贴和诽谤等,给予严厉查禁和残酷镇压。总之,朝廷不允许民间独立办报,一般民众和士人不能在报上表达自己的思想,更不能发表自己撰写的政论性文章。这样,从严格意义上说,中国古代不存在独立编辑和发行的民报,更谈不上合法民报。

综上所述,古代中国的新闻传播格局是专制性质的,具有自己相当独特的发展进程。中国传统社会的文化统治结构,在官府公文、邸报主导下形成一元化的官方意志传播,而民间新闻传播方式始终受到强权打压和控制,使其不可能自发走向近代的新闻自由之路。咸丰三年(1853年),江西巡抚张芾奏请内阁刊刻邸钞,增加发行量。这一扩大官报新闻社会传播面的提议受到朝廷的申斥,谓其"识见错谬,不知政体,可笑之至"②。在清廷看来,政府所发布的消息和旨令,其对象为官吏而非人民,故用提塘抄传即可,不必刊刻以公开出版。

中国古代的一些非法小报,主要是在某些特殊历史时期社会各类矛盾激化之际,因政治形势的需要而产生。如两宋之交、南宋、明末清初时期的国家危亡、民族矛盾、阶级矛盾、新旧党争,在矛盾错综复杂的形势下,士人需要了解各方面的政治动向与边防实况。每当政治形势"山雨欲来风满楼"之际,也就是非法民报出现之时,其所造就的并不是社会在正常运作过程中的民营新闻事业,而主要是在统治紊乱或国家危机之时,商人靠搜猎奇闻谋利,党派靠传播不利消息打击政敌,是一种非法且畸形的民营新闻谋利作为。尽管这类小报主要是传播各类消息,甚至也有一些反映民间社会舆论的内容,但是在实质上算不上正常运作的民间新闻事业,而主要是一种通过非法手段对官方新闻进行补充而使其性质有所异化的新闻传播。

1644年11月24日,英国诗人约翰·弥尔顿发表了著名的要求新闻自由的雄辩演说,拉开了西方新闻自由发展史的序幕,为西方新闻事业的近代化奠定了第一块理论基石。而中国此时正值明清两朝更替之际,清袭明制,依旧徘徊在一元封闭格局的老路上,邸报始终是专制统治的忠实奴仆,只代表君主和王朝的立场和利益,仍旧是封建正统观念的卫道士。所以,尽管中国可能是世界上最先有官报的国家,甚至自以为是世界上最先有新闻事业的国家,却只是

---

① 参见吴廷俊:《中国新闻传播史稿》,华中理工大学出版社1999年版,第27页。
② 《清会典事例》卷十五。

一种畸形的官方新闻传播事业,历经千余年的漫长岁月,甚至也出现了辅助性的民间报房,但是根本不懂新闻言论自由为何物,内容与形式长期不变,处于严重僵化状态。直到鸦片战争前后,外国人在华办报,西方大众化报刊的新闻理念给中国古代报纸以致命的冲击,中国人陈旧愚昧的一元化官方新闻运作样式才有所转机。

第二章 晚清洋人创办中文报刊

中国的第一张近代报刊是西方传教士创办的,中国的近代报刊史是由外国人开篇的。在华外国人办报,到19世纪中叶已颇为繁闹,甚至形成了一个外报网络体系。作为西方列强侵略中国的舆论工具,借由报刊传播文化的历史作用耐人寻味。

一、在南洋开创中文报刊

明朝末年,西方传教士来中国宣传教义,介绍科技。至18世纪初,其教徒估计已达数十万之众。1704年,教皇发布"禁约",禁止中国天主教徒祭孔、祀祖,被康熙帝严词拒绝。雍正时,开始明令禁教,洋教士被一批批驱逐回国。乾隆二十二年(1757年),实行闭关政策,对洋人传教更是严加取缔。1793年,英使马戛尔尼向乾隆帝提出设埠通商等七条要求,其中有自由传教条款,又遭拒绝。中国深陷于闭关锁国的愚昧状态之中。

英国传教士马礼逊作了充分的准备,主动要求到困难最多的中国传教。1807年,他来到广州,不敢以传教士身份活动,只能假扮成商人在美国商馆供职,潜心研习汉语。1813年,伦敦方面又派传教士米怜来华协助,被澳门葡萄牙当局下令离境,只得迁往广州。此时,传来朝廷谕旨:"禁止西人传教,查出论死,入教者发极边。"米怜只能把目光投向南洋,带着刻字工人梁发来到马六甲槟城,当地有不少华侨居民。他在那里设立传教基地,开办学校和印刷所,以中文书报向中国境内渗透。

马礼逊、米怜主办的《察世俗每月统纪传》(以下简称《察世俗》)是第一家中文月刊,于1815年8月5日在马六甲创刊出版。《察世俗》最初每期5—8页,每月印500本左右,后增至每期7—9页、10—14页,每月印一二千本。到1822年米怜去世时,《察世俗》共计发7卷74册,计524页。除在南洋华侨中分发外,《察世俗》还被秘密运进广州、澳门分发。《察世俗》为纯宗教性刊物,以阐发基督教义为根本要务,也介绍其他天文、地理等知识,如《论日居中》、《论行星》、

《论地为行星》、《论月》、《论彗星》、《论日食》、《论月食》、《全地万图纪略》等，文章短小通俗。"察世俗"，意即对各国各地的历史万物、风俗人情，要有全面正确的了解。《察世俗》劝勉华人放开眼界，不要妄自尊大，要看到外国人的长处，广征博采，才能求得客观真理。米怜在第二期论办刊宗旨时写道："至本报宗旨，首在灌输知识，阐扬宗教，砥砺道德……中国人民之智力，受政治之束缚，而呻吟憔悴无以自拔者，相沿迄今二千余载，一旦欲唤起其潜伏之本能，而使之发扬蹈厉，夫岂易事？惟有抉择适当之方法，奋其全力，竭其热忱，始终无懈，庶几能挽回万一耳。"

《察世俗》编辑和撰稿，都尽量使用中国的传统形式，以迎合中国人的心理。封面正中为刊物名称，右侧印"子曰多闻，择其善者而从之"，左侧印"博爱者纂"。编务主要由米怜全盘负责，马礼逊、梁发也时为其撰稿。由于文章一般都不署名，因而无从得知各人都写了多少文章。梁发，出身贫寒，在广州谋生时被伦敦布道会雇用为刻字工，冒着生命危险为传教机关印刷书籍，来到马六甲后担任《察世俗》的刻印和发行工作，1916年受洗入教，后成为中国第一个新教传教士，也是参与中文近代报刊工作的第一个中国人，曾撰写和出版了《劝世良言》，洪秀全就是研究了此书后创立了太平天国"拜上帝教"。1817年6月，另一名英国传教士麦都思抵达马六甲，主要负责印刷。值得注意的是，在《察世俗》刊登过的"有价值的文章"，后来都印成小册子，广为流传。

关于《察世俗》是否传播新闻，学界存在不同看法。有人认为此刊物只是基督教义和科学知识的介绍，极少有一般意义上的新闻。但是，大多数学者认为其中有新闻的内容。如《法兰西国作变复平略传》一文，便叙述了法国大革命到拿破仑帝国失败间的欧洲国际形势。《英国土产所缺》一文，评述英国贸易概况，鼓吹国际通商的重要性，近似时事评论。而《忤逆子改悔孝顺》、《不忠受刑》、《官受郁之报》诸文中有社会新闻。《察世俗》还设有"新闻篇"专栏，如1819年残篇中有当时中国发生的数则消息：直隶水灾、皇帝坠马、陕西命案诸事。此刊物也刊登一些时效性颇强的评论文章，如1819年的《新年元旦默想》，1815年9月号还有月食的预告。当然，真正称得上具有新闻性的文章是非常少的，许多长文采用章回小说手法，为中国人所喜闻乐见。

当然，《察世俗》归根结底是为了向中国人传教而发行的一种中文定期刊物。现存549叶，即有1098页，其中宗教与伦理的篇幅多达950页，超过85%。现存介绍西洋天文地理知识的文章十余篇，科技文章十余篇。《察世俗》虽有宣扬封建伦理道德的文章，但否认儒家人伦思想为根本之理，主张根本道理是"神理"，即先有神创造人，然后才有人伦，反对纳妾和守节，攻击道家阴阳之学。这一早期出版物为基督教后来在中国的传播奠定了良好的基础。1821年，《察世俗》因米怜病重而停刊。翌年6月,米怜去世,年仅37岁。

马礼逊还与米怜等人共同翻译《圣经》。1814年,译好的《圣经·新约全书》在广州印刷二千部。1823年,马礼逊与米怜合作翻译的《圣经·旧约全书》,连同《新约全书》在马六甲正式出版。基督教的全部原始教义得以完整地介绍给中国,这是第一次。虽然当时遭到清政府的严禁,但是他们仍冒险印刷和散发。从1808年到1822年,马礼逊用13年时间编纂了《华英辞典》,于1817年在澳门出版第一卷,到1823年陆续出齐,共六卷,四开大本,4595页,仅将从《康熙字典》收进的汉字加以英译的就达四万余字,可见其为沟通中英文化付出了艰巨的劳动。作为中国第一部汉英字典,《华英辞典》对中国社会制度和文化习俗进行了详尽介绍,影响深远。1815年,《通用汉言之法》出版,这是关于中国语言学的一部专著。1817年,《中国大观》出版,对中国的历史、地理、政治、宗教、风俗等各方面作了介绍。1828年,《广东省土话字汇》出版,得到欧洲人的普遍赞誉。马礼逊编书采用浅白的文字,编报也用简洁、通俗的语言,有人称其为中国最早倡导和推行"白话文"的先驱。

米怜去世后,麦都思于1823年在雅加达创办了《特选撮要每月记传》,可谓第二家海外中文月刊,也可视为前者的续刊,每月发行一千份,往后渐有增加,至1826年停刊,共出版了四卷,印发83000多份。该刊物同样以中国书本式样刊印,正中为刊名,右侧印"子曰亦各言其志也已矣",左侧印"尚德者纂",完全继承了《察世俗》的形式与内容。目前,在大英图书馆所藏原件只有两册。麦都思的中文著作及译著有59本,英文著作有28本,还承担了米怜留下的其他工作,如主持学校教育等。

1828年,第三家中文月刊《天下新闻》又在马六甲出版,这是第一份以"新闻"命名的中文报刊。英国传教士吉德任主编,同时兼任英华书院院长。该刊物带有一定的商业性质,主要刊登欧洲及中国的新闻,传教内容退居其次,如曾刊载了麦都思的《东西史记和合》之摘要。《天下新闻》突破了过去的书本样式,用活字印在散张纸上,不同于前两种书本式的月刊杂志,而类似于一张近代的报纸,但只维持了一年即告停刊。1837年,吉德成为伦敦大学的汉学教授,开汉学讲座之先河。

马礼逊曾用英文写了《印刷自由论》一文,刊发在当时的《广州记录报》上,第一次向中国输入西方新闻出版自由观念。他忠实地阐述了约翰·弥尔顿著名的自由主义新闻观,宣讲这一人类的天赋权利,强调政府没有任何权力干涉新闻自由,而神奇的印刷机可以冲破时间和空间的阻隔,使人们彼此自由地沟通心灵和思想。虽然此文只能引起少数懂英文的中国知识分子的注意,但是它在思想文化传播史上的意义却非同小可。

1817年，马礼逊、米怜在马六甲创办了第一份英文季刊《印支搜闻》，虽是宗教性刊物，但登有大量的关于中国的报道，传到欧美后，在西方汉学界产生了一定影响，得到了很高评价。1832年，《印支搜闻》在广州创刊，最初三期是由马礼逊之子马儒翰主编。1833年，马礼逊在广州又创办了英文周刊《福音传道与中国杂录》，后遭清政府禁止，仅出四期。同时，马礼逊在澳门创办了中文周刊《杂闻录》，可谓前者的中文版，每期四页，印数达两万余份，共出三期，除福音传道外，还介绍世界人种和宗教，以及外国语言文学的论述等。另一本英文期刊《中国丛报》，也是在马礼逊的倡议下，由美国传教士裨治文于1835年创刊于广州。该期刊广泛报道中国历史、宗教、法律、政治、经济、文学等方面内容，特别注重中国的时事和对外关系，在传教士和西人中影响巨大。

马礼逊、米怜等人的重要性，不仅仅在于他们是基督教新教派遣来中国的首批传教士，主要在于他们将西方自由主义新闻报刊理念带到了中国，并进行了冲破中国文化专制统治的实践，令人感佩。遗憾的是，这一重要的历史文化事件及其意义，在许多年里竟为他们的传教士身份所遮蔽，得不到应有的重视。

二、在中国南部发展新闻报业

1822年8月，葡萄牙文周报《蜜蜂华报》在澳门创刊，这是中国境内出版的第一份外文报刊。从1822年到1839年，澳门共出版过葡文报刊八种，然而时间都不长。1827年，中国第一家英文报《广州记录报》在广州由英商出版，为鸦片贸易辩护，攻击中国官府，主张对华采取强硬策略。该报读者广布英美与南洋，影响颇大，1839年迁往澳门，1843年再迁至香港。1831年，美国商人又在广州创刊《中国差报与广东钞报》，鼓吹自由贸易政策。

1831年，德国传教士郭士立带着搜集情报的使命来到中国，他用华名、着华装、讲华语、认义父，以"归化华人"的身份进入广州。他以免费给人治病的手法笼络人心，还通过贿赂得到地方官的默许，终于在封闭的中国口岸打开一个缺口，于1833年8月在广州出版月刊《东西洋考每月统纪传》，为中国本土第一家中文报刊。该刊物沿用《察世俗》的外装模型，封面左边印"人无远虑必有近忧"，左下印"爱汉者纂"。它在内容上以更多的篇幅介绍西方的社会文明和文化知识，力图改变中国人对西方世界的形象，消除中国人妄自尊大、敌视排外的蒙昧思想，宗教色彩不甚浓厚；采用摆事实、讲道理的方法，展示西方科学文化的优越之处，让中国人确信需要向西方学习的东西还有很多。它与《察世俗》等宗教刊物的编辑方针有所不同，重视新闻与言论，几乎每一期都有"新闻"专栏，报道各国近况，主要译自外报，再经编者加工，还有少量来自广州和澳门的新闻。

同时,其言论重点也转向社会的政治、经济、文化方面,这都是以前的宗教刊物所未有的。此后,"新闻"一词成为报刊常用语。

《东西洋考每月统纪传》宣传"天下万国应一家,四海之内皆兄弟",各国人士应该互相学习。1833年,郭士立撰写《新闻纸略论》一文,这是中文报刊第一篇概略介绍西方报业情况与新闻自由的专论。他指出当时英国有报刊480多种,法国有490多种,美国为800多种,这是第一次向中国人介绍西方新闻报刊的情况。1835年,《东西洋考每月统纪传》连载了麦都思的《东西史记和合》,让读者了解西方历史同样悠久;1834年辟有"各货现时市价"表,详列省城商行与各国远商相交买卖各货的现时市价,重点陈说中西贸易的好处,认为政府当局不应干预;曾两度休刊,1837年初迁往新加坡,对商业信息的发布更为重视,进一步辟出"贸易"栏,并认为鸦片之所以流毒中国,主要在于中国人不信基督,建议中国人成立"戒鸦片之会",以善守志,广布耶稣之道,从而"近绝恶弊"。然而,郭士立正是向英国当局献议通过贿赂中国官员而从事鸦片贸易的谋士。1835年,他受命为英国领事的中文秘书。另一位编辑马儒翰,1814年生于澳门,1839年任英国全权特使义律的随员与翻译。两人后来实为中英不平等条约的起草者。由于主办人的这种传教士兼外交官的双重身份,此刊物在中英鸦片战争前夕停刊,目前所见最后一期出版于1838年7月。

美国传教士裨治文主编的英文月刊《中国丛报》,1835年5月在广州出版第一期,每期约50页,销数最高时为千余册。1836年2月期刊登文章《与中国订约——一个巨大的迫切要求》说:"采用低声下气的请求,我们将一无所获。倘若我们希望同中国缔结一项条约,就必须在刺刀尖下命令它这样做,用大炮的口来增强辩论。"到8月,《中国丛报》又发表了一篇对中国军事实力的调查报告,认为从军事角度看,中国实不堪一击。此刊1839年因战事迁到澳门出版,1844年迁至香港,1945年又迁回广州,1851年12月停刊。《中国丛报》记载了对十多年间中国社会的政治、经济、风俗诸方面的调查研究,保存了中国近代史开端时期尤其是鸦片战争前后的许多有价值的资料。

1838年10月,英国传教士麦都思在广州创办中文月刊《各国消息》,以刊载新闻为主,辟有商情专页。禁烟事起,中英交恶,该刊只出数期而罢。目前能看到的《各国消息》只有两册,即10月和11月期,内容登载的是尼泊尔、缅甸、英吉利、波斯诸国概况和广东省中外贸易的商业讯息,几乎没有宗教文章。传教士主持的中文报刊,排除相关的宗教内容,而把重点转移到新闻和商业方面,反映出时代需求的变化。

19世纪30年代,广州出版的英文报刊还有《广东杂志》、《广州周报》。《广州周报》以新闻报道面广和评论有见地而著称,1836年10月还出版了一张号外,为中国近代报刊的第一张号外。该报特别关注中国问题,1839年因中英关系紧张而迁至澳门,林则徐组织翻译的《澳门新闻纸》大多译自该报,1844年停刊。第一次鸦片战争之后出版的报刊有:1843年出版的《广州探报》;1859年,《中国之友》从香港迁往广州;60年代有《中外新闻七日录》周刊和《广州新报》;70年代还有《小孩月报》、《西医新报》、《纪南报》等。这些报刊除刊载新闻外,时常讨论对华政策,还发往东南亚和欧美,但是每期发行数量不大,由于各方面的限制,影响也不大。

香港最早的中文报刊《遐迩贯珍》月刊,由英国马礼逊教育会主办,1853—1856年发行。香港在1842年的《南京条约》中被割让给英国,伦敦布道会决定以此为基地正式展开对华的传教活动,先将马六甲的英华书院和澳门的马礼逊学校迁来香港。布道会为继承马礼逊遗志,1853年8月创刊《遐迩贯珍》,传教士麦都思为首任编辑,1854年编辑工作转给其女婿奚礼尔(香港政府官员),1855年再转给英华书院院长理雅各,次年5月因经费与人员问题而停刊。理雅各1840年任英华书院院长,成为布道会的中心人物,后有名著《中国古典文学》,汉学成就卓越,1873年回伦敦,被聘为牛津大学汉学教授。

《遐迩贯珍》月刊之"遐迩"即"远近"之意,"贯"为联络贯穿,"珍"乃珍闻。此刊每册11—24页不等,每期印数约三千,共四卷,计33册。其内容,前半部分主要是介绍西洋文明的长篇文章,有政治、历史、医学、地理、化学等各科知识;后半部分是新闻,有"近日各报"的新闻栏,如发布香港当局的法令,具体报道太平天国事件等各地消息,还有国际新闻,以及中国读者的来稿,甚至还有广告,可以说生动活泼、多姿多彩。此刊虽写明"每号收回纸墨钱十五文",但大多系免费赠送中国读者,其资金主要靠英美人士捐助。为了方便旅华的欧美人士购阅,《遐迩贯珍》还刊登英文目录,所用白色洋纸,印刷精美。种种情况表明,该月刊在向近代化的方向发展。

有学者认为中国境内最早的中文日报是《香港中外新报》。香港割让后,最早的商业报纸都是英文报。第一份中文商业报纸是《香港船头货价纸》,它是香港英文商业报《孖剌报》(《the Daily Press》)所办的中文附版,1857年11月3日创刊。该报现存1859年2—8月共79份,小型版(长41公分,宽28公分)一大张,两面印刷,内容以广告为主,以各色新闻为辅,打破了书本方式的报刊形态,且收取广告费用,可以说是中文报业史上的一大突破。它是中国第一份以报纸形态出版、两面印刷的中文报。该报每周二、四、六出版,以香港各商铺为主要客户,报费每月一大圆。当时日本版《香港新闻纸》,即取自该报。该报约于1864年改名《香港中外新报》,初仍为周三次刊,每周二、四、六出版"新闻纸",一、三、五发行"行情纸",后来发展到每日发行"行情纸",各类新闻增多,读者面扩大。

目前所能看到的最早的《香港中外新报》（1872年5月4日）有四版，分别登载商业行情、本港新闻、羊城新闻、各式广告。1873年，该报终于改为日刊，成为近代化的中文日报。主持该报编务的是华人黄胜和伍廷芳，两位都是中国近代报业的开拓者。

《孖剌报》由英国商人孖剌（莫罗的译名）（1817—1884）于1857年10月初在香港创办，是外国人在华创办的第一张日报，也是中国境内出版的第一张日报。虽然其办报目的在于以商业制造财富，但是时常与同业《德臣西报》等展开笔战，甚至因数度抨击香港官员而被控诽谤罪。《香港船头货价纸》虽是华人编者主持，但始终只是《孖剌报》的附版，跳不出外国人办报的思路范畴，不过还是为以后的华文报纸奠定了模式。尤其是1859年3月底，该报刊登了长篇评论《猪仔论》，掀起反对"猪仔贸易"的舆论攻势，说明它已能用评论的方式，发挥报人在舆论方面对时局的影响。

《香港中外新报》成为完整日报的时间实际上略晚于上海的《申报》和《上海新报》。《申报》于1872年5月7日创刊，应算中国境内出版的第一份中文日报。《上海新报》于1872年7月2日改为日刊，也略早于《香港中外新报》。但是，《香港船头货价纸》"周三次刊"的发行，及《香港中外新报》每日发行"行情纸"，都为中国近代化日报的开创提供了很好的经验模式，当为中国之最。这实际上标志着早期宗教华文报刊时代的基本结束，及中文商业报纸的崛起，象征着中文报纸的发展已进入一个崭新的阶段。《香港华字日报》也于1873年改为日报。1872—1873年应是中文报纸纷纷发展为日报的重要年头。然而，上述诸家华文日报都不是华人自办的报纸。

1871年3月11日，香港英文报《德臣西报》出版中文附页《中外新闻七日报》，由西学巨擘陈蔼廷任主笔。陈蔼廷（？—1905），广东新会人，名言，字慎，亦称蔼亭。他1856年到香港，肄业于圣保罗书院。他在《创设香港华字日报说略》中述说了主掌该报的宗旨，认为此报虽系西人创设，而由华人办华文报为前所未有之创举，其编辑方针要着重于"述政事、纪民情、辨风俗、详见闻"，让国人知其"政治之得失"、"民情之向背"、"民俗之纯浇"、"见闻之广狭"，强调报纸应当"激浊扬清，褒善瘅恶，采舆众之公评，存三代之直道"，负起"转移风俗，鉴诚世人"的任务。其版面内容以本港新闻、中外新闻、选录各报新闻为主，也刊登广告、通告，但为数不多，与《香港船头货价纸》大不相同。该报按华人方针办报，以华人舆论界代表自居，能批评当局的一些政策措施，也欢迎读者投稿，发表评论。该报1872年4月17日易名为《香港华字日报》后，重新定位为商业报纸，与《香港中外新报》的版面安排几乎完全一样，初为周三次刊，第二年为日刊。总之，此报实不可能由华人全面主宰其编辑方针，但确实是努力在朝着反映华人的意愿迈进。1878年,陈蔼廷被任命为驻古巴领事,此后转向政界发展。

1864年,英商在香港创设中文报纸《近事编录》,王韬曾为编者,颇得上海《申报》的赞赏,"采摭繁富,笔墨灵奇",可惜现已无存,详情难考。

陈玉申说:"香港早期的中文商业报纸都由华人担任主笔,其中《香港中外新报》和《香港华字日报》由华人'承批'办理,自主营业,自负盈亏。因此,以往不少新闻史论著都将其视为最早的华人报纸,这是不准确的。华人虽拥有报纸的经营权,但其产权仍归外商所有。稍后出版的上海《申报》曾对当时报坛的情形有这样的记述:'近因通商开市,于香港开设华字新闻三馆,于上海开设华字新闻一处,主笔虽系华人,而馆主实为西人也。'(《申报》1874年3月12日《论新闻日报馆事》)。"①就是诸日报中最具华人色彩的《中外新闻七日报》,它可算中国最早的新闻周刊,也依然附属于《德臣西报》,而非一份真正由华人出资、华人自办的报纸。

三、上海外国人报业的崛起

上海第一份英文报刊《北华捷报》,创刊于1850年,创办人是英商奚安门。1864年,北华捷报馆将英文广告日刊《每日航运与商业新闻》改组为综合性日报独立出版,这时报馆已改组为字林洋行,故报名为《字林西报》(North China Daily News),而《北华捷报》转而成为《字林西报》的星期副刊。历任编辑有英商、传教士和外交官等,大都是中国通,如李德立、鲍林、裨治文、林乐知、丁韪良、巴尔福等。此外,该报在中国内地不断发展通讯员,负责搜集当地资料和提供各方面的情报。该报一直到1950年才被迫停刊,前后有101年,成为外文报刊中出版时间最长、影响最大者。

《中国之友》1866年由广州迁至上海并改为晚报出版,为上海第一份英文晚报。此外,还有1874年创刊的《华洋通闻》(the Celestial Empire)和1879年创刊的《文汇报》(the Shanghai Mercury)等。第二次鸦片战争后,法国、德国、日本、葡萄牙等也开始在上海办起本国文字的报纸。从1861年到1895年,上海新出的外文报刊达31种。至90年代,上海外文报刊形成《字林西报》、《华洋通闻》、《文汇报》三足鼎立的局面。

上海最早的中文刊物《六合丛谈》月刊,1857年1月—1858年2月发行,由伦敦布道会主办,主编为英国传教士伟烈亚力(1815—1887)。他与麦都思原来都是印刷工出身,后由于精通中文而成为汉学专家,一度是《中国记录和传教日

---

① 陈玉申:《晚清报业史》,山东画报社2003年版,第33页。

志》的编辑，经常为《北华捷报》、《字林西报》撰稿。《六合丛谈》共15册，254页，主要内容为宗教、科学、文学及一般新闻消息，努力介绍西方文明，目的在于改变中国人的世界观。所谓"六合"，是指"上下四方"。《六合丛谈》，意即宇宙万物，无所不谈。它几乎是《遐迩贯珍》的翻版，封面相似，采用英文目录，也主要由英美人士相助。王韬当时曾受雇于上海墨海书馆，也是该刊的撰稿者和协助者。

《六合丛谈》的新闻栏，内容有三：一般新闻、新书介绍和经济新闻。一般新闻主要介绍西方各国政治、风俗，中国内地的消息很少，欧洲的消息居多。在总共167条新闻中，有关中国的新闻仅8条，且主要是中外关系方面的内容。它在肯定英国出兵的前提下，向中国读者解释第一次鸦片战争的原因，强调英国海军力量的强大。然而，它对当时正在进行的第二次鸦片战争却讳莫如深，从第六号起成为不报道当地新闻的"当地报刊"。其经济新闻也是为在上海的欧美商人提供更多的商场信息。

英商字林洋行的《上海新报》，于1861年11月出版，为上海第一张中文报纸，也是中国最早采用白报纸印刷的报纸。该报始终由传教士任主笔，先后有华美德、傅兰雅、林乐知等人撰稿，实为英文报纸《字林西报》的中文版。该报以传播各种商业信息为第一要务，有些学者称其为中国第一家商业性报纸。该报初为周刊，后改日刊，商业广告的篇幅最多；也能及时报道一些时事，如太平军战况、英华案件等；也时而介绍一些西学，如有《地球说略》、《博物新编》、《万国公法》等文章。该报创刊十年，一直独占上海中文新闻纸的宝座，直到《申报》出版，才遇到劲敌，竞争失败，于1872年12月自动停刊。

《中国教会新报》周刊，由美国传教士林乐知1868年在上海创刊。该报开始时宗教色彩太浓，读者有限。为了争取读者，林乐知调整编辑方针，扩充新闻和其他非宗教性的内容，按政事近闻、教会近闻、杂事近闻、格致近闻分栏编排。由于刊名明显包容不了所刊内容，该报于1874年改名为《万国公报》，直译当作《环球杂志》，并在扉页上附一行小字说明："本刊是为了推广与泰西各国有关的地理、历史、文明、政治、宗教、科学、艺术、工业及一般进步知识的期刊。"至此，它完全演变为一个以传播西学为主的综合性刊物。除传播科学知识外，该报还介绍西方国家的社会、政治等历史与现状，从总统选举、议院开会到文化教育、经济发展，都能比较及时地报道给读者。在1875年6月第340期上，林乐知撰写《译民主国与各国章程及公议堂解》一文，介绍西方天赋人权的思想和民主政体的三权分立及议会制度等情况。它向中国人介绍了另一个崭新的世界、人的另一种活法，使中国人开拓了眼界，与中国传统文化进行对比，思想有所升华。该报于1883年休刊。

《万国公报》1889年复刊后改为月刊，成为广学会的机关报，仍由林乐知主编，英国传教士李提摩太以及中国人沈毓桂、蔡尔康等襄助编撰，英文名直译为《时代评论》。1887年11月，广学会在上海成立，初名"同文书会"，其《同文书会发起书》直言："只有等到我们把中国人的思想开放起来，我们才能最终对中国的开放感到满意。"1892年，同文书会改名"广学会"，意为"在中国人中广传基督教及一般知识的会社"，可称是中国近代最大的编译出版机构。创办人韦廉臣，为英国传教士，曾编《六合丛谈》，1877年被推为教会"学校教科书委员会"的干事。同文书会推举海关总税务赫德为会长，韦廉臣为督办，主持日常事务。到1911年，广学会共出版四百多种书籍（印数达百余万册）和十多种报刊，还有《成童画报》、《中西教会报》、《大同报》、《女铎》等，以推广西学为宗旨，要求中国不断开放，消除无知。1891年，李提摩太任广学会督办，为报纸撰写了大量政论文章，曾重点评论中国的教育考试制度。

《万国公报》1899年2、3、4月号载蔡尔康撰写的《大同学》，李提摩太节译英国颉德《社会进化论》前三章，其中最早提到："其百工领袖著名者，英人马克思也。""试稽近世学派，有讲求安民新学一派，为德国之马克思主于资本者也。""资本者"为《资本论》，"安民新学"指社会主义，这是在中国最早介绍马克思及其思想的文字。李提摩太也曾撰文介绍过欧美工人阶级组织工会的一些情况。甲午战争后，该报鼓吹变法自强，倡导新政，复刊时才发行一千份，到维新时期发行三四万份。读者对象主要为中国上层人物及知识分子，并得到各方面的支持。改良派人士称它"于中国事一片热心"，"有益于我国非浅鲜矣"，向国人积极推荐，对当时维新运动的兴起实有推波助澜之作用。1903年，该报发行量增至五万多份，为当时中国发行量最大的刊物。1907年，该报因林乐知病逝而停刊。

《万国公报》由宗教性报刊转变为非宗教性报刊，推广各种科学知识、时事报道与评论，影响较大。同时，该报也强调西教、西学、西政三位一体，西教尤为根本，中国欲采西学，行西政，就必须改从西教。李提摩太在《新政策》一文中这样说："我们认为一个彻底的中国的维新运动，只能在一个新的道德和新的宗教基础上进行。……只有耶稣基督才能提供中国所需要的这个新道德的动力。"它的维新宣传对改良派人士影响显著，迎合了当时正在求索救国之路的知识分子们的兴趣。但是，中国士人无法接受西教为根本之说，依然以孔教为宗。当时维新派的《湘学报》曾发表《论西政西学治乱兴衰俱与西教无涉》，认为中国政可变，学可变，教不可变，将保国家与保孔教相提并论。其中所反映出的对西方文化系统结构问题的无知，很值得人们深思。

英商美查邀请三位朋友合办的《申报》（全称《申江新报》），1872年在上海创刊，公开宣称以营利为目的，将报馆作为企业来办。不久，报纸归美查一人所有。他聘请熟悉中国国情的文人学士为主笔或编辑,放手让他们施展才华,对编辑事务不多干涉,使其更加中国化,新闻日渐丰富,重视文艺稿件和广告。该报以扩大报道面吸引读者,并注意降低成本和售价,打开销路,至1877年日销八九千份,成为最先深入到民间社会的近代传媒。编辑们也热衷于学习和宣传西方新闻事业,以期促进国家强盛和进步。如1873年的社评《论各国新报之设》说:"泰西诸国设新闻纸……凡朝廷之立一政也,此处之新闻纸或言其无益,彼处之新闻纸或言其有损,朝廷即行更改,必待各处新闻纸言其尽善尽美而后为;至于行事制器,无不皆然。所以有一举动,必历数十年之久,必经百数人之智,及其成功,则莫能与敌。"襄助编务钱昕伯为王韬的女婿,曾去香港学习办报经验,而王韬与其许多编辑人员都有交谊,他们在技术管理方面、自由主义精神方面都有所交流。

《申报》在最初的30年中,重视与社会实际的联系,其基调与当时的洋务运动大体合拍,在启蒙救国思路的指引下,进行过大量的西方文化知识方面的传播。在专制极权统治之下,为了生存,《申报》行文也颇为小心,言论温和,但非常遵守新闻的真实性原则。它在《本馆告白》中表示:"务求其真实无妄,使观者明白易晓,不为浮夸之辞,不述荒唐之语。"其新闻、言论、文艺(副刊)、广告四要素逐渐完备,形式多样,最终击败《上海新报》。1874年,日本借口琉球人在台湾被害,兴兵进犯台湾。《申报》特派记者往台湾实地采访,7月22日刊出战地通讯,为中国最早的战地采访新闻活动。1883—1885年中法战争期间,《申报》也派出记者到法国军营和战地采访,并抢先发号外。1876年,宁波海关职员李圭经日本赴美国费城参加世界博览会,再经大西洋、地中海、印度洋回国。《申报》请他撰写沿途见闻并进行连续刊载,这是中国人最早的环球游记。

《申报》重视新观念的论说,直接反映现实生活,敢于揭露社会的黑暗面,乃至抨击专制极权的腐朽机制。例如,该报对杨乃武案作了四年的连续报道,轰动一时。全文刊出杨乃武在狱中所写的申诉状,对案情可疑之处予以披露,指责官员滥施酷刑,草率定案,指出:"余杭之案使果为冤案而不为上司所伸,则枉政可谓至极矣。"要求将此案"彻底研鞫,使水落石出"。(《申报》1874年10月2日《论余杭县案》)其报道引起社会广泛关注,舆论沸腾,无不为之鸣冤。朝廷不得不下令刑部复查,称棺京师,终始案情大白于天下。《申报》在清朝专制统治时期会有如此新闻监督之权,非常值得我们深思:是洋人为其报纸撑腰,还是由于清廷统治在这方面无经验所造成的松弛?总之,新闻能如此严厉地监督司法,并在判决此案过程中发挥如此重要的作用,这在中国历史上是空前的。

《申报》从创刊之始,几乎每天在头版发表一篇论说文,为英国政策和英人利益辩护,也有为华人说话者。如苏州河上的外白渡桥,向华人收两文过桥费,而西人免费。《申报》评论其不合理,经社会舆论一致要求,该桥便停止收费,1906年改木桥为铁桥,此名一直沿用至今。《申报》也经常发表鼓吹现代化的文章,主张学习西方的富强之术。如1874年7—10月,就有《论开煤矿》、《论电线》、《论机器》、《火轮车为富国之举》等,批评中国科举制度之弊端,倡导文化教育之改革;也鼓吹政治制度之改良,变君主专制政体为君民共主政体,明确提出:"欲中国之富强,当自参民政始!"①

《申报》从1873年起多次征求孤本、珍本图书,加以整理出版,1874年开办了申昌书局,1876年又开办点石斋书局,1884年创办上海图书集成印书局。同时,它还创办了系列派生性报刊:1872年11月,创《瀛寰琐记》文艺性月刊,后改名《环宇琐记》;1874年1月30日,刊发一条"伦敦电"的新闻,可称中国报刊发表的第一条电报新闻;1876年3月,另出白话文的《民报》(周三刊),可称中国近代第一份白话报刊,且在中国最早使用标点符号;1877年,出版不定期的《环瀛画报》,可称中国第一份以图画为主的刊物;1884年,出版以新闻时事为主要内容的《点石斋画报》(旬刊),为中国第一份石印时事画报,开我国新闻画报之新声。1908年,美查逝世。1909年,华商席子佩购得《申报》产权,开始实现国人自办。

《字林沪报》创刊于1882年5月,是字林洋行在《上海新报》停刊十年后重整旗鼓再次发行的中文报纸。该报聘请戴谱笙、蔡尔康等任主笔。关于其刊登内容与版面安排,创刊号《本馆告白》如此叙述:"首列上谕,尊君也;次列论议,以见心想;次列出译电西报,俾共稔知中外时事;次列外埠及本埠诸新闻,事取其详,文取其富;次列诗文杂作,以供文士之消遣;次列邸钞、辕门抄,务求其速;次列各种告白及钱洋市价、轮船进出等类,以便贸易场中及往来仕商阅看。"蔡尔康仿效《申报》的做法,对文学性内容作了较多的创新,首次设立了长篇小说连载专栏。该报最大的优势还在于国际新闻,因有《字林西报》做靠山,故独享英国路透社供稿。1885年后,该报加强新闻报道,以吸引读者。1895年,该报出晚刊《夜报》,为中国最早的中文晚报之一,但不数日即停刊。1897年11月,该报创办我国报纸第一个副刊《消闲报》。1900年,由于销路不好,字林洋行将《字林沪报》转售给日本东亚同文会,日人将其改名为《同文沪报》,继续出版。

中外商人合资的《新闻报》于1893年在上海创刊,后由英商丹福士独资,斐礼思为总理,蔡尔康、郁岱生、袁祖志相继为主笔。1894年,中日战争爆发,民众向来小视日本,而清军屡败,《申报》如实报道,读者难以接受,指责其"助敌",有人甚至付了钱要求其以广告形式刊出"胜倭确信"的有关文字。斐礼思见如此

---

① 《论重民则国以富强》,载《申报》1888年7月8日。

民情,实可利用,突发奇想,命主笔日撰一论,谎言日军败绩,捏称清军胜局,制造一系列假新闻,居然大受读者欢迎,报纸销量直线骤增,各报亭还常常脱销而需增印。《新闻报》就以如此行为,在强大的报业对手面前站稳了脚跟,真令人啼笑皆非。后丹福士经商失败,1899年将报馆卖给美国人福开森,以汪汉溪为总经理。汪汉溪勤勤恳恳,经营得法,不惜费用,对市场行情进行翔实报道,进一步打开局面,使《新闻报》与《申报》并驾齐驱,直至1949年停刊,影响广泛。

此外,《格致汇编》月刊由英国传教士主编,1876—1892年发行于上海,其中数年停刊。《益闻录》周刊(初为半月刊)于1878年12月创刊,是天主教在华主办的第一份中文报刊。1896年,基督教青年会在上海发行《学塾月刊》,1902年改为《学生青年报》,后又发行《进步月刊》。此外,还有《中外杂志》、《圣书新报》、《福音新报》、《益智新录》、《圣心报》、《基督徒新报》、《中西教会报》等。上海外报从19世纪50年代开始创业,步香港后尘。到第二次鸦片战争后,上海后来居上,到90年代成为全国最繁荣的报业中心。

四、在华外报网的逐渐形成

1840年,"天朝"的大门终于被轰开了,签订不平等条约,重开教禁。传教士在建教堂、办学校、开医院之后,认识到在中国传教必须充分利用报刊这一传播工具。中国人对宗教比较淡漠,以儒学为主干的传统文化对宗教采取"敬而远之"的态度,与西方社会的宗教传统大相径庭,加上对西方文化的排斥情绪,传教士在中国遇到的困难远远超出他们的想象。同时,方言纷杂而文字统一,唯有报刊能把上帝的福音传播到更远的地方,传给更多的人。从19世纪50年代开始,教会报刊逐年增加,各类报刊的网络逐渐形成。

第一次鸦片战争后,外国传教士在香港、上海、广州所办各类报刊最多,此外还在南方各开放的通商口岸宁波、福州、厦门等地从事办报宣传活动。在宁波,《中外新报》半月刊由美国传教士主持,1854—1861年发行。《宁波日报》由传教士主办,1870年创刊。《甬报》由英国牧师等主办,1881年创刊。在福州,最早出现的英文报《福州信使报》(或称《福州府差报》),1858年由英国人创办。继之而出版的有《福州广告报》、《福州捷报》、《福州每日回声报》、《中国纪录报》等。最早出版的中文报是《教会使者报》,1860年创刊。其他中文报还有《中国读者》、《闻见录》、《闽省会报》等。1874年在福州出版的《小孩月报》,是外国传教士在中国创办的第一个儿童刊物。在厦门,第一份英文报刊《厦门航运报道》于1872年创刊。1886年创刊的《厦门新报》,为当地第一家中文月刊。此后,还有《漳泉公会报》、《厦门画报》等。

第二次鸦片战争后，外国人办报活动开始深入到北方和内地，如汉口、北京、天津、九江、南京、烟台等地。在汉口，英文商业报纸《汉口时报》于1866年创刊，为当地第一份近代报刊。此后，还有《汉皋日报》、《中国传教士》等外文报刊。汉口第一份中文报刊是《谈道新编》，1872年由伦敦布道会教士创办。此后，还有《开风报》、《昭文日报》、《新民报》、《武汉近事编》、《益文月报》、《字林汉报》等。在北京，《中西闻见录》月刊由美英传教士主持，1872—1875年发行。此后，还有《华北新闻》、《尚贤堂月报》等。在天津，第一家近代报刊《北方邮报》于1880年创刊。最有影响的是1886年创刊的中文《时报》，传教士李提摩太曾为主笔，宣传中国应仿照西方进行变法，提出一系列有关主张，在知识界引起巨大反响，可称第一份落户京畿要地的中文时事报刊。1890—1891年，另出《直报》周刊，专门转载《时报》的重要论说与新闻。而1895年创刊的《直报》（日报），由德国人汉纳创办，初期就连续发表了严复的《论世变之亟》、《原强》、《辟韩》等政论文章。此外，还有英文《中国时报》、《京津泰晤士报》等。用潮汕方言编写的《潮惠会报》，1889年在汕头创刊。白话文言合刊的《护教者》，1890年在江西九江创刊。

值得注意的是，各地出现的第一份报刊大多是在华的外国传教士创办的，随后在华外国人在各重要城市所办报刊逐渐形成全国网络。传教士们认识到，要想在中国社会打开传教局面，就必须用文化知识引起人们的注意，尤其是要利用西方科学的威力支持并抬高西方宗教的地位，而这同时也顺应了中国人向西方学习的客观需要。所以，教会报刊的目的虽是宣传基督教，但大都载有许多非宗教性内容，有的主要刊载新闻、新知，并以此相标榜。如《六合丛谈》第1号中就有"地球形势大率论"、"希腊为西国文学之祖"等知识性文章。而《格致汇编》则专门介绍西方科学技术知识，除偶有几篇对于中国事务的议论外，其余都是纯科学性作品。

据李提摩太1895年在天津《时报》上发表的《中国各报馆始末》说，当时德国日报有560种，英国169种，法国128种，意大利105种，比利时、荷兰共94种，合欧洲各国日报共计1306种。美国日报有962种，南美共115种。1894年，基督教会派人调查了中国各地的有关情况。中国自1815年至1894年先后刊行的近代化中文报刊约有76种，包括新加坡一带6种，香港6种，上海32种，北京6种，奥东6种，汉口5种，福州3种，宁波2种，台湾、厦门、汕头共5种，天津、九江各1种等。以刊期计，月报为36种，周报为8种，日报为21种，旬刊、二日刊、三日刊各1种等。其中，"十之六系教会报"，即60%为教会方面所主办。1895年仍在继续发行的，仅《循环日报》、《申报》等28种。其中，教会方面主办的有15种，占54%。

以鸦片战争为界,可分为两个阶段:前段由于清政府实行严厉的闭关锁国与禁教政策,传教士们的办报活动限于南洋和东南沿海地区,总共只有6家中文报刊和11家外文报刊(葡文和英文两种),主要集中在澳门和广州两地。后段外国人作为征服者,其办报活动不再受太多的限制,规模与区域迅速扩大,先后来华创办的中、外文报刊有300多家,外文增加到英、日、葡、德、法、俄6种。尤其到19世纪90年代,在中国创办的中、外文报刊就达170余种,终形成以香港与上海为中心,遍及东南沿海,以至进入中原腹地的外报网络。

五、有关的文化评价与探讨

近代外国人在华的办报活动,其行为和目的各有不同。许多传教士纯粹出于传教,也或为传播西方文明以启蒙民众,而有一些是为寻找发财机会,也有怀着侵略野心者……他们采用办报的传播方式,随着西方列强的侵华活动,打开了中国封闭的文化大门,成为其侵华的舆论工具。还有传教士是为宣传西方基督教和社会文明,改变中国人原有的思维模式,也或刺探一些中国的情报以为其政府服务……有学者称此为一种殖民主义性质的文化侵略。

中国近代新闻报业的开拓的确是基督教东传的结果。基督教是一种世界宗教,它要求平等对待一切民族,宣传上帝面前人人平等,对各民族信徒一视同仁,没有狭隘的民族主义。宗教改革后,新教成为资本主义的同盟军。传播其文化,扩大其市场,办报成为传教士们传播基督福音的主要手段,同时也借此大量传播了西方先进的资本主义文明成果。然而,传教的作用有限,它与中国固有的思想文化信仰有较大抵触。1900年义和团运动,仇杀洋人和基督教徒,盲目排外出现更大的高潮,八国联军入侵……两种文化的对峙一直延续着。在巨大的文化差距面前,中国人无法把基督教看做上帝的赠礼予以接受,它只能是西方殖民化进程中的附属品,伴随着洋枪洋炮才能在中国土地上找到自己的立足点。中国人至今不理解:西方的民主政治、市场经济与宗教信仰,实为一完整、文化体系。

传教士传播西方社会文明,的确开阔了中国人的眼界,通过宣扬西方文化以消除中国人高傲自大、盲目排外的愚昧观念,为文化入侵中国扫除思想障碍。各报无不把介绍西方的科学技术作为一项必备的内容,有实用技术,如治河、防火、采煤、建路等;有新发明,如轮船、电话、蒸汽机、显微镜等;还有天文、地理、物理、化学、生理、生物等各学科的内容。传教士同时也将西方人文科学和社会科学的成果介绍给中国,如大量的有关世界各国的历史、地理与现状的知识,英美等国的民主政治、社会繁荣景象,国际关系方面的知识,主要是西方各国的富强之道,以及有关通商、理财、开矿、筑路、办厂、办报、练兵等各方面的知识。尤其是教会开办学校和医院,对中国的教育和卫生事业所起的促进作用,很难用言语概括。中国人逐步能接受西方的科技文化,主要在于其实用性,而对于为什么西方会产生如此先进之科技始终一知半解。

传教士通过报刊宣传了西方天赋人权、平等自由、民主法治等思想价值理念,介绍了资本主义的议会政治、市场经济、君民一体、新闻出版、三权分立等运作机制,向中国人展现了一个崭新的世界新秩序蓝图,使中国人开始有所觉醒,对如何突破儒家思想的禁锢、跨越旧文化传统的樊篱,提出了许多惊世骇俗的思想观点。从林则徐到康有为,无不受到西方文化知识的启蒙,尤其对维新派的形成起到了重要作用。然而,中国改良维新之路最终还是走向了失败,民主革命之路更为曲折,可见中西方文化之差距是极其巨大的,中国社会的改革之路是漫长的。

传教士将西方近代的新闻报刊观念和技术传入中国,开启了中国人民间办报的历史,在一定意义上促成了中国民众新闻事业的发端。中国虽然是世界上最早拥有报纸的国家,但其"邸报"只是皇家统治的工具,没有任何现代新闻舆论的概念及其相关文化。外报以其自身的实践告诉中国人,办报可以自由表达自己的思想,发表各类文章,使中国人对此有了一个观念上的革命。《申报》1872年7月18日发表《邸报别于新报》指出:"邸报之作成于上,而新报之作成于下。"在铅活字排版和机械印刷技术引进,以及近代企业管理方式传入后,中国近代出版机构开始建立。

中国古代报纸为简陋的书本式,无标题,无版面,无栏目,无插图,无照片。外报则把采访业务、电讯交通、铅字印刷技术及有关商业经营办法结合起来。此前,中国的图书大多用木板雕印或木活字印刷。1814年,马礼逊雇用一名英籍印工汤姆士,开始铸造首批中文铅活字,如为印刷《华英字典》刻有十余万活字模,并逐步采用机械印刷。1826年,马礼逊带着一部石印机返回中国,将石印技术引介到中国。1834年,美国传教士将一套汉文木刻活字送往波士顿,制成一套汉文铅字运来中国。1859年,美国长老会在宁波试制成功电镀的汉文字模,石印和铅印报纸在中国发展起来。1861年,西方人在中国创办的报纸开始用机制白报纸。中国境内最早设立的通讯社,是英国路透社于1872年在上海设立的远东分社,它为中国引入了一种全新的传播概念和传播方式。此后,日、法、美、德等国也先后在中国各通商口岸设立了通讯分社。清末民初由外国人发端之近代新闻事业,确实带动了整个社会文化的进步。

传教士走到哪里,往往新闻报业也出现在哪里,并把商品贸易也带到哪里。西方列强本来就要在中国倾销商品,在逐渐开放口岸的机遇中,有些外报便登载一些与商业有关的消息,乃至发展到纯商业性报纸的出现。市场行情、外货推销、轮船日期等,都以广告的方式登于报端,不胫而走,促进了外货的销售、商业的发展,同时极大地促进了市场的开拓,在中国经济史上也算一次重大变迁。

不可否认,部分传教士的某些思想与品行是令人感佩的。如马礼逊于1818年在马六甲创办南洋第一所讲授中西文化的教会学校英华书院,由米怜任院长,学生开始只有一二十名,后增加到数十名,毕业生多从事传教、商业、译员等工作。1843年,学校迁往香港,规模有所扩大。裨治文在广州的家里收留穷孩子,第一名学生是个乞丐。郭士立的妻子在澳门收容几个穷女孩,开了一个读书班。1835年,广州组织"马礼逊教育会",募集捐款。1839年,马礼逊学堂在澳门正式开学,第一批六名男生都是穷苦人的子弟。校长为美国人布朗,在中国办学八年,为美中友谊和文化交流作出重要贡献。1842年,学堂迁往香港,成为近代中国传播西学的第一所洋学堂。改良派学者容闳就是该学堂学生之一,1841年到澳门入学,后又跟至香港,读了六年书,成绩优秀。中国近代第一位西医黄宽也是该学堂的学生,他与容闳后在英人资助下,赴美国留学。容闳毕业于耶鲁大学。黄宽又往英国继续深造,1857年回国,任职于广州博济医院,成为中国第一代医生。1824年,马礼逊回伦敦,创建了东方语言学校。

英国传教士李提摩太,1870年从伦敦来到中国的山东、山西等地传教,眼见大旱后华北灾民的艰苦生活,认为必须先输入科学知识,改善人民的生活,才谈得上宣传教义。他的这份苦心为其他教士所不能理会,因而被逐出教会。在山西无法立足,他只得转到北京广学会做编辑工作,任总干事,传播西学,支持改良。他以自由派独立传教士的身份继续做各类拯救工作,如民间赈灾、办学、办报、译书,并与中国上层洋务派和维新派官员广泛交往,甚至忧心如焚地向光绪帝进献维新方略。1881—1882年主持《万国公报》时,他曾系统地提出过改革主张。如他发表的《近事要务》一文,就提出改良农业、开矿办厂、发展交通、开办银行、设立学堂、自由传教等上百条建议。1890年主笔天津《时报》时,他写了两百多篇社论,后汇编成《时事新论》一书。有学者以为,郑观应的《盛世危言》只不过是在发挥李提摩太的改良思想;梁启超后来大出风头的《新民说》,也转述了李提摩太《新政策》中的主要观点。他在中国生活了45年,死前3年才回国。

美国传教士林乐知,1860年大学毕业后来中国,就此在这块土地上生活了46年,其间成为广学会的重要骨干,最后死于上海。他与王韬是至交好友,王韬的许多思想都是受其影响。乃至康有为的许多维新主张,也得益于他的提示。他翻译了大量的欧美书报文章,对中国的社会改革提出了许多有益的、积极的主张。他参与创立基督教在华各教派组成的学校教科书委员会,编写了不少教材。他在上海开设了中西书院,在苏州开设了博习书院、中西书院,1901年将三校合并为东吴大学,对中国近代教育颇有贡献。他曾任《上海新报》编辑,随后创办《中国教会新报》,即《万国公报》,并担任主编。该报是传教士所办报刊中最有影响的一种。因工作繁重,贡献卓著,他被人们誉为在华外国办报人中"最能干的编辑"。

美国传教士李佳白,长年在山东地区进行拯济和传播活动,积极学习汉文化,过着最俭朴的民间生活,努力打破民族间的隔膜,增进中西文化的交流。他后来在北京和上海创办了"尚贤堂"(英文原名为"中国国际会学"),出版《尚贤堂纪事》杂志,鼓吹变法维新,反对革命,并加入强学会。他的见解、主张和文章风格,极大地影响了梁启超后来的《新民丛报》。辛亥革命后,他又接办《北京晚报》,创办《国际公报》等,贡献颇多。

可以说,上述传教士的工作对中国近代的洋务维新运动影响甚巨。有学者认为,西方一些进步传教士的改革思路是一种价值理性意义上的文化追求,而中国洋务维新派的改良主张只求工具理性意义上的技术转变,这也是后者失败的原因之一。

总之,有一些传教士诚心诚意来传教与启蒙,或从事文化慈善事业,支持中国的社会进步。他们译书办报,提倡改革维新,开设了许多教会学校,开办了大量慈善医疗事业:医院、育婴堂等,做了大量的中西文化交流之事,培养了一大批不同于旧式文人的知识分子。曹聚仁曾说,李提摩太、林乐知和李佳白等著名传教士,"他们都以虔诚的宗教家心理,希望东方这个老大帝国的新生"。他们"渴望中国蜕变革新的热忱,却又是西方型的。他们都有是为了新中国文化的孕育,而尽产婆的职责的"[①]。同时,李提摩太、李佳白诸人也曾反对孙中山革命,支持袁世凯复辟,后人可对有关历史作实事求是的讨论。

当然,也存在一些帮助侵略、欺压百姓的传教士等西方人,他们为帝国主义出谋划策,在新闻传播中也时有抑中扬外、颠倒黑白的宣传。王韬《与方照轩军门书》云:"迩来西人在中土通商口岸,创设日报馆,其资皆自西人。其为主笔者,类皆久居中土,稔悉内地情形。且其所言论,往往抑中而扬外,甚至黑白混淆、是非倒置。泰西之人,只识洋文,信其所言为确实,遇中外交涉之事,则有先入之言为主,而中国自难与之争矣。"他指出:"以西国之人,述中国之事,容有择焉不精,语焉不详之病,斯固势之所必然,而无足怪者。"[②]尤其在报道中外关系问题时,常会出现偏袒本国而歪曲事实、是非颠倒的情况。戈公振愤慨谈道:"初外报对于中国,尚知尊重,不敢妄加评议。及经几度战事,窘象毕露,言论乃

---

① 曹聚仁:《文坛五十年》,东方出版中心1997年版,第26、29页。
② 王韬:《与方照轩军门书》,载《韬园尺牍》卷九。

肆无忌惮。挑衅饰非,淆乱听闻,无恶不作矣。外报今日在中国之势力,英人为最,日人次之,美、法等国又次之。其言论与记载,均与其国之外交方策息息相关。……夫报纸之自攻击其政府与国民可也,彼之攻击我政府与国民亦可也。今彼报代表其政府,以我国之文字与我国人之口吻,而攻击我政府与国民,斯可忍,孰不可忍!"①

然而,西报也有较为客观及对中国持友好态度者。如寿萱室条陈谓:"昔者越南事起,曾惠敏适秉驻法使节,除与译署随时电商机要外,一面即结好各洋报之主笔访事。故维时各报之论说,不致袒法侮中,其首相兼外部斐礼,遂大不理于人口。民志骚然,竟有袖枪以谋击刺者。厥后镇南之败,斐礼至议院再添饷添兵,而议院竟不之允。斐礼不得已,即日辞职卸权,是以继任之弗来西尼遂肯乘势转圜,议和就款,不复索偿兵费,则实洋报维系之功也。惟近来各报于彼国在华之种种迫胁要求,每多附和之词。虽法国奴弗利斯忒报之主笔访事……尚能独排众议,秉公昌言,然卒以势孤而无济于事。至该三人之所以肯出此者,不过曾与中国使署往还耳。而其发议,已肯为中国代鸣不平如此。"②另外,英商主持的英文报《中国之友》,敢于揭发英国政府捏造了中国士兵撕下"亚罗"号船上英国旗的谎言,实为挑起第二次鸦片战争制造借口,其精神也令人感佩。

戈公振指出:"至是,中西文化融和之机大启,开千古未有之创局。追本溯源,为双方灌输之先导者,谁欤?则外人所发行之书报是已。"③应该说,近代外国人在中国办报,其"开千古未有之创局"的历史作用是无法抹杀的。

---

① 戈公振:《中国报学史》,上海古籍出版社2003年版,第137页。
② 同上书,第132—133页。
③ 同上书,第142页。

第三章 国人办报与维新运动

国人办报，约从19世纪70年代开始。在外报的信息传播下，读书人大开眼界，开始向西方寻求救国的真理，而对新闻言论自由表现出一定的兴趣。当然，他们办报的道路相当艰难曲折。戊戌变法前夕，国人掀起第一次办报高潮，颇为壮观，却好景不长。

一、从译报跨越到办报

1839年，林则徐在广州组织人翻译澳门出版的英文报纸《广州周报》和《广东纪录报》，开始只是零星译出，后来按时间顺序编译，装订成册，称《澳门新闻纸》，将其抄送林则徐、广东巡抚怡良，并择其要者附奏，呈道光皇帝参阅。保存下来的译稿有6册，共171条，不公开发行传播，不能算报纸，或称近似高干内参的译报。林则徐选择有关内容加工润色，按类编为《澳门月报》5辑。魏源曾将其收入《海国图志》，提出"师夷之长技以制夷"思想，还颇为赞赏西方各国的新闻事业。林则徐另组织人翻译了《四洲志》、《各国律例》和关于火器、轮船制造等书，用心探究。

1868年6月，上海江南制造局设立翻译馆。次年，广方言馆并入，成为当时官方最大的翻译机构。译员由中外学者共同组成，主要从事西方科学著作的翻译，40年间译著几乎囊括19世纪西洋科学的主要内容，共计199种。其译报工作从1873年开始，所译外报主要取自英、法、美、日、普、瑞等国，每日或数日择要闻十余条，印送官绅阅看。译报每4月刊印成册，名《西国近事汇编》，为官办内部译报，每年按季出版四卷，除分呈上海及各省官员外，亦公开售卖。该汇编连续出版到1899年，是同治、光绪年间知识分子了解世界的重要参考资料，康、梁诸维新派人士将其视为必读之书，从中吸收了大量的西学信息。

中国人在国内自办近代报纸，发端于洋务运动时期。国人自办的最早的报纸，一说是1872年在广州出版的《羊城采新实录》，但是这份报纸早就失传，有关情况已不可考。所以，一般认为第一家国人自办报纸是《昭文新报》，1873年

8月8日由艾小梅创刊于汉口。该报初为日刊,由于读者不多,后改为5日刊,装订成书,内容上"奇闻轶事居多,间有诗词杂作",因销路不畅,不到1年便停刊。该报也早已佚失,详情难考,只有《申报》对其略作介绍。其实,早在1856年12月,美国华侨司徒源等人就集资在加利福尼亚州萨克拉门托创办了华文报刊《沙架免度新录》,可谓中国人创办的世界第一份中文日报。由于远离祖国,该报对国内的影响甚微,至1858年就已停刊。

《汇报》,1874年由留美学生副监督容闳发起集资合股,创办于上海,为国人在上海自办的第一家报纸。上海知县叶廷眷、招商局总办唐廷枢、太古轮船公司买办郑观应等为主要股东,其他大部分股东为广东人。该报的实际主持人是邝其照,他发表过一些兴办洋务、富国强兵的言论,还译介过相当数量的有关西方政治、法律和道德的文章,曾着力介绍英国议会。《汇报》言辞谨慎,不评点官府政事,不臧否官员是非。尽管如此,该报针对时弊不免仍有所指陈,还经常转载香港《循环日报》的言论,因反对外国人对中国权益的侵害而横遭非难,不到三个月就被上宪谕令禁止,只能易名《彙报》。股东怕因文字再惹祸,请英人葛理出名承顶,主笔管才叔,指陈时弊的言论有所增加,与《申报》、《字林西报》论战,还经常转录《循环日报》的有关政论。然而,该报经营状况仍然不佳,再改名《益报》,年余便不得已停刊。

《新报》,1876年由上海的各省商帮创办,为求生存而接受上海道台的资助,名为各省商帮集资所办,实际上股款全部出自上海道库,一般认为其性质为官商合办。有学者认为,《新报》是中国近代最早的地方官办报纸。该报的主笔为袁祖志,内容比较严肃,不刊登文艺作品,全录京报和各衙门事务,重视商务经济和鼓吹洋务,要求学习科技和兴办实业。该报在报道中外新闻时,也时常发表议论,竭力维护皇权道统,不敢非议国政,不触及社会弊端,凡愤世嫉俗之作一律不予发表,人称"道台的嘴巴",前后历时6年。1882年,《申报》讥评江苏乡试,惹怒学政黄某,复有御史参奏,朝廷下旨查办上海报纸。新任上海道台邵友濂不敢查办洋人主办的《申报》,只能令《新报》停刊,荒唐之极,令人捧腹。

甲午战争前,国人在上海出版的报刊还有:《侯鲭新录》(1877)、《词林书画报》(1888)、《飞影阁画报》(1890)、《华洋日报集成》(1891)、《告白日报》(1891)、《中西文报》(1891)、《艺林报》(1891)、《海上奇书》(1892)等。

《述报》,1884年由广州海墨楼石印书局创办于广州,为广州第一家国人自办的报纸,也是中国最早的石印报纸,每日出四页一份。该报业务水平较高,新闻内容丰富,言论大胆犀利,并且图文并茂。该报曾登《开言论为自强首义说》一文,公开推崇西方政体模式,认为广开言路、上下沟通、尊重言论自由,才能走上文明富强之路。时值中法战争,该报发表了大量的战时报道,抗敌御侮的爱国精神跃然纸上。该报每月将中外新闻汇编成一卷,名《中西近事汇编》,将介绍西方科技文化知识的内容汇编为《格致便览》,内容比《申报》翔实。遗憾的是,该报馆主人究竟是谁,至今是个悬案,至1885年4月停刊。

《广报》,1886年由邝其照创办于广州,主笔相继为吴大猷、劳保胜、林翰瀛等,在国内外许多地方发行,包括东南亚许多地方,颇受侨胞欢迎。该报初办时,仿官报,时亦有揭露社会弊端的文章。1891年,该报因刊登某官员的奏折触犯两广总督李瀚章而被查封,被迫搬至沙面租界,由一英商挂名,改名《中西日报》,继续出版。搬迁后,该报增设《西报译登》专栏,介绍西洋典章文物、风土人情、科技知识和人文思想,渐肆议论,指斥政治。1900年,因登载义和团的有关消息,该报又被当局查封。邝其照再次将报馆迁出租界,改名《越峤纪闻》,继续发行。他还和劳保胜、武子韬创办了《岭南日报》,由朱鹤主笔,日出8开8版,主要栏目有上谕电传、督宪牌示、论说、本省新闻、中外新闻、来稿照登、西报汇译、京报照录、各行告白、货价行情等,一直到1897年停刊。

甲午战争前的20年间,国人先后自办了约20家报纸,除在香港的几家,内地报纸的寿命都不长,销量亦有限,没有多少社会影响。各种阻力,来自文化、经济、政治诸方面。如社会上九成为文盲,对购读新闻一事淡漠,报馆经营惨淡。工商业不发达,投资报业者少,做广告者少,报纸难以赢利。尤其是官府权力的干预,清政府虽没有明令禁止办报,但《大清律例》禁止"妄布邪言"、"煽惑人心",地方官吏对民间报纸说三道四,稍有不满便肆其威虐,重则用罪名惩办,轻则将报馆封闭。所以,报人路途艰难,往往寻求相关庇护。如寻求官方的庇护,要有大官员作后台,或直接参与,否则难以立足;或寻求洋人作为名义上的主持人,以求得治外法权的保护;或迁入租界,根据不平等条约所赋予的特权,躲避清廷的势力。

二、王韬与香港《循环日报》

《循环日报》,1874年2月4日发刊于香港,由中华印务总局创办,黄胜为大股东,不久便退出。随后,陈蔼廷加入,为大股东,任总司理,正主笔为王紫诠,即王韬。该报为当时香港由华人出资、华人自办的唯一中文报纸。它一开始就以日报的姿态出现,除星期日外,每星期每日发行两张四版,很快打开销路,乃至远播海外,成为很有影响的一份华文报纸。早期报纸,如创刊第二号、文摘小册子等原件,大英图书馆有收藏。

王韬(1828—1897),原名畹,字利宾,又名翰,号兰卿。1862年改名韬,字仲韬,一字子潜,又名紫诠,别号韬园老民、天南遁叟。苏州甫里(今江苏吴县)人,出生塾师家庭,自幼受过严格的儒学教育。他科考不举,1849年应英国传教士麦都思之聘,受雇于教会在上海开设的墨海书馆,这是中国第一个使用铅印设备的出版机构。他从22岁到34岁,任职十多年,帮助传教士翻译西书,如《圣经》,获得了广泛好评,思想也深受影响。他参与了《六合丛谈》、《遐迩贯珍》等报刊的工作,熟悉了有关业务。1854年8月,他受洗为基督教徒,但生性颇为风流。1862年,他因上书太平军被清政府通缉,逃往香港,协助传教士理雅谷翻译中国经书,参与编辑英报《香港近事编录》,曾为主笔。1867—1870年,他应理雅谷之邀,往英国译书,多次亲临英国下议院,旁听其议事过程,对君主立宪制度不胜羡慕。他所翻译的《中国经典》,使他在英国颇有名气,应邀登上牛津大学的讲坛。他还考察了《泰晤士报》的有关情况和政论特点,深刻了解到新闻报纸在西方社会发展中的重要作用。他返回香港后,完成巨著《普法战纪》,连载于《香港华字日报》,并为该报撰写一些政论性文章。1873年,他与黄胜等人集资买下原英华书院的印刷设备,成立了中华印务总局,并在此基础上创办了《循环日报》。

《循环日报》的编排形式,基本上模仿《香港华字日报》。第一版主要为有关公司、诸业行情的经济信息。第二、三版为新闻,分"京报全录"、"羊城新闻"、"中外新闻",也转载上海《申报》等报纸的报道。第四版是广告,相对较少,这与当地欧美公司不积极支持有关。其特点是政论文章较多,往往是头版头条一篇政论,有时也冠于第二版新闻栏,可称古今中外,无所不谈。该报是中国报刊史上第一个以政论为冠的报纸,成为早期改良派系统宣传其政治主张的重要阵地。1883年,王韬将发表的政论时事文章汇编成书,名为《弢园文录外编》。《循环日报》所发新闻追求"新"和"快",在截稿后接到重要消息,即将其刊登于每天发行的"行情纸"。1874年5月4日,该报首次印刷"特印小纸,以便先得览观",可以说是中文报的第一张"号外"。

王韬接受西学多年的濡染,认识到只有向西方学习,厉行改革,中国才能振兴。他亲理报务十年,撰写政论十年,及时论述时政,内容广泛,文字朴实,浅显通俗,文意清晰,立论鲜明,直陈时弊,境界开阔,中心在变法,鼓吹洋务,呼吁政治改良,学习外国先进科技。他指出中国政治腐败之根源在于数千年的君主专制统治,必须进行民主化制度改良,第一个在报纸上提出要实行君主立宪制度,强调"天下之治,以民为先,所谓民惟邦本,本固邦宁也"。他主张发展工商业,允许民众自由择业;兴办工矿交通事业,"官办不如商办",应允许"民间自立公司";主张废除八股取士之法,改革科举制度,选拔有用人才;提出政府必须倾听民众的声音,让民众讲话。他独创的政论文体,以战斗的文风一扫让人窒息的时文气息,使读者精神为之一振。可以说,王韬是中国历史上第一个杰出的报刊政论家。

《循环日报》之名称暗指国家政局之循环理论，在谈到三皇五帝时，对其时代推崇至极，由是其循环论便建筑在王道的基础上，认为国家应实施各种应变措施，变法图强，只要清廷能适当地进行改革，应变得法，"去成见以求通变"，那么政局"终而复始，循环不已"，王道将是永存的。这也反映出王韬的改良主义思想，即所谓"天地间循环之至理也"。基于这样的世界观，《循环日报》成为王韬主张变法自强的重要论坛，其言论也颇受后来变法维新人士的重视和推崇。为了洗清自己参与太平天国的嫌疑，表明自己的"清白"，他也写了许多猛烈抨击太平军为"贼"、"寇"的文章，如谈论如何肃清太平军余部的《平贼议》等。

《循环日报》的另一个重点，就是刊登世界新闻及其对国际时局的评述。特别是对于中外关系的课题，该报无不详尽报道，并提出明确的看法。比如，关心安南（今越南）的形势；留意俄国在中国北方的行踪；对于日本明治维新的成功，更是投以羡慕的眼光，予以详尽的报道，还常引以为例，作为中国社会发展的借鉴。同时，对日本图谋对邻邦的侵略，该报也能给予密切关注和抨击揭露，尤其是对日本出兵台湾的警告，义正词严地指出："中国保卫台湾名正言顺。"该报更密切关注中国与西方列强的关系，经常转录西报的言论，对于西人西报任何侵害中国主权的言论，都能给予无情的驳斥。如《严禁贩人出洋》诸文的主张，就是针对"猪仔问题"而发。

为什么《循环日报》会如此成功？一是在香港特定的历史环境下，能够较为自由地讨论政治问题，《大清报律》管束不到，而不至于被清廷通缉或遭官府骚扰。二是由于王韬的际遇与努力，他接触和认知西学的程度已远远超出当时一般知识分子，曾亲自对西方政治体制进行过实地考察，有深厚的学养和弘毅的抱负，所以能够发表一些较为深刻的见解。三是王韬向往西方新闻报刊所发挥出的政治、法律和道德诸方面的威力，努力实践其追慕的西方自由主义报刊理论，开创出中国"文人论政"的文化样式，其笔锋涉及之广、气势之雄，也是前所未有的。四是《循环日报》对任何形式的激进主义始终抱批判和警惕的立场，这一论事立场较适合当时大多数民众的胃口，也成为其后中国民间自由主义报刊遵奉的一大原则。五是该报在经营上采用各种办法扩大影响，为获得华人社会的支持，早期不但采用免费赠送报纸的办法，还在四处发海报，进行宣传，在国内五大通商口岸及海外华人聚集地都设立代理店。为了方便外埠读者邮寄和翻阅，该报还提供一周报纸装订成册的服务项目。

总之，《循环日报》的报道能以国家、民族的利益为依归，对内呼吁变法自强，对外反对列强对中国任何权益的侵犯，成功地演绎了华人出资、华人操权的华文报纸所应有的品格，赢得了广大国民的信任与喜爱，其成功不是偶然的。另外，中华印务总局还有其他经营业务。据《循环日报》有关广告，总局为客户代印各种中英文书籍、文件、契约，报纸也代为刊登广告、海报。总局还出售各种书籍、字典乃至染发药水和各式补药，出售大、中、小样的活板字等。上述经营活动对于早期的《循环日报》，也应是不可忽视的财政补贴。

香港还有《维新日报》，1879年由陆骥纯以个人资本创办，与《循环日报》体例大致相同。中法战争期间，该报支持抗法斗争，颇受欢迎。香港国人办报的成就，很值得人们深思：为什么只有在香港这一殖民地，中国报人才能于自由中获得一定的成功？

三、精英新闻思想剖析

魏源（1794—1857），道光进士，曾任内阁中书，主张革新，要求变法。他提出"夷情备采"，据中外文献资料编成《海国图志》，专节谈及辑录外国报纸，目的在了解西方而战胜西方，即"师夷长技以制夷"。这和林则徐办内参的目的相同。他虽然提出要向西方学习，但是仍跳不出传统文化的窠臼，缺乏世界的视野和情怀。近期葛红兵有一尖锐评说："近代中国人提'师夷长技以制夷'，也就是'向西方人学习是为了打败西方人'，翻译成具有道德讽刺意味的语言就是'向老师学习是为了打败老师'，这种只讲策略不讲道义的'非道德主义现代化思路'实际上一直主宰着中国社会的现代化进程。这使得中国社会的现代化向着两个方向背道而驰：一方面是经济的不断发展、军事的不断强大，一句话，综合国力不断提升；另一方面是对西方的嫉恨也与日俱增。"①这种说法颇耐人寻味。

洪仁玕（1822—1864），曾在香港生活七年，学习西学的天文、地理、历数、医道，加入了伦敦布道会，担任过教会牧师和汉文教师。他1859年秘密抵达天京，被洪秀全封为干王，总理太平天国朝政。他居留香港时对资本主义有所接触和了解，其《资政新编》主张引进资本主义国家的科学技术，奖励发明创造，发展交通事业和对外贸易，鼓励投资工商业、银行业、矿产业，允许商品经济生产和雇工剥削，提高商贾的社会地位，并提倡改革旧习俗和兴办有利于社会进步的公共事业，如医院、学馆等。《资政新篇》还专门提出了"新闻篇"的系统设想和操作方案，要点有：新闻官收集舆论"要自大至小，由上而下，权归于一"，使"上下情通"，"以资圣鉴"；可监督官吏，将官吏置于"人心公议"之下，"有新闻篇以泄奸谋，纵有一切诡弊，难逃太阳之照矣"，"只须实写，勿着一字浮文"，"设新闻馆以收民心公议"，亦可传播交流各种商贸信息，促进经济繁荣。所谓"上览之得以

---

① 葛红兵：《中国思想的底线》，郑州大学出版社2006年版，第20页。

资治术,士览之得以识变通,商农览之得以通有无,昭法律,别善恶,励廉耻,表忠孝",认识到新闻报刊对国家政权的作用,要求新闻官不受众官节制,"独立"行使权力。①

然而,洪仁玕对资本主义还只是一知半解,尤其在政治上仍没有摆脱传统知识分子的固有局限,没有跳出王权主义的藩篱。《资政新篇》的中心要旨仍在于扶持朝纲,强化皇权。"倘至兵强国富,俗厚风淳之日,又有朝发夕至之火船火车,又有新闻篇以泄奸谋,纵有一切诡弊,难逃太阳之照矣。""兴车马之利,……虽三四千里之遥,亦可朝发夕至,纵有小寇窃发,岂能漏网乎!"可见,其兴铁路、利舟楫、办报馆诸主张,都是从强化皇权着眼的。所以,洪仁玕的新闻思想实为西方新闻观与王权思想的颇为矛盾的结合体,主要认为报纸的作用可禁朋党之弊,消弭各种弱本强末的离心力量,是维系中央政权、加强太平天国集权统治的工具。

洪仁玕在香港主要与外国传教士交往,对基督教已有较为深刻的理解。但是,他怀着"报知遇之恩"、"竭力效忠"的赤诚之心,不惜歪曲基督教义而对其族兄洪秀全进行神化、美化,编造、宣传天父上帝下旨的神话。他说:"盖谓系王于天,所以大一统也。此天王尊号前代无人敢僭者,实天父留与吾真圣主也。……今吾真圣主天王于天酉年转天时,蒙天父暗置一朱书在燕寝门罅中,批云:'天王大道君王全'七字,是君王父寻着的,邻县邻乡是人皆知。故吾主天王受天真命为'天王大道君王全',非自称,非人称,又非古书所称,实天父真命封为天王也,而较诸古之僭称自称,为至正至顺焉。"他还用神话加梦话论证"天王是太阳能照天下",幼主亦是"太阳"②,喋喋不休地宣扬君主专制主义、宗教蒙昧主义和封建特权主义。所以,洪仁玕根本不可能对太平天国政权进行资本主义民主性质的改革,像太平天国这样极端腐朽且带有明显邪教性质的政权,根本不可能实行带有自由主义因素的新闻制度。

李端(1833—1907),同治进士,累擢内阁学士、刑部左侍郎。他支持康梁变法,其《奏请推广学校折》谓:"欲博古者莫若读书,欲通今者莫若阅报,二者相需而成,缺一不可。泰西各国,报馆多至数百所,每馆每日出报多至数万张。凡时局、政要、商务、兵机、新艺、奇技,五洲所有事故,靡所不言。阅报之人,上自君后,下至妇孺,皆足不出户而于天下事了然也。故在上者能措办庶政而无壅蔽,在下者能通达政体以侍上之用;富强之原,厥由于是。今中国邸钞之外,其报馆仅上海、汉口、广州、香港十余所;主笔之人不学无术,所言率皆浅陋不足省览。

---

① 洪仁玕:《资政新篇》。
② 洪仁玕:《英杰归真》。

总署海关近译西报,然所译甚少,又未经印行,外间未有得见。今请于京师及各省会并通商口岸繁盛镇埠,咸立大报馆,择购西报之尤善者,分而译之。除恭缮进呈御览并咨送京外大小衙门外,即广印廉售,布之海内。"①他已认识到新闻报刊对社会进步的巨大作用,但终因变法夭折而被革职,流戍新疆。

陈炽(? —1899),光绪举人,历任户部郎中、刑部章京、军机处章京。他曾到香港、澳门考察,"留心天下利病",积极钻研西学,主张向西方学习,以求自强,支持康梁变法。他认为报纸是国家兴盛的武器,"国之利器,不可假人",强烈要求改变外国人垄断中国新闻事业的局面,提倡国人办报。他指出中国虽有言官制度,却"风影传闻,结援树党,闾阎之疾苦,安得遽登台省之章疏也。况乎忌讳猥多,刑戮不免,所谓言者无罪,闻者足戒,昔有其语,今无其事。"②因此,要改革上闻壅蔽之弊,就应该广设报馆,反映民情,沟通上下。文人们已逐步认识到,报纸是增广见闻、传递信息、通达时务的工具,能使国人了解天下大事,改变过去耳塞目瞽、囿于一隅的局面。变法失败,他忧愤而死。

王韬创办《循环日报》,努力介绍欧美报业的发达概况,其《西国日报之盛》一文,着重描述了欧美报纸对社会的巨大影响,以及报人在社会上的崇高地位。他对英国第一大报《泰晤士报》极为推崇:"英国之泰晤士,人仰之几如泰山北斗,国家有大事,皆视其所言以为准则,盖主笔之所持衡,人心之所趋向也。"在《上丁中草药丞》中,他指出,中国正处于"四千年来未有之创局",亟需改变"甘坐因循、罔知远大、溺心章句、迂视经猷、第拘守于一隅而不屑驰观乎域外"之传统。在《变法自强下》中,他指出,办报目的之一在于"日报立言",就是议论朝政,宣传变法图强的政治主张,"博采舆论",使"民情之向背、政治之得失"达于上廷,使朝廷"措置咸宜"。他要求开放言禁,允许报纸"指陈其事,无所忌讳",以形成"言者无罪,闻者足戒"之风,也即言论自由。他认为,清政府不应压制舆论,而应鼓励民众积极"言政议政",准许民间自由办报,这才是国家"兴盛发达"之表征,民族进步之根本。③

王韬认为办报的基本功能是"广见闻、通上下",要求开放言禁,其编辑方针是忠实与详尽,不应夸张或杜撰。他在《本局日报通启》中说:"本局秉笔一以隐恶扬善为归,其中有中外者必求实录,不敢以杜撰相承。至于世态险,因果报应,亦间列一二,俾观者得以感发善心,惩戒逸志,非有他意也。"在《本局告白》中,他表示:"至于中外新闻其有足以资国计、便民生、助谈噱者,亦必原原本本务纪

---

① 转引自戈公振:《中国报学史》,上海古籍出版社2003年版,第118页。
② 陈炽:《庸书·报馆》,载《陈炽集》,中华书局1997年版,第107页。
③ 前后所引王韬之文,参见《弢园文录外编》与《弢园尺牍》。

其详,勿使稍有所遗漏。"报纸评论必须客观和公正,隐恶扬善以移风易俗。同时,为了杜绝报人滥用其影响力,应制定法律对报人的权力予以适当限制,但不能因此扼杀新闻言论自由。自古圣贤都乐于征求民意,国人用报纸议论国事,非但未有不宜之处,且应受到当局的鼓励。他在《与方照轩军门书》中认为:"宜设洋文日报以挽回欧洲之人心也。"因为西人办报"往往抑中而扬外,甚至黑白混淆、是非倒置……今我自为政,备述其颠末,而曲直则自见。彼又何从以再逞其鼓簧哉?"他指出:"中国既自设西文日报,则可以拾其遗而补其缺,纠其谬而正其讹,然后事理不至于乖错,即可泯猜贰于无形。"提出中国人自办洋文报纸,客观报道有关新闻,以纠正洋人报纸中之谬误,王韬可谓国内第一人。

王韬首创民间报刊"文人论政"的文化样式,指出这并非文人无聊好事,而是代表民间行使言论自由的神圣权力。文人应站在民间立场上,不依附任何党派,冲破古旧陈腐的观念,独立自由地发表自己的政见。他认为,办报好处,一知地方机宜,二知狱讼之曲直,三能辅教化之不及。"禀词出于状帅,批语出于僚幕,成狱之词出于胥吏之填砌,则曲直易淆矣。若大案所关,命采访新报之人得入衙观审,尽录两造供词及榜掠之状,则虽不参论断,而州县不敢模糊矣。"新闻监督司法、扬善抑恶的教化功能都是极为重要的方面。"以天下之大,兆民之众,非博采舆论,何以措置咸宜?是以盛治之朝,唯恐民之不议,未闻以议为罪也。"①有学者认为,王韬是中国引进西方自由主义新闻思想的第一人。当然,他的自由信念还受"君主立宪"的束缚,甚至仍和旧传统划不清界线,认为"器则取诸西国,道则备当自躬,盖万世不变者,孔子之道也",还将开放言禁的企望寄托在最高统治者的开明与恩赐上。中国的自由主义者一开始就带有悲剧性格。

郑观应(1842—1922),由商人而为洋务派幕僚,历任各地洋务机关总办之职,提出以商战致强的理念。其所著《盛世危言·日报》特别注意报纸作为一种传播工具,对国计民生和社会发展的进步作用,提出要"民情悉达","莫如广设日报"。他主张国人自由办报,"凡益于国计民生,日用行为,性命身心者,则无不录,录无不详","若欲富国强民,舍此而无他"。他指出,西方报纸"尤在闻见多而议论正,得失著而褒贬严,论政者之有所刺讥,与柄政者之有所申辩,是非众著,隐暗胥彰,一切不法之徒,亦不敢肆行无忌矣"。他对英国君主立宪制下的议会政治,极力地赞美与宣传,有云:"日报与议院,公议如秉炬。"他要求国内"大小官员,苟有过失,必直言无讳,不准各官与报馆为难"。他已有运用报纸进行舆论监督以整饬吏治之作用的思想,但是依然宣称:"中学其本也,西学其末也;主以中学,辅以西学";"道为本,器为末,器可变,道不可变"。

---

① 王韬:《论各省会城宜设新报馆》,载《申报》1878年2月19日。

何启(1859—1914)、胡礼垣(1847—1916),曾留学英美,回国后在香港创业。他们共同发表了不少政论文章,后支持孙中山革命。其《中国宜改革新政论议》一文指出,报纸新闻有助于开启民智、培育人才。"人之才识得诸见闻,若闭其见闻,则与塞其灵明无以异,盖见闻不广,则思虑不长;思虑不长,则谋猷必隘。……而思虑俱从见闻而生,见闻多由日报而出。"他们公开要求报刊有直言之职权,官府不得无端干涉:"日报之设,为利无穷,然必其主笔者、采访者有放言之权,得直抒己见,方于军国政事风俗人心有所裨益。若唯诺由人,浮沉从俗,遇官府旷职则隐而不言,曰:'彼虽旷职,仍是官府也,以下讪上,不可为也。'持此一念,势必至逢君恶。遇小民含冤则忍而不发,曰:'彼虽含冤,不过小民耳,贫不敌富,理岂不然。'持此一念。势必至失人心。……盖言必能直,于日报方为称职。言而不直,于日报则为失职也。"他们严厉指出:"中国日报之设,盖亦有年,而不能得其利益者,由秉笔之人不敢直言故也。今有于官司之龊而偶一及之者,则其报馆必致查封,其主笔必被拘系,不问其事之真与伪也。今有于官门之受赃而涉笔言之者,则主稿者祸不旋踵,司报者灾必及身,不问其情虚与实也。是故不知忌讳者不可以为日报,不识情面者不可以为日报,知忌讳识情面而不肯阿谀奉承地方有司者仍不可以为日报。于是华人之为日报馆,不敢自标其名,反借洋人之名以求保护。其受制也若此,尚能望有益于实事哉!"①

以上只是当时少数精英们的新闻思想,某些方面确有过人之处,然而一般又都未能真正跳出"中学为体,西学为用"的框架,思想上存在很大局限,矛盾混乱之处也还不少,兹不赘述。

四、报业实际运作之概况

就当时大多数报人而言,其实并没有多少宏大志向。《最近五十年之中国》有云:"彼时报纸所摭拾,大率里巷琐闻,无关宏旨。国家大政事大计划,微论无从探访,即得之亦决不敢形诸笔墨。故报纸资料,大半模糊而琐细。"报纸内容主要为宦海珍闻、各地琐录、艳情描写、诗词唱和、商家市价之类,普通人阅之,藉为酒后茶余之谈资,"要而言之,其时开报馆者,惟以牟利为目标;任笔政者,惟以省事为要诀。而其总原因,由于全国上下皆无政治思想,无世界眼光,以为报纸不过洋商一种营业,与吾侪初无若何之关系"②。

戈公振说:"甲午以前,报纸罕言政事,对于官场中人尤不敢妄加只字。如

---

① 何启、胡礼垣:《新政论议》,载《新政真诠》,辽宁人民出版社1994年版,第177—178页。
② 转引自戈公振:《中国报学史》,上海古籍出版社1993年版,第122页。

英使郭嵩焘在伦敦画像,为彼国报纸所讥讽,《申报》载之,大费交涉。又如江南提督谭碧理往来淞沪,为报纸所纪载,即命人与报馆交涉,不得登载。后又行文总督,大肆诋諆。在今日视之,固不值一哂也。迨戊戌政变,沪报始对旧派有微词。"所谓"报纸罕言政事",当然不包括香港《循环日报》之类,而主要是针对清政府有能力管辖到的内地报刊而言。当时各报对科举新闻颇为热衷,"每逢考试,则题目视为重要新闻之一,榜名尤须快著先鞭。不惜糜金钱、耗精神以赴之,有所论列,亦皆科场中事"。一个极不好的新闻风气是:"各报之间,既无公会,且少联络,当时并有一种风气,各报喜于笔战,夸己之长,蹈人之短,而所争者乃极细微而无意识之事。自今视之,亦可笑矣。"①

《上海闲话》亦云:"清时科举盛行,每当直省乡试之年,则各报必延聘一科甲者,于放榜之前,拟作江浙两省闱题文,登之报首,以代论说。此风不知始自何时,其后乃相沿成例。盖举世为科举梦所浸灌也。""当戊戌四五月间,朝旨废八股,改试经义策论,士子多自琢磨。虽在穷乡僻壤,亦订结数人,合阅沪报一份。所谓时务策论,主试者以报纸为蓝本,而命题不外乎是。应试者亦以报纸为兔园册子,而服习不外乎是。书贾坊刻,亦间就各报分类摘抄,刊售以牟利。"②其情景与后世高考,也颇为相像。

当时报馆的设备简陋,报人生活相当俭朴。《最近五十年之中国》云:"当时报馆房屋,均甚敝旧,起居办事之室,方广不逾寻丈,光线甚暗,而寝处饮食便溺,悉在其中。冬则寒风砭骨,夏则炽热如炉。最难堪者,臭虫生殖之繁,到处蠕蠕而动,大堪惊异。往往终夜被扰,不能睡眠。馆中例不供膳,每日三餐,或就食小肆,或令仆人购餐于市肆,携回房中食之。所谓仆人者,实即馆中司阍而兼充主笔房同人差遣奔走,并非专司其事之馆役。薪水则按西历发给,至丰者月不过银币四十元,余则以次递降,最低之数,只有十余元,而饭食茗点茶水洗衣剃发与夫笔墨等等无不取给于中。生涯之落寞,盖无有甚于此者。"③报馆设备虽未必尽如此简陋,报人生活也未必尽如此惨淡,却也可见一斑。

报人、记者之地位也很低下。《上海闲话》云:"昔左文襄在新疆,由胡雪岩介绍,向洋商借款一千二百万,沪上报纸颇有非难。……然文襄闻有反对者,即大怒不止,故与其友人书,有云'江浙无赖文人,以报馆主笔为之末路'之语。其轻视报界为何如! 惟当时并不以左氏之诋斥为非者。盖社会普通心理,认报馆为朝报之变相,发行报纸为卖朝报之一类。(卖朝报为塘驿杂役之专业,就邸钞

---

① 戈公振:《中国报学史》,上海古籍出版社1993年版,第134页。
② 同上书,第134—135页。
③ 同上书,第125页。

另印以出售于人,售时必以锣随行,其举动颇猥鄙,而所传消息,亦不尽可信,故社会轻之,今乡僻尚有此等人)故一报社之主笔访员,均为不名誉之职业。不仅官场仇视之,即社会亦以搬弄是非轻薄之,宜文襄之因事大施讥评也。"戈公振亦云:"当时社会所谓优秀分子,大者醉心科举,无人肯从事于新闻事业。惟落拓文人,疏狂学子,或借此以发抒其抑郁无聊之意思。"①

也有一些关心国家前途、关注时政变化的读书人,想通过报纸这一大众传媒宣传他们的爱国思想和救国主张,然而大多惨淡经营,颇为艰难。戈公振《中国报学史》云:"每日印报不过数百纸,每纸取费八文,预定六文,卖报者得增取二文。广告每五十字起码,每日取费二百五十文,每加十字加费五十文。报费每月一结,未卖去者可以退还。然阅报者与登广告者,仍以洋商或与洋商有关系之人为多。报馆之维持,惟赖此耳。"②《上海闲话》在介绍上海报业情况时也说:"每日出报,外埠则托信局分寄,而本埠则必雇有专人,于分送长年阅定各家者外,其剩余之报,则挨门分送于各商店。然各商店并不欢迎,且有厉色以饷之者。而此分送之人,则唯唯承受惟谨。及届月终,复多方善言,乞取报资,多少即亦不论,几与沿门求乞无异。惟其中有一事,至可为吾人纪念者。报馆每日所出之报,其总数无过于数百份,而社会之不欢迎又如上述,则所谓长年定阅之各家,究系何人?盖大率洋商开设之洋行公司,及与洋商有关系之商店为多。噫!中西人知识之不侔,于此可见矣。"③

可见,这一时期中国内地的第一批近代报人是在极其艰难的条件下,苦苦撑持着这一事业。要改变中国的有关传统文化,走出新闻报业的瓶颈,若没有一定的历史机遇,绝非轻而易举之事。

五、维新运动与首次办报高潮

甲午战败,洋务运动破产,国人救亡图存的爱国热潮空前高涨。英人李提摩太在中日战争之后就起草《新政策》以进奏,提出办报馆为首要之务。如谓:"教民之法,欲通上下有四事。一曰:立报馆。欲强国必先富民,欲富民必须变法,中国苟行新政,可以立致富强,而欲使中国官民皆知新政之益,非广行日报不为功,非得通达时务之人,主持报事,以开耳目,则行之者一泥之者百矣。其何以速济,则报馆其首务也。"④在维新运动的推动下,19世纪90年代后半期出现国人办报

---

① 戈公振:《中国报学史》,上海古籍出版社1993年版,第123页。
② 同上书,第125—126页。
③ 同上书,第126页。
④ 同上书,第61页。

的高潮。1895—1898年，全国出版的中文报刊有120种左右，其中80%是国人自办，报刊品种多，遍及各地很多城市，改变了外报在华的垄断优势。

《中外纪闻》，1895年8月17日由康有为等在北京创刊，初名《万国公报》，袭用广学会报名，双日刊，是维新派在国内出版的第一家政治性报纸。康有为、梁启超等先在南方组织桂学会，北方由翰林学士文廷式主倡，在北京成立强学会。康、梁等随即北上，会势大振，遂办报馆与图书馆，报事有梁启超、李提摩太等参与。改名后，《中外纪闻》成为强学会机关报，中国政党报纸开始萌芽。该报不但印录新闻，介绍西方国家情况，更陈述中国之危急形势，以印度、土耳其、安南、朝鲜的亡国遭遇为例，沉痛地号召士大夫以德国、日本为榜样，开展变法维新运动，以挽救中国之危亡；兼及科学知识，并考察各国强弱，评论中西社会得失，文章内容丰富，且慷慨激昂。该报发行月余，每日可送出二三千册。

《强学报》作为强学会上海分会的机关报，1896年1月12日由康有为等在上海创刊。该报为五日刊，其维亲变法的政治倾向更为鲜明，发出了"穷则变，变则通，通则久，不变则不能久矣"的警告。创刊号封面上竟注明创办于"孔子卒后二千三百七十三年"，将其冠于"光绪二十一年"之前，并刊出光绪"因时制宜"的上谕，这是一份未经公开的"廷寄"。该创刊号还发表了一篇题为《开设报馆议》的论说，在宣传办报的益处时，首次谈到报刊的舆论监督作用。第二号刊出《变法当知本源说》，明确提出明定国是、开设议院、批评科举、改革学校、整治吏弊、变法维新等政治主张。

御史杨崇伊上疏弹劾强学会，在顽固派的强力要求下，光绪帝于1896年1月20日下令"著都察院查明封禁"。强学会遭封闭，两报被迫停刊。两报刊行时间虽不长，却有开风气之先的意义，从此"政治家办报"成为中国近代报业的主流，在社会的发展和变迁中发挥出越来越重要的作用。2月底，原强学书局被改组为政府的出版机构"官书局"，由大学士孙家鼐主持。参加该书局工作的仍有许多维新派人士，印行了一些有关科学和经济方面的外国书籍的中译本，并定期出版《官书局报》。其官报虽然主要刊载重要谕旨，但是维新人士仍竭力选择一些宣传维新思想的文章与译文。

《时务报》是变法时期影响最大的维新派报刊，1896年8月9日由梁启超、黄遵宪、汪康年等在上海创刊，为旬刊（强学会被封，上海支会改为时务报馆）。梁启超任主编一年有余，每期四千字的言论均出自他一人之手，其他数万字文稿也经他修饰。他发表了大量鼓吹维新变法的文章，系统阐发了变法主张，最有名的《变法通议》连载21期。还有严复、汪康年等人的文章，观点新颖，震动朝野。《时务报》销行万余份，风靡全国，影响颇大，还得到张之洞的赞助和饬销。而其政论一旦出格，张之洞又不能容忍，遂施压干涉。如梁启超《知耻学会序》云：

"官惟无耻,故不学军旅而敢于掌兵,不谙会计而敢于理财,不习法律而敢于司李。瞽聋跛疾,老而不死,年逾耋颐,犹恋栈豆。"其抨击之猛烈,令人叹服。其时,汪康年主张以广译西学为主,少发议论,免招祸变。梁启超却认为既为主笔,就要申主张,发政论,针砭时弊。黄遵宪只得调和其间。所以,《时务报》既有政论,也以较大篇幅刊载域外报译,但由此埋下汪、梁决裂的伏笔。

百日维新期间,康有为请将《时务报》改归官办,由梁启超主持。光绪帝批准将《时务报》改名《时务官报》,迁至北京出版。汪康年仗着张之洞这个后台,抗旨拒交,并抢先改《时务报》为《昌言报》,另行出版。康、梁劾汪违旨非法,张之洞为汪辩解,双方大打笔墨官司,一时间沸沸扬扬。至政变发生,争执才不了了之。

《知新报》,1897年2月由康、梁等在澳门创刊,初为5日刊,后改旬刊、半月刊。其编辑方针与《时务报》基本相同,而在言论上更为大胆而实际,敢言《时务报》所不敢言,称:"《时务报》不载近事,不臧否人物,本馆于京师及各省近事有耳闻目见不容己于言者甚多,拟抉择多载。"该报曾刊载过康有为在"百日维新"期间上的许多奏折全文,以及梁启超在许多重要场合的演说等重要文件。它不仅旗帜鲜明地宣传维新主张,而且多载京师及各省近事新闻,言内地报纸所不敢触及之内幕。清廷下谕称:"澳门《知新报》所记各事,语极悖诞",曾试图通过澳葡当局进行干涉,然而势力所不及,也无可奈何。变法失败后,唯独《知新报》幸存,并发表《北京要事汇闻》、《论中国变政并无过激》等文章,歌颂为变法死难的烈士,谴责发动政变的后党,继续与顽固派作斗争。至1901年自动停刊,共出133期。

《国闻报》,1897年10月由严复、王修值、夏曾佑、杭辛斋等在天津创刊,公然声称要"略仿英国泰晤士报之例",在内容与版式上都尽力仿照《申报》。该报喜用社会达尔文主义阐释历史和时局,对西方文化的译介更投注了极大的传播热情,又创办增刊《国闻汇编》,译稿占很大篇幅,如《天演论》和《群学肄言》的最初发表。严复撰写了不少评论文章,他在1898年2月的《拟上皇帝书》中指出,变法必然会涉及特权阶层的私利,这些人肯定会顽强抵抗,这是变法的最大困难。"盖法之敝否,与私利之多寡为正比例;而私利之多寡,又与变之难易为正比例也。夫小人非不知变法之利国也,顾不变则通国失其公利,变则一己被其近灾,公利远而难见,近灾切而可忧,则终不以之相易也。"他提议,"必变法则慎勿为私利者之所把持"。该观点有一定的洞察力。政变发生时,该报以独立无惧的新闻姿态,毅然披露了保守派血腥镇压的真相,以《视死如归》为标题如实报道了六君子殉难的消息,这在当时的国内报刊中绝无仅有。不久,《国闻报》奉旨停刊,于1899年卖给日本人。

《湘学新报》,1897年4月由江标(时任湖南学政)在长沙创刊,第21册起改名《湘学报》,唐才常、陈为镒等为编撰,为综合性旬刊,以介绍西学、提倡新学为宗旨,文字较为艰深。次年3月,熊希龄、唐才常、谭嗣同等成立南学会,又集资创刊《湘报》,熊希龄为总董,唐才常为主编,谭嗣同为撰述,巡抚陈宝箴拨银赞助。两报宗旨以政论为主,吁请改良,遂成为变法期间华中地区的重要舆论阵地。唐才常出力最多,一人兼任数个栏目的编撰,发表了大量文章。谭嗣同在报工作半年,发表25篇政论,锋芒毕露。《湘学新报》曾疾呼:"天下非一人之天下。"《湘报》响应:"权也者,我与王臣卿相共之者也;国也者,非独王侯卿相之国,即我群士群民共有之国也。"它对西方权力在民的政治体制无限向往,以"天赋人权"的学说阐述平等民权,言辞激烈,受到读者的热切欢迎。《湘报》也曾遭顽固派的捣毁,岳麓书院院长王先谦诋骂其为"真中国之巨蠹",要求其停刊。邵阳士绅以"乱民"罪名,指其:"直欲以我列圣以来乾纲独揽之天下,变为泰西民主之国……真汉奸之尤哉!"愚昧之极,可见一斑。5月,张之洞也致电干预,陈宝箴不得不有所应承。《湘报》7月下旬停刊,8月初复刊,政变后勉强出版至10月被迫停刊,共出了177期。

1895—1898年,各地纷纷出版中文报刊,上海有《指南报》、《苏报》、《博闻报》、《华报》、《通学报》、《苏海汇报》、《中国商务报》、《策言报》、《农学报》、《富强报》、《集成报》、《游戏报》、《萃报》、《实学报》、《新学报》、《求是报》、《笑报》、《译书公会报》、《华洋报》、《消闲报》、《蒙学报》、《演义白话报》、《海上奇闻报》、《大公报》、《求我报》、《格致新报》、《时务日报》(后改名《中外日报》)、《趣报》、《女学报》、《采风报》、《上海晚报》、《工商学报》、《医学报》等三十多种,福州有《福报》,广州有《博闻报》、《岭学报》、《岭海报》、《时敏报》、《广智报》,桂林有《仁报》,温州有《利济学堂报》、《算学报》,西安有《广通报》、《秦中书局汇报》,杭州有《经世报》,重庆有《渝报》、《通俗报》,无锡有《无锡白话报》,成都有《蜀学报》,芜湖有《皖报》,衡阳有《俚语报》,开封有《汇报辑要》,长沙有《经济报》,梧州有《梧报》,萍乡有《菁华报》等。其布局突破集中于沿海城市的格局,深入到内地一些小城市,如湖南衡阳、江西萍乡、广西桂林等。

白话报的出现值得注意。1876年,《申报》曾出版通俗性的《民报》。而1897年11月在上海创刊的《演义白话报》,可称国人第一份白话报纸。1898年,维新派裘廷梁创办《无锡白话报》。这一时期还涌现出一批专业性报刊:1896年在上海出版的《指南报》,是我国最早的消闲性小报。1897年最多:温州的《算学报》,可称我国最早的数学报刊;上海的《农学报》,为我国最早的农业科技报刊;上海的《蒙学报》,为国人创办的最早的儿童启蒙类报刊;上海的《集成报》,为我国最早的文摘类刊物。中国最早的校报是1897年温州利济学堂的

《利济学堂报》,它也是中国最早的医学知识类学报,或报道时事,介绍海内外新知识,同时也为本校师生开辟了一块可以自由发表论说的园地,并向全国发行。《女学报》1898年诞生于上海,为我国最早的妇女报刊,主笔有康有为女儿康同薇、梁启超夫人李惠仙等。该报第五期的《男女平等论》,对几千年来的封建礼教进行猛烈抨击,为妇女争取受教育和工作的权利大声疾呼。

六、维新名人与报业贡献

维新派采取学会、学堂、报刊"三位一体"的组织形式,冲破言禁,大胆议政,传播维新思想,重视政论,涌现出一批报刊政论家。他们为文各具特色,形式新颖,新词涌现,时称"报章文体"。这是一种冲破八股文结构,又与古文结合的半文半白文体,平易畅达,以情动人。梁启超在《时务报》上发表的文章最为典型,故时人又称"报章文体"为"时务文体"。

康有为(1858—1927),名祖诒,字广厦,号长素,广东南海(今海南)人。1879年初,他游历香港,涉猎西学,思想产生重大转折。此后,他更研读了许多西方政治学术典籍,于1884年写成《人类公理》,即《大同书》的雏形,提出"人人自由"、"一切平等"的理想。维新运动中,他把"设报达聪"纳入政制改良的中心任务之一,创办《万国公报》,将其作为政治学派的宣传工具。他把强学会视为政党的嚆矢,把"刊布报纸"、宣传党义作为其四大工作重心之一,要求其"会报"大造舆论,轰开局面。需要说明的是,康有为的党报思想主要是建立在立宪政治前提下的党报观念,与以后极权主义统驭下的"党报思想"略有不同。

康有为还提出"官报思想",考虑到变法成功后要设"官报局",走向"舆论一律",也就是主张用官报统一思想。他认为,报纸应纳入国家体制运行之中。他在《上清帝第四书》中明确表示,皇帝应该通过"令"推行各级办报,如奏请将轰动一时的《时务报》改为官报,甚至提出:"每出报一本,皆先进呈御览,然后印行。"他还主张审查各地报刊,"择其精善进呈,发备圣览;其有悖谬不实,并令纠禁"。有学者认为,康有为的新闻控制与报业管理之思路,有关设计与期待似乎不是专制极权统治下的新闻钳制与报业垄断之图式,而类似于英国君主立宪治下的较为开明的新闻控管图式。例如,他提出:"凡报单中所载,如何为合例,如何为不合例,酌采外国能行之法,参以中国情形,定为中国报律。"[①]这一提议曾得光绪帝的首肯,责其草拟报律,但随变法失败而夭折。然而,在民报时代已逐步出现之际,他依然如此重视"官报"体制,不能不说存在传统集权政治潜移默

---

① 《戊戌变法文献汇编》第2册,台北鼎文书局1973年,第51页。

化的影响。

梁启超(1873—1929)，字卓如，号任公，广东新会人。1890年，他随父入京，归道上海，购得上海制造局所译多种西洋典籍，始知有五大洲各国。次年，他拜康有为为师，求学三年。维新活动中，他曾任《时务报》、《中外纪闻》主笔，对办报情有独钟。他开创了一种通俗自由的新颖报刊政论文体，特点在于：(1)"纵笔所至，略不检束"。灵活自由，无拘无束，酣畅淋漓，恣意奔放，畅所欲言。(2)"务为平易畅达，时杂以俚语、韵语及外国语法"。深入浅出，骈散结合，雅俗共赏。(3)"条理明晰"。逻辑性强，说明道理，议论新颖，有说服力。(4)"笔锋常带感情"。热情奔放，慷慨激昂，撼人肺腑，感人至深，富于煽动性，以打动读者。其时务文体风靡一时，人们为之倾倒。

梁启超主张"开民智"、"开绅智"、"开官智"，讲学以《孟子》、《公羊》为教材，倡兴民权，主变法之议。他在思想上主要追随康有为，作品多半是对康有为的政治哲学体系的转述和发挥，如《时务报》上影响最大的长篇政论《变法通议》。其新闻学处女作《论报馆有益于国事》指出，报纸是国家的"耳目喉舌"，作用是"去塞求通"。所以，应大力兴办各类报刊，繁荣新闻事业，"阅报愈多者则人愈智，报馆愈多者则国愈强"。《时务报》创刊时发行3000多份，半年后增至7000多份，一年后达12000多份。戈公振《中国报学史》云，社会原颇轻视报人，"迨梁启超等以学者出而办报，声光炳然，社会对于记者之眼光乃稍稍变矣"①。

严复(1857—1921)，字又陵，号几道，福建侯官(今福州闽侯)人。19岁毕业于福州船政学堂，1876年赴英国留学，广涉西方政治哲学典籍，作过深入的中西比较研究。1879年回国，任北洋水师学堂总教习。其《国闻报缘起》认为，报纸的作用是"求通"，"一曰通上下之情，二曰通中外之故"，以达"民智"、"国强"。他在《辟韩》一文中指出，国家是"民之公产"，王侯将相不过是"通国之公仆隶"，人民才是"天下之真主"。而中国几千年来却从根本上颠倒了这一关系，"秦以来之为君，正所谓大盗窃国者耳。国谁窃？转相窃之于民而已"。所以，必须改变君主专制制度，学习西方的自由、民主政治，"民之自由，天之所畀也"。唯有鼓励民间自由办报，自由发表言论，才能摆脱蒙昧和奴役。只有每个国民都自由了，这个国家才称得上是自由和文明的。

1895年，严复在天津《直报》上发表《论世变之亟》、《原强》、《救亡决论》诸文，进一步阐发天赋人权论，强调它是自由的法理基础。人民是国家的主人，国家是人民为捍卫自身的权利而缔结的社会契约，如果统治者破坏了这种关系，人民就有权推翻它。他在《论世变之亟》一文中说："夫自由一言，真中国历古圣贤

---

① 戈公振：《中国报学史》，上海古籍出版社1993年版，第123页。

所深畏,而从未尝立为教者。彼西人之言曰:惟天生民,各具赋畀,得自由者,乃为全受,故人人得自由,国国各得自由。"中西差别主要在"自由不自由异耳"。他指出,自由思想及其实践是中西文化的根本区别。而西方民主只是其自由价值观的一种政治方面的表现,自由是体,民主为用,若失去自由,民主就成了无源之死水。而中国专制社会最惧怕的,就是这个"大逆不道"的自由。他已开始凌厉批判"中学为体,西学为用"的洋务旧框架,指出"牛体马用"的荒谬逻辑,认为只有培养人们建立起"以自由为体,以民主为用"的价值观,中国的改革才有希望,由是树立起理性的思想启蒙以改造国民性的努力方向。

在《论治学治事宜分二途》一文中,他认为,大学是培养治学之材的场所,必须严守治学与治事分开的原则,不能让任何政治势力浸染和肆虐培养自由主义精神的教育领地,也即教育必须独立于治事的官府及以政治为职业的政党。这一思想为后来蔡元培的"教育独立"思想和实践奠定了基础,其中或有"新闻自由独立"的内涵,颇值得后人回味。

谭嗣同(1865—1898),字复生,号壮飞,湖南浏阳人。他 1893 年旅迹上海,结识英国传教士傅兰雅,读了大量西学著作,思想发生重大转折。1896 年,他撰写《仁学》,猛烈抨击君主专制统治。他是《湘学报》和《湘报》的主要撰稿人,同时是后者的核心领导。他在《湘报后叙》中指出,中华几千年社会的二十四史,不过是皇帝一姓一氏的家谱,与广大民众不沾边。只有维新报刊才是"民史"、"民口"。他提出"报贵在新"的思想,"阐新理,纪新事",成为帮助人们"日新"的工具。他在《与唐绂丞书》中指出:"盖方今急务在兴民权,欲兴民权在开民智。"要"开民智",就必须办"民报";而要办"民报",又必须彰显个性解放,贯彻言论自由为其首要,惟其如何,始能促进社会进步,抵达至善境界。谭嗣同冲破了康有为"党报工具论"的樊篱,形成了有一定自由主义色彩的民报思想观念。

然而,谭嗣同的历史进化观中蕴涵了强烈的激进主义情绪,他非常赞赏法国大革命,称外国侵略军为"西国仁义之师",赞誉西方国家的"仁义"制度而抨击本国之专制统治。他认为在中国只有通过流血和恐怖,才能彻底冲决专制主义的羁绊,迈进民主共和的轨道。他对暴力手段有一种过于热情的期盼,著作中一股湖南辣子味冲鼻而来,有学者因此指责其激越性格与思想的不成熟。而他悲怆凄厉的壮烈事迹,又不由人不感佩,也不得不承认他对中国早期自由主义思想运动的贡献。谭嗣同与唐才常合称"浏阳二杰",谭在变法失败时遇难,唐在 1900 年 7 月汉口自立军起义失败后被捕遇害。

汪康年(1860—1911),浙江钱塘人,字穰卿,一字毅伯,晚号恢伯。他早年科场失意,1890 年入湖广总督张之洞幕府,任自强书院编辑和两湖书院教师,襄助推行洋务运动。1894 年,他又参加科举,中三甲进士,做了 7 年的七品闲官。

1896年，他在张之洞赞许下，与黄遵宪、梁启超在上海创办《时务报》，开始了26年的报刊生涯。由于他善经营，多奇招，该报影响遍及大江南北。1989年，他与康、梁决裂，改《时务报》为《昌言报》，不久停办。他参与办报，最大的贡献主要在具体的报务方面，特别留意经营方针和经营战略诸方面，而不是思想评论。他曾首设"专电"，增发"号外"，重视时效性；批评内外政治，注意国际通讯，改革版面，分三栏以便于阅读；用白报纸两面印刷，提高印刷质量，加快出报速度。

汪康年的思想时有反复。《时务报》1896年6月连载他的《中国自强策》，其所献之策已不是先前洋务派的"师夷之技"，而是希望全盘袭用西方的政治文化，并认为当务之急应是设立议院，推行宪政。当然，他也看到改革在中国将会遇到极大的困难，尤其认识到一个没有自救意识的民族，任何拯救方法都是无能为力的。于是，他又转过身去，把希望重新寄托在政府自上而下的改革上。他急切希望中国能有一部合乎现代宪政精神的报律，以保障民间的思想独立和言论自由，因为这事关中国民主宪政的成败。他反对康、梁的党报思想，坚持报纸应该保持自由主义立场，立足民间的社会公器，其功能是向政府提出忠告，纠政府之过失。1907年，他在北京创刊《京报》，因言论出格而被权贵封禁。1909年，他又创刊《刍言报》，这时已由早年的民权论立场转变到文化保守主义，鼓吹以中国传统文化解决现存政治问题。

维新派办报的贡献，主要是冲破了封建统治的言禁，开政治家办报的先河，极大地提高了报业和报人的社会地位，各地报刊如雨后春笋般涌现，尤其是向读者进行了近代文化的思想启蒙，向世人介绍了西方资产阶级的哲学、社会科学和自然科学知识；并对读者进行了救亡图存的爱国主义教育，向民众陈述了中华民族面临的深重危机，激发他们投身于维新改革的进步潮流中，推动了维新变法形势的发展。

然而，封建顽固派敌视维新派的新闻出版活动，曾千方百计予以阻拦和打击。如湖南的顽固派王先谦等人，不仅群起鼓噪，肆意诋毁《湘报》的一些文章，还纠集打手，捣毁报馆，殴打主笔，并扬言要杀死谭嗣同等人，气焰嚣张。举人曾廉上书请杀康、梁，他摘录了《时务报》上梁启超论及民权自由的内容，指其为"大逆不道"。可以说，当时维新与保守两种思想的斗争相当激烈。1898年6月11日，光绪帝下诏明定国是，颁发了"准许自由开设报馆"的旨令。人们还没有来得及理解和享用这一"权利"，慈禧太后就于9月21日发动政变，10月9日发出查禁全国报馆、严拿报馆主笔的谕旨。除澳门的《知新报》和租界报纸外，各地报刊纷纷被迫停刊，人员外逃，维新改良以失败告终。

第四章 改良与革命的二重奏

鼓吹"君主立宪"的改良派与要求"暴力夺权"的革命派,在清末的海内外报刊阵地上上演二重奏,演绎出异彩纷呈的国人办报的第二次高潮,各派政论家在此舞台上的出色表演,使中华民族的新闻事业呈现出一派勃勃生机。

一、改良派在境外的办报活动

戊戌变法失败后,康有为、梁启超等维新派人士逃亡日本,于1899年在加拿大创立保救大清皇帝会(简称"保皇会"),先后在日本、美洲、澳洲、南洋及我国的港澳等地设立了一百七十多个分会。同时,他们积极开展办报活动,陆续创办和控制了一批报刊(约三十多家),大张旗鼓地宣传保皇立宪等改良思想主张。

1898年12月,梁启超在日本横滨创办保皇会机关报《清议报》旬刊,经费由旅日华侨冯镜如、冯紫珊、林北泉等筹集。为自我保护计,发行编辑人署"英国人冯镜如",印刷人署"日本人铃木鹤太郎"。其宗旨称"主持清议,开发民智",实为"拥帝反后",鼓吹改良。梁启超受西方思想文化影响,开辟《饮冰室自由书》专栏,大谈自由平等,倡导民权思想,指出:"思想自由、言论自由、出版自由,此三大自由者,实唯一切文明之母。"他《爱国论》一文中认为,中国没有国民而只有奴隶,"民之自居奴隶呜呼起乎?则自后世暴君民贼私天下为一己之产业,因奴隶其民,民畏其威,不敢不自屈于奴隶。积之既久,而遂忘其本来也"。他指出:"国者何?积民而成也。国政者何?民自治其事也。爱国者何?民自爱其身也。故民权兴则国权立,民权灭则国权亡。为君相者,而务压民之权,是之谓自弃其国。为民者,而不务各伸其权,是之谓自径其身。故言爱国必自兴民权始。"官吏"其所以不敢为非者,有法以限之而已;其所以不敢不守法者,有人以监之而已"。"欲君权之有限,不可不用民权也;欲官权之有限,更不可不用民权。""苟无民权,则虽有至良极美之宪法,亦不过一纸空文。"其论点相当精辟,可惜往往是对牛弹琴。

在1901年6月的《立宪法议》一文中,梁启超阐述了预备立宪的基本主张和实施设想,他认为:"立宪政体者,必民智稍开而后能行之。日本维新在明治初元,而宪法实施在二十年后,此其证也。中国最速亦须十年或十五年,始可以语于此。"不过,在十年后实行,此宪政方向当定在十余年之前,各种措置才能从容准备。这是一篇重要的纲领性文章,吹响了要求立宪的号角,促进了立宪运动的兴起。后来清政府不得已而推行的"预备立宪"具体程序,就是仿照此文中所定方案制定的。《清议报》所刊载谭嗣同的《仁学》,对革命党人也有深刻影响。然而,康有为较为保守,曾下令其报刊上不得出现"革命"、"民权"、"自由"、"独立"等字样,并将梁启超等派往美洲活动。到1901年底出至一百期后,《清议报》因火灾被迫停刊。

　　1902年2月,梁启超在旅日华侨的支持下,又创办《新民丛报》半月刊,仿外国大型杂志样式,每期5万字,设有论说、学说、时局、政治、史传、地理、教育、学术、农工商、兵事、财政、法律、国闻短评、名家丛谈、绍介新著、中国近事、海外汇报、小说、文艺等二十几个栏目,古今中外,包罗万象,国家社会,无所不谈。该报为中文报刊第一个登载新闻照片者,如创刊号封面为一幅彩色中国地图。其内容之丰富,编辑之严谨,印刷之精美,确为"中国报界前此未有"者。该报一出版就很畅销,创刊号印了四次,最高发行数达一万四千余份,国内外寄售点有97处,远至云、贵、陕、甘等地都有经售。虽遭清廷严禁,也不能遏止,可见其影响巨大,而梁启超的文笔在当时可谓横扫千军。

　　创刊号《本报告白》提出:"中国所以不振,由于国民公德缺乏,智慧不开,故本报专对此病而药治之,务采合中西道德以为德育之方针,广罗政学理论以为智育之原本。"在与世界强国的比较中,梁启超等人认识到,一个国家的强弱,起决定作用的是国民素质的高低。中国之所以积弱受侮,从根本上说是国民素质低下造成的。中国要进行全面的社会变革,也必须有一个高素质的国民基础才行,有了新国民,才有可能建设起新制度、新国家。创刊号就发表了在当时颇具震撼力的"自由主义政纲"——《新民说》:"夫吾国言新法数十年,而效不睹者何?则于新民之道未有留意焉者也。"其中专门有一节"论自由",言:"自由者,天下之公理,人生之要具,无往而不适用者也。"要从根本上解决中国的政治和社会诸问题,确立"政治自由"是大前提和大关键。《自由书·放弃自由之罪》诸文,还首次全面论述了新闻出版自由的重要性。在《十种德性相反相成义》中,梁启超更清晰地阐述道:"自由者,权利之表征也。凡人之所以为人者有二大要件:一曰生命,二曰权利。二者缺一,时乃非人。"可惜的是,这一基本道理很难在中国深入人心。

　　《新民丛报》前期用大量篇幅宣传西方资产阶级的世界观、人生观和各种思想学说,仅1902年就发表有关文字180多篇,尤其重视中西方社会思想文化领域的巨大差异,并进行一些深入的比较研究。如梁启超在第9号上发表《论中国学术思想变迁之大势》,指出:"中国学术思想之衰,实自儒学统一时代始。""使一学说独握人人良心之权,而他学说不为社会所容,若是者谓之学说之专制。苟专制矣,无论其学说之不良也,即极良焉,而亦阻学问进步之路,此征诸古今万国之历史而皆然者也。""欧洲之所以有今日,皆由十四五世纪时,古学复兴,脱教会之樊篱,一洗思想界之奴性,其进步乃沛乎莫能御。"所以,"儒学统一者,非中国学界之幸,而实中国学界之大不幸也"。在《组织能力与法治精神》一文中,梁启超特别强调西方理性主义引导下的"规则意识","欧美人的社会,大而国家政治,小而团体游戏,人人心坎中,都认定若干应行共守的规则,觉得他神圣不可侵犯"。他痛憾中国从来没有这种规则意识,而是由权力左右一切。

在1902年10月17日的《新民丛报》第18号上,梁启超发表《进化论革命者颉德之学说》一文,说:"麦喀士(马克思),日耳曼人社会主义之泰斗也。"这是中国人第一次提到马克思及其社会主义学说。他认为:"社会主义者,其外形若纯主放任,其内质则实主干涉者也……社会主义,其必将磅礴于二十世纪也明矣。故曰:二十世纪为干涉主义全胜时代也。"1903年,他又在《中国之社会主义》一文中提到"麦喀士",说:"中国古代井田制度,正与近世之社会主义同一立脚点,近人多能言之矣。"他一眼就看到两种制度文化内涵之相近点,可谓心有灵犀,但还无法深刻了解马克思主义。

1903年末,梁启超游历美洲回到日本后,鼓吹君主立宪和开明专制,与革命派《民报》展开大论战。他认为,中国国民素质低下,所以根本不具备实行民主共和制度的条件。他在1904年2月增刊上发表《新大陆游记》一文指出,中国历史上的革命皆为"私人野心的革命",造成强权横行,暴力和动乱不已,百姓备受苦难,社会停滞甚至倒退。中国需要的是理性的、和平的改良,而不是非理性的暴力革命。以中国人当时的素质缺陷,若行民主共和制度,"无异于自杀其国也",必须"陶冶锻炼吾国民二十年、三十年乃至五十年"后,才可"与之谈华盛顿之事"。确有相当道理,值得人们深思。然而,在与《民报》的论战中,由于时局中清政府的表现确已无可救药,而使《新民丛报》的威信江河日下,不得不于1907年8月悄然停刊。

上述两报刊创办和发展之际,正是梁启超一生中精力最旺盛、写稿最多、名声最大的一个时期,他准确把握了时代的脉搏,适应社会变革的需要,宣传了一整套先进、新颖的思想学说,为正处在新旧过渡时期的人们开启了智慧的源泉,指出了前进的方向,其思想启蒙宣传可谓"惊心动魄,一字千金"(黄遵宪语),感动着整个社会,几乎影响了整整几代国人,被誉为"言论界之骄子"(李剑农语)、"中国新闻史上最伟大的人物"(林语堂语)。1902年,梁启超还在日本横滨创办了《新小说》报。

此外,康有为保皇会在美洲创办的报刊有:1899年,《文兴日报》创刊于旧金山,后又控制《大同日报》;1900年,《新中国报》在夏威夷创刊,《日新报》在温哥华创刊;1903年,《维新报》在纽约创刊;1905年,在墨西哥创办《墨西哥朝报》。

在南洋创办的报刊有:1899年,《天南新报》在新加坡创刊,后又控制《南洋总汇报》;1900年,在菲律宾马尼拉创办《益友新报》;1902年,《东华报》在澳大利亚悉尼创刊;1903年,《泗水日报》在印尼爪哇岛创刊;1904年,又在苏门答腊创办《苏岛日报》;同年,在缅甸仰光创办《仰光新报》;1906年,又在此创办《商务报》;1907年,在泰国曼谷创办《启南日报》。

在香港,除《华字日报》、《循环日报》、《维新日报》(后易名《国民日报》)、《粤报》等老牌改良派报纸外,1903年创办《实报》,次年创办《香港商报》。在澳门,除《知新报》继续出版外,还有《镜海丛报》以及新创办的《濠镜报》。

二、国内改良派报刊浏览

这一时期,各地改良派人士在国内较早创办的报纸有:上海的《选报》、《外交报》,广州的《羊城日报》,天津的《大公报》等。

《大公报》,1902年6月17日由英华在天津法租界创刊,得到天主教支持,以敢言著称,销量可观。方守六、刘孟扬、王瀛孙、黄与之、郭定森、樊子熔等先后任主笔。该报创刊第五天即发表《论归政之利》,公开要求慈禧撤帘归政。该报大力鼓吹立宪,并积极倡导改良社会风俗,如反对妇女缠足,提倡女学,主张改革婚嫁和过年风俗,倡导体育运动等;也时为穷人鸣不平,揭露达官贵族之罪恶;或以科学知识为武器,批判各种迷信邪说,如用地理学批判风水说,用人脑解剖学批判相面术,用人口概率学批判算命术,用天文学批判占卜和星相说。1904年9月25日,《答客问剪发易服事》一文指出:"中国政府办事每不能见机于早,必俟迭遭惩创而后始肯为之。今日之火车、轮船、电线等类,固当年所视为奇技淫巧而不肯仿办者,今则视为不可少之物矣;今日之学堂,固戊戌八月间下诏停禁者,今则视为不可缓之要图矣。盖利源不失,不思挽利权;国势不危,不思强国力;盖不至山穷水尽,不知回首改途;凡事皆然,几成定例。据此一观,则今日苟不肯为剪发易服之举,不过数年,亦必有所刺激,有所感动,而不得不决然为之也。"可谓点到了中国文化故步自封的痛处,然而效果甚微。直隶总督袁世凯曾下令不许《大公报》在租界外发行,这反而提高了该报在读者中的声誉,销量大增,遂为华北地区最有影响的报纸之一,在上海、济南、青岛、盛京、南昌等国内外40个城市设有代派处。

英华(1867—1926),字敛之,号安蹇,满洲正红旗人。他幼年家贫,旋入军籍,自学成才,22岁皈依天主教。他支持康梁维新变法,后赴云南蒙自法国领事馆任文案,为西方文明所惊慑,又目睹八国联军暴行,悲愤交集。他向往西方自由主义的新闻制度,及其对社会改良的重大作用,认为中国若要强盛,不能再行愚民;中国若要维新,在于办学与办报。他在天津创刊《大公报》,自任社长、撰述和编辑,统揽经营大权。他撰写和发表了数十篇著名社评,如《原报》、《说报》、《某报发刊祝词》、《论阅读之益》、《论新闻纸之势力》、《说国家思想》、《论新闻纸与民智通塞有密切之关系》、《拟仿英国泰晤士日报例各省遍设官报局以开风气说》等。其言论文章有利于开民智、促维新、立宪政、强国家,不赞成暴力革命。1912年2月,他退隐北京香山,不问报事,潜心宗教与慈善事业。袁世凯专权时,他表现出不合作的态度以示抗议。他晚年以一个爱国的天主教徒的身份从事文化教育事业。1925年,罗马教廷深为其精神所感动,授权他在中国建立公教大学,即辅仁大学,由他出任校长。他一生将中国士大夫精神与西方宗教文化融合,从而使自己寻求信仰皈依与改良社会的梦想达成一致。

《选报》,1901年11月由蒋智由、赵祖德创办于上海,为旬刊,以选载中外各报的消息和言论为主,同时也发表自撰的"论说"。该报对清政府的腐败政治与奴才外交表示了极大的愤慨,如第20期《延陵君家书》"编者按"云:"今者中国朝廷,与外人战,无一不败。乃恃其杀戮穷困无依、铤而走险之百姓,以为取信外人、长保其富贵之券。呜呼,中国人自称为圣贤之乡、礼义之邦,吾直敢发愤道之曰:中国之官吏,虎狼也;中国之百姓,犬马也;中国之朝廷,待外人则为犬马而待百姓则为虎狼者也。"如此猛烈抨击中国政府与社会的言论,在当时国内其他报刊上极为少见。

《外交报》,1902年1月由张元济在上海创刊,为旬刊,初由"普通学书室"发行,第29期后改由商务印书馆发行。该报经常对清政府的外交提出批评,主张"文明排外",要革除外交上的痼疾,就必须改革政治,变专制为立宪政体。其最大特色是每期以一半篇幅译载外国报刊上的材料,有英、美、日、俄、法、德等国四十余种报刊,以英国最多,可称我国最早的以译报文字为主的研究国际问题的专业报刊。该报能及时提供有关的国际情报信息,使国人了解世界动态和列强对华政策,从对外交的蒙昧无知中有所清醒。商务印书馆又于1904年3月创办《东方杂志》,内容广泛,门类齐全,资料丰富,主张维新立宪,也强调保存国粹,光复国学。该杂志一直出版到1948年12月,是近代出版时间最长的综合性杂志。

《羊城日报》,1903年2月在广州创刊,主办人为钟宰荃、莫伯伊、罗少翱。该报鼓吹君主立宪,反对暴力革命,经常报道康、梁的活动,也竭力抨击贪官污吏,博得"敢言"的名声。该报获得了广州七十二行总商会的支持,成为当地绅、商界的喉舌。该报消息比较灵通,颇能吸引读者,在广州各报中销量第一,是华南地区最有影响的维新派报纸。

《时报》,1904年6月在上海创刊,打的是日商招牌,主持人是康门弟子狄葆贤和罗孝高,梁启超也从香港潜来上海,主持报纸的筹备。该报宣传立宪改良,渐进图强,主笔陈景韩首创"时评"专栏,短小精悍,明快练达,颇受欢迎,影响很大。该报还首设教育、实业、妇女、儿童、英文、图画、文艺等7个专版周刊。该报对专电要闻以大小字分别轻重,编排醒目,采用对开版式,两面印刷等都是当时日报界的革新,曾受到胡适诸人的盛赞。8月8日,《论朝廷欲图存必先定国是》指出:"我之采仿西法也,且先于日本。然日本变政三十年,遂纲举目张,国势勃兴,近日蹶俄定霸,雄视亚洲。我变法三十年,而政治弛败日甚一日,至今日遂颓靡而不能自振者,何也?日本之国是定,我国之国是不定而已。"定国是,即定君主立宪之制。该报对西方的民主宪政作了大量介绍,如译载法国的《人权宣言》。

《京话日报》,1904年由彭翼仲在北京创刊(1902年,彭翼仲曾创办《启蒙画报》,非常风行)。为引进文明,改良风俗,开通民智;也为从洋人手中夺回话语权(当时北京报纸多为洋人开办),该报声明:"机器、铅字、纸张、油墨,样样咱们不会做,都得到外洋去买",但"作报的心是中国的"。(1905年5月2日《演说》)在主张立宪改良的同时,该报敢于揭露社会黑暗,抨击官场腐朽,不但揭发宛平县令贪赃受贿,汉阳兵工厂制造假弹,军人练勇滋扰百姓,更谴责王公权贵恃强凌弱,草菅人命,如某王府在府内活埋侍妾,某大官驾车出游压死行人等。该报反映民生疾苦,不惧得罪官僚权贵,不畏强御和威胁,敢于为民请命。1906年9月,清廷以"妄议朝政,容留匪人"的罪名查封该报,彭翼仲被判流放新疆10年,沿途送者数千,一位报人还自愿陪同进疆,场景动人。1913年彭翼仲从新疆回京后,《京话日报》复刊,但不久又因触怒袁世凯而再度被查封。袁世凯死后,《京话日报》再度复刊,一直办到1922年。

1906年,清廷正式颁布"预备立宪"的上谕,这为各地立宪派人士的活动提供了合法的条件,他们在纷纷组织立宪团体的同时,又创办了一大批新报刊。其中,影响较大的有:1906年,广州徐勤主办的《国事报》,北京金天根创办的《宪法白话报》,上海雷奋主编的《宪报》月刊,上海庄景仲创办的《预备立宪官话报》月刊。1907年,东京杨度主编的《中国新报》月刊(10月迁至上海),北京汪康年创办的《京报》,东京旗人宗室留日学生创办的《大同报》月刊(后迁回北京,改名《大同日报》),东京蒋智由主编的《政论》月刊(次年迁至上海),贵州宪政预备会主办的《黔报》和《贵州公报》。1908年,上海预备立宪公会的《预备立宪公会报》半月刊(后年迁北京改《宪志日刊》),北京熊范舆等创办的《中央日报》(后与《大同日报》合并为《中央大同日报》),广州莫梓轸创办的《半星期报》。1909年,广州岑侣豪创办的《时敏新报》,北京黎宗岳创办的《国报》(后改名《中国报》),东京吴冠英主办的《宪政新志》月刊。1910年,汉口宪政同志会主办的《宪政白话报》,上海何国祯创办的《国风报》旬刊(实际主持人为梁启超),成都四川宪政会主办的《蜀报》和《蜀风杂志》,北京国会请愿同志会的机关报《国民公报》。

此外,各地还出版了一批以推动地方自治为宗旨的报刊,如《广东地方自治研究录》、《江苏自治公报》、《湖南自治报》、《湖南地方自治白话报》、《湖北自治报》、《河南自治报》等,这些报纸也都致力于宪政知识与地方自治的宣传。

1907年,席子佩收购《申报》,抓住时机对该报进行整顿,延聘了一批深受西方文化影响的知识分子,配合实行宪政的形势要求,在报上呼吁召开国会,制定宪法,大肆发表改良言论。到辛亥革命爆发,《申报》已带有某种自由主义和民族主义倾向。

立宪派以国会、责任内阁、司法独立为立宪政体的主要特色,亦即注重立法、行政、司法的三权分立。他们对清廷立宪的毫无诚意进行揭露,如指出1906年的官制改革,是假立宪之名,阴行专制之伎俩。1907年初,杨度主编的《中国新报》指出:"政府宁肯与人民一尺之空文,不肯与人民一寸之实事;人民与之争者,宜与争实事,而不与争空文。"①大力宣传召开国会的重要性与迫切性,号召人民行动起来,向政府请愿。在杨度的带动下,各报刊群相鼓吹,一个全国性的国会请愿运动迅速展开。清廷面对强大压力,不得不宣布九年为立宪筹备期。立宪派不满,再掀起第二、三次请愿运动,清廷只得再将筹备期缩短为五年,同时镇压请愿领袖。梁启超等人已感到清廷的无药可救,遂产生推翻清政府的想法:"我国民不并力以图推翻此恶政府而改造一良政府,则无论建何政策,立何法制,徒以益其敝而自取其荼毒。诚能并力以推翻此恶政府而改造一良政府,则一切可迎刃而解。"②许多立宪派人士在对清廷大失所望之后,已经产生了趋向革命的倾向。

在长期的君主专制统治之下,一般国民愚昧落后,甚至许多知识分子也不懂何为宪政,所以有必要进行广泛的宪政启蒙宣传,这时报刊实责无旁贷。立宪派报刊大张旗鼓地宣传西方政治学说、法律制度、民主自由思想,以及立宪的目的和意义,国民的权利和义务,等等。同时,这些报刊还大胆揭露清政府的腐败与

---

① 《致新民丛报记者》,载《中国新报》1907年1月。
② 《中国前途之希望与国民责任》,载《国风报》1911年第7期。

僵化,可谓鞭辟入里,一针见血。如《大公报》1911年4月29日所载《说妖孽》云:"黑暗政府,妖孽之首领也。聚三五衰朽于一堂,旅而进焉,旅而退焉。聆彼口头禅,未尝不私忧窃叹云:大局之阽危,救国之不容稍缓。然而呈之于事实者,无一不颠倒错乱为图危图亡之谋。""仕宦之场,一妖孽荟萃之区也。天下熙熙,皆为利来;天下攘攘,皆为利往。上自卿相之尊,下逮一命之士,何尝有丝毫图治之心。"报刊的宪政改良宣传虽然并没有使立宪运动获得成功,但是普及了宪政知识,对民智有所开启,促进了人民参与政治活动的积极性和民主权利意识的提高,也使更多的人看清了政府的腐朽本质,认识到其已无药可救,从而加速了清王朝的瓦解。

三、革命报刊在海外的发展

以孙中山为首的革命派的活动主要在海外进行,开始对国内影响很小。在一系列起义等活动失败之后,革命派逐渐认识到报刊宣传革命的重要性。尤其是保皇会《清议报》的宣传,使得许多海外侨胞纷纷退出兴中会而加入保皇会,更使革命派认识到报刊宣传的巨大作用。

《中国日报》,1900年1月25日在香港创刊,陈少白(1869—1934)以日文化名"服部次郎"筹办,由孙中山亲自策划和准备经费,在日本购办机器设备。该报为兴中会的机关报,仿照日本报纸版式,是中国第一家横排分栏的报纸。陈少白任社长兼总编,编辑与经营,事必躬亲,发表了大量时论与其他作品。该报同时出版日刊与旬刊,日刊每天出版四开一张半,旬刊称《中国旬报》。副刊《鼓吹录》,专以谐文歌谣讽刺时政。旬刊出至第37期,日刊在辛亥革命后迁至广州,到1913年8月被袁世凯在广东的爪牙查封,历时近14年,是出版时间最长的革命派报纸,为革命党机关报之元祖。办报之初,革命色彩并不鲜明,时以改良主义为宗旨,对康梁维新评价很高,同时也有"革命维新"的主张,对"忠君党"进行批评,指出靠一个皇帝是无济于事的,而应把变法的希望寄托于民。半年之后,革命倾向浓厚起来,章太炎高唱革命排满之说,并剪辫明志。该报公开称满清为"野蛮政府",鼓吹民权主义,号召推翻君主专制制度,其反满色彩浓重,不久便与保皇派展开激烈论战。《中国日报》报馆同时也是党务机关的据点,商讨革命大计,谋划武装起义,进行联络工作,及一些转运军火、印刷文告等秘密活动,被称为"革命军之总枢纽"。

留日学生也创办了许多革命报刊:

1900年11月,郑贯公、冯樊龙、冯斯栾在横滨创刊《开智录》,为中国留日学生创办的第一个政治性刊物。他们先成立"开智会",声称"以开民智为宗旨,倡自由之言论,伸独立之民权,启上中下之脑筋,采中东西之善法"。三人分别用"自立"、"自由"、"自强"的笔名发表文章,宣传自由民主思想,公开提出反满革命主张。郑贯公利用担任《清议报》助理编辑之职而将《开智录》随《清议报》发行,后引起保皇党的反对,他因此被解职,《开智录》也随之停刊。

1900年底,留学生杨廷栋等在东京创刊《译书汇编》,专门译载西方学者政法方面的名著,如卢梭的《民约论》、孟德斯鸠的《万法公理》、斯宾塞的《政治哲学》等。同时,该报揭露清王朝的反动腐朽,号召人们进行社会改革。1902年7月发表的《日本国粹主义与欧化主义之消长》,较早向中国传递了日本国粹主义的信息:"国粹主义者谓保存己国固有之精神,不肯与他国强同,如就国家而论,必言天皇万世一系;就社会而论,必言和服倭屋不可废,男女不可平权等类。"该报在反对"全盘欧化"的声浪中诞生,宣传民族主义,恢复日本人的自信心。其思想内涵,已暴露出文化意义上的"亚洲责任论",以及政治、军事方面"对外硬"等信号,逐渐演化为狭隘的民族主义,后为军国主义的对外侵略提供了重要的思想根源。1903年4月,《译书汇编》改名《政法学报》,表示"务使此报为政法学界之灯"。该报在上海设有总发行所,在各省及香港、新加坡设有代售所,每期发行数千份。

1901年5月,秦力山等人在东京创刊《国民报》,革命倾向更为鲜明,猛烈抨击数千年专制,严厉谴责清政府的腐败无能和卖国行径,指出中国之出路非推翻清王朝不可,非革命不可。第1期《二十世纪之中国》指出:"是故中国之学术,为一人矣,而中国无学术。……是故中国之政治,为一人矣,而中国无政治。……是故中国之法律,为一人也,而中国无法律。"第4期发表章太炎的《正仇满论》,竭力驳斥保皇派。该报是中国留日学界最早提倡人权、宣传反清革命的报刊,8月出至第4期,因经费困难而停刊。

1902年底,湖南留日同乡会主办《游学译编》。1903年,湖北留日同乡会主办《湖北学生界》,直隶留日学生主办《直说》,浙江留日同乡会主办《浙江潮》,江苏留日同乡会主办《江苏》。这些刊物开始时主要分析中华民族所面临的生存危机,介绍西方文化与学说,寻求中国救亡图存的办法。1903年,留日学生组织拒俄义勇队,两学生回国请愿被清政府杀害。事件发生后,留学生反清情绪高涨,刊物迅速转向革命,出现大量鼓吹推翻清政府的革命文章。鲁迅的第一篇小说《斯巴达之魂》,就发表在《浙江潮》上。

1903年底,郑贯公等在香港集资创办《世界公益报》,由于言辞过于激烈,引起股东们的担心。郑贯公力争无果,1904年8月另创《广东日报》。由于受到无政府主义思潮的影响,该报曾发表《炸弹之二十世纪》、《暗杀主义说》等文章,鼓吹用暗杀手段推进革命。1905年6月,郑贯公又在香港创办《唯一趣报有所谓》

（简称《有所谓报》）。该报创刊之时，正值反对美国华工禁约运动达到高潮，遂全力投入这一斗争，揭露美国残害华工的暴行，宣传抵制美货，销量跃居香港报纸之首。郑贯公16岁随乡亲到日本谋生做佣工，业余时间为《清议报》撰稿而受知于梁启超，曾进横滨大同学校学习，一度任《清议报》助理编辑。1901年，他经孙中山介绍到香港，任《中国日报》记者，发表了许多激进的革命言论，使该报的版面焕然一新。1903年，他因与陈少白不合而离开。1906年夏，他不幸染疾而亡，年仅26岁。

1905年8月，中国同盟会在东京成立。根据黄兴的提议，宋教仁主持的《二十世纪之支那》成为机关报。该报因第2期发表了揭露日本侵华野心的文章而被查禁，遂改名《民报》，11月在东京创刊，先为月刊，后不定期刊行，主编先后为胡汉民、章太炎、陶成章、汪精卫，相继参与编辑工作的有陈天华、朱执信、廖仲恺、汪东、刘师培、黄侃、苏曼殊、马君武、张继、田桐等，到1910年共出26期，每期6—8万字。孙中山在《发刊词》中提出"三民主义"，系统完整地宣传革命思想，成为革命派的政治纲领。朱执信在《民报》第2号上撰写《德意志社会革命家小传》，介绍马克思、恩格斯，翻译了《共产党宣言》中的十大纲领等内容，这是中文报刊译介共产主义革命思想之开端。该报大量报道西方的新文化、新思潮，其中包括社会主义思潮和无政府主义思潮，当然主要还是宣传以排满为中心的民族主义和以建立共和为中心的民权主义，及各国资产阶级革命运动的有关情况，受到国内外知识分子的热烈欢迎。创刊号再版7次，第2、3期再版5次，仍供不应求，最高发行量达17000份，其中半数以上是在国内秘密发行的。

1905年9月，同盟会在东京发刊《醒狮》，撰稿人有李叔同、柳亚子、陈去病、宋教仁、马君武等。1906年5月，在东京出版《复报》，撰稿人有柳亚子、高旭、田桐、陶成章、章太炎、陈去病等，并与《民报》相呼应，与改良派展开论战。各地留日学生以自己的家乡为名称，还创办了《洞庭波》、《汉帜》、《云南》、《河南》、《鹃声》、《四川》、《汉风》、《晋乘》、《粤西》、《关陇》、《夏声》、《江西》等刊物，鼓吹革命反满。清末，中国人在日本创办的报刊共有109种，其中革命报刊65种。

同盟会成立后，革命派人士在海外又办起一批报刊，加强革命思想的宣传。在香港，创办《日日新报》(1906)、《香港少年报》(1906)、《东方报》(1906)、《社会公报》(1907)、《人道日报》(1907)、《时事画报》(1909)，壮大了革命宣传阵地。《中国日报》相继由冯自由、谢英伯任社长，胡汉民、汪精卫、朱执信、张继等人经常撰稿，进一步增大了革命宣传的力度。在新加坡，陈楚楠、张永福创办《图南日报》、《中兴日报》，成为革命派在南洋最重要的舆论阵地，此外还有《星洲晨报》和《南侨日报》等。在缅甸仰光，陈甘泉等创办《仰光日报》，庄银安等创办《光华日报》，此外还有《进化报》和《全缅公报》等。在泰国曼谷，陈景华等创办《华暹新报》。在马来亚槟榔屿有《槟城日报》,吉隆坡有《吉隆坡日报》和《四川日报》。在印尼有《泗滨日报》、《民铎报》和《苏门答腊报》。在越南西贡有《美南日报》、《湄南日报》、《华暹日报》和《同侨报》。在菲律宾马尼拉有《公理报》。在美国檀香山有《民生日报》(后改名为《自由新报》)和《启智报》,旧金山有《大同日报》和《美洲少年》(后改《少年中国晨报》)。在加拿大温哥华有《华美日报》、《大汉日报》。在澳大利亚墨尔本有《警东日报》,悉尼有《民国报》等等。据不完全统计,辛亥革命前十年,革命派在海外创办的中文报刊总数约40家左右。

此外,海外最早宣传无政府主义的中文刊物有1907年6月10日在日本东京创刊的《天义报》,第11期起迁往上海,主编何震,实际创办者为刘师培。它提倡"无政府革命",曾刊出《共产党宣言》的部分译文,共出19期,次年3月停刊。历时最长的是《新世纪》,1907年6月22日创刊于巴黎,1910年5月停刊,共3年121期。张静江、李石曾为清政府驻法公使随员,在当地接受无政府主义,他们与吴稚晖在巴黎组织"世界社",创办《新世纪》。1908年,张继从日本来到巴黎,加入世界社,成为其重要成员。该组织的特点是:系统化地宣传无政府主义思想,宣传无政府主义与民族主义"合力论",反对强权、私产和宗教,主张废除婚姻、国界与法律,以暗杀为革命的中心手段;批判国粹派和孔子,批评革命派否定孔子不力,因为儒家思想是一切专制政府的后台,所以中国要革命,其首要的革命对象就是孔子,是三纲五常;主张科学精神,要求一切平等,驱除权威崇拜,破除迷信,在民主自由的目标下,也否定政府之权力……其中许多思想开五四新文化运动之先河。

四、国内革命派报刊的苦斗

光复会、华兴会等团体在国内创办了一批革命报刊。1902年末在上海创刊的《大陆》,是国内第一家革命报刊,主编与编辑主要为归国的留日学生。该报设有《论说》、《学术》、《中国纪事》、《外国纪事》、《军事》、《小说》、《工商》、《教育》等栏目,鼓吹民主革命,发表过许多批判康、梁维新的文章,也或有支持立宪的消息。编者取纯客观的态度,让各种观点的文章和新闻杂然并存。不过,从分量上看,革命派的揭露性文章仍占有主要地位。其后有1903年4月在上海创刊的《童子世界》,由爱国学社编印,是革命派创办的第一份以青少年为读者的刊物,呼吁青年要迅速奋起,为社会革命而贡献力量,6月随着爱国学社被解散而停刊。

1903年12月,在上海发刊的《警钟日报》(原名《俄事警闻》),先后由蔡元培、汪允宗、刘师培主编。该报关注日俄战争,反对帝国主义侵略,谴责清政府的外交政策。1905年春,因该报揭露德国人在山东的罪行,德领事与上海道向租界会审公廨提出控诉。3月25日,该报被封禁。会审公廨出票拘人,主笔与经理事先离沪,结果有关编辑被判年余或半年监禁。

著名报刊活动家林白水,1903年在上海创办《中国白话报》,其贡献是把用白话文宣传革命思想。该报《发刊词》说:"天下是我们百姓的天下",官吏"本是替我们百姓办事的,就像店里请的伙计一样"。该报揭露清政府是一个彻头彻尾的卖国政府,替外国人镇压中国人民的反帝斗争,主张用革命手段推翻清政府。《杭州白话报》由藻兰生创刊于1901年6月,初期也受改良主义影响,1903年由孙翼中任主编后转向革命,猛烈抨击清廷的黑暗统治。1906年孙翼中离开后,该报由胡子安等任主笔,依然对革命持同情态度,一直到1910年2月停刊。

陈独秀1904年在安庆创办并主编《安徽俗话报》,大力宣传革命思想。参加编辑的有房秩五、吴汝澄、汪孟邹等,主要栏目有:紧要新闻、论说、历史、地理、教育、小说、兵事等。创刊号就发表《瓜分中国》一文,用通俗的文字疾呼爱国救亡,提倡练兵习武,普及国民教育,还宣传科学知识,呼吁从外人手中收回经济权力,发展自己的工商业。该报销路之广,曾居海内白话报之冠。因言论激烈,该报于1905年秋被勒令停刊。

1904年1月在上海创刊的《女子世界》月刊,刊行3年多时间,是当时影响最大、历时最长的妇女刊物。该刊物由上海大同书局主办,丁初我为第一任主编,以反对封建礼教,主张男女平等,激发妇女的爱国热情为宗旨。该刊物刊有《女界革命》、《女魂篇》、《女权说》、《革命与女权》、《革命妇人》等大量文辞激烈的政论和文学作品,鼓吹"政治革命"与"家庭革命"并举,革命色彩明显,秋瑾称赞它是妇女报刊中的"巨擘"。

1905年9月在广州创刊的《时事画报》,是革命派创办的第一份画报。该报分文字与图画两部分,文字部分有论说、短评、杂文、谈丛、小说、剧本、诗界等;图画部分则以时事画、漫画为主,间刊岭南画派的山水花卉等作品。其特色是能配合时事作出别具一格的画面报道,如反帝斗争的漫画,反映革命党人起义的时事画,还有新闻人物画等。

于右任(1878—1964),原名伯循,字诱人,右任为其笔名,另有笔名骚心、大风、神州州主等。陕西三原人,家世贫寒,自学不辍,曾中秀才、举人,因写诗讥讽时政,被清政府通缉,逃往上海。1905年,他与友人创办复旦公学和中国公学,开始为革命党报刊撰写稿,倾向革命。次年,他与孙中山会晤,加入同盟会。1907年,他于上海公共租界创办现代大型日报《神州日报》,报名"神州",是为"唤起中华民族之祖国思想,激发潜伏之民族意识"。该报以"有闻必录"为宗旨,报道革命党人的活动,从侧面介绍当时的革命形势,如刊载徐锡麟起义失败后在刑庭陈述其革命观点的供词,报道秋瑾遇害的经过和各地武装起义消息等,借披露革命党"罪证"的方式宣传其主张。该报还揭露了满清官场的腐败,如披露庆亲王奕劻父子贪赃枉法的大量罪行,矛头实指专制王朝。于右任后因报馆失火而辞职离去。

1909年,于右任在上海办《民呼日报》,更以大量篇幅揭露各级官吏的贪污、暴虐、宿娼、赌博等行径,报道各地人民之疾苦,尤其是一些地区在受灾之后,官府如何只顾自己保官,不管人民的死活,以致饥民易子而食、求生无门之惨状。7月,清政府以报社贪污募赈款项的罪名向上海公共租界提出控告,经14次研讯,查明诬告,在关押月余后还是判决将于右任逐出租界,《民呼日报》出版92天后被迫停刊。两个月后,于右任又创办《民吁日报》,改在法国领事馆注册,以范光启为社长,景耀月为主笔。该报把反帝与反清宣传结合起来,着力揭露日本的侵略和清政府的卖国行径,评论赞赏朝鲜义士刺杀前日本首相,直斥清王朝为"日本之政府"、"东京之官员"。日本领事联合清政府札饬会审公廨,11月19日查封报馆,《民吁日报》只出版了48天。1910年10月,于右任在几个民族资本家的资助下再创办《民立报》,担任编辑工作的还有景耀月、宋教仁、马君武、章士钊、叶楚伧、张季鸾等。该报对革命党起义诸役进行了大张旗鼓的宣传,次年成为上海中国同盟会总部的机关报。宋教仁以"渔父"为笔名,写了大量政论文章,深受读者欢迎,报纸销量即逾2万,成为国内最有影响的革命派报纸。1913年,该报因二次革命失败而停刊。三报都由于右任接连创办,史称"竖三民"报。

上海发刊的革命派报纸还有1909年的《越报》,1911年的《锐进学报》、《大陆报》等。《大陆报》是革命派在国内创办的第一份英文日报,旨在向外国人进行宣传,以正国际视听,争取国际舆论对中国革命的支持。

武汉在当时是国内仅次于上海的大城市,也是革命派报刊宣传活动的另一个中心。革命党人先后办有《楚报》(1905)、《湖北日报》(1908)、《通俗白话报》(1909)、《商务报》(1909)、《雄风报》(1910)、《政学日报》(1911)、《夏报》(1911)、《白话新报》(1911)等。其中,声誉最卓著者是《大江报》,1910年由詹大悲在武汉创刊,为文学社机关报。詹大悲(1887—1927),原名培瀚,字质存,曾为群治学社机关报《商务报》总主笔,积极宣传革命。他于1910年组织文学社,任文书部部长、评议员,负责宣传工作。《大江报》鼓吹革命,鄂督函请英领事饬令其迁出租界,被迫停刊。然而,其革命思想影响新军,最终引发武昌起义。詹大悲1912年任国民党汉口交通部长、湖北省议会议长,1922年任孙中山大元帅大本营的宣传委员,1927年任湖北省财政厅厅长等职,年底被桂系军阀以"阴谋暴动"罪名枪杀。

广州革命报刊主要有《群报》(1905)、《国民报》(1906)、《广东白话报》(1907)、《廿世纪军国民报》(1907)、《南越报》(1909)、《平民日报》(1910)、《可报》(1911)、《人权报》(1911)、《天民报》(1911)、《中原报》(1911)、《齐民报》(1911)等。由于广州是革命党人多次举事之地,清政府查禁甚严。这些报刊的特点是善于用文艺作品进行革命宣传。即使如此,其寿命也大都很短,多则数月,少则几天,就被查封。

此外,广西有《南报》、《漓江潮》、《独秀峰》、《南风报》、《广西日报》、《梧州日报》等。福建有《建言日报》、《警醒报》、《民心》、《福建日日新闻》、《南兴报》等。天津有《忠言报》、《北方日报》、《克服学报》、《民国报》、《民意报》等。保定有《直隶白话报》,重庆有《重庆日报》,新疆有《伊犁白话报》……全国绝大多数省份都已出现革命报刊。在清廷统治中心北京,1911年,吴友石创办的《国风日报》、田桐等创办的《国光新闻》,主要采用"客观"报道的手法,揭露政府的昏庸腐败,激发读者的革命思想。

武昌起义之际,革命党人于10月15日发刊《大汉报》,胡石庵在创刊号上以"中华民国军政府"的名义撰写《布告国人书》,猛烈声讨清政府的反动统治,号召全国响应,推翻清廷,建立民国。第二天,该报又假孙中山之名,发布《告同胞书》。武汉城战斗险恶,但是该报照常出版,甚至一天内连发六次号外,远销各地,被誉为民国第一张报纸。10月16日发刊的《中华民国公报》,为湖北军政府军务部的机关报,亦称中华民国出版的第一份政府公报。该报假孙中山之名,发表《布告大汉同胞书》。初日出一、二次,后定为日出两大张,设有"论说"、"时评"、"紧要新闻"、"神州月旦"、"文苑"等栏目。该报初期发行4000份,全部免费送阅,另贴出200份,供公共阅览,"聚观者如堵"。

武昌起义的消息传到上海,《民立报》、《神州日报》等马上发布消息,热烈欢呼首义的胜利。革命者还创办了二十多种临时小报,如柳亚子的《警报》等。其他省市也突破清廷的限禁,纷纷开展对起义的宣传。不到2个月,便有14个省发动起义或宣告独立,革命舆论在这场斗争中作出了重要贡献。

五、两派论战与第二次办报高潮

1901年8月,《国民报》发表章太炎的《正仇满论》,提出中国之出路非推翻满清王朝不可,狠狠驳斥了改良派,可谓革命派射向保皇党的第一箭。1902年,广州改良派《岭海报》发表文章攻击革命派领导失败的广州起义,香港《中国日报》立即撰文予以反击,笔战逾月。这是双方第一次对阵交锋。1903年起,两派论战日趋频繁。康有为发表反对革命的政见书后,《中国日报》刊出黄世仲的

《辩康有为政见书》,《苏报》发表章太炎的《康有为与觉罗君之关系》,进行了驳斥。上海《中外日报》刊登《革命驳议》,攻击正在兴起的革命思想,《苏报》立即发表《驳革命驳议》予以还击。孙中山在《檀山新报》上先后发表《敬告同乡书》、《驳保皇报》两文,发起对当地改良派《新中国报》的笔战。1904年,《中国日报》与《商报》在香港展开论战。这些论战是在各地分别进行的,给人颇为零星散乱的感觉,似乎需要一种理论系统上的清理。

《民报》创刊后,清醒认识到必须担负起清除改良派的思想影响,扫除革命障碍的历史使命,就以主帅的身份,与最有影响的改良派报刊《新民丛报》展开理论上系统的论战。在《民报》创刊号上,连发汪精卫的《民族的国民》、陈天华的《论中国宜改创民主政体》和朱执信的《论满洲虽欲立宪而不能》三篇文章,对康、梁的君主立宪主张进行点名批判。对此,《新民丛报》立即起而应战,梁启超先后发表《申论种族革命与政治革命之得失》、《开明专制论》、《驳某报之土地国有论》等文章,次年还将其汇编成书《中国存亡一大问题》,印行万余册,广为散发。继而,《民报》又发表汪精卫的长篇政论《希望满洲立宪者曷听诸——附驳〈新民丛报〉》,洋洋数万言,列举立宪派观点,逐条予以批驳。革命派《民报》与改良派《新民丛报》的论战日益热闹。

1906年4月,《民报》第3期以号外形式发表胡汉民的《民报与新民丛报辩驳之纲领》,列举论战在12个问题上的根本分歧。论战从此进入高潮,双方海内外各地有二十多家报刊加入。如在香港是革命派的《中国日报》与改良派的《商报》,在檀香山是革命派的《自由新报》与改良派的《新中国报》,在温哥华是革命派的《大汉日报》与改良派的《日新报》,在旧金山是革命派的《美洲少年》与改良派的《世界报》,在新加坡是革命派的《中兴日报》与改良派的《南洋总汇报》,在曼谷是革命派的《华暹新报》与改良派的《启南新报》,在仰光是革命派的《光华报》与改良派的《商务报》,等等。

两派论战主要围绕三个方面的问题:(1)民族革命、推翻清政府还是保皇、进行自上而下的改良,革命是否会导致内乱和外强瓜分?(2)民主共和还是君主立宪,国民素质是否已具备了实行民主共和制度的条件?(3)土地国有、平均地权还是维持土地私有制,国有制的程度及对民族资本是否要节制?这次报界的论战实际上是我国激进与保守两派之间的第一次较量,两种社会改造思维模式的斗争在中国思想界逐渐展开。

论战中,革命派越来越占上风,终获大胜,力量空前发展。特别是在留日学生中,革命派取得明显的优势,报刊数量也大增,从1905年的四十余种,增加到革命前夕的百余种。保皇派日渐不支,乃至一蹶不振,梁启超几乎成了孤家寡人,许多人退出保皇会。1907年,《新民丛报》悄然停刊,标志着这场争论以改良派的失败而告终。人心的向背,最终决定了这场论战的胜负,革命思想得以广泛传播,辛亥革命终于爆发。但是,革命派思想是否已深入人心?为什么革命的失败又来得如此迅速?这些都很值得后人好好思考。

客观地说,革命派的主张并非都十分正确,改良派提出的许多问题的确值得深思。如在政治革命方面,革命派不理会改良派关于"民智未开"、不利于民主建政的警告,正如梁启超在《开明专制论》中所指出的:"革命决非能得共和,而反以得专制。"事实证明,他强调实行民主政治需要有相应的国民素质,有一定的合理因素。在社会经济改革方面,改良派认为中国面临列强的经济侵略,必须大力发展民族资本,鼓励民族资本家与外资抗衡,而不必节制民族资本,或者说不必限制民族资本的拓展。这一主张应更为合理。改良派所预言的革命共和后的结果,如内部分裂、军阀分权、战乱不已,也未尝不与后来的发展有几分相符。

综上所述,自 1901 年清廷宣布"新政",开放"报禁"、"言禁"以后,国内新闻事业再次步入一个蓬勃发展时期,民间办报数量年年递增。据不完全统计,这一时期新创办的报刊,1901 年为 34 种,1902 年为 46 种,1903 年为 53 种,1904 年为 71 种,1905 年为 85 种。1906 年清廷宣布预备立宪后,新闻事业发展的步伐进一步加快,每年都新创办报刊百余种以上,1906 年为 113 种,1907 年为 110 种,1908 年为 118 种,1909 年为 116 种,1910 年为 136 种,1911 年为 209 种。报刊出版以上海与武汉为两大核心基地,然后扩散到六十多个城市或地区,几乎遍布全国。

有关特色报刊和新闻团体层出不穷:中国最早宣传国粹主义的综合性刊物:《政艺通报》半月刊,1902 年在上海创刊。中国最早的军队刊物:《武备杂志》,1904 年 4 月在河北保定创刊,由武备学堂北洋武备研究所编辑发行。中国最早的妇女日报:《北京女报》,1905 年 8 月 20 日创刊,主编张筠卿。中国最早用少数民族文字印行的报纸:蒙文《婴报》,1905 年在内蒙古创刊。中国第一个地方报业团体:天津报馆俱乐部,1906 年 7 月成立。中国最早的藏文报纸《西藏白话报》,1907 年 4—5 月在拉萨创刊,创办人是清廷最后一位驻藏大臣联豫和帮办大臣张荫棠。中国最早的新闻工作者团体:上海日报公会,1909 年在上海成立,后各地纷纷仿效。1910 年 2 月,南京成立"全国报界俱进会",9 月的成立大会有全国 20 个省市的 41 家报馆派代表参加,成为中国近代第一个全国性新闻工作者团体。中国第一张用四种文字出版的报刊:《伊犁白话报》,1910 年 3 月在伊犁惠远城创刊,分别用汉文、维吾尔文、蒙古文、满文四种文字出版,这也是新疆第一家近代报刊。

与第一次办报高潮相比,这次的办报主角由改良派逐渐转换为革命派,其战斗力增强,分布地区也明显放大,边疆少数民族地区也都开始办报,且白话文报纸增多,扩大了读者面。在内容上,报纸逐渐具备新闻、评论、副刊和广告四大要素,其中新闻报道量有很大增加。在形式上,大多数报纸由近代形态发展到现代形态,"报"摆脱书册的痕迹,而与"刊"开始分家,从而使报纸的特点和优势得到不断的发挥。

六、改良派的新闻报刊思想

在戊戌变法前,梁启超强调报纸的作用是通内外之情与上下之故,把报纸当作改良和加强统治的工具,即"耳目喉舌"论。其后,他侨居海外,真正接触到西方文化,考察其制度,思想跨入一个崭新的境界。他勇敢地接受了西方的国家政治观念、天赋人权学说、三权分立制度、生物进化论以及新闻自由的理论。其《夏威夷游记》云:"自居东以来,广搜日本书而读之,若行山阴道上,应接不暇,脑质为之改易,思想言论与前者若出两人。"梁启超在戊戌变法后的报刊思想主要如下:

(一)他在清议报《本馆一百册祝辞并论报馆之责任及本馆之经历》中提出"一人之报"、"一党之报"、"一国之报"、"世界之报"等概念,各以其利益为目的,要求"全脱离一党报之范围,而进入于一国报之范围,且更努力渐进以达于世界报之范围"。

(二)要求新闻自由。他在《本馆一百册祝辞并论报馆之责任及本馆之经历》中指出:"思想自由、言论自由、出版自由,此三大自由者,实唯一切文明之母,而近世世界种种现象皆其子孙也。"他认为报纸应为制造舆论之机关,《国风报叙例》云:"舆论之所自出,虽不一途,而报馆则其造之之机之最有力者也。""夫舆论者何?多数人意见之公表于外者也。"

(三)他在《敬告我同业诸君》中指出报馆、政府、国民三者之地位及关系:"报馆者,非政府之臣属,而与政府立于平等之地位者也。不宁惟是,政府受国民之委托,是国民之雇用也,而报馆则代表国民发公意以为公言者也。"所以,在某种意义上,报馆应比政府的地位要高。"西人有恒言曰:言论自由、出版自由为一切自由之保障。诚以此两自由苟失坠,则行政之权限万不能立,国民之权利万不能完也。而报馆者,即据言论、出版两自由,以龚行监督政府之天职者也。"报业有两大职能:监督政府,向导国民。"报馆之对政府,当如严父之督子弟","其对国民,当如孝子之事两亲"。人们逐渐认识到,新闻报纸的主要职能不是替朝廷"宣德达情",而应是监督政府的第四权力。

(四)他在《本馆一百册祝辞并论报馆之责任及本馆之经历》中指出,报纸须具备四个条件:"一曰宗旨定而高,二曰思想新而正,三曰材料富而当,四曰报事确而速。"即"以国民最多数之公益"为办报宗旨,"故交换智识,实惟人生第一要件,而报馆天职,则取万国之新思想,以贡于其同胞也",从而达到"全世界之智识,无一不具备焉"之境界。

《大公报》社长英华认为,应向西方学习办报,报纸不是官府权势之私物,不是文人墨客之雅玩,而是能开愚蒙、通智能、广见识、扩胸怀,促进社会各方面不断进步的"公器"。报纸责任有二:一为国民之喉舌,二为监督政府之利器。其创刊号所载《大公报序》谓"忘己之为大,无私之谓公",故取报名为《大公》,就是想以超阶级、超党派的立场反映广大之民意和监督权势之政府,并声称:"断不敢有自是之心,刚愎自用;亦不敢取流俗之悦,颠倒是非;总期有益于国是民依,有裨于人心学术;其他乖谬偏激之言,非所取焉;猥邪琐屑之事,在所摈也。尤望海内有道,时加训诲,匡其不逮,以光吾报章,以开我民智,以化我陋俗,而入文明。"1905年8月,《大公报》发表《言论自由》一文,指出:"文明国民皆有三大自由:一言论自由,二出版自由,三集会自由。朝廷予国民以此三大自由者,乃得为文明国,否则为野蛮专制。""直至今日优胜劣败强存弱亡之世界,而我中国犹以专制之政钳抑国民。""国民之三大自由,我国民皆无之,我中国果成为何等国乎?"①《大公报》要求自由的呼声相当强烈。

七、革命派的新闻报刊思想

革命派为革命办报,以宣传革命理论,鼓吹民族、民主革命为首要任务,把报纸视为政治斗争的锐利武器,重视其战斗作用。他们激赏和称引西方政治家的有关名言,如:"报馆一家,犹联队一军也。"(拿破仑语)《民呼日报》一再强调"为民请命"、"吊民伐罪"和"义师先声"等口号。

革命派报刊主要有以下特点:

(一)宣扬报纸的国民性,为"社会之公器"、"国民之代表",革命派报纸大多以"民"字命名。革命派又主张报纸的党派性,明言是"党报"、"机关报"。孙中山《民报发刊词》认为,党和党报的关系是"体"和"用"的关系。由此,他提出了著名的"党派为体"、报纸为"用"的观点。即把报纸看作党的宣传工具,机关报为党派的"喉舌"。这样,报纸的"国民性"与"党派性"两者实际上存在一定的矛盾。

(二)重视舆论的功能,"舆论者,必具有转移社会、左右世界之力者也"。而报纸是"舆论之母",是国民舆论的代表,记者应代表国民。报纸也可影响舆

---

① 转引自方汉奇主编:《中国新闻事业编年史》,福建人民出版社2000年版,第352页。

论,甚至左右舆论、制造舆论。为了配合某次政治或军事行动,革命派报纸往往大"造"舆论,甚至不惜编造假新闻,制造舆论。

(三)鼓吹言论自由,重视报纸在传播知识和开发民智方面的功能。这方面的局限也比较突出,孙中山等人以先知先觉者自居,以为革命只要几个华盛顿式的人物就可以了,忽视了"唤起民众"从而提高整个民族素质的重要性。

孙中山(1866—1925),初名文,字德明,号逸仙,又号日新,广东香山(今中山市)人。他早年在美国檀香山和香港接受西式教育,曾于澳门行医,后组织士人革命,创建中国同盟会。他在革命斗争中日益重视报刊的宣传作用,时常把"立党"、"起义"和"宣传"并列为达到其政治目的的主要手段。他对《中国日报》、《民报》等的创办与编辑就相当看重,在《民报》的"发刊词"中首次提出了"三民主义",大力宣传其思想理论。

他曾在《耕者有其田》中抱怨:"现在中国人何以听到自由便不理会,听到发财便很欢迎呢?其中有许多道理,要详细研究才可以明白。"其实,他自己都没有弄懂"自由"的深义。他在《三民主义》第二讲《民权主义》中说:"在今天,自由这个名词,究竟怎么样应用呢?如果用到个人,就成一片散沙。万不可再用到个人上去,要用到国家上去。个人不可太过自由,国家要得完全自由。到了国家能够行动自由,中国便是强盛的国家。"他强调:"要这样去做,便要大家牺牲自由。"①他还发表了《革命成功个人不能自由,团体要有自由》等著名演说:"在普通社会中有平等、自由,在政治团体中便不能有平等、自由。政治团体中的分子有平等、自由,便打破政治力量,分散了政治团体。……中国现在革命,都是争个人的平等、自由,不是争团体的平等、自由,所以每次革命,总是失败。……大家要希望革命成功,便先要牺牲个人的自由,个人的平等,把个人的自由、平等都贡献到革命党内来。"看来,孙中山基本不懂:争个人的平等、自由才是自由主义的理论基点。这一严重的思想迷失,或者说所谓"国家主义自由观",为日后国民党专制统治提供了理论根据。

他认为,报纸不是服务于"个人的平等、自由"的,而是必须无条件地服务于"团体",即"党"。报纸理应是"党的喉舌",而新闻就是通过宣传"纠正人心"。宣传是革命的重要武器,党报就是革命宣传的机关,是大力宣传"党义"、培训"党义"宣传人才的学校。他还认为,党报应用"正确之真理""同化""不正当之舆论",是体现"舆论一致"的典范,强调"今日认定宗旨,造成健全一致之舆论"。他指出,"舆论为事实之母,报界诸君又为舆论之母",要求"舆论归一"。这里不存在新闻自由主义原则,党报能"同化"者,一律予以"同化";不能"同化"者,必

---

① 《孙中山全集》第9卷,中华书局1986年版,第282页。

须剥夺其言论自由的权利:"凡卖国罔民以效忠于帝国主义及军阀者,无论其为团体或个人,皆不得享有此等自由及权利。"孙中山在领导《中国日报》和《民报》等"党报"反击康、梁保皇党的斗争中,逐渐形成上述系统严密的"党报思想",是继康有为之后最热衷于创办"党报",鼓吹"党报思想",在中国思想史上最早提出报纸应该充当"党的喉舌"的革命家。此"党报思想"实为传统"官报思想"的另一种诠释。

于右任《民呼日报宣言书》云:"《民呼日报》者,黄帝子孙之人权宣言书也。有世界而后有人民,有人民而后有政府;政府有保护人民之责,人民亦有监督政府之权。政府而不能保护其人民,则政府之资格失;人民而不能监督其政府者,则人民之权利亡。"《民立报之宣言》说:"有独立之言论,始产生独立之民权,有独立之民权,始能卫其独立之国家。""以培植吾国民独立之思想",才能实现"独立之言论"。报刊"更非一二党派之言论机关",它理应是"四万万民众共有之言论机关"。他指出:"党见有则人才沦落,故不敢有党见。"自由主义新闻思想的主要原则被大声呼喊了出来。于右任的悲剧在于:他的这种清醒的自由主义主张,后为坚持党见者所讥嘲和憎恨,根本无法撼动党见、左右党报,无法用"党报思想"统驭舆论。

第五章　清末官报与新闻法制

新式官报在清末曾普遍发行,依然为政府之喉舌,没有实质性的改观。同时,清政府颁布了许多新闻法规,并完成《大清报律》,呈现出一些略微开放的表象,人们于其中也获得了一定程度的言论出版权利,然而其文化专制的内核依旧。清廷对统治不利的任何异端言论,依然严酷镇压,其中清末报人反抗诸案,读来还颇令人悲恸和鼓舞。

一、晚清官报与政治信息流通

1895年,京师设强学书局,译刻各国律法、商务、武备、工程等书籍。在1896年查封《中外纪闻》报社的基础上,清政府建立了官书局,3月刊行《官书局报》与《官书局汇报》两种官报,形式与京报相似。其章程规定:"印送各路电报,只选择有用者,照原文抄录,不加议论。凡有关涉时政、臧否人物者,概不登载。"①其内容除谕摺、电报之外,尚有若干关于各国新事新艺之译文,可算清政府公开发行新式官报之始。不过,康有为认为,其"未能悉用西国体例","视各国官报,规模相去远甚"②。迨戊戌变法时,该报遂被裁撤。

1896年,上海强学会创办《时务报》,以诸多官员捐款作为办报经费,尤其是得到湖广总督张之洞的赞助。该报的发行也得到各省大小衙门的支持,发行量从创刊时的3000多份,到最高时达17000多份。同时,张之洞以该报大股东自居,对汪康年时有指挥,并竭力排挤梁启超,所以该报或可谓半官报性质。1898年百日维新时,光绪帝曾诏改《时务报》为官办,而汪康年拒不从命,在上海将报名改为《昌言报》继续出版。变法很快失败,慈禧太后训政,9月26日下谕宣布:"《时务官报》无裨治体,徒惑人心,并着即行裁撤。"③

---

① 转引自戈公振:《中国报学史》,上海古籍出版社2003年版,第62页。
② 《康有为政论集》,中华书局1981年版,第323页。
③ 转引自戈公振:《中国报学史》,上海古籍出版社2003年版,第64页。

庚子重创之后,慈禧太后不得不打出"变法"旗号,推行所谓"新政"。1900年3月,上海创刊《江南商务报》,由江南商务局沪局主办。1901年底至1902年,直隶总督袁世凯在天津创办《北洋官报》,设北洋官报局,间日一出,铅字印刷,附带发行《北洋学报》与《北洋政学旬刊》,载圣谕、学务、兵事及农工商等时务以及各国新闻,鼓吹直隶新政。同年,湖广总督张之洞在武昌创办《湖北官报》旬刊,后改半月刊。张之洞亲自为该报拟订章程,强调该报在"正人心、息邪波"方面的作用。除一般官报内容外,该报还有要电、要闻、政务、科学、实业、图标、论述、国粹篇、新说郛、纠谬篇等栏目,为清末最有影响的地方官报。

1903年,《南洋官报》创办,清廷要求各省仿行。此后,一些重要省份的官报纷纷兴办,如《山西官报》、《安徽官报》、《湖南官报》、《四川官报》、《汉口官报》等。各地效法而普遍推行,又有《山东官报》、《陕西官报》、《甘肃官报》等,还有官商合办的《江西日日官报》、官督商办的《豫省中外官报》等。

1903年,御史高昌生请刊谕旨阁钞,旨令朝事发交报房刊行。还有四川学政吴郁生请广刻邸钞,要求将内阁各部议复折件及各省办事诸章程大量编入,以便官学人员阅读,"益有裨于实用"。此请求由政务处大臣议覆,予以全盘接受:"嗣后凡有内外各衙门奏定各折件,拟由军机处抄送政务处。其非事关慎密,即发交报房刊行,日出一编,月成一册。传观既速,最易流通。则现行政要,外间均可周知。"1904年,御史黄昌年上折要求政府各部处重要文件能及时公布:"拟请政务处妥议办法,凡政务处、练兵处、学务处及银行、铁路、矿务、电报一切举行政要,或揭署前,或发阁钞,或刊刻告示。"这一建议也同样得到清廷的认可,政务处奉旨复议后明示:"嗣后具奏折件,除事关慎密及通例核复之件毋庸抄送外,所有创改章程及决定事件,皆于奉旨后咨送政务处,陆续发刊,以广传布。凡军机处于京外折件,向系明发谕旨及有办法者,概交发抄。"①可见,此时清廷官报的信息流通日益加大。

1906年,日俄战毕而日胜,日本立宪之效在国内传得神乎其神,要求立宪之声大起。清廷不得已下诏"预备立宪",御史赵炳麟请办中央官报,以使民众明悉国政。1907年,官报定名《政治官报》,由宪政编查馆主持编辑,以主要篇幅宣传清廷预备立宪的活动。10月26日,该报在北京创刊,为清政府的中央机关报。这是中国最早由中央政府直接公开出版发行的机关报。该报也时常为朝廷发布政令之用,一切新法令,以报道之日起生效。1911年,该报改为《内阁官报》,成为清政府内阁的正式机关报,由内阁印铸局出版,日出一册。该报"为公布法律命令之机关,凡谕旨、章奏及颁行全国之法令,统由《内阁官报》刊布"。

---

① 转引自戈公振:《中国报学史》,上海古籍出版社2003年版,第65页。

京内各官府衙门,由馆分别送寄外,其余购阅者,由馆设立派报处,照价发行。该报作为清末立宪运动的记录者,为研究者提供了大量的第一手史料。

中央其他各部门也纷纷效仿,于 1906 年创办《商务官报》、《学务官报》,前者所载主要为法律章程、公牍论说、调查报告、纪事译稿等,后者所载可别为上谕文牍、学务报告、章程奏折、各国学务新闻、审定教科书目等。1909 年,《交通官报》创办,载有关国家水陆交通方面的信息。地方上的专业性官报名目更多,几乎每省都有涉及法政、教育、商务、实业、军务等方面内容的官报。晚清最后十年,官报总数达百余种以上,出版地点分布在除新疆、西藏以外的全国各省,形成一个从中央到地方的比较完整的官报体系。

官报大多以"通上下之情"相标榜,实际上主要是上情下达,为政府之喉舌,主要刊载谕旨、章奏、公告、法规等官文牍,社会新闻很少。官报无采访部,无专职记者。除少数高层次官报能直接收外电或译摘外报外,多数官报只能转录民营报纸上的一些消息。官报也介绍一些西学新知,但对民主、自由思想进行抵制和批判。各级官府对官报内容编纂进行严格控制,稿件须先由有关官府核定。所以,官报一切言论都围绕朝廷旨意,歌功颂德,歌舞升平。为推销官报,各地将其作为官员的政绩内容之一,表彰在派定数外还能增加者,否则降职处分。有的官报发行数虽可达万份以上,但社会影响甚微,尤其是各地欠报费现象十分普遍,所以大多数官报如没有官库的补贴,恐怕难以维持。

由于内容陈腐,人们不愿购买和观看,官报不为社会所接受,经营上非常困窘,更无力与民营报纸抗衡。清政府为了控制舆论,一度采取入股和津贴等手段收买商办报纸,对其进行控制和操纵,使其为官方宣传。1909 年 11 月,江苏谘议局"查得上海现行之《中外日报》、《舆论时事报》、《申报》,或纯系官款,或半系官款,其按月由官津贴之款,更多少不等"①。这些报纸在多大程度上已成为变相的官报,学术界或有不同的看法。

二、从戊戌变法到宣布"新政"

戊戌变法前,报馆管理主要援用《大清律例》,如:"凡造谶纬妖书妖言,及传用惑众者,皆斩。""凡妄布邪言书写张贴,煽惑人心,为首者,斩立决。为从者,斩监候。""在京探听事件,捏造言语,录报各处者,系官革职,军民杖一百,流三千里。"清政府以此禁锢言论,进行愚民统治。对于私自出版各类新闻报刊,清政府可以任意处罚,执法的随意性极大。

---

① 《上海报界之一斑》,载《东方杂志》1910 年 1 月 6 日。

1895年5月"公车上书"时,康有为在上书中明确提出"纵民开设"报馆的建议。他被授予工部主事之职后,又连续上奏要求"开民智。通下情,合天下人之聪明才力,以治天下之事"。6月30日,康有为在"上清帝第四书"中再次提出办报建议:"四曰设报达聪",他指出:"中国百弊,皆由蔽隔,解蔽之方,莫良于是。"此后,康有为的《请定中国报律折》最早提出制定中国的新闻法,虽没有实施,但仍具有划时代意义。其他维新人士,甚至外国人也积极倡言办报,以求通上下中外之情。康有为等还身体力行,在北京办起《万国公报》(后改名《中外纪闻》),在上海创办《强学报》。这些报纸虽不久即遭查禁,但维新人士毅然坚持其信念,很快又在上海创刊《时务报》,并获得很大成功,掀起中国新闻史上第一次办报高潮,这在相当程度上也推动了维新改良运动的实质性起步。

1898年6月11日,百日维新开始,光绪帝下诏明定国是,颁发了"准许自由开设报馆"的旨令。7月26日,光绪帝就改《时务报》为官报之奏折发布上谕:"报馆之设,所以宣国是而达民情,必应官为倡办。……其天津、上海、湖北、广东等处报馆,凡有报章,著该督抚咨送都察院及大学堂各一份。择其有关事务者,由大学堂一律呈览。至各报体例,自应以胪陈利弊,开扩见闻为主,中外时事,均许据实昌言,不必意存忌讳,用副朝廷明目达聪,勤求治理之至意。"①8月9日,光绪帝又颁发上谕称:"报馆之设,义在发明国是,宣达民情,原与古者陈诗观风之制相同。一切学校、工商、兵制、赋税,均准胪陈利弊,籍为鼓铎之助,兼可翻译各国报章,以便官商士庶开扩见闻,于内政外交,裨益匪浅。……所著论说,总以昌明大义,决去壅弊为要义,不必拘牵忌讳,致多窒碍。"②正式承认官报、民报均具有合法地位,鼓励各报据实昌言,宣达民情。

8月26日,朝廷又发布上谕:"书籍报纸,一律免税。"这一法令有利于民族报业、出版业的进一步发展。9月12日,光绪帝就侍讲学士瑞洵奏请遍设报馆一折再发上谕:"报馆之设,原期开风气而扩见闻。该学士所称,现商约同志于京城,创设报馆,翻译新报,为上海官报之续等语,即著瑞洵创办,以为之倡。此外官绅士民,并著顺天府五城御史,切实劝谕,以期一律举行。"此上谕劝谕各地官绅士民踊跃办报。康有为此时还上了一个《请定中国报律折》,首次提出报律的制定问题。光绪很快应允,发布了有关制定报律的上谕。这较为宽松的政策,无疑是对维新派及所有报人的一个巨大的鼓舞。梁启超曾评论说:"专制之国家,最恶报馆。此不独中国惟然,而中国尤甚者也。往者各省报馆,多禁发刊。故各报皆借西人为护符,而报章也罕有佳者。……各国民智之开,皆由报馆,故

---

① 梁启超:《戊戌政变记》,中华书局1954年版,第35页。
② 《德宗景皇帝实录》卷四二二。

于维新之始,首注意于是也。……各处报章,悉令进呈,并命胪陈利弊,据实昌言,毋存忌讳,虽古圣之悬鼗设铎,岂能比之哉?虽泰西立宪政治之国,亦不过是也。"①他没有看到这些"自由"还是皇帝旨令"准许"下的"权利",离西方将新闻自由认定为人们"自然权利"的认识,还是有相当的距离,还缺乏相当的文化底蕴。

各地主管官员也颇为支持。如湖广总督张之洞拨款定购《时务报》288份,发给全省各衙门及书院学堂。浙江巡抚购《时务报》,发给各府州县。湖南巡抚购《时务报》,发给各书院。直隶总督袁世凯通饬各衙署局所,购阅《外交报》。广西洋务总局通饬全省府厅州县,购阅《知新报》。各省大吏亦颇受当时报纸之影响,常取其言论以入奏。然而,变法旋即失败,草拟中的报律胎死腹中,民间报业又遭厄运。总之,在百日维新期间,"报禁"一度有所解除,"言禁"一度有所放宽,但来不及制订报律,变法即已流产,为时之短,令人慨叹。

慈禧太后训政后,于10月9日下令将全国报馆一律停办,并捉拿各报主笔。逆浪袭来,报坛一片恐怖,除几家托庇于租界和洋商的报纸外,维新期间新办的报纸几乎被一网打尽,内地报纸遂寥若晨星,中国近代第一次办报高潮就这样跌入底谷。戈公振《中国报学史》云:"清廷之对于报馆,始则以屈于外侮,为维新而提倡;继则以诽议杂兴,为革命而禁止。前后迥异,而以戊戌政变为之鸿沟。各省大吏,望风承旨,自赧当然之事。"当时办报、阅报者以学生居多,以致有关学堂章程禁令中规定:"各学堂学生,不准离经畔道,妄发狂言怪论,以及著书妄谈,刊布报章。学生不得私充报馆主笔或访事员。各学堂学生不准私自购阅稗官小说,谬报逆书。"②

1900年,庚子事变,清朝专制统治摇摇欲坠。次年1月,清廷发布上谕,宣布实行"新政"。4月,成立督办政务处,主持"新政"的开展。1902年5月,清廷令沈家本等主持修订法律,更改旧有的法律制度。1904年5月,修订法律馆正式成立,负责编译外国法律和修订中国现行法律。随着朝野要求变法图强呼声的高涨,1905年7月,清廷派五大臣出洋考察宪政。1906年9月,清廷宣布预备立宪。

在这一历史背景下,朝野要求开放"报禁"的呼声又重新响起,各地人士以实际行动突破"报禁",民营报纸竞相出版,重新恢复了发展的势头。管翼贤《北京报纸小史》说,当时"报人尽属有志之士,各报各有立场,各有目的,然于开发民智,指示政治社会之良否及得失,概属同一步骤,对于各级官府之督责,能代人

---

① 梁启超:《戊戌政变记》,中华书局1954年版,第35—36页。
② 戈公振:《中国报学史》,上海古籍出版社2003年版,第198页。

民鸣不平,大为人民所信赖"①。如1902年7月13日,即天津《大公报》创刊第二天,其《出版弁言》中就明确表示:要"知无不言",既不"如寒蝉之无声,漠视吾国沉沦而不救";也不"胶执己见,党同伐异";更不"意存规避,拗曲作直,指鹿为马,信口雌黄,求悦当今一二人之耳目,不顾天下后世之唾骂"。此言论敢于指斥权贵,指斥朝政,揭露顽固派的嘴脸。7月16日,该报发表《论归政之利》,开始在慈禧太后头上动土,痛骂军机大臣刚毅、荣禄之流为"国贼"。年底,某官员条陈"严设报律,以肃观听",反对报纸监督政府。《大公报》载《严设报律问题》,批驳了条陈中有关理由与借口,指出其急于定报律,目的在于"售阻挠之术,以图博顽固之快"。《论中国定报律》一文,更直指清政府"借此以钳制天下人之口,以遂其一二人之私","趁此严加束缚,使业报者渐即消亡,而不敢大张旗鼓"。

各地官绅士民自办报刊逐年递增,从1901年的34种,增至1905年的85种。这一数据表明,清廷已在事实上默认了民间报刊的正常发行地位。1904年,广东老报人骆侠挺在广州创办中兴通讯社,为中国人在国内办的第一家通讯社,主要向广州和香港的报纸发送新闻稿。1909年由中国驻比利时使馆随员在布鲁塞尔创办的远东通讯社是中国人创办的第一家海外通讯社,汪康年、黄远生、陈景韩等为其国内通讯员。

三、清廷迫害报人有关案例

中国近代第一个被查封的民族资本报刊,是1891年的《广报》。该报1886年由邝其照在广州创办,一向谨慎编辑,言论也颇为保守。不料,1891年因刊登某大员被参奏折,触怒了两广总督李瀚章,李遂以"辩言乱政"和"妄谈时事,淆乱是非,胆大妄为"罪名,令官府将《广报》"严行查禁"。邝其照将报馆搬到沙面租界,由英商出面,改名《中西日报》继续出版发行。1895年,《中西日报》报道广州起义消息,曾风行一时。1900年,该报刊登义和团消息,为英、法等国所不容。广州地方当局迫于洋人压力,将该报查禁。这年冬天,该报改名《越峤纪闻》继续发行,因发行受到限制,不久停刊。这是中国近代新闻史上最早的查禁报刊案,反映当时民间办报之艰难。

实施新政后,"报禁"有所突破,"言禁"也有所松动,各地一时出现了数以百计的各类报刊。但是,旧的文化专制主义的法律制度并未废止,清廷对危害其统治的报刊仍给予严厉的制裁和迫害,"造妖书妖言"罪仍是惩处报刊的主要法律

---

① 《新闻学集成》第6辑,中华新闻学院1943年版。

依据。直到1910年颁行的《清廷现行刑律》，仍在《盗贼上》第13条中规定："凡造妖书妖言及传用惑众者，皆绞。若私有妖书，隐藏不送官者，徒三年。"其中最重要的案件是1903年的"苏报案"。

《苏报》，1896年由胡璋在上海租界创刊，因经营亏折于1899年卖给陈范，遂成为爱国学社师生发表言论的主要阵地。1902年，蔡元培等在上海成立中国教育会、爱国学社，《苏报》实际上成为其机关报。1903年5月，陈范聘请章士钊为主笔，章太炎、蔡元培等为主要撰稿人，该报成为革命派的报纸。7月7日，该报被查封，前后共存在40余天，期间几乎每天都有慷慨激昂的革命言论发表，矛头直指清王朝。如6月29日，刊章太炎《驳康有为论革命书》，嘲骂光绪帝，宣扬革命。清政府照会各国领事，指名要逮捕蔡元培、陈范、章太炎等人，租界工部局以不合租界章程而不同意。后双方达成协议，须在租界会审公廨会审，有罪亦在租界内惩办，工部局遂出票拘人。

按租界旧例，案子未定谳之前是不能封禁报馆的，因此《苏报》在章、邹等人被捕后仍照旧出版，继续疾呼"革命排满"。7月6日，该报还刊出章太炎《狱中答新闻报》，严厉谴责清政府制造"苏报案"的罪行。清廷官员串通美国领事签发封报令，这样《苏报》馆才被查封。7月15日，会审公廨第一次会讯，章太炎慷慨陈词，不承认满清王朝的合法性。清廷要求引渡，欲置其犯于死地，且不惜以出卖沪宁路权为交换条件。但是，英国领事始终反对引渡，极力维护其治外法权，不让清政府插手。上海的英文报纸《字林西报》也说："外人在租界一日即有一日应得之权利，中国人在租界一日即有一日应受外人保护之权利，而华官固不得过问也。"中国人在中国的土地上，其权利只有靠外国人的治外法权保护，令人欲哭无泪。

此时又发生了上海《申报》记者沈荩因揭露《中俄密约》于报端，被清政府残酷杖毙于狱中事件，引起舆论极大愤慨，纷纷谴责清政府的野蛮行径。此案详情如下：沈荩是湖南人，是一位多次参加反清活动的志士。1903年，《中俄密约》被他获得，在《申报》上全文披露。慈禧太后闻之大怒，深责总理各国事务衙门，查出后将沈荩逮捕。刑讯之下，沈荩慨然自承，而庆亲王奕劻因受责而欲泄其愤，嘱胥吏将他杖毙于公堂之上。时报界大哗，纷纷著文责问政府，尤以上海各报为甚。清政府伪作沈荩绝命诗一首，谎称其病死狱中。《大公报》却如实报道："探闻刑部司官，自杖毙沈荩后，托故告假者颇多。皆以杖毙之惨，不忍过其地。出而述其始末，照录于后，以补各报之缺。当杖毙时，先派壮差二名，打以八十大板，骨已如粉，始终未出一声。及至打毕，堂司均以为毙矣。不意沈于阶下发声曰：何以还不死，速用绳绞我。堂司无法，如其言，两绞而死。"沈荩可谓中国近代第一个以身殉职的记者。这件惨案之所以在社会上引起极大公愤，中外震惊，与诸报连续绘声绘色地报道、评述有着密切的关系。

为挽回局面,清政府又以"只以监禁了事,决不办死罪"为条件与各国交涉,英美政府先后训令其驻华使节不得同意交人。清政府只得放弃引渡要求,转而坚持判"永远监禁",而领事团主张"监禁不出三年",双方相持不下,迟迟不能结案。舆论纷纷指责清政府长期关押而不作判决,工部局也放出风来,说不再结案就要放人。清廷无可奈何,只得同意缩短刑期。1904年5月21日,判章太炎三年,邹容二年监禁。此案在国内新闻界的震动是巨大的。清政府兴师动众,费尽心机,甚至不顾脸面,然终没有达到置革命党人于死地的目的。清廷本想杀一儆百,不料此案反而促进了革命思潮在国内的广泛传播。不能不承认,此结果乃得益于外国人的治外法权。章、邹两人在此案中名扬四海。然而可惜的是,邹容在临近出狱的1905年4月在牢中去世,年仅21岁。章太炎刑满后于1906年6月出狱,同盟会立即派人将他接去日本,受到英雄般的热烈欢迎。

陈范(1860—1913),原名彝范,字叔柔,号蜕庵、退僧等,江苏常州人。他1889年中举,曾任知县,因办教案不利被弹劾免官,遂移居上海,买下《苏报》,开始其有声有色的报人生涯。他先热衷维新变法,后倾向革命,挥笔为文,言论日益激烈。"苏报案"后,他流落日本、香港近两年,期间结识了孙中山等革命者,继续从事革命活动。1905年,他只身潜回上海。此时"苏报案"早已了结,清廷竟以其他借口将他逮捕,欲予加害。经多方营救,他才于第二年秋获保开释。辛亥革命后,他与亲属曾一度重新活跃于上海报界,一生淡泊名利,著述颇丰。

此外,还有1905年的卞小吾《重庆日报》案。《重庆日报》创刊于1904年10月,为避免官府干扰和摧残,聘请日本人担任社长,卞小吾实际上为创办人和主持者。该报敢于攻击清廷的腐败和地方官员的劣迹,并鼓吹民主革命,从而成为官府的眼中钉。1905年6月初,卞小吾被地方当局诱捕至巴县衙门软禁。后四川总督锡良下令,将其解往成都省城监狱拘押。6月12日,卞小吾在狱中被一囚犯乱刀捅死,遗体上有刀伤23处。该囚犯实为官府所收买,而行使如此穷凶极恶之手段。期间,《重庆日报》也被迫停刊。同年。汉口《楚报》因宣布粤汉铁路借款合同而被查封,主笔张汉杰被监禁十年。

1906年的《中华日报》和《京话日报》案也颇令人关注。这年南昌教案发生后,《京话日报》连续报道事件真相,披露了法国传教士的罪行,并连续揭发清廷王府活埋侍妾、驻京淮军骚扰百姓等事件。同时,《中华日报》报道了袁世凯的北洋营务处秘密处死改良派人士的消息。两报社长彭翼仲、主笔杭辛斋,了解社会底层人民的生活疾苦,办报不遗余力地揭露朝廷官员的劣行,替平民百姓说话。9月27日,巡警部奏明清廷,以"妄议朝政、捏造谣言,附和匪党,肆为论说"的罪名将两报查封,并将彭、杭"递解回籍,交地方官严加禁锢"。不久,清廷又以彭翼仲在押所违法为名,判其流放新疆 10 年。彭翼仲发遣日,市民数千人送行,赠送程仪者无数,场面感人。到辛亥革命推翻清廷,1911 年,彭翼仲才得被赦回家。

四、清末新闻法制进程简介

在清廷与官府如此残酷的迫害之下,新闻报业要有所发展,首先必须废止旧的文化专制的法律制度。民间要求制定报律的呼声,约始于 1900 年郑观应的《盛世危言》,其《日报上》一章中增添了一段有关新闻法制的阐述,提出参照英、日报律而制订我国报律,官商各遵守此律而准民间开设报馆。"新政"开始后,汪康年在给大臣瞿鸿机的信中建议:"近来风气趋变,宜速定报律。令准民间开设报馆。如有不协,皆以报律从事。……如此则报馆多,多则彼此相角而是非以辨晰而愈明。"并提出:"知照各国各使,无论何国人在我国界内办报,皆照报律办理。"这样,"欲设日报者可不必挂洋牌,而忠于国家之论可日益多"①。

1901 年,管学大臣张百熙在应诏上疏中提出"粗定报律",将这一呼声传输到朝廷之上。其上疏中提出:"(1) 不得轻议宫廷;(2) 不得立论怪诞;(3) 不得有意攻评;(4) 不得妄受贿赂;此外,则宜少宽禁制,使得以改革立论,风闻纪事。"②1903 年 10 月 27 日,上海《申报》发表社论,要求清廷制订报律:"考东西洋各国所出各报,必经官吏核明,始行刊布,其于谤议泄露,亦皆悬为厉禁。中国未有报律,故终无法以处之。必欲整顿各报,非修订报律不可。"1905 年,出使各国考察宪政大臣在《奏请以五年为期行立宪政体折》中明确提出:"宜采取英、德、日本诸君主立宪国现行条例,编集会律、言论律、出版律,迅即颁行,以一趋向而定民志。"③8 月,香港《有所谓报》发表郑贯公《拒约须急设机关日报议》长文,指出:"报律不能不先认定也。立宪之国固有公同认可之报律,举凡报社,莫不珍重而恪守之。吾国自来无所谓报律者,只有官场势力而已。"1906 年 10 月,江苏巡抚陈夔龙上奏,认为:"报纸电讯集会演说宜范围于法律之内。"④总之,朝野上下要求制订报律的呼声此起彼伏。

1906 年 7 月,清政府颁布了由商部、巡警部和学部会同拟定的《大清印刷物件专律》,这是中国第一部关于新闻出版的专门法规,分六章:大纲、印刷人等、记载物件等、毁谤、教唆、时限,共 41 款。它主要规定:一是实行注册批准制度。

---

① 汪诒年:《汪穰卿先生记》,杭州汪氏铸版。
② 《新闻研究资料》第 12 辑,展望出版社 1982 年版,第 277 页。
③ 《清末筹备立宪档案史料》(上册),中华书局 1979 年版,第 112 页。
④ 《新闻研究资料》第 12 辑,展望出版社 1982 年版,第 149 页。

"凡以印刷或发卖各种印刷物件为业之人,依本律即须就所在营业地方巡警衙门,呈请注册。"再由巡警衙门决定批准注册或不准注册,"凡未经注册之印刷人,不论承印何种文书图画,均以犯法论"。二是严禁毁谤条款,严禁出版物"令人阅之有怨恨或侮慢,或加暴行于皇帝皇族或政府,或煽动愚民违背典章国制"。犯者科五千元以下罚款,或十年以下监禁。由于此律某些条款一时无法施行,巡警部遂又订新律。

10月,巡警部制订的《报章应守规则》颁行,令京师及各地报刊一体遵守。该规则共九条:(1)不得诋毁宫廷;(2)不得妄议朝政;(3)不得妨害治安;(4)不得败坏风俗;(5)凡关外交内政之件,如经该管衙门传谕报馆秘密者,该报馆不得揭载;(6)凡关涉词讼之案,于未定案之前,该报馆不得妄下断语,并不得有庇护犯人之语;(7)不得摘发人之隐私,诽谤人之名誉;(8)记载有错误失实,经本人或有关系人声请更正者,即须速为更正;(9)除已开报馆之外,凡欲开设者,皆须来所呈报批准后,再行开设。可见,清廷制订报律的主要目的在于压制报刊的自由言论。就在一个月前,清廷刚刚宣布"预备立宪",并许诺"庶政公诸舆论"。而这九条规则实为九条禁律,充分暴露出其钳制报界、禁锢舆论之企图,公开剥夺报界的言论出版自由,与立宪精神背道而驰。因此,该规则一公布就遭到报界的指摘和反对。如上海《申报》发表《论警部颁发应禁报律》,对禁律一一进行批驳,并指出:"在昔专制之世,朝野之视报纸,犹不甚厝意。今当立宪,国人将自进而处于立法之地位,乃箝束民口,塞绝词监,使言论出版失其自由,而欲政治社会之渐以进化,岂不远哉!"

1907年1月,两广总督周馥又颁发暂行报律"三条",还曾发布过严禁香港各报入销广东的命令。天津《大公报》载《粤督周玉帅所颁报律书后》指出,这些报律"最为缺点之处曰笼统、曰含浑"。"如该律所云毁谤国家与议论政治之类是也。例如讥政府之腐败,论倚托之非人,此议论政治之事也。然深文而周内之,即以为毁谤国家,抑又何辞以解。欲加之罪,不患无词。况界于几希疑似之间乎!""总之,笼统与含浑,二者实官场殃民之不二法门,而商业家之阱陷罟获也。"

3月17日,香港《中国日报》发表社论《清廷之示禁书报》,指责政府禁锢言论。6月11日,上海《神州日报》发表社论《论报律》,坚决反对清政府制定《报律》,指出:"国家之以窄迫新闻事业为政策者,其土地人民主权之位置可知";由是"欲观国家之程度,观其约束报纸之律令"。11月,天津议事会与当地11家报纸商订出《记者旁听公约》。

清廷为应对舆论压力,改由民政部对《报章应守规则》加以厘订,于1907年9月颁布《报馆暂行条规》,作为正式报律颁布前管制报业的新闻法令。其基本精神与《报章应守规则》完全相同,只是将"不得妄议朝政"改为"不得登载淆乱国体事项",将"凡关涉外交内政之件"改为"凡关涉外交军事之件",将"凡关涉词讼之案"改为"凡遇重要之刑事案件"。同时,该条规进一步加强官府对开办报馆的审批权,规定"凡开设报馆者均应向该管巡警官署呈报,俟批准后方准发行","以前开设报馆一律补报"。清政府试图对全国报纸来一次全面清理,这当然不会为报界所接受,报界不会承认它具有法律效力。

1908年3月,清政府正式颁布《大清报律》,共45条,在前两部法令基础上再参考日本相关法律制订出台,其限制更为严厉。它的主要内容有:(1)报纸登记办法,于发行20日到官府详细登记,并缴纳高额保押费。(2)新闻检查办法,规定报纸每期出版前一日晚十二点前必须送交有关官署"随时查核,按律办理"。(3)禁载事项,"凡谕旨章奏,未经阁钞、官报、公报者,报纸不得揭载"。"外交、陆海军事件,凡经该管衙门传谕禁止登载者,报纸不得揭载。""诉讼事件,经审判衙门禁止旁听者,报纸不得揭载。"严禁刊载"诋毁宫廷"、"淆乱政体"、"败坏风俗"的言论,违者"永远禁止发行"。"凡在外国发行报纸,犯本律应禁发行各条者,禁止其在中国传布,并由海关查禁入境。如有私行运销者,即入官销毁。"

1908年4月19日,上海《神州日报》发表文章《监谤政策之争议》,揭露清廷颁布《大清报律》的目的:"欲以极严酷之手段,虏使人民,以钳制舆论",而使"政府之言语行动,可以狂狷自恣,为所欲为,不复有人承议其后,自以为是而后快其私心"。5月29日,《粤西》杂志第4期发表评论《希望立宪之效果》,对《大清报律》进行抨击:"报馆有监督政府、指斥官场之权,今且为政府所监督,官场所指斥矣。……自报律定,吾知我四万万同胞倏忽而均守缄人之训矣。"

清末的这几部出版法,主要为禁限制度,在一定范围内可以任意窒息民众的声音,没有保障新闻出版自由之意,加强了对新闻出版的控制,为其专制统治提供有关的法律依据。1910年10月,北京的《国民公报》、《帝国日报》等7家报纸联合上书资政院,要求修改报律,减轻对报纸言论的过多限禁。可是,结果恰恰相反,1911年1月29日,修改后的《大清报律》改名《钦定报律》,共38条,保存了原《报律》的主要内容,另有4个附条,总体上更变本加厉地对新闻舆论进行控制。

1910年底清廷颁布的《大清著作权律》,由沈家本等主持制订,分通例、权利期限、呈报义务、权利限制、附则等5章,共55条,对于著作权的概念和限制、作品的类别和范围、作者的权利和权限、取得著作权的程序的期限等,均作了相应的规定。这一法律引进了西方有关法律的观念和规定,主要受德国和日本的著作权法影响较大。作为中国历史上第一部知识产权法,《大清著作权律》在当时有一定的意义和影响,并对此后相类的立法具有重要的参考价值。如1915年北洋政府发布的《著作权法》,其基本内容与此律大致相同。

五、清末新闻法制的一些特点

首先,根据有关法律,国民可较为自由地创办报刊以传递新闻信息,在事实上获得一定程度的言论出版自由之权利。创办报刊开始实行向巡警衙门呈报批准制度。如1906年的《大清印刷物件专律》实行注册批准制度,并规定:"无论如何情由,各该巡警衙门必须将所以不准注册之情由,详报京师印刷注册总局。""申报此种呈请注册事于京师印刷注册总局时,即将准注册与不准注册之情由,明白牌示具呈人知之。""具呈人如以巡警衙门批斥不准之情由为不适当,可于牌示后十二个月以内,迳向京师印刷注册总局递禀上控。"(第二章第三、四条)《报章应守规则》同样规定:"除已开报馆之外,凡欲开设者,皆须来所呈报批准后,再行开设。"1907年的《报馆暂行条规》第一条为:"凡开设报馆者均应向该管巡警官署呈报,俟批准后方准发行。其以前开设之报馆,均应一律补报。"

1908年的《大清报律》改呈报批准制为注册登记制加保证金制,其主管部门也由巡警衙门改为行政部门。其第一条规定:"凡开设报馆发行报纸者,应开具下列各款,于发行二十日以前,呈由该管地方官衙门申报本省督抚,咨明民政部存案……"第四条规定:"发行人应于呈报时分别附缴保押费如下:每月发行四回以上者,银五百元;每月发行三回以下者,银二百五十元。其专载学术、艺事、章程、图表及物价报告等项之汇报,免缴保押费。其宣讲及白话等报,确系开通民智,由官鉴定,认为毋庸预缴者,亦同。"这主要抄自日本的《新闻纸法》,应该承认其管理制度相对开始时的警署批准制有很大进步。当然,其保证金制度仍欠合理,不过它还有"确系开通民智"部分免缴的条款。尽管《大清报律》在制定时存在限制新闻和言论自由的初衷,但是中国新闻事业毕竟有法可依了,办报成了公民的合法权利。尤其在此后的新闻实践中,国人的言论自由非但没有因此受到扼制,反而有了更广阔的言论空间。

其次,清廷宣布"预备立宪"后,新闻自由的尺度进一步放宽。如自1905年起,民间报馆的记者被允许现场采访大规模的军事演习。从1907年起,经民政部批准,司法审判法庭特为记者添设了旁听专席。1909年,各省谘议局先后成立,均明文规定记者可以旁听议员开会与辩论。1911年,资政院召开首次会议,二十余名记者被允许与会采访。这些进步对于当时各报刊新闻报道的真实与详尽,都起到了相当的推动作用。由是,清廷宣布"预备立宪"和出台各种新闻法制之后,近代各类报刊的发展步伐进一步加快。据有关统计数据,新创办的报刊,1906年有113种,1907年有110种,1908年有118种,1909年有116种,1910年达136种,1911年增至209种。出版地点几乎遍及全国各大中城市,还包括新疆、西藏的一些重要城市,如拉萨、伊犁等。

陈玉申在《〈申报〉是如何报道光绪帝病情的》一文中谈到,《申报》从1908年6月至11月,报道光绪帝病情"持续近半年之久,并未受到清政府的干涉,为《申报》提供消息的人亦安然无事,一直不断地发来最新的消息……有报史云:'光绪末叶数年,出报既不报知官厅,其言论之自由,可谓有闻必录。对于政治之得失,内外大员之善恶,皆可尽情指责;人民之冤抑隐疾,更可尽情登载。'这是中国近代史上新闻最开放的一段时期,否则,像'圣躬违和'这样的宫廷秘事,是不可能得到公开传播的"①。

当时,一般文艺小报的自由出版更为繁荣。据阿英《晚清小报录》载,至少有数十种。如上海就有《世界繁华报》、《笑林报》、《游戏报》、《寓言报》、《及时行乐报》、《采风报》、《新上海》、《花世界》、《花天日报》、《艺林报》、《奇闻报》、《支那小报》、《娱闲日报》、《演义白话报》、《方言报》、《指南报》、《通俗报》、《阳秋报》、《便览报》、《飞报》、《春江花月报》、《笑报》、《趣报》、《支那小报》、《消闲报》、《鹤立报》、《上海白话报》、《海上文社日报》等三十余种。虽然其主旨是风花雪月、艺林野史,但是其中对当时官场丑恶的暴露、对社会的讽刺仍很辛辣。这在一定深度上反映了当时的社会生活,特别是半殖民地的上海生活,包含较为丰富的民俗学材料,当然也存在一些低级庸俗的报刊。《大公报》1903—1904年《论新闻纸与民智通塞有密切之关系》、《说报》、《论今日中国之三大怪相》诸文谈到,有些报刊"不但不能开通民智,且于愚民所迷信之邪说异端而推波助澜,津津乐道";或者"恩怨偏私,糊涂满纸;恫吓敲诈,拉杂成篇";有的"主持笔政者,聋其耳、瞽其目而盲其心……其见诸报纸之宗旨,则为诱嫖诲淫,直等于俗所谓妖狐之献媚"。

在此基础上,中国近代出版重心也由教会书局和官办书局转移到民营出版业。1850—1899年,中国出版译书537种。而1902—1904年,中国即出版译书533种,期间民间商办的出版企业如雨后春笋般涌现。如上海,大致在晚清已形成近代出版的民营实业体系。到1906年,民营出版企业加入上海书业公会的就有商务印书馆、启文社、彪蒙书室、开明书店、新智社、时中书局、点石斋书局、会文学社、有正书局、文明书局、广智书局等22家,约占中国出版业的半壁江山。②其中,1897年成立的商务印书馆,其资本与业务在晚清与民初得到急剧扩张,包

---
① 刘小磊编:《原来如彼:〈南方周末〉往事版文录》,南方日报出版社2006年版,第8页。
② 参见王建辉:《出版与近代文明》,河南大学出版社2006年版,第4页。

括十多个杂志社、一个图书馆、一个印刷厂、一个电影厂等,成为亚洲最大的出版机构之一。民营出版业得到长足的进步,成为中国出版图书的主流渠道,对中国近代出版业的发展产生了深远的影响。

当然,上述有关自由是相对的。这由以上有关报律的许多禁载条款可见一斑,其有关报刊样品须送管理部门审核的规定也相当严厉。《大清印刷物件专律》第二章第七条规定:"凡印刷人须将所印刷之物件,不论文书记载图画等,均须详细纪册,以备巡警衙门或未设巡警地方之地方官或委员随时检查。"《大清报律》各类条款更为苛刻,还规定:"每日发行之报纸,应于发行前一日晚十二点钟以前;其月报、旬报、星期报等类,均应于发行前一日午十二点钟以前,送由该管巡警官署或地方官署,随时查核,按律办理。"这一事先审查制度因条件不成熟而未能付诸实践。1911年的《钦定报律》改为:"每号报纸,应于发行日递送该管官署及本省督抚或民政部各一份存查。"

1908年出台的《钦定宪法大纲》所附"臣民权利义务"一节规定:"臣民于法律范围以内,所有言论、著作、出版及集会、结社等事,均准其自由。"虽然清政府第一次在法律文件中明确作出赋予"臣民"有关的自由,但仍然是"臣民",仍然要皇帝恩"准",明显与真正自由之内涵背道而驰。所以,其后清政府又明确规定,这些自由被完全限制在"法律"的范围之内,同时皇帝"当紧急时,得以诏令限制臣民之自由"。由此亦可见《钦定宪法大纲》中有关民众权利条款的虚伪性。

各地官府与军阀以文化专制手段对付报刊出版业的事件不断发生。1909年,《湖北日报》刊载文普通学堂学生向炎生所作漫画,又发表《中国报纸于官场有特别之利益》一文,都有讽刺当局的嫌疑。报纸因此被查封,经理郑江灏与作者向炎生被捕。1910年春,山西《晋阳公报》因揭露巡抚丁宝铨以禁烟为名,屠杀交城、文水两地百姓百余人的暴行,被扣以"簧鼓革命、动摇人心"等罪名而遭查封,记者两人被捕,主编潜逃。1911年2月,汉口《夏报》创刊,以"敢言"闻名,曾载清军三十一标管带兄妹通奸丑事,报馆因此被清兵捣毁,旋又以"直言"被鄂督查封,编辑遭搜捕。同年3月,奉天《大中公报》刊出评论《请问巡警总局防疫所并告国人预备自由行动》,对巡警与军人无理干涉妇女坐车一事予以批评,报馆遂被军警捣毁,社长被打伤,经理遭拘捕。

戈公振《中国报学史》云:"当时大吏之守旧者,常禁民间阅报:言论稍有锋芒,鲜有不遭蹂躏者。报律颁行以后,官厅益有所根据,凭己意以周内。……宣统二年天津《北方报》以广告内有'监督政府,向导国民'字样被封。宣统三年汉口《大江报》以时评题为'人乱者救中国之妙药也'被封,主笔詹大悲监禁一年。北京《国报》与《中央大同报》以宣布安奉路条约被封。广州《可报》与汕头《中华新报》,以论温生才刺广州将军孚琦事被封。奉天《大中公报》以登载巡警总局防疫真相,与《东省日报》,以主张共和提倡独立被捣毁。此皆荦荦大端,在人耳目者。"①

各大城市租界中的新闻报界,由于外国人享有"治外法权",一般不受中国法律制约。1911年10月,两广总督张鸣岐就外国租界内的革命报刊处理问题,向民政部请示,民政部咨送外务部。外务部的答复是:"报馆既挂洋旗,则吾国报律不能适用。因吾国领事裁判权尚未收回故也。现在只好电商该外国驻粤领事,请其秉公干涉。"②所以,由于清政府和某外国领事馆的勾结,也有少数报人和报纸遭到驱赶、查封或会审公廨的"法办",如前述"苏报案"。甚至在华外国使馆,也时常利用清廷干涉新闻报道有关其利害问题之言论自由。戈公振《中国报学史》载:"外人以我国报纸之常揭其短,忌之,利用我国官吏之畏葸,亦有干涉言论界之举。如光绪二十六年,广州《博闻报》、《岭海报》与《中西报》,以登载义和团获胜西军败绩事,外人请粤当道封禁。光绪三十年,北京《京话报》载华工往南非后,遭英人虐待,致应募者寥寥,英使请外部禁止发刊。三十一年,汉口《汉报》载道胜银行员陈延庆所开之庆安钱庄,资本不充足,致被提款而搁浅,俄使请鄂当道封禁。厦门《鹭江报》以载金门教案失实,英领请厦门道封禁。《济南报》及上海《中外日报》、《时报》、《警钟日报》屡载德国在山东有不利于中国,德领请鲁当道及上海道禁止登载。天津《大公报》以载不购美货新闻,美领请直当道禁止人民阅看。三十四年,广州各报以论佛山轮船命案,葡领请粤当道严行申斥。宣统元年,上海《民吁报》于中国之危急,泰东之和平,与锦齐铁路事,有所论列,日领谓有关日本声誉,请上海道封禁。宣统三年,哈尔滨《东陲新报》以载俄人在蒙古招兵,及攫傅家甸防疫权事,俄领请西北道封禁。如此者,又屡见不一见。"③

清廷镇压革命者的报刊。秋瑾在日本留学时,曾创办过《白话》月刊,宣传反清革命。回国后,她于1907年在上海创刊《中国女报》,其宗旨是争女权、争独立、争解放,所撰文章闪耀着自由思想的光彩,为唤醒广大妇女与封建道德决裂,争取自身的解放,提倡男女平权。同时,她还进行了武装起义的准备工作,但由于亲属的出卖而被捕遇害,《中国女报》仅出两期便停刊。

清政府还派外使干涉革命派在日本出版的《民报》。据日本外务省史料馆所藏《民报有关杂纂》载,1907年,清政府因《民报》意图以革命手段颠覆大清政

---

① 戈公振:《中国报学史》,上海古籍出版社2003年版,第203页。
② 《新闻研究资料》第29辑,中国新闻出版社1985年版,第205页。
③ 戈公振:《中国报学史》,上海古籍出版社2003年版,第203—204页。

权问题同日本驻中国代理公使磋商,请日本当局查禁有关出版物。代理公使阿部守太郎再写信给日本外务大臣林薰,要求日本政府:"我们一定要避免让清国觉得日本像革命党匪窟一样,那么不管这些出版物的报告有没有法令上的问题,一定要行政上酌量处理而禁止这些出版物。"1908年10月,《民报》发表论文《革命之心理》,日本当局便以"扰乱秩序"、"破坏治安"为由,下令禁售《民报》第24期,并对其主编章太炎提出起诉。11月26日,日本东京地方法院开审此案,控《民报》三项罪名:一是《革命之心理》一文"冒渎皇室的尊严、变坏政体或紊乱朝宪的论说";二是《民报》未呈报编辑人、发行人与发行所;三是《本报简章》内容不妥,均违反《报纸条例》。公审中,章太炎在辩解时说,前文所叙不是针对日本政府的,而是针对清政府的,因而与日本《报纸条例》无涉。但是,日本法院还是在12月作出《民报》有罪并罚款的判决,迫使《民报》只能暂时休刊。① 可见此案之判决,日本当局基本按照清政府之要求,考虑与清政府之外交利益而作出,无视事实之真相。之后,《民报》曾在东京秘密编发过两期,1910年2月终刊。

此外,留学生在日本出版的报刊,还有几个也是以同样原因被查禁,甚至处罚的。其中,《河南》出至第9期,被清政府驻日公使提请日本当局以"言论过于激烈"为由,强行查禁,发行人被革除学籍。《四川》也被科罚,判发行人缓刑。

六、新闻报人反抗斗争诸例

据不完全统计,1898年至1911年的13年间,至少有53家报纸遭到查封,遭迫害的报人不下20个,其中2人被杀,15人入狱。② 这在报界激起强烈的愤慨,前述许多报纸对《大清报律》进行的抨击,已见报界同仁之精神。而对官府用暴力对报人进行的迫害和镇压,报界几乎同声谴责、一致反对。如在北京,报界一致抵制新闻检查,拒不遵守送检的规定,官府也无可奈何。尤其是那些由洋人挂名主持,或立足租界地盘于外国领馆注册的报刊,更不怕清政府的封查。如上海有许多报刊"訾议朝政,指摘官邪,连篇累牍",清政府也毫无办法。按规定,报纸未经有关官府注册,邮政局概不递送,火车轮船亦不托运。但是,地方官害怕引起外交纠纷,不敢贸然执行。有人直言:"上海各报馆,多挂洋商旗号,恃有西人为护符,故当道敢怒不敢言,示以特别之优待。"所以,当时革命党人往往在上海等大城市的外国租界内办报,到外国领事馆登记注册,根本不理会其禁律,托

---

① 参见方汉奇主编:《中国新闻事业编年史》(上),福建人民出版社2000年版,第493—495页。
② 参见方汉奇:《中国近代报刊史》,山西人民出版社1981年版,第596页。

庇于外国人的力量,摆脱清政府的文化专制统治,应该说取得了一定的成功。由是,清末报界出现一种相当矛盾而有趣的情况:尽管有报纸因言论而被查封,然而反对谴责之声不绝于耳,尤其是报刊对政府种种行径不满之言论,对官场种种丑恶之揭露,依然触目皆是。

1903年8月7日在上海创刊的《国民日日报》,主笔章士钊,发行人卢和生,用外国人的名义在英国驻沪领事馆注册,是中国第一个用黄帝纪年的报刊。编辑部有张继、何靡施、陈去病、苏曼殊、陈独秀、柳亚子、高旭、刘师培等人担任各项工作。发刊时,该报积极声援《苏报》的斗争,发表章士钊关于"苏报案"的长篇评述,控诉野蛮政府对言论自由的摧残。《苏报》被封后,《国民日报》继承其主旨,先后发表《论苏报案无可杀人之理》、《沈荩被难之追述》等文,猛烈抨击君主专制制度,称清政府为"独夫民贼"、"北敌",宣扬民主学说,高举民族主义,时称"苏报第二"。两江总督魏光焘曾发一道《通饬禁阅国民日日报令》满街张贴,结果反而使该报销量大增。可惜至12月初,该报因内部意见分歧而停刊。

1909年,汪康年主持《京报》时揭露杨翠喜一案:杨为天津名伶,色艺双绝,为庆王长子农商部尚书载振因公赴津而看中。袁世凯部下第二镇统制官段芝贵,欲获黑龙江巡抚之职,遂以重资代杨赎身,潜送京中,未几其巡抚任职发表。事为军机大臣瞿鸿机得知而不满,将其泄出,先由《京报》披露,一纸风行,各报全力搜索,街谈巷议,演成政界笑柄。此事有伤朝廷尊严,慈禧太后遂下令严查,钦派大臣以事出有因,查无实据复奏。慈禧太后复谕庆王回奏,庆王不敢掩蔽,以家教不严自请处分,遂撤去段、载之职。又有某学士参奏瞿鸿机私通报馆,捏造舆论,结果瞿也被开缺回籍,《京报》连带被查封,8月26日被勒令停刊。《大公报》却发闲评《论京师封禁报馆》,指出:"该报蛰于辇毂之下,以匹夫之贱,而敢对于朝贵权要漫相呵责,日事吹求,其蓄怨而招忌也固矣。"此报能无所畏惧,"有傲骨、无媚舌,难乎免宁今之世矣"。

《公益报》迁入京报社,社长文实权,主编关天僧。此报也素有敢言之名。一日有人投一密稿,系代理湖广总督梁鼎芬之封奏,内容系奏参庆王与袁世凯狼狈为奸,把持政权。刊出之后,送报人塞门索报,增印二万余张。岂知数日后,官府以私刊封奏为词,奏命停刊,拆毁该报版,所幸未究报人。1910年4月,天津《北方报》广告中有"监督政府"、"响导国民"等语,直督陈制军指其为大不敬,即日将报馆封闭。《国风报》能揭露政府,鼓动民心,袁世凯时为国务总理大臣,委其亲近警厅厅丞吴钱荪查禁该报,并逮捕报人多名。

《大公报》经常揭露清末官场的魑魅魍魉、乌烟瘴气,将其官员分为十派:冥顽派、威势派、牟利派、权诈派、排外派、媚外派、油滑派、奴隶派、假正直派、假振作派,将其行为比作"九如":如虎之猛、如狐之媚、如蛇之狡、如蚕之毒、如无知之愚、如钻泥之鳅、如黑暗之洞、如无底之渊、如谷木之蠹虫。这些形象之比喻,生动之描绘,可谓一针见血地刻画出当时朝政之腐败不堪。最引人注目的是,该报与袁世凯整整顶撞了十年,不屈不挠,直声满天下。从1902年袁世凯在天津做直隶总督起,《大公报》就经常点名批评天津秕政。1905年8月,响应反美华工的拒约运动,《大公报》鼓动天津人民抵制美货。袁世凯通过天津巡警总局,以"有碍邦交,妨害和平"的罪名,下令禁邮禁阅《大公报》。而《大公报》照常登载论说予以揭露,表示要"鞠躬尽瘁,死而后已"。该报被"禁邮禁阅"期间,销售反而转增。

1907年7月,清廷先后杀害革命党人徐锡麟和秋瑾。《大公报》发表文章《党祸株连实为促国之命脉》,对于徐锡麟说:"乃既杀而犹剖其心,啖其肉,此等野蛮凶残行径,不期见于二十世纪之中国!"对于秋瑾说:"以一女子身,有何能力,有何设施,而谓为党于革命……既无证据,又无口供,遽处斩刑,斯岂非野蛮已极,暗无天日之世界乎!"该报还刊登了《吴芝瑛女士纪秋女侠遗事》,生动介绍秋瑾生平及其言论主张。1909年9月15日,清政府查封《北京国报》与《大同日报》。第三天,《大公报》就连续发表要闻《呜呼北京之报界》、闲评《怪哉一日而封两报馆》、政论《哀哉今日之报界》,对官府的恶行进行抨击。9月和11月,清政府又连封于右任的《民呼》、《民吁》两报,《大公报》闲评讥刺道:"去《民呼》被封禁时,为时不过两月余。夫呼之为言,曰大声疾呼,其扰人清睡,封之犹可言也。至于吁,仅吁嘘喘息而已。哀哉,吾民吁亦不准吁耶!"1910年中,各地立宪派人士先后发动了三次大规模的国会请愿运动,每次都得到《大公报》的舆论支持。

1911年4月29日,辛亥革命前夕,《大公报》载《说妖孽》一文,直接鞭挞清廷:"黑暗政府,妖孽之首领也。……以言内政:,则一面言预备立宪,一面仍拥护专制也;一面言严禁苛敛,一面仍搜括民财也;一面言发扬民气,一面仍增益官权也。……声色宴游为平章军国之重事,子女玉帛乃进退人才之权衡。既自任以天下之重,而为国为民之念,曾未尝一动于中。……仕宦之场,一妖孽荟萃之区也。天下熙熙,皆为利来,天下攘攘,皆为利往。上自卿相之尊,下逮一命之士,何尝有丝毫图治之心。"

武汉《大江报》为文学社机关报,鼓吹革命,诉说不平,评论时事新闻,揭露清政府的腐败。新军在其影响下,参加文学社者达三千多人,为武昌起义奠定了基础。1911年7月17日,《大江报》发表副总编辑何海鸣撰写的短评《亡中国者和平也》,指出"如不亟起革命,必然招致亡国",署名"海"。7月26日,该报又发表署名"奇谈"的短评《大乱者救中国之妙药也》,指出中国已"病入膏肓","上下醉梦",必须有"极大之震动,激烈之革命,唤醒四万万人之沉梦",才能"顿易其亡国之观念"。文章惊世骇俗,革命者颇受鼓舞。这引起清政府的惊恐;鄂督下令以"宗旨不纯,立意嚣张"和"淆乱政体,扰乱治安"罪名,于8月1日晚派军警包围大江报馆,逮捕主编詹大悲,何海鸣闻讯自动投案,报馆也随之被封。

第二天,全国舆论哗然。上海《神州日报》、《时报》等均发有专论,评论其事。《民立报》发表《江声呜咽》一文,对此表示强烈愤慨。9月初,《白话日报》发表《大江报被封一月之哀辞》,以示声援。全国各地的报刊,纷纷起而指责清廷的暴行,汉口各界人民团体和报界工会不断抗议,许多新军士兵和各阶层爱国人士来到报社,表示慰问和声援。在法庭审讯过程中,詹大悲大义凛然,勇敢承担一切责任,声称:"国民长梦不醒,非大乱不足以惊觉,望治情殷,故出此忿激之语。"官府慑于激愤的民情,不得不从轻处罚金800元了事,后因当事人无钱交付罚款,才改判监禁18个月。《大江报》虽被扼杀,但不到三个月,武昌起义爆发,一举推翻了清政府。

清末的新闻法制虽在形式上抄袭了一些西方资产阶级的色彩,但在实质上依旧以专制主义为内核。这一不伦不类的法制环境,也给中国近代报人以较大的活动天地,演绎出一幕幕颇为感人的抗争活剧。鉴于报律形同虚设,民政部于1909年11月奏请修正报律。1911年2月,清廷颁布修订后的《钦定报律》。这时,国内形势已是山雨欲来风满楼,不久清王朝便倾覆于革命的风暴之中,这部《钦定报律》也随之化为历史的陈迹。

第六章　民国初期新闻业的波折

民国初年新闻业的短暂繁荣,很快为军阀统治所破坏。尽管当时新闻法制较为紊乱,政治家办报已蔚为风气,一批名记者也脱颖而出,许多民营报刊如雨后春笋般涌现,尤其是新闻界为自由权利的奋力抗争,令人肃然起敬。这一切都为新文化运动的展开准备了条件。

一、初年的短暂繁荣与党报堕落

1911年10月10日,武汉打响辛亥革命第一枪。11月9日,率先成立的湖北军政府就发布了《鄂州约法》,其中规定:人民有"自由言论、著作刊行并集会结社"的权利,同时却规定:"有认为增进公益、维持治安之必要,或非常紧急必要时得以法律限制之。"①此后的《江西省临时约法》、《广西临时约法》等也都有类似规定。1912年3月12日颁行的具有临时宪法性质的《中华民国临时约法》,在第二章第六条规定了"人民有言论、著作、刊行及集会、结社之自由"的同时,在第十五条规定:"有认为增进公益、维持治安之必要,或非常紧急必要时,得以法律限制之。"这就留下一个可由执政者用法律对人民的各项自由权利进行限制的漏洞,与美国宪法第一修正案中"国会不得制定法律……剥夺人民的言论或出版自由"的规定相比,其文化差距显然。

当然,革命初期人民还是获得了相当的言论和出版自由。清廷《大清报律》等法律被孙中山下令取消,各地军政机关也都对报刊出版给予支持和保护,或采取极为宽容的态度,如四川军政府颁行的《独立协定》规定:"巡警不得干涉报馆。"报刊的言论自由受到尊重,记者的地位也相应提高。如沪军都督陈其美经常邀请记者开会座谈,"共相讨论,商榷政策";还在有关呈文批示中多次表示,欢迎报纸对军政府的"箴规","庶足以保言论自由,俾为政者得闻其失","当此

---

① 转引自《宋教仁集》上册,中华书局1981年版,第350页。

民族意识时代，报馆愈多愈好"。① 江西都督李烈钧聘请当地革命报纸的主笔担任顾问，倡议并支持组织"报界俱乐部"，政府定期与报界沟通。北京的国务院还专门设立新闻记者接待室，由国务院秘书长负责接受采访。

1912年3月2日，南京临时政府内务部发布《中华民国暂行报律》，规定了报刊杂志详尽的登记注册手续，还规定："流言煽惑，关于共和国体有破坏弊害者，除停止其出版外，其发行人、编辑人并坐以应得之罪。""调查失实，污毁个人名誉者，被污毁人得要求其更正。要求更正而不履行时，经被污毁人提出诉讼时，得酌量科罚。"显然，该报律对新闻自由进行了太多的限制，其中有些问题如何解决要靠详尽的立法，不拟用内务部的行政手段干预。尤其是报律中罪与非罪的界限及其量刑的标准含混不清，在实施中极易被误解与滥用，激起全国舆论界的愤怒声讨。以上海为中心的新闻报业联名致电孙中山并通电全国，要求取消这个非法越权制定的报律，以维护言论出版的自由。3月7日，章太炎在《大共和报》上发表社论《却还内务部所定报律议》，对《暂行报律》逐条加以批驳，认为南京临时政府"钳制舆论"，"欲蹈恶政府之覆辙"。

这一行动迫使孙中山下令取消了《暂行报律》，还发表了虚怀若谷的有关检讨，显示出现代政治家从善如流的民主风度。3月9日临时政府发表的《大总统令内务部取消暂行报律文》宣布："案言论自由，各国宪法所重，善从恶改，古人以为常师。自非专制淫威，从无过事摧抑者。该部所布暂行报律，虽出补偏救弊之苦心，实昧先后缓急之要序。使议者疑满清钳制舆论之恶政，复见于今，甚无谓也。又，民国一切法律，皆当由参议院议决宣布，乃为有效，该部所部暂行报律，既未经参议院议决，自无法律之效力，不得以暂行二字谓可从权办理。"②新闻界这一反抗斗争的胜利，也给中国社会带来"新闻自由"已经到来的幻觉，新闻报刊业随即呈现出一派繁荣景象，各类大小报刊如雨后春笋般涌现。据有关统计，武昌起义后的半年内，全国报纸由10年前的百余家陡增至500余家，总销数达4200万份，两个数字均突破历史记录。③

北京为当时的政治文化中心，新创报纸有50余家，最多时竟近百家，盛况为各国所不见，如有《共和报》、《新民公报》、《亚细亚日报》、《通报》、《中华日报》、《燕京时报》、《北京日日新闻》、《民命报》、《商务报》、《民权报》、《国风日报》、《国民公报》、《国报》、《国华报》、《民意报》、《中华民报》、《大凡日报》、《公论报》、《中央新闻》、《共和日报》、《新华日报》、《民国报》、《群强报》、《新中华

---

① 转引自1911年12月11日的《民立报》新闻。
② 参见方汉奇主编：《中国新闻事业编年史》（上），福建人民出版社2000年版，第617—618页。
③ 参见戈公振：《中国报学史》，上海古籍出版社2003年版，第211页。

报》、《亚东新报》、《民牖报》、《五民日报》、《五族民报》、《大民报》、《大自由报》、《东大陆日报》、《快报》、《大一统报》、《工商公报》、《民主报》、《北京时报》、《国权报》、《新直报》、《新社会日报》、《黄钟报》、《新华报》、《世纪新闻》、《救国报》、《兴华日报》、《先闻报》、《平权报》、《国民自强报》、《新中国报》、《燕声日报》、《新世界报》、《京津日报》、《塞北公报》、《女学日报》、《大自然报》等等。以下依次是上海40多家,天津35家,广州30家,浙江20多家,四川20多家,湖南11家,武汉9家,等等。

当时普遍认为,报刊是舆论代表,"共和国之最高势力在舆论",宣扬"报馆与国务院、总统府平等对待,其性质与参议院均同为监督公仆之机关",而新闻记者是"不冠之皇帝,不开庭之法官",应担负起监督政府和指导国民的"天职"。报上不但可以批评官员,甚至可以点名道姓地斥责总统。报纸和报人的社会地位可谓空前提高,各地新闻报业团体如雨后春笋般创立,吸收新会员,开展各种活动,自办造纸厂、新闻学校、通讯社和广告社,设立俱乐部。一时间,知识分子为新闻言论自由所作的努力比两千年有关文明的总和还多。报纸开始图文并茂,中国最早刊登新闻照片的杂志是1912年6月在上海创刊的《真相画报》,它是中国国内第一份用铜版印刷的画报,并创造了新闻摄影报道的多种体裁。如对宋教仁遇刺案的连续报道,就发表了共13张照片,同时结合尖锐的言论,对元凶袁世凯进行了痛快淋漓的揭发和抨击,具有很强的战斗性和重要的新闻价值。

当时通讯社数目也大增。国人最早自办的通讯社是1904年1月由骆侠挺在广州创办的中兴通讯社,主要向广州和香港报刊发稿。1908年,清朝驻外使馆随员王慕陶在比利时创办远东通讯社。中华民国成立以后,国人自办的新闻通讯事业才真正发展起来。1911年2月,杨实公在广州创办展民通讯社。1912年,李景侨、王道南等人在长沙分别创办湖南通讯社和湖南新闻社,杨公民在广州创办了公民通讯社。1913—1918年,各地新创办的通讯社有20余家,计有北京的民生通讯社、华英亚细亚通讯社、新闻交通通讯社、北京通讯社,长沙的大中通讯社、中华通讯社,上海的国民第一通讯社,武汉的湖北通讯社,广州的岭南通讯社等。

政治家办报和政论时代,从维新变法就已开始,有重大影响的报刊无一不是由著名政治家创办或主编。在宣传政治主张时,充分发挥报刊政论的作用,把报刊视为政治运动的利器。政论则是舆论宣传的主要手段,由《循环日报》开始,此后不断得到长足的发展。一篇政论文章的发表,往往一石激起千层浪,引发社会震荡,如《时务报》上梁启超的《变法通义》、《苏报》上章太炎的《驳康有为政见书》、《大江报》时评《大乱者救中国之妙药也》等。政论文影响之大小成为评价报刊质量高低的一个重要标志。

民国初年前后,随着交通、电讯等传播手段的发展,加之社会动荡剧烈,民众对新闻报道的数量和时效都产生迫切需要,各报新闻报道的比重加大,一般日报每天刊登二三十条新闻,多时达五十条以上,新闻采访不断加强,开始从政论时代逐渐向新闻时代演变。对新闻采访、报道、通讯的重视,使一批名记者脱颖而出,能否采访到独家的重要新闻直接影响报刊的声誉。新闻通讯文体定型,时事短评大量出现,新闻图画和摄影增多。对开报纸越来越多,编排突出重点,栏目丰富多彩,副刊倍受重视。一些财力雄厚的报纸派出记者长驻北京,专电、通讯繁荣一时。名记者大都为留学生,受过有关专业教育,有敏锐的思想和漂亮的文笔。这为五四新文化运动奠定了新闻传播基础。

章太炎(1869—1936),初名乘,后改炳麟,字枚叔,太炎是别号,浙江余杭人。他1897年到上海任《时务报》编辑,工作几个月后去杭州与友人创办《经世报》,1898年助张之洞办《正学报》。维新运动失败后,他去了台湾、日本,结识孙中山,倾向民族革命。他1903年因"苏报案"入狱,1906年到日本,加入同盟会。1907年,他接任《民报》主编,与梁启超的《新民丛报》展开论战。次年9月,《民报》被查禁。期间,他共撰文58篇。1909年,他重组光复会,与孙中山隔隙日深。1911年辛亥革命爆发,他提出"革命军兴,革命党消",招致孙中山和同盟会的强烈不满。翌年,他出任临时大总统枢密顾问,主张拥戴袁世凯。与孙中山分离后,他另立统一党,并创办《大共和报》。1913年,宋教仁遇刺他感觉到袁世凯的倒行逆施,8月至大总统府,大诟袁世凯包藏祸心,被幽禁三年。他1916年至广州,任护法军政府秘书长,与孙中山貌合神离。五四运动时,他反对新文化运动,后隐退家居为儒宗,一生著述宏富。

章太炎并没有形成系统的自由主义新闻理论,1912年在《大共和报》上撰文《却还内务部所定报律议》,就报律与言论自由发表意见。他反对制定报律,"案民主国本无报律,观美法诸国,对于杂志新闻,只以条件从事,无所谓报律者。亡清诸吏,自知秕政宏多,遭人指摘,汲汲施行报律,以为壅遏舆论之阶。今民国政府初成,杀人行劫诸事,皆未继续前清法令,声明有效,而独皇皇指定报律,岂欲蹈恶政府之覆辙乎?"他坚持认为报刊应有"昌言时弊,指斥政府,评论约法"之天职,并指出内务部根本没有立法的权力和资格。他在《新纪元报发刊辞》中指出,报刊还应有"不务谄媚,不造夸辞,正色端容,以存天下之直道"的风骨节操。然而,他是一个激进的民族主义革命家和道德主义宣传家,不问专制与宪政,一味反对报律,甚而反对一切法律的激进思想,并不有利于中国报业寻求法理的规范和保护。同时,其知识结构仍以传统文化为主,宣传"以佛学增进革命道德",缺乏西方民主理念,难以分清民族主义和民权主义的政治界限。他极力反对用"党报思想"统驭机关报,认为政党借报刊互相攻讦谩骂,污浊堕落,最为可耻;

同时，政党报刊毫无节制地陷入党争，其后果必然是对言论自由的滥用和扼杀。目睹上述丑恶腥秽之事，他渐生佛法意义上的遁世思想。

当时，政党报纸迅速走向反面。民国初年，结党成风，大小政党、政团达三百余个，大都创办自己的报纸进行宣传，为本党能在政府中争得多一点利益而互相攻讦，吵闹不休，政党报纸开始堕落为狭隘的党派喉舌。这期间，主要是同盟会（1912年8月改组为国民党）的《民立报》与共和党（进步党）的《大共和日报》两大派，在涉及对待袁世凯的一些政策态度方面展开争论，尚属有原则分歧的纷争。如国民党从限制袁世凯的权力出发，反对总统制，反对中央集权，反对五国大借款；共和党则持相反立场。其他许多问题的争论并无原则可言。

国民党系统在各地的报纸，还有北京的《国风日报》、《亚东新报》，天津的《民意报》、《国风报》，上海的《天铎报》、《太平洋报》、《国民》、《民国新闻》、《中华民报》、《民强报》，武汉的《大汉报》、《中华民国公报》、《大江报》、《震旦日报》、《春秋报》、《民心报》、《民国日报》，长沙的《长沙日报》、《国民日报》，广州的《中国日报》、《中原报》、《平民日报》、《民生报》等。共和党系统在各地的报纸，还有北京的《国民公报》、《天民报》、《北京时报》、《新纪元》、《京津时报》、《少年中国》，天津的《庸言》，上海的《时事新报》、《时报》、《神州日报》、《民声日报》、《东大陆报》，武汉的《共和民报》、《强国报》、《国民新报》，长沙的《湖南公报》，成都的《共和日报》、《日日新闻》、《公论日报》、《四川正报》，广州的《华国报》、《天职报》等。两派都大唱高调，标榜自己如何为民请命，关心民瘼，实际上大动干戈，势不两立，进行人身攻击，互揭老底，甚至发展为殴人毁报的残暴武斗。如1912年7月，北京共和党系统的《国民公报》攻击南京临时政府，与同盟会方面七家党报在对骂之后，竟互挥拳脚，捣毁报社，打伤主笔，并丑态百出地闹上法庭。国民党的《长沙日报》与共和党的《湖南会报》相互敌视，以至记者都得带手枪出入。就是同一派内部的各报之间，也常因意见分歧而争论不休，各行其是。报纸沉湎于无谓的纷争之中，为人们所不齿。

此外，民主党有北京的《国民公报》以及武汉的《群报》和《共和民报》。统一党有成都的《公论日报》等。自由党有上海的《民权报》和武汉的《自由日报》。国家学会在北京、上海均办有《国权报》。国民协会有上海的《民权》和福州的《民心日报》。中国共和研究会有上海的《共和报》。国民联合会有天津的《中华日报》。大同公济总会有上海的《大同民报》。中华民国工党有上海的《觉民报》。中国社会党有上海的《社会日报》、《人道周报》和《社会党月刊》、《社会世界》杂志。康有为在上海创办《不忍》杂志，以君主立宪派的立场猛烈抨击民国政局，为皇室复辟制造舆论。

严复在民国初年发表的《说党》一文中，对政党制度的利弊，如多党之得失、一党之专横,都作了深入的剖析。他不无忧虑地感慨道:"党非佳物也。自国之政柄归民,而其势必归于有党,故英国某政家言:政党乃民权政府不可逭之恶果。"自由主义不欣赏政党政治的互相倾轧、阴谋血污,却又不能不捍卫结社自由的原则。基于此,严复对英美的多党制持赞赏态度:"党派必为政治前途之梗,所幸门户繁多,其势有以相制,不至使一党得以专横。"①他对政党报刊的态度是复杂的,明显对政党将报刊当作相互对峙争胜的工具持贬抑态度。他在《论治学治事宜分二途》一文中指出,教育必须独立于治事的官府和以政治为职业的政党,大学是培养人才的场所,不能让任何政治势力浸染和肆虐这一自由独立的文化领域。这一思想,不仅为后来蔡元培实践大学教育独立开了先河,也暗中为"报刊独立"和"新闻自由"补上了有关的理论依据。

在清王朝专制统治之下,尚能呼风唤雨、叱咤风云的许多革命报刊,却在言论自由得到保障、民主气氛相对较浓的民国初期,基本丧失进取精神和改革活力,丧失舆论对政府的监督作用。为什么在新闻言论初得自由的条件下,政党报纸会把舆论搞得乌烟瘴气,面目全非?这种情况在美国建国初期其实也出现过,其中的原委耐人寻味。

不过,当袁世凯假共和、真帝制的反动面目暴露之际,许多报刊还是表现出了英勇的斗志。如1912年8月,黎元洪在袁世凯授意下枪杀了参加武昌起义的革命党领导人张振武、方维,引起革命党人报纸的强烈谴责。天津《民意报》发表题为《讨袁、黎两民贼》的文章,公开声讨。总统府勾结法国驻天津领事,禁止《民意报》在当地出版,又激起全国革命报界的一片抗议浪潮。尤其值得注意的是上海的"横三民",即自由党的《民权报》与国民党系统的《中华民报》、《民国新闻》。《民权报》创刊最早,戴季陶等主编,在编辑部内大书"报纸不封门,不是好报纸;主笔不入狱,不是好主笔",言论激烈,始终将矛头对准袁世凯。《中华民报》主编邓家彦,反袁最坚决,发表《强盗政府》等社论,"讨袁之声无日或断"。《民国新闻》的总编辑邵元冲,也以言论激烈而名噪一时。1913年,宋教仁被刺案发生。4月26日,孙中山、黄兴发出联名通电,呼吁追查案犯,电文首见于《民立报》。各报也追踪报道上海法庭对此案的调查,大胆披露国务总理赵秉钧和机要秘书洪述祖与刺客之间的密电官函。4月27日,《中华民报》同时发表八篇社论,列举袁世凯的十大罪状,对其进行声讨,创下一份报纸同一天发表社论篇数最高之记录。徐天复主编的《民立报》还把袁、赵的照片登在报上,并标上"袁犯世凯"、"赵犯秉钧"的字样。《国风日报》发表《政府之罪状》的评论,《国光新闻》严正指出这是"政府杀人",《长沙日报》发表文章列举袁的24条罪状,广州

---

① 《严复集》,中华书局1964年版,第235页。

创办《讨袁报》。"宋案"真相大白后,舆论同声谴责主谋赵秉钧,他被迫引咎辞职,却又改任直隶都督。总之,诸报立场坚定,无所畏惧,撰文有较强的战斗性,为革命报界竖起一面旗帜。

二、袁世凯对新闻事业的摧残

袁世凯上台后,对付新闻媒体主要用四种手段:

一是高价收买。据不完全统计,直接或间接收受过政府津贴的报纸在125家以上,其中影响较大的如北京《新社会日报》、《国华报》、《黄钟日报》、《国权报》、《京津日报》、《大自然报》,上海《大共和日报》、《时事新报》,长沙《大公报》,广州《华国报》等。对一些有影响的发行人、记者,袁世凯也时常收买拉拢,他曾为收买梁启超反对帝制的文章《异哉,所谓国体问题者》的发表权出20万元巨款,遭到梁的严词拒绝。

二是强权镇压。袁世凯政府对一批追求民主、自由的报刊,予以坚决打压。1912年6月,内务总长赵秉钧派军警200余人,打砸《中央新闻》报社,绑走经理、主笔等11人。在武汉,不到半年时间,就有《大江报》、《民心报》、《民听报》、《帝民报》、《民言报》、《民哭报》等报纸被查封,《大江报》主笔凌大同以"专取无政府主义"的罪名被杀害。1913年,北京《国风日报》、天津《新春秋报》和《民意报》、汉口《震旦民报》都因报道宋教仁案而遭封禁。二次革命后,北京、天津、武汉、广州、长沙等地国民党系统报刊全被查封,如广州一天内就查封《中国日报》、《平民报》、《中原报》、《民生报》、《讨袁报》、《觉魂报》等六家反袁报纸。上海租界的《民立报》、《天铎报》、《民强报》、《民权报》、《国民日报》因被禁售,难以维持而被迫停刊。袁世凯政府还勾结租界当局,拘审《中华民报》社长邓家彦和《民权报》主笔戴季陶,戴被罚款,邓被判刑,《中华民报》因此而停刊。此外,开封《民立报》编辑因悼念宋教仁而被枪杀。《正宗爱国报》因时评中有反对军人从军"为国家卖命"诸意,社长丁宝臣被捕,系狱三月,未讯一词,忽然被杀害。《国风报》编辑田桐、仇亮先后遇害,社长朱民史为避祸入寺为僧。《中华报》创办杭辛斋被诬驱逐回籍,为本省督军所杀。《震旦报》被封,发行人康仲荦被害。邵飘萍在杭州办《汉民日报》,因"庇护乱党"罪名而被捕入狱。到1913年底,全国只剩下139家报纸,锐减300多家,史称"癸丑报灾"。1915年袁世凯称帝前后,又查封了一批进步党系统反对复辟帝制的报纸。如北京《益世报》主编潘云巢,尽力反对帝制,官厅竟捏词将潘氏从家中非法逮捕,系狱两月。据有关统计,袁世凯统治的4年多时间中,至少有71家报纸被查封,49家受传讯,9

家被军警捣毁,倒闭关门者300余家,记者24人被杀,60人入狱。①

三是恶法控制。1913年3月,宋教仁遭暗杀后,为防止事件的真相被新闻界揭露,陆军部下令各地报纸:"由部派员实行检阅签字办法",不服检阅者,"立即派员究办",严重者"科以军法"。② 5月,内务部通令各地报刊,不得使用"万恶政府"、"政府杀人"、"民贼独夫"等字样,违者从严惩治。6月,内务部又两次通令全国各报,不得就"宋案"和善后大借款诸事进行"谩骂"与"泄露机密",否则按"报律"议惩。1914年《报纸条例》共35条,不仅增加了限制,把《大清报律》的许多禁限条款悉数照抄,还搬来了日本《新闻纸法》等外国报律的许多禁限措施。同年12月颁布的《出版法》共23条,其禁载事项与《报纸条例》基本相同,还规定报刊发行之前,必须呈送警察机关备案。加上《戒严法》、《治安警察法》等法令,措辞含混,为当局任意摧残新闻出版物提供了方便,动辄以"淆乱政体"、"妨害治安"、泄露"外交军事之秘密"等罪名惩治报人。在如此高压下,也有许多精神软弱的报人成为文丐、奴才。袁世凯称帝时,北京各报都套红以示庆贺,改成洪宪元年,有的报人自称"臣记者",丢尽脸面。

四是创办御用官报。除利用权势创办官报外,袁世凯政府还用公款盘进一些民间报纸,使其表面上仍打民办招牌,实际上成为御用报纸。其中主要有北京的《亚细亚报》、《国权报》,长沙的《国民新报》,上海的《神州日报》等,都为其喉舌。尤其到袁世凯复辟帝制之际,诸报阿谀备至,"臣记者"三字遂成一新名词。其中影响最大的是《亚细亚报》,主编薛大可(1891—1960),湖南益阳人,又名薛大奇。他早年加入兴中会,东渡日本于早稻田大学攻读政治学,回国后投靠袁世凯。他曾与袁克定一起伪造《顺天时报》,恭呈袁世凯"御览",为中国新闻史上一大丑闻。袁世凯死后,他被明令通缉,为军阀张宗昌所豢养,主编《黄报》。国民政府初期,他化名薛醒吾,曾任《哈尔滨市报》编辑部主任,又创办《东华日报》。1930年,他发表《新闻记者之品格》一文,辱骂哈尔滨记者,贬低我国舆论界,激起报界愤慨,《东华日报》被查封。抗战时,他在重庆谋生,后于1949年去了台湾。

1912年12月7日,陈焕章在上海发起成立孔教会,宗旨是"昌明孔教,救济社会"。次年,他创办《孔教会杂志》,自任总编,攻击革命,反对共和,要求以孔教为国教。1913年6月,袁世凯颁布"尊崇孔圣令",该会即为帝制复辟服务。9月27日,第一次孔教大会在曲阜召开,陈焕章为总干事,后推康有为任会长,张勋为名誉会长。1914年9月28日,袁世凯至孔庙,穿大礼服,戴平天冠,行三跪

---

① 参见方汉奇:《中国近代报刊史》,山西教育出版社1981年版,第720页。
② 载引自《申报》1913年3月28日。

九叩之礼。1917年张勋复辟时,该会活动也甚活跃。1919年五四运动后,该会渐趋没落。

各地军阀官僚也时常利用权势迫害报人。如武汉的黎元洪在不到半年的时间里,捏造罪名查封了《大江报》、《民心报》、《民听报》、《帝民报》、《群报》、《民哭报》六家进步报纸,还下令杀害了《大江报》主笔凌大同。广东的陈炯明查封了《公言报》、《佗城独立报》,杀害了报人黄世仲、陈听香。福州《民心日报》、《群报》因揭露官场不法行为被强行查封,发行人受通缉,总编辑遭杖责,两名记者被暗杀。四川成都在1912年内就有《四川公报》、《中华民国报》、《蜀报》、《蜀醒报》等多家进步报纸被查封或报社遭捣毁,《蜀报》记者朱山竟被以"企图炮轰都督府"的莫须有罪名而斩首。浙江绍兴军阀砸毁批评他的《越华日报》,殴伤17人,其中1人伤重死亡。长沙《大汉民报》因对军队有所批评,报社被军阀捣毁。《岳阳日报》因对当局筹饷表示异议,就被查封,主笔被捕。黄远生在其《忏悔录》中说:"余于前清时为新闻记者,指斥乘舆,指斥权贵,肆其不法律之自由,而乃无害。及于民国,极思尊重法律上之自由矣,顾其自由不及前清远甚。岂中国固只容无法律之自由,不容有法律之自由乎?"[①]袁世凯专权的4年,反比清末更为倒退,是中国近代报业最黑暗的时期。

二次革命后,在袁世凯的淫威下,许多报纸取消了政论之类的内容,而受过袁氏津贴的御用报刊、奴才报刊,开始献媚谄谀,"上疏劝进",称袁为"皇帝"、"今上"、"圣躬"和"我大皇帝"、"万寿无疆"等。当袁世凯登基称帝,宣布改元之时,许多报纸当即将"洪宪元年"揭诸报首,并套红报致贺。如此作态,在中国新闻史上留下了极不光彩的一页。另一些不触及政治,专门刊登娼妓、神怪、武侠、滑稽作品的娱乐性小报迅速发展起来,尤以上海为最多,如《晶报》之类,大量刊登"鸳鸯蝴蝶派"的言情文字。北洋政府时期,此类小报更是泛滥成灾。

当然,新闻界一些战士的反袁斗争也没有停止过。如上述上海的"横三民"与《民立报》的反袁宣传,就曾掀起过多次高潮。同时,在东京,孙中山创刊《民国》杂志,胡汉民、章士钊创刊《甲寅》杂志,继续反袁。1915年9月,北京《京报》刊出梁启超的雄文《异哉,所谓国体问题者》,痛击帝制逆流。继而,《国民公报》予以连载,《大中华杂志》和《申报》也相继转载,社会舆论为之一变。连一贯支持袁世凯的《时报》,此时也转向了反袁阵营。1916年,陈其美在上海创刊《民国日报》,积极进行反袁宣传,树起反帝大旗。而迁往上海的御用报纸《亚细亚报》,连遭两枚炸弹,不得不停刊。

---

① 《远生遗著》卷一,商务印书馆1920年版。

三、民初三大名记者

民初三大名记者:黄远生、刘少少、徐彬彬。

黄远生(1885—1915),原名基,字远庸,后以笔名远生行世,江西九江人。他出身书香门第,1903年考中秀才、举人,1904年又中进士。执意不做官的他,被清政府派往日本留学,攻读法律。他1909年学成归国,授邮传部员外郎和编译局纂修官等头衔,因不适官场生涯,遂开始新闻记者的实践。辛亥革命后,他决定做一名职业记者。他初为北京《亚细亚日报》撰文,兼为上海《东方日报》通讯,后为《时报》和《申报》通讯,主编过《少年中国》周刊,同时还为《东方》、《论衡》、《国民公报》等报刊撰文。他是中国新闻史上第一个以新闻采访和新闻通讯写作而负有盛名的记者,善于抓重大的政治问题,时有揭露军阀政府卖国求荣丑态之作品,是新闻通讯时代的开拓者。他在《政界内形记》、《最近之秘密政闻》、《借款里面之秘密》等通讯中,披露了有关政要间的复杂关系,及各政党争权夺利的斗争。其新闻通讯落笔于政坛要事,文章视野开阔,叙述真实可信,描图形象生动,文笔庄谐并进,时能发微探幽,刻画入木三分,思路发人深省。人谓其"记述则须眉毕现,评议则山岳为摧"。该新闻文体始于1912年初以"远生"署名的《申报》上的"北京通讯",读来脍炙人口,不久便驰名中外,人称"远生通讯",被誉为"新闻通讯的文体创始人"。

黄远生主张报刊的使命在于"发挥真理,阐扬幽隐",报纸应主持正论之理,以廓清腐秽,而养国家之元气。所以,办报要"主持公理,指斥时弊",不畏权贵,不屈权势;新闻报道要客观公正,真实全面,不带偏见,不以自己的主张轻易否定排斥他人的主张,在没有大量确凿事实之前不轻易发议论。他笃信中国必须实现有宪政和法律保护的言论自由,报纸发表"不党之言"乃天经地义之事,对报刊为党争工具深恶痛绝,数次声明自己的名字与一切党派断绝联系。他提倡法治,希望通过法律对政府权力加以必要的限制,在有限政府的前提下,实现"平民政治"。他在《个人势力与国家权力之别》一文中说:"全国之人,人人得有相当权利之主张,故人人皆有势力者也;然人人须服从相当之法律,故人人皆无势者也。法律者谁制造之,谁行使之?则国家之权力制定而行使之者也,载之宪法。"

黄远生参加过进步党,反对孙中山,一度对老奸巨猾的袁世凯抱有幻想,多次为其出谋划策,曾为赞同帝制的《亚细亚日报》写过文章。直到1915年袁世凯称帝的野心暴露,他才渐渐醒悟。然而,袁世凯有意借其名声为复辟张势,遂命他做一篇赞助帝制的文章。他拖了七八天,想推延不做,但在袁府威逼催讨下,只得写了一篇"并非怎样赞成"的文章加以搪塞。袁世凯当然不满意,命其重作。他便决意逃离北京,9月跑到上海隐居起来,声明"此后当一意做人,以求忏悔居京数年堕落之罪"。在这种背景下,他写就《忏悔录》。

在《忏悔录》中,黄远生对自己的一生,尤其是"居京数年堕落之罪"作了反省,为自己一度沦为"流氓之官"痛悔不已。他慨然写道:"余于前清时为新闻记者,指斥乘舆,指斥权贵,肆其不法律之自由,而乃无害。及于民国,极思尊重法律上之自由矣。顾其自由不及前清远甚。岂中国只容无法律之自由,不容有法律之自由乎?"他还大胆抨击袁世凯:"政局之日趋于险恶者,非他人为之,乃袁总统自为之也。""袁总统者,在世界历史上虽不失为中国怪杰之资格,而在吾民国史上终将为亡国之罪魁。"① 整篇文章给人以沉重的压抑之感。有学者评述,黄远生"没有卢梭的胆力,又没有托尔斯泰的宗教信仰,所以他格外苦"。但是,在对灵魂的拷问中,他超越了自己,其人格得到了升华。

1915年12月,黄远生到日本,又乘船赴美。中华革命党美洲支部负责人林森怀疑他是奉袁世凯之命秘密来美国筹款,便派人在旧金山唐人街将他暗杀。黄远生是中国新闻史上第一个残酷的党派之争的牺牲品。这也反映出革命党人的过激恐怖手段,在不能容忍不同言论方面与专制者相似。黄远生从事新闻工作总共不过几年时间,就能在中国新闻史上占有如此显赫的地位,亦可见其被暗杀而使中国新闻事业遭受的重大损失。1916年1月10日,《东方杂志》发表黄远生的文章《国人之公毒》,对儒家学说给民族和国家造成的危害进行了深刻的揭露,认为自西汉"独尊儒术"之后,渐养成我国思想界无差别、无个性、无质地的"独断形式主义之空气",充满着武断、专制、沉滞、腐朽、因循、柔弱,根本没有个人的人格和自由,所有的人只能淹没于家族宗法,淹没于王权社会之中。在黄远生死后,他的文章和思想仍然给世人以相当的启迪,此篇批儒之文更是"五四"新文化之滥觞。

刘少少(1870—1929),原名蕴和,字少珊,湖南善化人。他青年时就学于长沙岳麓书院,有文才,受器重。1905年,他留学日本,专攻法政,曾协助杨度主办《中国新报》。他1909年回国,任北京《帝国日报》编辑,开始用笔名"少少",取"少年中国之少年"之意。他善于撰写政论,鼓吹立宪,开始在新闻界崭露头角。辛亥革命后,他一度回湖南,任共和党报纸《湖南新报》和教育界杂志《公言》的编辑、记者,颇有影响。北京《亚细亚日报》初创时,他一度被聘为主笔,主写时评。1915年,上海《亚细亚日报》要聘他为主笔遭拒。其政治立场为改良派,后倾向于立宪派,隶籍共和党、进步党。袁世凯称帝阴谋暴露后,他拒绝收买,避居

---

① 《远生遗著》卷一,商务印书馆1920年版。

天津,并发表文章反对帝制,惹恼当局而遭通缉。1918年,他应聘到北京大学任教,研究老庄道学。他晚年仍热衷于政治活动,为各报写文章,为文往往能独辟蹊径,庄谐杂出,时有新意,为部分知识分子所欣赏,有报界"怪杰"之称。

徐彬彬(1888—1961),名凌霄,江苏宜兴人。他出身维新派官员家庭,政治上认同改良,与立宪派、共和党关系密切。1916年,他继黄远生为上海《申报》和《时报》的驻京特派记者,长期用笔名彬彬、凌霄汉阁主,为两报采写北京通讯。1918年邵飘萍的《京报》创刊后,他主编该报副刊《小京报》,也撰写一些特约文稿和剧评,颇多创获。他的文章以内容隽趣、风格美畅著称。他熟悉民初一些政要的身世经历,所写通讯往往能运用有关内幕材料,细致描绘,颇受读者欢迎。如他在《时报》上发表的《复辟十日中之官场现形》,全文仅千字,就把1917年复辟伪谕下发后,京城官场人士的丑陋言行惟妙惟肖地活现于纸上。另一篇文章《又一个劫车案之结束》也是他的代表作,他以幽默风趣的语言和生动细腻的描述,揭示了总统黎元洪和军阀曹锟之间勾心斗角的故事。总之,当时他所写的许多北京通讯,对北洋政府的统治作了无情的揭露与辛辣的讽刺。20世纪30年代起,他长期担任天津《大公报》的副刊主编,主持栏目连载文史短文,介绍我国文物、典章制度和历史掌故,如数家珍。

四、北洋政府新闻法制状况的紊乱

辛亥革命成功后,各类报刊如雨后春笋般涌现,新闻报界的繁荣盛况空前。袁世凯上台后,开始对较为自由的新闻体制进行摧残:1912年12月,颁布法律第9号《戒严法》。1913年,加强对邮电的检扣,不准报馆用密码拍发新闻。1914年3月,颁行《治安警察条例》,加强对新闻印刷品的控制。4月,颁布《报纸条例》。期间,又制定《中华民国约法》,取代《中华民国临时约法》。12月,又颁布《出版法》,有关禁限更为苛刻。1915年,颁布《新闻电报章程》、《陆军刑事条例》、《电信条例》、《著作权法》等法律。这一系列法律为当局任意摧残新闻出版物提供了恶法根据,动辄以"淆乱政体"、"妨害治安"、泄露"外交军事之秘密"等罪名惩治报人,进行强权镇压。袁世凯还用政府津贴的形式高价收买一些民间报纸,使其表面上仍打民办招牌,实际上成为御用报纸。

1916年6月,袁世凯病死。副总统黎元洪上台之初即宣布恢复《中华民国临时约法》和国会,废止袁统治时期钳制言论出版自由的一切禁令,对于被查禁的报刊"应即准于解禁","一律自可行销"。由是,许多被查封报刊恢复出版,大批被捕报人获释。7月16日,黎元洪发布大总统令:废止《报纸条例》。由是,一些新的报刊也开始创办至1916年底,全国报纸数增至189种,比上一年增加了

85%。其中,政党报刊也一度复生。在讨论废止《报纸条例》时,有人荒唐地建议以亡清的《报律》取代之,国务总理段祺瑞明确表示:"《报律》系定自前清,尤不宜于共和国体,应暂持放任主义,俟将来查看情形再想办法。"尽管并没有很快颁布废止袁世凯的《出版法》的政令,新闻出版业还是恢复了一定的自由。

但是,好景不长,报刊的复苏局面只是昙花一现。为了控制新闻事业,历届北洋政府还是炮制出一些新的钳制性法规。1916年9月,内务部警政司制订《检阅报纸现行办法》10条,规定政府有关部门须每天购买各种报纸检阅,如发现有不实之处则函令该报更正。1918年8月,新闻检查局设立。10月,法制局起草了新的《报纸条例》(共33条)咨送国会讨论,其法案内容苛细,授权警察官署认为有重大危害时可停止有关报刊之发行。首都新闻界立即集会讨论,向众议院递交了反对此法案通过的请愿书。众议院最后将法案交法制局重新审查,实际搁置了此法案。1919年五四运动后,军阀政府发布《查禁俄过激派印刷物函》,旨在防范共产主义思想在中国的传播。10月25日,内务部颁布《管理印刷营业规则》,实行印刷业许可证制度,规定其印刷目录须呈送相关警厅审查。1920年2月12日,《晨报》刊载北京政府发布的国务院通电,通令全国实行邮电检查。7月11日,京师警察厅的91号《布告》称:倘有捏造新闻,"妨碍时局,动摇人心","有心煽惑,别有作用"者,将"依法究惩"①。新闻控制在逐步升级,不时有报刊被查封,记者遭枪杀或判刑。

1923年1月24日,《晨报》刊出北京政府为废止出版法令一事咨各省文如下:"查袁氏时代筹备帝制,恐人非议,先后颁布报纸条例及出版法,使不敢为反对之论调。现在报纸条例虽已废止,而出版法依然存在,殊属非是。若出版物宣传之主张未合,自有社会评判,无庸国家干涉。且出版物关于败坏他人名誉,及社会风化,泄漏机密等,各项刑律均有明白规定,亦无须再有出版法之二重限制。现由本部准将出版法律废止。"②1924年,冯玉祥发动北京政变,时局动荡。9月3日,京师警察厅布告称:"以时局不定,谣言四起,舆论界对于各省军政事项,均应持以镇静态度,不得任意登载。"有些报馆和通讯社,"故意造谣,存心煽惑挑衅情事,影响治安",除饬传有关报社经理人,"严加根究法办外",特布告各报馆,"往后对于军事及有关大局各项,务宜审慎登载,勿得故违"。③ 可见,其法令往往自相矛盾。1925年4月,京师警察厅颁布《管理新闻营业条例》,又推出取保制度。上海"五卅运动"期间,公共租界警务以《东方杂志》出版《五卅临时增

---

① 方汉奇主编:《中国新闻事业编年史》(上),福建人民出版社2000年版,第905页。
② 同上书,第968—969页。
③ 同上书,第999页。

刊》有关文字违反《出版法》为由,拘捕了商务印书馆负责人王云五、郭梅生等,判决罚款交保,引起出版界的愤慨,要求政府废止《出版法》。1926年1月,国务会议才正式通过废止《出版法》的决定。

而一些地方军阀政府也时有严禁新闻自由之法令的颁布。如1917年10月,湘军将领在湖南独立,宣布《戒严办法》,其首条规定:"凡认为与时机有妨害之集会结社或新闻、杂志、图画、告白等类,一律禁止。"1918年2月,广东军政府所属警察厅颁布《暂行报律条例》,禁止刊载所谓"淆乱政体"、"损害治安"、"外交军事之秘密"、"陷人于叛逆"、"未经判决之军事案件"、"禁止旁听之官署会议"等。山东军阀张宗昌甚至将各报社记者传至督署,宣布:"今天我请你们大家来,没有别的话说,就是你们报上登载的消息,只许说我好,不许说我坏,如果哪个说我坏,我就以军法从事。"①

各地军阀经常蛮横地封报抓人,以钳制新闻自由。1917年11月,北京英文《京报》因揭载"中日密约"被封,社长陈友仁被捕。1918年,北京《中华新报》因发表段祺瑞政府满蒙四路中日借款的消息,警察厅以"破坏邦交,扰乱秩序,颠覆政府"等罪名查封,总编辑张季鸾和经理康心如被捕入狱。7月,长沙《正义报》因刊冯玉祥独立消息而被封,经理杜启荣被判刑。9月,北京新闻交通通讯社因抨击政府擅举外债而被查封,负责人被拘捕。1919年8月,《京报》因揭露段祺瑞政府的专制统治,被加以"扰乱京师治安"罪名查禁,编辑被捕。当年,《每周评论》、《益世报》等报刊都被查禁。1922年,南昌《大江报》出《五一劳动节特号》,即被当局查封。1923年,"二七大罢工"发生,汉口《真报》、《实话报》都以"鼓动罢工"罪名遭查封。同年,军阀孙传芳进入浙江,一次下令查封《浙江晨报》、《三江日报》、《新浙江报》、《浙江日报》、《杭州报》、《浙江民报》、《平湖日报》等十几家报纸,连上海《申报》、《新闻报》、《时事新报》、《商报》等在杭州设立的分馆也同时被封。1924年,京师警察厅查封《民德报》。1925年3月,《民国日报》才出刊13天,就被北京警厅以"侮辱国家元首"的罪名查封,编辑被捕。"五卅惨案"发生后,段祺瑞政府一次就下令查封了北京的19种报刊。

更令人发指的是,军阀甚至采用杀戮手段。1918年6月,广东《民主报》主笔陈耿夫被督军莫荣新枪杀。1920年冬,《广州晨报》抨击军阀陈炯明,社长夏重民因此被杀。1926年4月24日,张作霖以"勾结赤化,宣传赤化"之罪名逮捕了邵飘萍,2天后就实施死刑。8月6日,北京《社会日报》主笔林白水因发表《官僚之运气》一文触怒军阀,诱捕几个小时后就被无辜杀害。北京的中共领导人、著名报刊政论家李大钊,于1926年4月6日被奉系军阀张作霖逮捕,入狱22

---

① 张友鸾等:《世界日报兴衰史》,重庆出版社1982年版,第46页。

天后遭杀害,同时遇难的还有19位革命者。

据统计,自1916年至1919年五四运动,全国至少有29家报纸被封,17名记者遭到枪杀或判刑。至1918年底,全国报刊总数由289种下降到221种。当时,中国新闻报刊形成社会势力不同的几大板块:一是军阀控制和豢养的报刊。如段祺瑞掌握的《甲寅》(章士钊主编),张宗昌掌握的《新鲁报》和《黄报》,孙传芳把持的《新申报》,吴佩孚把持的《上海报》。二是形形色色的党派、政客创办和操纵的报刊。如国家主义派的《醒狮》、《国光》、《国魂》、《自强》、《孤军》等杂志,鼓吹国家高于一切;研究系的北京《晨报》、上海《时事新报》;国民党的《政治周报》、《中国农民》、《民国日报》、《中国军人》、《黄埔日刊》等;激进党人的《向导》、《先驱》、《中国青年》、《劳动周刊》、《工人周刊》等。三是民族资产阶级创办的民营自由报刊。这类报刊分布广、数量多、影响大,主要有邵飘萍的《京报》、林白水的《社会日报》、成舍我的《世界日报》、史量才的《申报》、汪汉溪的《新闻报》、黄承惠的《时报》、吴鼎昌等的《大公报》、汤节之的《商报》、刘浚卿的《益世报》、张琴南的《庸报》等。

总之,在逐步废止袁世凯统治时期控制新闻出版自由的有关禁令后,北洋政府在这方面并没有出台相关的重要法规,主要是一些临时性的禁止性法令和通告。然而,封报抓人的做法却不时被采用,甚至还动用杀人灭口等野蛮手段。可以说,当时军阀割据,时局纷乱,统治松弛,新闻界一方面处于一种无序状态所造就的较为宽松紊乱的法制状况之下,另一方面也处于一种军阀或可任意摧残新闻媒体的严峻局面之中。

五、新闻界的顽强抗争

就新闻界总体而言,并没有被军阀统治的淫威吓倒,从反袁斗争开始,许多报刊就一直没有停止过抗争。袁世凯死后,新闻出版业获得一定的自由,它对时局政治的无情揭露、对社会弊端的尖锐批评,更为深入地展开。如1916年,邵飘萍在被《申报》任为驻京特派通讯员后,共写了250多篇"北京特约通讯",以自由臧否时政,公开批评政府,一时风靡全国。著名记者徐凌霄(即徐彬彬)在《时报》上发表的《复辟十日中之官场现形》,把1917年复辟伪谕下后京城官场人士的丑陋言行活现于纸上。

1919年五四运动后,许多报纸都站在学生一边,声讨卖国贼。如全国报界联合会发出"讨贼通电"。上海日报公会致电北京政府,要求立即释放被捕学生。《京报》1921年元旦特刊登载许多祸国殃民的军阀照片,下注"公敌"字样。当年创刊的哈尔滨《午报》,设有《讲坛》、《警世钟》栏目,常抨击当地劣顽官绅,言民众所不敢言。1922年5月17日,北京《晨报》连日刊出神州通讯社《征求张作霖卖国之事实》启事:"张作霖勾通日本卖国之阴谋,本社首先揭载……本社今特郑重申明,以唤起中日两国国民之注意,如中日各界人士,能以张作霖勾通日本事实,及其密约,向本社投稿者,定当尽情披露,决不宣布投稿者之姓名。同人等一息尚存,誓尽其为国除奸之天职。"

许多记者为得到第一手详尽素材而废寝忘食地工作。如1917年"府院之争"矛盾激化之际,3月7日深夜11点多,总理段祺瑞刚回京,邵飘萍在车站扑空,便直抵段祺瑞官邸,坚持要门卫通禀。段祺瑞只得接见,与之谈到凌晨。采访中,邵飘萍不仅摸清了府院之争的来龙去脉,且预先了解到政局可能发生的变化,一离开官邸就直赴报纸印刷所,将刚得到的消息插入要闻栏,得以当日见报。后邵飘萍又在国务院某秘书办公室分析得知中德断交决定的有关消息,便赶到美国使馆询问其参赞,再赶回国务院采访段祺瑞,直到获得较为确切的消息。由于他以上层政要为主要对象的采访活动,及其在采访政界高层时的神奇本领,为中国的新闻自由事业争到了一个重要的权利,即"突破上层禁区",把内阁会议的内容公之于众。尽管当时官方竭力加以阻挠,内阁官员也因此发生争执,但在他的力争之下,阁议秘密终于被迫公开。此后,内阁会议成为"北京新闻编译社"每逢周二、四、六日必报的消息。他以无畏的胆略和宽广的胸襟,大刀阔斧地对中国新闻现状进行改良,极力用自由主义的观念和立场去影响处于极权主义统驭下的畸形新闻报业,使中国的民众第一次有了"知情权"、"政治透明度"诸概念。

面对军阀政府的蛮横法令,新闻界也多次进行合法的请愿抗议。1921年6月6日,中华全国报界联合会致函国务院,强烈要求政府保障言论、出版、集会自由,宣言"不自由毋宁死"。1922年10月14日,北京七十二团体代表蔡元培、林长民、邓中夏、毛一鸣等人向北京政府递交请愿书,要求废止《治安警察条例》,指出该条例剥夺人民的言论自由,且系袁世凯时代所订。1925年4月,京师警察总监颁布《管理新闻营业条例》共12条,规定创办有关新闻行业者,"须于呈报时取具妥实铺保,以资负责"之类。这遭到京城新闻界的一致反对,胡适、陈源等18人联名致函司法总长章士钊,请其提出阁议撤销该项规定,以维护言论出版之自由。另外,上海书报联合会、日报公会、书业商会等召开联席会议,认为《出版法》钳制言论出版自由,违背共和国性质,决议分别致电北京政府法制院、内务部、司法部予以废除。

对于军警动辄查封报馆诸做法,新闻报人也不为其流氓行径所吓倒。由于北洋政府查封报刊一般并不抓人,创办人往往又千方百计地复旧刊、创新刊,以继续其事业。1919年5月,武汉学联创办《学生周刊》,仅出1期就被查禁。恽代英等人领导复刊,并主持编辑。《湘江评论》8月遭查封,毛泽东又接着办了《新湖南》周刊。11月,瞿秋白、郑振铎等人联合创办《新社会》旬刊,出19期至次年5月被查封。8月,瞿秋白等人又创办《人道》月刊,并公开声明它是《新社会》的继续。《天津学生联合会报》1919年9月22日被查封,学生们经反复交涉,到10月7日将其改为3日刊复刊,直至1920年初停刊。《四川学生潮》自1920年6月创刊后,一再遭到当局的查禁,但总能顽强复刊,成为五四时期四川的重要报刊。著名报刊活动家林白水,1916年与友人在北京合办《公言报》,1919年又在上海创办《和平日报》。1921年《公言报》被查封半年后,林白水又创办《新社会报》,1922年2月因攻击吴佩孚被封闭。不久,该报改名《社会日报》继续出版,1923年因揭露曹锟贿选丑闻,再次受到查封,林白水被监禁3个多月。出狱后,他继续任主笔,坚持复刊,直到1926年被害。

当时许多有关报界不屈服反动司法统治的狱案,更反映出新闻界人士的斗志。1919年10月,《国民公报》被查封,记者孙几伊被捕,法庭以其宣传新文化和支持学界活动成立"妨害治安"罪,判他有期徒刑1年2个月。这引起新闻界、司法界的广泛关注,各地报纸纷纷声援。如《晨报》连续报道,刊出详尽材料,对此案提出尖锐质疑和批判。1923年2月,京师警察厅逮捕亚洲通讯社社长林超然,因该社日前发稿触犯国务院秘书长,遂以侮辱罪拘捕候审。这一事件引起报界公愤,50多家通讯社代表赴国务院质问:警察抓人系根据哪条法律?众议员钱崇恺等人提出《质问政府违法逮捕新闻记者书》,限3日内明确答复。北京学生联合会也通电国务院,声援此案,指出:"如此挟嫌恃势,摧残舆论,破坏司法,蹂躏人权,凡属国民,皆当声讨。"①

由天主教会主办的天津《益世报》,在副主教雷鸣远和教徒刘浚卿、唐梦幻等主持下,立场较为客观,言论比较大胆,反对袁世凯的洪宪帝制,反对张勋复辟,支持五四运动,连载周恩来的《旅欧通讯》。1923年,颜旨微任总主笔,每天撰论说一篇,评论时事,流畅易读,与陈布雷有"北颜南陈"之称。上海《商报》1921年由广东商人汤节之创办,主笔陈布雷以"畏垒"为笔名所写的时事评论,公正而犀利,名重一时。

1923年7月,北京京津晚报社和民治通讯社被警察厅查封,多位报人被捕。北京报界同人群起营救,报人得以保释。8月1日,上海报界戈公振、叶楚伧、邵力子、张季鸾等20多著名人士联名致电京津和全国各报馆、通讯社,呼吁共同声援,以保障人权,维护舆论。在全国新闻界的支持下,民治通讯社在被查封两个半月后即复业。11月,湖北宜昌报界联合会通电,称当地《商报》深受社会欢迎,

---

① 方汉奇主编:《中国新闻事业编年史》(上),福建人民出版社2000年版,第970页。

而县政府在并未宣布罪名的情况下突然封闭报馆,逮捕主笔。报界同人为此通电全国报界声援,并向法庭提出公诉。

1924年5月7日"国耻日"(袁世凯接受"二十一条"),学生在天安门前集会,被军警打伤几十人。北京《世界晚报》就此发表评论,指责北洋政府的暴行,并认为当时的教育总长章士钊是制造惨案的罪魁祸首,应予惩办。1925年上海"五卅"惨案发生后,除共产党所领导的报刊积极斗争外,许多民营报纸也连续报道,不断声援,新闻界形成广泛的爱国统一战线。1925年8月,北洋政府教育部司长刘百昭带人强行接收女师大,学生紧闭校门不让其进入,刘百昭只能爬墙而入。《世界日报》的标题为《刘百昭爬墙而入》,其通讯出尽教育部之洋相。

1926年"三·一八"惨案发生后,在京各报发表大量文章,讨伐段祺瑞政府。如《京报》用大量篇幅广泛深入报道惨案真相,12天内就发表了113篇有关消息。《世界日报》第一天就用大字标题《段政府果与国民宣战矣》,第二天的标题是《吊死扶伤,哀动九城》,及至23日,每天都以头版报道该惨案的进展情况,发表社评连续抨击段祺瑞政府,并登载了刘和珍等烈士的遗体照片,在社会上产生不小的影响,业务也迅速扩展。《世界日报》还在教育经费等问题上明确反对段祺瑞政府,指名道姓地批评当时的教育总长章士钊,支持爱国学生运动。同年,《世界晚报》曾因将头条新闻标题《前敌总司令张福来今早出发》中的"福"改为"祸"字,而一度被查封。8月7日,张宗昌派宪兵逮捕成舍我。后经国务总理孙宝琦等人的说情,成舍我才得到释放。出狱一段时间后,成舍我依然对报人说:"只要保证真实,对社会没什么危害,什么新闻都可以登。如果出了什么事,你们不负责任,打官司、坐牢,归我去。"

上述新闻报人的智慧胆识与无畏精神,令人感佩。

六、通讯广播与私营报业

从1912到1918年,在北京、广州、上海、长沙、武汉及日本东京陆续出现不下20家通讯社,主要有广州的公民通讯社、北京的民生通讯社、上海的国民通讯社与上海新闻社、湖南通讯社等。其中,以邵飘萍1915年在日本主办的东京通讯社和1916年回北京创办的新闻编译社最为成功。东京通讯社曾首先向国内报道了"二十一条密约"的内容,对国内反袁斗争起到了一定的推动作用。新闻编译社以消息迅捷闻名,颇得各报好评。

到1926年,全国通讯社已增加到155家,发展速度惊人。北京最多,武汉次之,大多数是小通讯社。从此,中国新闻界增添了一种新的媒介,改变了报业一统天下的局面。其中,稍具规模而较为有名的是国闻通讯社、申时电讯社等四五家。国闻通讯社成立于1921年,邓稼祥任社长,胡政之任总编辑,一度受皖系军阀控制,曾在北京等地开设8处分社,业务蒸蒸日上。1924年还创办《国闻周报》,以发表时事评论为主。1925年开始使用电报传递新闻,每日发稿两次,并随时译述各国报纸的重要消息。后因经费困难,1926年迁天津,成为《大公报》的附属企业,至1936年停办。申时电讯社成立于1924年,由《申报》与《时事新报》合办,张竹平任社长,1934年改组为股份有限公司,杜月笙任董事长。

1923年初,由美国商人奥斯邦创办的中国境内第一座无线广播电台在上海诞生。1月23日晚,电台首次播音1小时,发射功率50瓦。3天后,电台播出孙中山先生当日在上海发表的《和平统一宣言》,在社会上引起热烈反响,孙先生也极表赞赏。该电台创办仅3个多月,就因未得当局批准而被取缔。1924年5月,美商开洛公司又在上海法租界办起一座广播电台,发射功率100瓦。它与《申报》合作,在报馆设发音室报告新闻,还播送音乐、汇价、名人演讲等节目,一直持续到1929年10月止,时间较长,影响颇大。

1924年8月,交通部颁布《装用广播无线电接收机暂行规则》,承认建立广播电台合法。此后,几家外商开办的广播电台相继开播。外国人开办电台,将20世纪重大科技成果引进,揭开了中国新闻广播事业的新篇章。1926年10月,北洋政府颁布《无线电广播条例》、《装设广播无线电收听器规则》和《运销广播无线电收听器规则》,法规趋于完备。同时,国人自办的政府第一座无线广播电台在哈尔滨试播,功率100瓦(2年后扩大到1000瓦),每天播音两小时。此后,天津、北京、沈阳等地也出现了国人自办的政府广播电台。这标志着中国广播事业的开元。1927年3月,上海新新公司广播电台播音。同年底,北京商办的燕声广播电台播音。这标志着中国民营自办的广播电台的诞生。

中国人拍摄的第一部电影,是1905年丰泰照相馆摄制的京剧《定军山》,这是一部戏剧纪录片。中国人拍摄的第一部新闻纪录影片,是1911年摄制的《武汉战争》,由当时中国著名杂技魔术家朱连奎摄制。武昌起义时,朱连奎正在武汉演出。为了记录这一震惊全国的革命历史事件,朱连奎和美利洋行合作,冒险赴前线进行战地拍摄,记录了几次重大战役的实况,以及起义军英勇善战的形象。该片后来在上海谋得利大戏院公演。中国第一个报纸型的新闻摄影画刊,是1916年在上海创刊的《诚报》,它是一个专门报道当时欧洲战况的半月刊,每天刊登照片1—6幅。中国第一本漫画刊物,是1918年在上海创刊的《上海泼克》,主ædit是漫画家沈伯尘,其揭露当时社会之深刻,采用形式之生动,可称别开生面。该刊物仅出4期,因沈伯尘病逝而停刊。

私营企业性大报进一步发展。其中,在北京、上海、天津等大城市的几家私营企业性大报的成绩令人瞩目。上海《申报》1912年转入史量才之手,经其十年的苦心经营,从7千份增加到5万份,在国民会议运动之后又一下子飙升到14万份,成为当时全国最有影响力的民营大报。《新闻报》在汪汉溪父子经营下,发行量也突破10万份大关,1926年更是达14万份以上。大报畅销的主要原因是:施行"无偏无党"、"经济独立"的办报方针,削弱政治性内容,加强知识性和社会性内容;更新设备,采用先进技术,保证了发行量的增速。此外,《商报》以知识界和青年学生为主要对象,也颇受社会的普遍关注,尤其是主笔陈布雷的时评,名重一时。《新闻报》1922年创设《经济新闻》专栏,经济信息灵通,颇受工商界人士的青睐。同年,《新闻报》在馆内设置无线电收报台,直接收译外国通讯社电讯,这是国内报界之首创。《时事新报》首创专栏新闻,有专任外勤记者,并以副刊闻名全国。《时报》添置了从德国进口的高速套色轮转印刷机,其报纸印刷质量在国内居于领先地位。

  北京《世界日报》创始人成舍我(1898—1991),湖南湘乡人,原名成勋,又名成平,后以笔名"舍我"传世。1911年参加同盟会学生军,后为逃避军阀追捕而潜行到沈阳,当过《健报》校对员。1915年到上海,在《国民日报》当校对和助理编辑。1918年考入北京大学国文系,兼《益世报》编辑,开始用"舍我"笔名写社评,"五四"时其文章颇有影响。1921年发起成立"北大新知书社"。1923年到北京联合通讯社作编辑和记者。1924年入众议院为一等秘书。同年在北京创办《世界晚报》,1925年又创办《世界日报》、《世界画报》,形成晚、日、画三报同出的世界报系。他以不偏不党、立场公正为办报宗旨,重视地方新闻、社会新闻、教育新闻,对政治问题进行批评,以犀利的文笔和巧辩的辞令,对军阀政府予以指责讥讽,耸动一时。他喜用大字醒目标题,不仅赢得众多读者,报纸发行量大幅增长,且在报界取得一定地位。1926年,军阀张宗昌在杀害邵飘萍、林白水的同时,也逮捕了成舍我。后经政界旧人求情,他才得以脱险。

  天津吴鼎昌、胡政之、张季鸾组成新纪公司,1926年接办《大公报》,改革其亲日色彩,提出"不党、不私、不卖、不盲"的办报方针,有政治意识而不参与实际政治,形成自己独特的风格。该报印刷精美,版面编排新巧,而且消息准确迅速,时评透辟深刻,当年发行不足2万份,第二年5月便增至6万份。在三人的精心经营下,该报一跃而为全国大报。

  当然,在军阀的权势压制或金钱收买下,新闻报刊界也不乏奴才。1922年8月,《京报》披露了报界代表汪立元等10人"报纸津贴事谒见元首"一事,向政府讨要津贴,而北京就有28家报纸和9家通讯社是靠政府津贴苟活的。据北京《晨报》1925年底的统计,接受政府宣传费的报社和通讯社有百余家。许多报纸沦为政府议会和党派机关及军阀派系的雇用喉舌,不但谈不上尊重客观事实,为老百姓代言,且专情于一党一派的私利,以津贴多少为见风使舵的砝码,许多所谓"新闻"实则是颠倒黑白、含沙射影、向壁虚构的造谣。在这种情况下,相关报纸的记者几乎成了流氓无赖的代名词。不过,也有像邵飘萍的《京报》那样,"津贴"照收,批评照发,所以有关谣言也一直无法摆脱。当然,在大是大非问题上,《京报》是有原则而不让步的。

在军阀的淫威之下,也出现了一些日趋堕落的报人与报刊,把办报作为卖身投靠、政治投机的手段,许多报刊沦为军阀、官僚的附庸,一些报丐向政要索取津贴,谁给钱就替谁帮腔。为了牟取暴利,有的报馆甚至为吸毒作掩护,腾出房间开鸦片烟馆。据统计,当时广州 36 家报馆中,竟有近 20 家干这种不法勾当。有些报纸的言论锋芒日益退化,只发表一些不痛不痒、无关大局的短评。值得注意的是"鸳鸯蝴蝶派"文艺副刊的风行和黄色小报的泛滥成灾,这类副刊与小报专门刊登色情、娼妓、神怪、滑稽等内容的作品,以迎合读者的低级趣味;或以社会新闻、街巷奇谈、名人轶事、黑幕秘闻等招徕读者。当时影响最大的小报,要数上海的"四大金刚":《晶报》、《金刚钻》、《福尔摩斯》、《罗宾汉》。此外,还有《礼拜六》周刊,1914 年创刊,以通俗易懂、趣味盎然、贴近生活而受普通市民的欢迎。该周刊到 1916 年出满 100 期后停刊,1921 年又复刊,1923 年终刊。

总的来说,袁世凯复辟失败,共和国理念得到民众的拥护,民主自由的法律规范和法理要求得以延续,自由创办报刊得到有关法律的支持。而在报人们的努力下,新闻自由的主旋律得以较好地维持,在批评与监督政府的过程中发挥了相当重要的作用。尤其值得大书特书的是:就在这北洋军阀统治的时代背景下,由新闻报刊发动,各学术团体奋力,汇演出一场五彩缤纷、人才辈出的新文化运动,使中国新闻事业进入了它的黄金时代。

第七章　新文化运动与新闻报刊

新文化运动主要是依靠新闻媒体而发动的一场思想启蒙运动。一大批报刊高举民主、科学或自由主义的大旗,掀起对中国传统文化的深刻革命。这样一场震撼人心的思想解放运动在中国的新闻界如此蓬勃地开展,从而在一定意义上进入了中国新闻报业的黄金时代,出现了中国历史上文化最为繁荣的时代。

一、社会背景的有关分析

辛亥革命后,自由、民主、人权诸价值观开始引起国人的共鸣,新闻界尤为倡导。清廷《大清报律》等被下令取消,新的法律规定了人民有言论、著作、出版及集会、结社之自由,各地军政机关也不得不依法行事,对报刊出版业有所保护。尤其是1912年3月内务部发布《民国暂行报律》,激起全国新闻舆论界的愤怒声讨,迫使孙中山下令将其取消。这一反抗斗争的胜利,给中国社会带来了"新闻自由"的初次感觉。人们普遍认为,在民国时代,报刊是舆论代表,应担负起监督政府和指导国民的"天职"。

同时,自由主义新闻思想的传播,也已深入新闻人之心。从外国传教士来华办报带来西方自由主义新闻思想开始,到中国第一代报人王韬等的自由主义尝试,尤其是维新运动国人办报高潮中一些思想大师严复、梁启超诸人对自由主义的追求,都给中国知识分子留下深刻的印象。再加上清末许多革命家的实践与宣传,如于右任在《民呼日报宣言书》中写道:"政府而不能保护其人民,则政府之资格失;人民而不能监督政府者,则人民之权利亡。"到民国初年,自由主义思想在新闻界已成为一般的原则与共识。

这一时期,知识分子为新闻言论自由所作的努力使这个有着数千年历史的文明展现出新的活力。如名记者黄远生笃信中国必须实现有宪政和法律保护的言论自由,报纸发表"不党之言"乃天经地义之事,对报刊沦为党争工具深恶痛绝,数次声明自己的名字与一切党派断绝联系。北大校长蔡元培率先创办了中国第一个新闻学专业和新闻研究会,希望北大率先将美国哥伦比亚诸大学的自由主义新闻学研究风气带到校园中来,开始按西方专业模式培养具有自由主义思想的"新闻人"的历史。中国新闻学之父徐宝璜的新闻思想中最引人注目的原则是:报纸应具有独立的社会地位。其著作《新闻学》要求报刊居于国民立场而"代表舆论",且覆行监督政府之责任。他指出,报纸的重要职能就是给各种观点、学说提供多元并存、相互争论的公开平台。邵飘萍认为,新闻报业应有自己的独立性,包括"信仰独立"、"组织独立"和"经济独立",不为权势和武力所屈服,不为党派或个人所左右,不仰仗官方财政,也不依赖党派津贴,由是不受任何势力控制。他主张,记者是超阶级的"社会公人",作用是唤醒民众,教育民众,代表人民监督政府,因此必须建立民主的新闻法规以保护新闻自由。

1923年1月22日,《晨报》声明:"本报一切言论,绝对本于所信,完全自由,即经济上亦纯以营业所得维持,绝对独立。无论何党何派,本报与之绝无丝毫关系。公是公非,断不稍受牵制。"①1924年11月24日,《申报》刊载《上海夜报十大特色》一文,其中头两条就是:经济独立而不受资本家之束缚,言论自由而不为一党派之倾向。诸报在实践中履行自由主义的新闻理念,由此可见一斑。

另一方面,袁世凯死后,各地军阀拥兵自重,割地称雄,军阀或联合、或分裂,派系林立,相互争权夺利,扩张实力,战争不断,以至北京中央政府名存实亡,各地统治秩序紊乱。军阀的割据与混战,使他们对政治文化权力的控制与统和已显得力不从心,同样也无力严格管制新闻报业。这时,南方的国民革命运动正蓬勃开展,这是一次建立在社会变革基础上的对各阶层民众的政治大动员。南方国民政府的崛起,又使得整个政治局面变得支离破碎、混乱不堪。政局的动荡不稳、专制集权的有所废弛,无形中又为新闻事业(也为市场经济)的发展提供了一个较为宽松的环境。这一局面客观上为中国的新闻报业提供了某种"自由"的条件。在这一政治局面中,人们求索着社会发展的新方向,各种思想寻求表达与宣传,因而报纸、广播、通讯诸事业在这一时期都获得了长足的进步与发展,文化上出现百花齐放、百家争鸣的繁华局面。

中国民族工商业者也在这时逐渐形成了一股不可忽视的社会力量,给民间自由主义报刊的大规模出现准备了物质方面的条件。在此基础上,私有制新闻企业体制也基本建立。一般而言,当时任何人都可创办报刊杂志,或建立相关的新闻社团。也就是说,只要有一定的财力,创办报刊是非常自由的。尽管当时有军阀控制和豢养的报纸,也有形形色色的党派、政客创办和操纵的报刊,但是私营报刊企业,尤其是民营的自由主义报刊仍占据着很大优势,如《京报》、《晨报》、《社会日报》、《世界日报》、《申报》、《新闻报》、《时报》、《大公报》、《商报》、

---

① 方汉奇主编:《中国新闻事业编年史》(上),福建人民出版社2000年版,第967页。

《益世报》等。所以,当时尽管有军阀的势力渗透到部分的报业中,但是其所占比重是很小的,以私有制新闻企业为主体的报业必须依靠市场经济的有关规律进行运作,而市场经济与新闻自由应该是相匹配的。

私营报刊为了争得独立生存的权利,一方面要向政府争得合法的地位,另一方面要向社会争得一定的市场。民国初年前后,随着交通、电讯等传播手段的发展,加之社会动荡剧烈,民众对新闻报道的数量和时效都产生迫切需要,各报新闻报道的比重加大,新闻采访不断加强,一批名记者脱颖而出。名记者大都为留学生,更有许多学者、教授的加盟,他们有敏锐的思想和漂亮的文笔。而私营新闻机制的自由开放,为思想文化上百花齐放、百家争鸣的局面奠定了思想与经济基础。

西方民主、科学及自由主义诸思想的传播,猛烈批判以儒学为核心的传统文化,主张新道德、新思想的启蒙运动便在这样的历史条件下开展起来。报刊是新文化运动的主要阵地,先知们首先在启蒙报刊上对封建主义的旧思想、旧文化发起猛烈攻击。启蒙报刊的出现以1915年9月《新青年》在上海的创办为标志。

二、陈独秀与《新青年》

陈独秀(1879—1942),原名庆同,后改名干生,字仲甫,号实庵,安徽怀宁(今安庆)人。他1896年曾考中秀才,后乡试中名落孙山,受康梁维新思想的影响颇大。1902年和1906年,他两次去日本留学,受西方民主思想影响,对社会主义产生兴趣。1903年,他与章士钊等在上海创办《国民日日报》。次年,他又与诸友创办《安徽俗话报》,并任主编,用"三爱"笔名撰写了大量的白话时评,鼓吹民族主义和民权主义,对中华民族的"奴隶根性"痛心疾首,已表现出清晰的自由主义思想倾向。辛亥革命后,他一度出任安徽都督府秘书长和安徽高等学堂教务主任。二次革命后,他东渡日本,参加章士钊创办的《甲寅》杂志的编务工作,"独秀"是他1914年在《甲寅》杂志上使用的笔名。他曾自许:"若让我办十年杂志,全国思想都全改观。"他1915年回上海创办《青年杂志》,一年后改名为《新青年》,高举民主与科学的大旗,从而揭开了中国近代最具影响力的一场思想解放运动。

陈独秀在《青年杂志》1915年创刊号《敬告青年》的发刊词中就宣示了其办刊宗旨"六义":自主的而非奴隶的,进步的而非保守的,进取的而非退隐的,世界的而非锁国的,实利的而非虚文的,科学的而非想象的。他在其中如此评判中国传统道德:"忠孝节义,奴隶之道德也;轻刑薄赋,奴隶之幸福也;称颂功德,奴隶之文章也;拜爵赐第,奴隶之光荣也;丰碑高墓,奴隶之纪念物也。以其是非荣辱,听命他人,不以自身为本位,则个人独立平等之人格消灭无存。其一切善恶行为,势不能诉之自身意志而课以功过,谓之奴隶,谁曰不宜!"铿锵有力,可谓一针见血。他指出:"中国欲脱蒙昧时代,羞为浅化之民,则急起直追,当以科学与人权并重。""解放云者,脱离夫奴隶之羁绊,以完其自主自由之人格之谓也。我有手足,自谋温饱;我有口舌,自陈好恶;我有心思,自崇自信;绝不任他人之越俎,亦不应主我而奴他人。盖自认为有独立之人格以上,一切操行,一切权利,一切信仰,惟有听命各自固有之智能,断无盲从隶属他人之理。"他完全捕捉到自由主义的最重要原则:既有自己的独立人格,也充分尊重他人的独立人格。在《一九一六年》一文中,他进一步阐发道:"集人成国,个人之人格高,斯国家之人格亦高;个人之权巩固,斯国家之权亦巩固。"在《孔子之道与现代生活》中,他一语点破:"孔教与帝制,有不可离散之因缘。""现代伦理学上之个人人格独立,与经济学上之个人财产独立互证互明,其说遂致不可动摇,而社会风纪、物质文明因此大进。"在《东西民族根本思想之差异》一文中,他指出:"个人之自由权利,载诸宪章,国法不得而剥夺之,所谓人权是也。"由此提出,法治是人权的保障。

《新青年》与杜亚泉主编的《东方杂志》曾展开一场文化论战。针对保守主义的一系列观念,《新青年》发表了大量介绍有关西方思想文化的文章。如保守主义提出"尊孔教为国教"和"非君主不足以立宪"等问题,《新青年》予以批驳:政教必须分离,这是西方的政治常识,国家政治决不允许染指文化教育;而信仰自由和思想自由,是一切自由的根基。陈独秀非常坚定地指出:"无论何种学派,均不能定为一尊,以阻碍思想文化之自由发展。"他还进一步论述道:中国传统所谓"民为邦本"、"民贵君轻","皆以君主之社稷(即君主祖遗之家产)为本位,皆自根本上取消国民之人格,而与以人民为主体,由民主主义之民主政治,绝非一物"①。

《新青年》对新文化启蒙运动作出了重大贡献,一创刊就打出民主与科学的大旗,以大无畏精神向中国传统文化发起猛烈攻击,展开彻底的反封建专制运动。陈独秀发表《驳康有为致总统总理书》、《宪法与孔教》、《复辟与尊孔》,李大钊发表《今》、《新的!旧的!》,鲁迅发表《狂人日记》、《我之节烈观》、《孔乙己》,吴虞发表《家族制度为专制主义之根据论》、《吃人与礼教》,等等。在倡导文学革命和白话文运动方面,胡适发表《文学改良刍议》,陈独秀发表《文学革命论》,广泛宣传西方的科学知识。还有许多文人,都拿起笔参与了这场文化运动。如易白沙于1916年初在《青年杂志》上发表《孔子评议》,对儒学发起攻击,

---

① 《陈独秀著作选》第1卷,上海人民出版社1986年版,第487页。

认为孔子思想内含有诸多独夫民贼所能利用的东西,实为中国专制主义政治文化的思想土壤。

陈独秀认识到:"言论自由神圣不可侵犯,为各国宪法所特别保护。""真理以辩论而明,学术由竞争而进。""宁欢迎有意识有信仰的反对,不欢迎无意识无信仰的随声附和。""学术思想之专制,其湮塞人智,为祸之烈,远在政界帝王之上。"①他在《旧党罪恶》一文中疾呼:"言论思想自由是文明时代的第一重要条件。"《新青年》编辑部内实行言论自由,各抒己见,以理服人,不尚一尊,不强求一律,不强加于人的原则。陈独秀是激进的民主主义者,李大钊是马克思主义者,胡适是自由主义者,鲁迅是反封建的文化斗士。还有钱玄同、刘半农、沈尹默、高一涵、陶孟和、王星拱、张申府等人,各有建树。

《新青年》经历了三个发展阶段:一是1915年9月至1917年12月,为陈独秀主撰阶段。1917年随陈独秀到北大任教而迁至北京出版,销量达15000余份。二是1918年1月至1920年5月,为编辑部同人轮流主编阶段。1920年初随陈独秀又迁回上海。三是1920年9月第8卷开始,改组为中国共产党上海发起组的机关刊物。1921年初,胡适反对其政治色彩,遂离去。至1922年7月终刊,《新青年》共出版到9卷2号(每6期为1卷)。

三、《每周评论》与李大钊

1918年12月,陈独秀、李大钊等人又在北京创刊《每周评论》。其内容丰富,栏目多样,有国外大事述论、国内大事述论、社论、文艺时评、随感录、国内劳动状况、通信、读者言论等。《新青年》"重在阐明学理",《每周评论》"重在批评事实",两刊配合,将新文化运动推向一个更有力的高潮。陈独秀在发刊词中提出"主张公理,反对强权"的宗旨,后又提出"平民征服政府"的口号。1919年4月,《每周评论》发表《共产党宣言》(摘译)。五四运动爆发,《每周评论》对运动作了连续系统的报道,并发表评论,引导群众斗争,首次将其称为"五四运动",提出学习"五四运动"的精神。

李大钊与胡适关于"问题与主义"的著名论战,就是在《每周评论》的平等讨论氛围中进行的。胡适于1919年6月在陈独秀被捕、李大钊避难的时候主持《每周评论》,7月发表《多研究些问题,少谈些主义》。逃难中的李大钊不同意胡适的观点,在昌黎写下《再论问题与主义》寄给胡适,胡适立即将其发表在《每周评论》第35期上。随后,胡适又发表了三论、四论的相关文章。8月,《每周评

---

① 陈独秀:《宪法与礼教》,载《新青年》第2卷3号。

论》被查封(共出37期),他们又在《新青年》上进行争论。双方观点对立,旗帜鲜明,但论战的态度心平气和,作风更是正大光明。同一时间,李大钊在《我的世界》(1919年7月1日)中写道:"我们现在所要求的,是个解放自由的我,和一个人人相爱的世界。介在我与世界中间的家园、阶级、族界都是进化的阻碍,生活的烦累,应该逐渐废除。"他还说:"我们应该承认爱人的运动远比爱国的运动更重。"这表现出他对"自由的我"和"人人相爱的世界"的理想追求。

李大钊(1889—1927),字守常,笔名明明、孤松、猎夫等,河北乐亭人。他1907年入北洋法政专门学校,1913年在天津担任法政学会的《言治》月刊编辑。1914年,他东渡日本,入早稻田大学攻读政治学,痛斥袁世凯复辟。1916年春,他主编留日学生总会刊物《民彝》,并为《甲寅》月刊和《新青年》写稿。归国后,他任研究系《晨钟报》主编,22天就辞职。1917年,他曾参加《甲寅》的编辑,也只有几个月就离开了。1918年,他加盟《新青年》,并参加创刊《每周评论》、《新潮》、《国民杂志》,指导《晨报》副刊改革,积极投入新文化运动。他后来任北京大学教授兼图书馆主任,并积极为《宪法公言》、《中华》、《通俗》、《太平洋》等刊物写稿。

李大钊对自由,特别是思想自由与言论自由的争取和维护,始终是其一生奋斗的目标之一。他在《宪法与思想自由》中说:"自由为人类生存必需之要求,无自由则无生存之价值。宪法上之自由,为立宪国民生存必需之要求,无宪法上之自由,则无立宪国民生存之价值。吾人苟欲为幸福之立宪国民,当先求善良之宪法;苟欲求善良之宪法,当先求宪法之能保障充分之自由。"在《危险思想与言论自由》一文中,他强烈反对专制主义者以"危险思想"的借口禁锢言论,扼杀自由。他疾呼道:"思想本身没有丝毫危险的性质,只有愚暗与虚伪是顶危险的东西,只有禁止思想是顶危险的行为……思想自由与言论自由,都是为保障人生达于光明与真实的境界而设的。无论什么思想言论,只要能够容他的真实没有矫揉造作的心尽量发露出来,都是于人生有益,绝无一点害处。"他在《孔子与宪法》一文中深刻指出:"孔子者,历代帝王专制之护符也;宪法者,现代国民自由之证券也。专制不能容于自由,即孔子不当存于宪法。"其文章直批传统文化之专制性质。

1920年8月1日,胡适、蔡元培、李大钊等7人在《晨报》上发表《争自由宣言》,要求北洋政府废止限制个人自由的种种条例,保障人身、言论、出版、集会、结社、迁徙、书信秘密等最低限度的基本自由权,其思想已接近自由主义的真谛,然而影响不大。

四、胡适及其有关报刊

胡适(1891—1962),原名嗣穈,行名洪骍,字适之,安徽绩溪人。他1910年赴北京参加庚款考试,9月入美国康奈尔大学,曾任《留美学生年报》编辑、总编。1914年,他进入哥伦比亚大学,师从杜威攻读博士学位。他1917年回国,任北京大学教授,参与《新青年》编辑。1918年,他发表《易卜生主义》,指出:"人生的大病根在于不肯睁开眼睛来看世间的真实状况。明明是男盗女娼的社会,我们偏说是圣贤礼义之邦;明明是赃官污吏的政治,我们偏要歌功颂德;明明是不可救药的大病,我们偏说一点病都没有!却不知道,若要病好,须先认有病;若要政治好,须先认现今的政治实在不好;若要改良社会,须先知道现今的社会实在是男盗女娼!"1919年,他接办《每周评论》,发表《多研究些问题,少谈些主义》。1920年8月,他联合多人在《晨报》上发表《争自由宣言》,公开谴责北洋军阀政府颁布的《治安警察条例》,要求废止这个限制国民言论、出版、集会和结社自由的无耻条例,切实遵守《人身保护法》,保障公民的合法权益。随后,他因与陈独秀、李大钊产生分歧,脱离《新青年》。

1921—1922年,他参与创办《努力周报》,希望报纸不要被任何政治派别和政治学说"牵着鼻子走",独立和自由的报刊应当像"健全的个人主义者"一样,专注于"社会上活的问题、真的问题,应该大家来讨论,变为有力的主张,这个对于社会才算有贡献"。他还曾任北京大学《国学季刊》主任编辑,主张"整理国故"。他1924年参与创办《现代评论》,1925年致函陈独秀谈"容忍异己的意见与信仰"。1928年,他参与创办《新月》,大谈"人权与约法",猛烈谴责专制统治的罪恶。他1932年创办《独立评论》,1935年写成《充分世界化和全盘西化》。抗战时期,他任驻美大使,1946年任北京大学校长。他1949年与雷震等创办《自由中国》(台湾),1957年任台湾中央研究院院长。他于1962年辞世,蒋介石送来挽联:"新文化中旧道德的楷模,旧伦理中新思想的师表",耐人寻味。

《努力周报》于1922年5月,由留学归来的丁文江、高一涵、王宠惠、罗文干、朱经农等人在上海创刊,胡适南下成为该杂志的主要撰稿人。他自命为"有职业而不靠政治吃饭",组织此团体研究政治、讨论社会,却又不专谈政治,希望"讨论活的问题,提高活的思想,介绍活的文学",批判国民的劣根性,宣传改良主义,作为批评政治、改良体制的准备;同时抵制革命派的根本解决方案,公开反对国民党人当时在中国南方酝酿的国民革命。丁文江、蔡元培、胡适、梁漱溟、王宠惠、罗文干、汤尔和、陶行知等16位中国知识界著名人士联合署名发表《我们的政治主张》,要求成立"好人政府",以结束当时中国的混乱局面,呼吁知识界精英们担负起政治舆论监督的责任。这一宣言标志着中国自由主义思潮从文化启蒙运作开始转向具体的政治理论操作。问题是：在这样一个军阀统治下乱糟糟的社会背景下，究竟如何建立一个"好人政府"？"好人政治"实为圣王精神在现代中国的翻版，"五四"第一代自由主义知识分子竟然不自觉地为传统道德文化所摆布，这并非政治的幼稚所致，而是一种根深蒂固的儒家乌托邦情结在作怪。

在《努力周报》第7期上，胡适撰文论述道："我们是不承认在政治上有什么根本解决的。世界上有两个大革命，一个法国革命，一个俄国国民大会，表面上可算是根本解决了，然而骨子里总逃不了那枝枝节节的具体问题；虽然快意一时，震动百世，而法国与俄国终不能不应付那一点一滴的问题……我们应该把平常对政治的大奢望暂时收起，只存一个'得尺进尺，得寸进寸'的希望，然后可以冷静地估量那现实的政治上的变迁。"此后，中国社会如何进步的第三条道路基本由此发源。他在第22期上发表《国际的中国》，认为"现在中国已没有很大的国际侵略的危险了"，讥笑打倒帝国主义的口号"很像乡下人谈海外奇闻，几乎全无事实根据"。这里，胡适主要是对欧美的估计，显然没有看到日本军国主义的威胁。

1922年9月，王宠惠、罗文干、汤尔和受命组阁，分别担任总理、财政总长、教育总长，人称"好人内阁"。然而，该内阁并无实权，一切均须看吴佩孚的脸色行事，只存在了两个月零六天便破产。一年以后，《努力周报》宣告停刊。胡适写了《一年半的回顾》，对"好人政府"作了全面检讨，吸取教训，调转路向，直接从改造制度层面入手，为人权和宪政而努力。

五四时期，胡适曾写过一篇名为《不老》的短论，谈到自己所期待的文明社会，应极力提倡思想自由和言论自由，布下新思想的种子，养成一种自由的空气，养成一种欢迎新思想的习惯，而使新知识能源源不断地来。他在《新思潮的意义》一文中说："尼采说现今时代是一个'重新估定一切价值'的时代，这八个字便是评判的态度的最好解释。"随着时代的进步，需要新思想，需要重新评估一切价值，这也可以说是他的新闻思想的精神内核。他在《易卜生主义》一文中猛烈谴责专制主义统治的罪恶，指出其"最大的罪恶，莫过于摧折个人的人性，不使他自由发展"。胡适有段著名的话："我这里千言万语，也只是要教人一个不受人惑的方法。被孔丘、朱熹牵着鼻子走，固然不算高明；被马克思、列宁、斯大林牵着鼻子走，也算不得好汉。我自己决不想牵着谁的鼻子走。我只希望尽我的微薄的能力，教我的少年朋友一点防身的本领，努力做一个不受惑的人。"

五、《现代评论》与现代评论派

1924年12月,综合性周刊《现代评论》在北京创刊,主编为王世杰。1927年3月,该周刊移至上海,主编为丁西林。常务编辑有沈从文、陈西滢、杨振声等,主要撰稿人有王世杰、唐有壬、陈西滢、高一涵、燕树棠、周鲠生、陈翰笙、彭学沛、皮宗石、钱端升、吴稚晖、杨端六、胡适、徐志摩、丁西林、李四光、张奚若、陶孟和、郁达夫、顾颉刚、凌叔华、沈从文、杨振声等。他们大多有留学欧美之学业背景,且在北京大学任教,都崇尚西方的文化,企图借西方的思想重振中国的社会和文化。到1928年终刊,《现代评论》共出9卷209期,还出了4期增刊和一批"现代丛书"。其自由主义思想主要注重个性自主,强调人有理性能力改变人类的环境,反对集权主义,反对暴力革命,主张通过渐进的启蒙改良,改变整个中国的社会结构和文化观念,最终建立全新的社会秩序,后被称为"现代评论派"。

在"现代评论派"看来,个人自由是一种至高无上的神性,所以坚持独立的人格态度,追求自由的人格理想是他们的基本信条。个人若丧失了自由权,就谈不上人格的发展,也更谈不上社会的进步。胡适在《介绍我自己的思想》中强调:"世上最强有力的人就是那最孤立的人!"在《易卜生主义》中,他指出:"社会国家没有自由独立的人格,如同酒里少了酒曲,面包里少了酵,人身上少了脑筋:那种社会国家决没有改良进步的希望。"也就是说,自由、独立的人格是社会进步的基础。高一涵在《军治与党治》一文中,尖锐批评军治与党治对自由的约束,呼唤欧美式的民治:"民治主义的精神,就是自由、平等。换句话说,就是全国人民个个都有自由发展个人才能的权利,个人都有平均发展个人才能的机会。"他们不仅仅局限于知识分子自我个体的自由,而且把培养民众的自由意识当作自己的历史使命。

由于抱着"自由"、"独立"的态度,他们也能容纳不同政治倾向和文化态度的文章。他们公开宣布:在《现代评论》上的投稿者,"不论社内或社外,有名或无名,文坛的老将或新进的作家,甲派或乙派,都受同样的看待"。这种开放的办刊态度是他们自由、平等、独立思想的体现,因为信仰真理、追求真理是人的自由,信仰和追求怎样的真理同样是人的自由,乃至不追求真理、随俗漂流也是人的自由,只有肯定人的这一绝对价值,才谈得上崇尚民主、法治、人权的自由主义者。所以,在《现代评论》上发表文章的人主要为自由主义者,当然也有革命派、改良派,甚至保守的右派。

陶孟和主张:"政府该存在与否就看它容让一切人民发表见解,实现见解与否。政府不能抹杀一切异己的意见,他只可以让一切人都有可以发表意见实现意见的机会。"他在《言论自由》一文中指出,任何人都不可能全知全能,政府也一样难以避免错误,因而政府的决策应由人民来监督,所以"言论自由是每个好政府必不可少的要素"。他在《我们小民的希望》一文中明确指出:"我们所要求于当权者只有三件事:一、尊重生命,二、尊重财产,三、尊重人格。"王世杰认为:"国家根本组织的事体……不能不由一个代表全体人民的国民会议来决定。"他还发表《工会条例问题》,论述制定工会条例的重要性,提出工人成立工会自由、罢工合法等多项原则,反映出其法律上的民主观点。1926年2月,他又发表《这几种法令还不废止吗?》,要求废止《惩治盗匪法》、《治安警察法》、《管理新闻营业法》诸恶法。《现代评论》因批评北洋政府而多次被扣压刊物,或被抽掉文章而"开天窗"。

六、其他主要报刊与观点争论

1915年1月,《科学》月刊在上海创刊,由留美学生胡明复、赵元任、周仁等发起,历任主编有杨铨、王进等。该月刊注重自然科学,用浅近文字说明各学科基本概念,传播世界最新科学知识,以期唤起一般民众的科学兴趣。它设有通论、应用、自然科学等栏目,采用横排和西式标点。《科学》在中国新闻与科学史上应有里程碑之意义,一直出版至1950年。

1916年8月,《晨报》在北京出版,原名《晨钟报》,由梁启超、蒲殿俊主办。该报以救亡图强为宗旨,其发刊词指出:"如果当政界权要想做为所欲为的事,那新闻就要及时地有所抨击而不是赞颂。……如果尽量回避权要之忌讳,把国家大事置之度外,不论不议,而专门以娱乐调侃为能事地谈谈,博取众人而去卖弄文字,像这种人也无非是很侥幸生存着的奴仆。"该报1918年改名《晨报》,次年聘李大钊等主持副刊《自由论坛》、《译丛》,提倡新思想、新文学,还介绍马克思主义理论。鲁迅的《阿Q正传》也发表于此报,在当时颇有影响。该报1925年为"新月派"所控制,政治倾向转为保守,1928年6月停刊。

1917年3月创刊的《太平洋》月刊,由李剑农主编,以政论文章为主、文艺为副,编辑成员大多为留学归国的大学教授。撰稿人有周鲠生、杨端六、王世杰、陈西滢、燕树棠、陶孟和、丁西林、李四光、李大钊、郁达夫、田汉等,他们的政治思想大多亲向英美,如鼓吹实行英国式宪政,主张联省自治,调和中国各阶级政派之矛盾,走向互相妥协、互相牵制的议会政治,反对任何革命,也要求维护中国主权与国家尊严等。该月刊到1925年6月出版第四卷第十号,刚好满四卷(共四十期)而宣告终刊。

1919年1月,以北大学生傅斯年、罗家伦为主编的《新潮》杂志创刊,得到陈独秀、胡适等教授的大力支持,校长蔡元培亲自为刊物题名,是北大学生出版的众多刊物中最为出色的一种。后期,周作人曾任主编。《发刊旨趣书》揭其主旨为:"介绍西洋近代思潮,批评中国现代学术上、社会上各问题。"该杂志以新思想、新文化为主导,弘扬科学民主精神,登载各种形式的白话文学创作、翻译作品以及现实主义文艺理论,反对封建伦理道德及其文学、戏曲等,进一步壮大了新文化群体的力量。一些新文学拥护者鼓吹"全盘西化",如在《新潮》第1卷第2号上,傅斯年发表《怎样做白话文》一文,提倡用"欧化的白话文"及"欧化国语文学"。1920年8月,新潮社正式扩充为学会,出版《新潮丛书》。作为新文化运动中的一支主力军,该杂志时常受到守旧派的打压,五四运动后停刊了一阵子,10月复刊,1920年5月再次停刊,1921年9月又复刊,1922年3月最终停刊。

1919年6月,政治评论性周刊《星期评论》在上海创刊,由孙中山指派戴季陶、沈玄庐等创办和主持,作为国民党的机关刊物。廖仲恺、邵力子、陈独秀、李大钊等都为其撰过稿,在揭露社会问题、分析中国现状诸方面都有所成就,介绍各种新思潮,如新村主义、互助主义、无政府主义、马克思主义等。该周刊赞同革命,支持学生和劳工运动,在当时知识分子中产生过重要影响。它于1920年6月停刊。

1919年9月,研究系的报刊《解放与改造》出版,张东荪、俞颂华、梁启超等主编(1920年更名《改造》)。该派系还有《时事新报》等报刊,宣扬社会改良主义,属于温和派启蒙报刊。《解放与改造》发表了许多张东荪、梁启超的文章,反对社会主义。张东荪在《由内地旅行而得之又一教训》和《现在与将来》二文中说:"中国唯一的病症就是贫乏……救中国只有一条路,一言以蔽之,就是增加富力……而不是欧美现成的什么社会主义。"梁启超写《复张东荪书论社会主义运动》一文,给予支持并加以阐发。这引起《共产党》、《新青年》诸作者的反驳,如《新青年》发表《关于社会主义的讨论》诸文加入论战。该报于1922年9月停刊。

刘师培等于1919年创办《国故》杂志,专门与《新青年》大唱对台戏,攻击其破坏礼教,糟蹋国粹,颠倒伦理,是"洪水猛兽"、"异端邪说"。《新青年》面对攻击,无所畏惧,宣告:"若为拥护这两位先生(民主与科学),一切政府的压迫,社会的攻击笑骂,就是断头流血,都不推辞。"同时坚定地表示:"我们现在认定只有这两位先生可以救治中国政治上、道德上、学术上、思想上一切的黑暗。"[①]

上海的《新申报》和北京的《公言报》也大力攻击新思想、新文化的传播。如林琴南在《新申报》上发表小说《荆生》和《妖梦》,肆意谩骂新文化运动。有些

---

① 陈独秀:《本志罪案之答辩书》,载《新青年》第6卷第1号。

人甚至企图借助军阀的武力实行镇压,主张把"学生事件交付法庭办理",要学生自首"去遵服判罪"。《每周评论》连续发表文章对《荆生》加以分析批判,指出其中心思想是"想利用强权压倒公理",是反动派"武力压制政策"的代表。林琴南还在《公言报》上发表了《致蔡鹤卿(蔡元培)太史书》,攻击新文化运动战士,说白话文是"都下引车卖浆之徒所操之语",并为封建伦理和八股科举辩护。蔡元培发表《致公言报并答林琴南君函》,逐一批驳了林琴南的言论,提出"对于学说,仿世界各大学通例,循思想自由原则,取兼容并包主义"的主张。

留日学生郭沫若、郁达夫、成仿吾、张资平、田汉、钱端升等人1921年成立创造社,1922年5月创办《创造季刊》,目的是"打破社会因袭,主张艺术独立,愿与天下之无名作家,共兴起而造成中国未来之国民文学",开展文艺批评,介绍国外的文学思潮。它张扬个性,蔑视传统,强调自我表现,追求以唯真唯美的精神创作文学,颇具浪漫主义色彩,在中国文学史上产生一定影响。留日学生1923年5月又创办《创造周报》,7月又在《中华新报》上开辟"创造日"副刊。以成仿吾《新文学之使命》、郁达夫《文艺上的阶级斗争》、郭沫若《我们的文学新运动》三文为标志,创造社后期的主旨转向现实社会,鼓吹时代良心,剖析阶级关系,宣传无产阶级革命。

政法刊物方面,最早的要算留日学生创办的《政法学报》(1903年由《译书汇编》改名)和《法政交通社杂志》(1907年)。1908年,欧美同学会创办《法政简介》。1911年8月,商务印书馆开始发行《法政杂志》。此后,还有《法政学报》、《法学会杂志》等。在法学研究上最有贡献的,是1922年东吴大学法律学院创办的《法学季刊》和1923年朝阳大学创办的《法律评论》。一批著名法学家纷纷撰写文章,在阐述西方法律知识、传播西方法学理论方面卓有成就,对当时的中国社会及有关人员进行着法学的启蒙。

1907年在法国出版的《新世纪》和在日本出版的《天义报》,是我国第一批无政府主义报刊。到五四前后,此类刊物在国内已达十余种,如广州、北京、南京等地的《晦鸣录》(后改名《民声》)、《进化》、《自由录》、《互助》、《劳动》等,鼓吹绝对自由,反对一切国家政权。此类刊物影响很大,如在北京大学的学生中,其信仰者不少,多于马克思主义者,巴金等人当时都是其狂热的追随者。《共产党》月刊发表《无政府主义之解剖》、《新青年》发表《讨论无政府主义》诸文进行反驳与论战。

1924年10月在上海创刊的《醒狮周刊》,是中国现代影响最大的国家主义派报刊。国家主义派即中国国家主义青年团,后改名"中国青年党",1923年在巴黎成立。该派鼓吹国家至上,用国家观念反对阶级观念,用"全民革命"反对阶级斗争,用中国传统文化反对马克思主义,倡导日、德等国家发展模式,攻击苏联,反对共产党。该派后又创办《国光》、《国魂》等十多种报刊,宣传国家主义观点。中国共产党通过《向导》、《中国青年》、《政治生活》等报刊,与之进行了针锋相对的斗争。《醒狮周刊》于 1927 年 11 月因反对国民党"一党专制"被封禁,同年 12 月又继续出版,1931 年 4 月再次被当局查禁。

可以说,五四时期形成了一个多中心、松散的启蒙网络,都在试图超越传统价值观,走出新的现代价值体系。同时,思想与风格上百家并存,竞相斗艳。民主、科学地办报就会有论战,只有论战后才会进一步靠近真理。在自由的争论中,由人们自己去辨别是非,从而形成一种百花齐放的新闻传播民主自由的宽松局面。

七、新闻学研究与教育的开端

清末民初,我国开始引进西方新闻学理论,掀起译介和研究西方新闻学的高潮。1903 年,商务印书馆出版日本松本君平的《新闻学》,这是中国第一部新闻学译著,译者未署名。此书虽受到梁启超诸人的重视,但开始并没有给新闻界带来强劲的思想冲击,直到新文化运动前夜,才被新一代知识分子广泛引用。1913 年,上海广学会出版美国学者休曼的《实用新闻学》。此书详细阐述了美国报业所历经的三个发展阶段:由政论报纸过渡到政党报纸,再过渡到大众化商业报纸;指出报纸的商业化和市场化,是克服政党报刊滥用"自由"的良方;强调新闻自由必须要有法律的规范和保障。此外,还有戈公振翻译的美国学者开乐凯的《新闻学撮要》等。

1915 年 3 月至 12 月,《申报》上刊出朱世溱编著的《欧西报业举要》。朱世溱是留学英国的学人,对西欧新闻报业曾作过细致考察,为了"资镜"国人,所以编撰此书。他指出,当时中国新闻界,一是空论太多,不中事实,且党见强词夺理,无客观公正可言;二是无系统科学的新闻学理,新闻报业没有坚实的基础。此书对中国新闻界有重要启迪,提出言论自由是报业发展的先决条件,若"其国专制之淫威甚,而言论之自由尽矣",报纸"必仰命于强有力者,遂为其所利用",新闻报业就只能蜕变为专制工具,成为"依赖者之奴隶,非舆论之喉舌也,非国民之指导也"。所以,报业要发展,"所持言论之独立"是关键。同时,"报章是舆论之机关",而舆论不是党随心所欲的东西,应是"民意之所趋向也"。

1917 年,蔡元培决定在北大政治系开设新闻学专业,这是中国有史以来第一个大学新闻学科。1918 年,北京大学新闻学研究会成立,这是中国第一个研究新闻学的学术团体,蔡元培亲自担任会长,邵飘萍、徐宝璜任副会长和导师。新闻学研究会于 1919 年创办《新闻周刊》,为我国第一个新闻学研究刊物,以传播新闻学知识、培育新闻人才为其宗旨,出版了3期。1920年,北京大学学生组织成立名为"中央写真通讯社"的摄影团体,这是最早向报纸提供新闻照片的摄影机构,"每月平均送稿八次,每月取费十元,其材料颇合报纸之用"。

此后,上海圣约翰大学(1920),厦门大学(1921),北京平民大学(1923),北京燕京大学民国大学、国际大学(1924),上海南方大学(1925),北京法政大学、上海光华大学、大夏大学、沪江大学(1926)都先后设立报学系或新闻系,培养新闻人才。1922年,报刊理论家任白涛在杭州创立中国新闻学社。同年,黄天鹏在北京创立中国新闻学会。1924年,戈公振等发起成立上海新闻记者联欢会。这一时期,全国共有十余所大学先后设立了新闻报业学系,新闻学高等教育迈出了坚实的步伐。

蔡元培(1868—1940),字鹤卿,后改仲申,号子民,浙江绍兴人。他1892年考中进士,任翰林院庶吉士、编修,接触新学。戊戌变法失败,他还乡办学,历任绍兴中西学监督和诸书院院长,办新式学堂。1901年,他与张元济等创办《外交报》,分任撰述。他1902年就参加《苏报》的革命宣传。1903年,他创办《俄事警闻》(后改名《警钟日报》),同样进行革命宣传,在国内首次发表孙中山同盟会的政治纲领。1907年,他留学德国,在莱比锡大学研究哲学、美学和政治、法律制度等。辛亥革命成功后,他任孙中山临时政府教育总长。因不满袁世凯政府而辞职,他复入莱比锡大学攻读,后又去法国,从事译著工作,于1916年创办《旅欧杂志》。他于同年11月回国,被任命为北大校长,实行自由主义教育方针。1917年,他引陈独秀《新青年》北上,使北大成为新文化运动的中心。1919年,他提出思想自由、兼容并包的办学原则,宣布遵循自由主义精神,实行学校的民主管理。

蔡元培很早就提出,人格建设的缺失,恰恰是中国自近代以来历次改良与革命惨遭失败的重要原因之一。他在《爱国女校之演说》中指出:"德育实为完全的人格之本。"他1912年任教育总长时,在《对教育方针之意见》中提出国民教育要"养成健全的人格"的系统义项,认为教育目的必须尊重学生"发展个性的自由",特别是教师"不宜硬以自己的意思,压到学生身上","循思想自由之公例,不以一流派之哲学,一宗门之教义梏其心"。"共和国家,言论自由与思想自由,尤为绝对之原则。"教育的目的最终是贯彻自由、平等、博爱精神,以养成学生"优美之习惯"。1918年,在徐宝璜、邵飘萍等人的建议下,蔡元培决定在北大率先发起成立中国第一个自由主义新闻学术团体:新闻学研究会。在成立大会演说词中,他相信"循思想自由原则,取兼容并包主义",北大新闻学研究会一定会使"新闻学有特别之发展",继而率先创办了中国第一个新闻学专业。他在为徐宝璜《新闻学》所作序言中,希望北大带个好头,率先将美国哥伦比亚诸大学的自由主义新闻学研究风气带到校园中来。在他的鼓动和支持下,北大的新闻学讲坛真正成为传播自由主义报刊理论的阵地,开始了按西方专业模式大规模培养具有自由主义思想的"新闻人"的历史。

1922年3月,蔡元培发表《教育独立议》,认为:"教育事业当完全交与教育家,保有独立的资格,毫不受各派政党和各派教会影响。"他指出:"教育是要个性与群性平均发达的,政党是要制造一种特别的群性,抹杀个性。例如,鼓励人民去亲善某国,仇视某国;或用甲民族的文化去同化乙民族。今日的政党,往往有此等的政策,若参入教育,便是大害。……教育是求远效的,政党的政策是求近功的。"同样,如果任由回教、天主教等分主教育,"彼此谁真谁伪,永远无定论。只好让成年的人自由选择,所以各国宪法中,都有'信仰自由'一条。若是把教育权交与教会,便恐不能绝对自由"。由此,如果以政党或教会的是非为是非,以政党或教会的好恶为好恶办教育,其后果不惟是扼杀自由,而且连真正的教育也没有了。所以,教育必须超然于政治和宗教权势之外。德国思想家威廉·洪堡1792年就明确提出"教育独立性"的原则,指出国家和任何政治力量均无权插手教育,符合自由主义理念的大学应以塑造完善的个人和致力于真正的学术为其宗旨。蔡元培显然受其思想影响和指拨。4月,他领衔在胡适起草的《我们的政治主张》上签字,其中要求政府"充分容纳个人的自由,爱护个性的发展"。具体到教育领域,就是在宪政的制约下,严禁各种权势干涉和侵凌教育的独立地位。1923年,他发表《不合作宣言》,抗议北洋政府摧残人权,怒斥当局非法干涉教育,"痛心于政治清明之无望,不忍为同流合污之苟安,尤不忍于此种教育当局之下,支持教育残局,以招国人与天良之谴责。惟有奉身而退,以谢教育界及国人",然后刊出"不再到校"启事,拂袖而去,其人格光彩令人肃然起敬。

徐宝璜(1894—1930),字伯轩,江西九江人,为中国新闻界的开山鼻祖,留学美国的新闻学专家。他1912年考取官费留学,往美国密歇根大学攻读经济学和新闻学。他1916年归国,先受聘于北京《晨报》为编辑,旋被蔡元培聘为北大文科教授,讲授新闻学,被称为中国"新闻教育第一师"。1919年12月,北大出版部出版其著作《新闻学》(初名《新闻学大意》),为中国最早的新闻学专著。他是把西方自由主义报刊理论转化为适应中国新闻教育资源的第一人,最早提出"新闻六要素",对我国新闻学界产生很大影响。1920年起,他先后任教于民国大学、北平大学、朝阳大学、中国大学、平民大学。1923年,他与胡愈之曾合著《新闻事业》。他还参与了《平民大学新闻系级刊》和北京新闻学会《新闻学刊》的出版。

徐宝璜的新闻思想中最引人注目的首推如下原则:报纸应具有独立的社会地位。其《新闻学》指出:"西人常云:'新闻者,国民之喉舌也。'"新闻应居于国民立场而"代表舆论",且履行监督政府之责任。"若仅代表一人或一党之意思,则机关报耳,不足云代表舆论也。""故视新闻纸为社会公有之记者,其一布消息,定力求正确与完全,于政治上,不作任何方之牺牲品,凡正当之议论,且将予各方面以平等发表的机会。"这也是报纸公共化和独立性的又一原则,因为报纸的重要职能就是给各种观点、学说提供多元并存、相互争论的公开平台。他警告:"新闻记者,对于社会,负有重大之责任。彼此以颠倒是非,博官猎贿,或专此致富为目的而办新闻纸者,乃新闻事业之罪人也。"他激赏的新闻人应具有这样的人格风范:"伟大之记者,应有大无畏之精神,见义勇为,宁牺牲一身以为民请命,不愿屈于威武而噤若塞蝉,况全国报纸,如能同起而代表舆论,则政府虽有意干涉,亦莫可如何哉。"

中国最早的报刊史专著是姚公鹤所著《上海报纸小史》,1917年由商务印书馆出版。这一时期,除徐宝璜、邵飘萍、任白涛、戈公振的有关新闻学著作外,还有任超的《新闻学大纲》、蒋裕泉的《新闻广告学》、蒋国珍的《中国新闻发达史》等。

八、新闻界名记者画像

邵飘萍(1886—1926),浙江东阳人,原名镜清,后改名振清,字飘萍。他14岁中秀才,17岁在浙江高等学堂读书时就为《申报》写稿而被聘为特约通讯员。1912年,他被聘为杭州《汉民日报》总编,努力宣讲民主自由,鞭挞地方邪恶势力,并对袁世凯的倒行逆施进行了尖锐的抨击。他还曾兼任《浙江军政府公报》编辑。1913年,他因攻讦袁世凯被捕入狱,《汉民日报》被查封。获释后,他于1914年东渡日本留学,结识了许多革命党人和新闻界名人,与潘公弼等创立"东京通讯社"。1915年,他将袁世凯卖国阴谋电传国内,激起全国性的反袁风潮。年底,他回到上海,担任《申报》和《时事新报》的主笔,不断向极权政治挑战。1916年,他被《申报》任为驻京特派通讯员,写了250多篇"北京特约通讯",以自由臧否时政,公开批评政府,一时风靡全国。同年8月,他创办北京新闻编译社,为国人在京创办的最早的通讯社,积极进行自由主义的新闻实验。1918年10月,他创办民间报纸《京报》,发刊词云:"必使政府听命于正当民意之前,是即本报之所作为也。"其思想更为独立勇健,写作也更为干练劲猛。

同时,邵飘萍与蔡元培等创立北大新闻学研究会和新闻学科,与徐宝璜等人并肩携手,为贯彻蔡元培先生独立自由的教育精神和学术品格,从自由主义新闻理念到有关实践,进行了大胆尝试。其《新闻学总论》认为:"报纸第一任务,在报告读者以最新而又最有兴味、最有关系之各种消息。"所以,新闻事业是"社会公共机关"、"国民舆论代表",应有自己的独立性。这包括"信仰独立"、"组织独立"和"经济独立",不为权势和武力所屈服,不为党派或个人所左右,不仰仗官方财政,也不依赖党派津贴,由是不受任何势力所控制。他主张记者是超阶级的"社会公人",作用是唤醒民众,教育民众,代表人民监督政府。从这个意义上说,记者是"布衣之宰相,无冕之王"。他还呼吁必须建立民主的新闻法规以保护新闻自由,并猛烈抨击了专制新闻法压制新闻事业的反动性,坚持新闻自由归根结底是民众的言论自由,新闻法制的建立不是要限制残害这种自由,而是为了保护和尊重这种自由。所以,创办新闻机关只须呈报备案,无待批准且不纳保证金,完善保护新闻记者之法律。依照新闻法,扩大新闻自由与新闻民主的程度,并不断突破上层秘密,实行自由报道下的舆论监督。他曾受聘于北京大学、北京平民大学、民国大学、法政大学,主讲新闻学,可谓中国第一位自由主义新闻学者。他是五四运动的发动者之一。

1919年8月,因揭露段祺瑞政府的专制统治,《京报》被加以"扰乱京师治安"罪名查禁,邵飘萍第二次亡命日本。旅日期间,他曾任日本大阪自由主义大报《朝日新闻》的特约记者,受苏俄革命思潮影响,写成《新俄国之研究》和《各国社会思潮》两书。1920年9月,段祺瑞政府倒台,他返回北京,立即复刊《京报》。1923年5月,《京报》发行纪念马克思诞生105年特刊。同年出版的《实际应用新闻学》,是我国第一部新闻采访学专著。还有《新闻学总论》,对自由主义新闻观在中国的实践,进行了深入广泛的研讨。他在研究会演讲,每周日两小时,广泛介绍西方新闻理论及其新闻机构的组织运作,如报纸出版程序、新闻采访特点等。1924年,《京报》出版《列宁特刊》。他因支持冯玉祥发动北京政变,而与奉系军阀结下仇隙。1925年,他加入中国共产党,积极报道五卅运动。1926年"3·18"惨案发生,《京报》详尽报道有关新闻,谴责军阀屠杀民众的罪行。很快,直奉联军攻入北京。4月26日,张作霖以"勾结赤化,宣传赤化"的罪名逮捕了邵飘萍,并实施杀害。然而,《京报》在邵夫人汤修慧的率领下,坚持照常出版,直至"七七"事变发生。

邵飘萍一生对中国自由主义新闻事业的贡献,不仅有系统的理论建树,而且有丰富的实践体验。他创办并任主笔的《京报》,以纯熟的自由主义笔法指点江山,纵论时局,剖析透辟,锋芒逼人,振聋发聩,可谓一个典型的自由主义新闻实践的标本。在他办公室的墙上挂着自己手撰的条幅:"铁肩担道义,妙手著文章。"尤其值得称道的是他的采访艺术,不但口才极好,思维敏捷,而且能捕捉要点,把握分寸,"谦恭不流于谄媚,庄严不流于傲慢"。他始终认为,新闻采访应持守无阶级观念,"没有敌人,也没有朋友",不能以道德和政治归属为采访标准,只看对象是否与新闻有关。张季鸾在《追悼飘萍先生》中说:"飘萍每逢内政外交大事,感觉最早,而采访必工。北京大官本恶见新闻记者,飘萍独能使之不得不见,见且不得不谈,旁敲侧击,数语已得要领。其有干时忌者,或婉曲披露,或直言攻讦,官僚无如之何也。自官僚渐识飘萍,遂变重视报纸,飘萍声誉,以是日隆。"①当时,上至政要官员,下至平民百姓,无不为他的魅力所倾倒。

　　林白水(1874—1926),福州人,1901年到杭州任求是书院(浙江大学的前身)的总教习,同时为《杭州白话报》撰稿。他1902年在上海加入蔡元培组织的爱国学社,为《苏报》撰稿,苏报案发后曾避祸日本。回国后,他创办《中国白话报》,兼任《俄事警闻》的主笔,此间发表了大量通俗易懂的文字,谈道:"民众不晓得'国家'这两个字到底是怎样解说,往往把国家当着皇帝的产业。""凡国民有出租纳税的,都应该得享各项权利,这权利就是自由权,如思想自由、言论自由、出版自由。"1904年,慈禧太后过七十大寿,报张上是通篇颂词,而林白水却在发表了一副对联:"今日幸西范,明日幸颐和,何日再幸圆明园?四百兆骨髓全枯,只剩一人何有幸!""五十失琉球,六十失台湾,七十又失东三省!五万里版图弥蹙,每逢万寿必无疆!"②让人看后拍案叫绝,在社会上传诵一时,其胆魄和文笔令人敬佩。

　　他随后二赴日本,进入日本早稻田大学攻法律和新闻,加入中国同盟会。武昌起义后,他回到故乡,曾任福建法制局长,主编《新中国日报》。他1913年当选国会议员后入京,做过总统府秘书、参政院参政、直隶总督府秘书诸职。他1916年创办《公言报》,屡屡触怒当局。1921年,报馆被军阀派人砸毁。接着,他又与胡政之创办《新社会报》,自任社长,1922年因揭露统治黑幕及攻击军阀而遭警察查封,被勒令停刊。继而,他再办《社会日报》。1923年,他因抨击曹锟贿选总统而被监禁三个月,出狱后继续其疾恶如仇的报人生涯。由于他笔锋尖锐,文字激烈,注重社会新闻,颇受欢迎;又好议当局长短,故积怨于军阀。1926年8月,他终因在《社会日报》上发表《官僚之运气》一文触怒军阀张宗昌、吴佩孚及督办潘复,被宪兵司令王琦拿捕,遭无辜杀害。陶菊隐这样评述:"因为林的笔锋过于犀利,把政客潘复与张宗昌的关系比作'睾丸之于肾囊',潘复哭诉于张宗昌之前,必欲置之死地而后快,以致造成惨案。"③林白水一生创办过十种报刊,有五次被当局查封,三次身陷囹圄,然而对军阀统治毫无畏惧,百折不挠,表现了一代报人的英雄本色。

　　任白涛(1890—1952),河南南阳人,笔名有一碧、冷公等。他早年投身民族

---

① 载《京报特刊》1929年4月24日。
② 转引自闾小波编著:《百年传媒变迁》,江苏美术出版社2002年版,第63页。
③ 陶菊隐:《记者生活三十年》,中华书局2005年版,第37页。

革命,辛亥革命后曾任上海《民立报》、《神州日报》和《新闻报》的特约通讯员。1916年,他赴日本早稻田大学攻读政治经济学,加入"大日本新闻学会",研究西方新闻理论,考察日本现代报业。他1921年回国,在杭州创办中国新闻学社。1922年,他出版《应用新闻学》,其中附有《欧美报纸史略》和美国新闻理论权威沃尔特·威廉在北京大学的演讲《世界新闻学》。他提出"优秀报纸"观,即超越党派而坚实地立足于民间,代表民意的报纸,产生这类报纸需要有相应的、能促使其生长发育的政治文化土壤:民本政治。他进一步解释道:"民本政治胜于官僚政治者,要在不以少数私人决国事,而以公众舆论决国事,健全舆论之造成,民治国人民之责任也,以舆论而行国家政治,民治国人民之权利也。"他认为,记者为社会公人,所负责任重大,不能辱没尊严,不能改变独立的立场,以捍卫言论自由之神圣原则,有谓:"笔可焚而事实不可改,身可杀而良心不可夺!"这使中国新闻理论界颇感振奋,不少大学的新闻科系选取《应用新闻学》为教材。他1937年又撰写130余万字的巨著《综合新闻学》,1941年曾任《新湖北日报》总编辑。

戈公振(1890—1935),江苏东台人,原名绍发,字春霆,公振为自号。他1912年毕业于东台高等学堂,再入淮南法政学堂,兼职《东台日报》图画编辑。1913年,他到上海有正书局当学徒,受报人狄楚青的赏识,任《时报》出版部主任,开始新闻生涯。14年中,他从校对编辑一直干到总编辑,积累了丰富的办报经验。1920年,他创办《图画时报》,标志着中国画报由石印时代进入铜版时代。1925年,他被上海国民大学报学系聘为教授,主讲中国报学史,编译出版美国新闻学家开乐凯的《新闻学撮要》,发起组织上海报学会,主持出版会刊《言论自由》杂志,鼓吹新闻自由。他相继被聘为复旦大学、南方大学、上海大学、中央大学和大夏大学的教授。1927年,《中国报学史》出版。他自费去欧美、日本考察新闻事业,专访了一些政坛人物,出席日内瓦国际新闻专家会议,参加国际笔会,著有《世界报业考察记》。1928年,他回到上海,被史量才任命为《申报》总经理助理,比照西方大众报纸的经营模式,建立起一套相当完备的科学管理体系。1930年,他创办《申报星期画刊》。"九一八"事变之后,他参与邹韬奋的《生活》周刊和《生活日报》的编辑工作。1932年,他随顾维钧出席日内瓦特别大会。1933—1935年,他以中央社特派记者身份驻俄。1935年10月,他回到上海,不久病故。

《中国报学史》指出,中国古代为"官报独占时期",其政治文化特点是"言禁綦严,无人民论证之机会",而"官报之唯一目的,为遏制人民干预国政,遂造成人民间一种'不识不知顺帝之则'之心理。于是中国之文化,不能不因此而入于黑暗状态矣"①。他以民主政治为价值坐标,比较中西报纸截然相异的文化品质,认为中国官报的文化影响,就是奴性十足地为专制主义服务,而真正的舆论应是民主政治环护下的"公共意志",表达了对思想自由和言论自由的强烈渴望。他还指出,民主政体中的报纸的特点是代表舆论,只有专制政体下的报纸才专干那种"制造舆论"的勾当!他大声疾呼:"言论自由,为报界切肤之问题,此问题不解决,则报纸绝无发展之机会!""拥护言论自由,实亦国民之天职也!"

孙伏园(1894—1966),浙江绍兴人,原名福源,笔名伏庐、柏生等。他1919年入北京大学文科学习,参与发起成立文学研究会、语丝社,编辑《国民公报》副刊。1920年,他开始主编《晨报》第七版。次年,他对《晨报》副刊进行改革,改出四开单张独立的《晨报副镌》(后改名为《晨报副刊》),专取有趣味、有益智性的材料,进行特别编辑,以供人们闲暇时光消遣,成为著名的"副刊大王"。他还在其上发表了《阿Q正传》等多篇鲁迅的文稿。在他主持下,《晨报副刊》成为宣传新文化运动的重要园地。1924年12月,他受邵飘萍的邀请,出任《京报副刊》主编,副刊内容同样生动活泼,既有学术性、民主性的气味,又富有战斗性。

第一次世界大战后,人们非常关注国际形势的发展变化,各大报开始重视向国外派遣特派员或聘请留学生担任特约通讯员。1919年12月,《大公报》总编辑胡政之到法国巴黎采访巴黎和会。1920年秋,北京《晨报》、上海《时事新报》一次就向欧美派出7名特派记者。其中,瞿秋白被派往俄国,写了几十篇新闻稿和几部散文集,形象地向中国民众报道了苏联的实际情况。周恩来赴法,被《益世报》聘为特约记者,发表了56篇旅欧通讯,介绍了旅欧华人的情况和欧洲形势。

1921—1922年,来华访问的西方新闻界知名人士有:英国《泰晤士报》社长北岩、美国密苏里大学新闻学院院长威廉、美国新闻出版界协会会长格拉士、《纽约时报》著名记者麦高森、美联社社长诺伊斯等。他们以饱满的激情奔走各地,进行讲学,发表演说,传播西方自由主义新闻思想和办报经验,对中国新闻界产生很大影响。1921年10月,中国新闻报界代表6人参加檀香山世界报界第二次大会,这是中国第一次出席国际新闻界会议。上述情况都促进了中西新闻报界的文化交流。

九、主要成就与思想局限

总的来说,新文化运动时期的新闻报业,自觉吸收外来文化的营养,以个性

---

① 转引自戈公振:《中国报学史》,上海古籍出版社2003年版,第71页。

自由、民主与科学、探索社会解放道路为启蒙主题,始终贯穿突出"人"的观念,不断解放思想,猛烈批判以儒学为核心的传统文化,主张新道德、新文学、新思想,以提高国民的觉悟;反对政治权势对思想文化发展的禁压,批驳尊孔守旧的文化复辟,打破封建专制禁锢思想的牢笼,现实主义批判精神得到张扬,个性化追求得到突出表现,形成了富有开放性、多元化的价值取向和社会接受心理基础。《新青年》等报刊广泛采用社论、专论、来论、杂文、时评等形式,发表了一系列精辟的思想文化言论,扭转了袁世凯称帝所带来的文化倒退局面,逐渐唤醒中华民族的文化潜力,给社会带来无穷的活力。传媒的学术化倾向,在提升着整个社会与国民的文化素质。

新文化运动时期,提倡白话文,反对文言文,使报刊文风为之一新。自胡适发表《文学改良刍议》后,钱玄同建议不论撰论文还是写通信一概用白话。随着白话文的迅速增多,至五四运动时全国涌现出数百种采用白话文的报刊。《新青年》还提倡新式标点符号,从第4卷起带头采用,许多报刊也相继采用。传媒的这一通俗化倾向,使其进一步走向平民化,并带动了传媒产业的商业化步伐。

"五四"以前,报纸副刊多为消闲性质,格调不高,少数还充斥着低级趣味、黄色的内容。在新文化运动的冲击下,重视副刊成为报界的普遍现象,副刊革新取得突破性进展,出现了一些颇有影响的新文化副刊。如四大副刊:北京《晨报》副刊《晨报副镌》,最先革新,有"自由论坛"、"译丛"专栏,介绍俄国革命和马克思主义,连载鲁迅的《阿Q正传》。上海《民国日报》副刊《觉悟》,大力宣传反封建的民族主义思想,宣传世界新思潮,登载过恩格斯、列宁的文章。北京《京报》副刊,积极宣传反帝反封建思想,支持群众的爱国运动,鲁迅经常为其撰稿,在介绍西方新文化新思想方面有重要贡献。上海《时事新报》副刊《学灯》,广泛介绍各种主义、思潮,提倡新文学。副刊的洒脱文字,已经与新闻和言论一道,营造出了反抗传统、颠覆专制、鼓吹自由、歌赞民主和个性解放的浩大声势,成为推动中国新文化运动的精神力量之一。

尤其是新闻方面的自由开放,造就了思想文化上百花齐放、百家争鸣的繁荣局面,这在中国历史上是空前的,完全超越了春秋战国时代的局限。如当时思想战线方面论战之多就足以说明问题:1915年开始新文化与传统文化的论战,1919年"问题与主义"的论战,接着是关于"社会主义"的论战、对于无政府主义的论战,1922年自由主义与国民革命的论战,1923年"科学与玄学"的论战,等等。其中,有新旧文化思潮的论战,有各种主义之间的论战,也有具体学术、文化问题的论战,精彩纷呈。

严峻的问题是:上述可喜局面并非国家政府实行法治的结果,而是在军阀割据、派系林立乃至新闻法制紊乱的社会背景下,由新闻报人在与权势和市场的努力抗争中取得的成果。在这一局面中，人们求索着社会发展的新方向，报纸、广播、通讯诸事业都获得了长足的进步，文化繁荣中还培养出了一批思想巨人。但是，这种局面是不可能长久的，当新的专制集权统治形成之时，它必然要被改换。这令人想起春秋战国时期出现的百家争鸣的文化繁荣景象，到秦统一便告基本结束，而新文化运动似乎也是这一文化现象在更高层次上的历史重演。值得后人认真反思的是：中华民族为什么只能在纷争割据、法制紊乱的统治松弛中争得一些有限的自由，而不能建立起一种长久保持文化繁荣发展的法治规则体制？

同时，新文化运动在思想方面也存在一些幼稚之处。张灏《重访五四：论五四思想的两歧性》一文指出："就思想而言，五四实在是一个矛盾的时代：表面上它是一个强调科学，推崇理性的时代，而实际上它却是一个热血沸腾、情绪激荡的时代，表面上五四是以西方启蒙运动主知主义为楷模，而骨子里它却带有强烈的浪漫主义的色彩。一方面，五四知识分子诅咒宗教，反对偶像；另一方面，他们却极需偶像和信念来满足他们内心的饥渴。一方面，他们主张面对现实，'研究问题'；同时，他们又急于找到一种主义，可以给他们一个简单而'一网打尽'的答案，逃避时代问题的复杂性。"①在这样的传媒政治化倾向之下，报刊往往充当着各派政党的斗争工具，作为社会良知的独立报人角色渐趋淡漠。

而尤其值得反思的是，由于革命战争和民族救亡中断了这场思想文化的启蒙运动，使文化人格陷入了某种国家民族与个人权利的矛盾冲突之中，国家统一和民族解放的压迫感压倒了个性解放的要求。中国知识分子普遍有一种以天下为己任的忧患意识（与儒家有关），一个真正有良知的知识分子很难在时代使命感面前无动于衷。近代知识分子群体至上观念在那一个时代固然有其历史的合理性、必然性，然而下意识的救国救民的要求，其实并非人本意义上个性自我的要求，其内在潜伏着对人格独立的自我否定趋势。既然不是个体的自我要求，而是民族整体的外在义务，那么其实际价值就从目的本身降为某种工具。一旦觉得为了民族整体利益有必要放弃个人的独立自由，也就会心甘情愿地去作某种牺牲，这样独立人格在某种目的合理性的驱使下就走向了自己的反面。一个民族要获得真正解放，决不能没有个体的独立人格，否则必将从一个枷锁中得到解放，又将套上新的枷锁。

甘阳在《自由的理念：五四传统之阙失面》一文中总结道："从今天来看，五四时代提出的'民主'和'科学'两个口号，并没有真正抓住问题的根本。不首先确立'个人自由'这第一原则，谈什么科学，谈什么民主？我们应该认识到，没有个人自由为基础的'民主'只不过是所谓的官僚组织制，没有个人自由的'科学'

---

① 《学术集林》卷八，上海远东出版社1996年版，第268页。

也只是造就所谓的技术官僚。不先奠定'个人自由'的绝对优先性,这种所谓的'民主'和'科学'都有可能变成一种新的压迫形式、新的专制方式。"①

从20世纪20年代开始,中国现代化进程陷入目的茫然和思维纷乱的境地。半个多世纪以来,曾被中国先进知识分子视作现代化范式的西方文明体系及其价值观,在血腥的一战和无耻的巴黎和会中暴露出严重的缺陷,深深地刺激了精英们的敏感神经,许多人提出怀疑和诘难。同时,一些具有激进主义倾向的"新思潮"纷至沓来,形形色色的各种"主义"充斥着知识界、学生界,乃至社会各个阶层。而那些内心焦灼又充满理想渴望的知识分子,对所有具有超验和激进色彩的西方乌托邦价值预设主义产生了极大的热情,如无政府主义、泛劳动主义、工读互助主义、民粹主义、社会民主主义、共产主义……这一时期涌现的大量进步报刊,几乎都强烈地表达着这种乌托邦情绪,开始了新一轮的思想启蒙和激进主义热情的高涨。由是,新文化运动日渐趋于政治化,苏俄社会主义理念占有越来越重要的地位,西方自由主义思潮受到沉重打击。

---

① 甘阳:《自由的理念:五四传统之阙失面》,载《读书》1989年第5期。

第八章 革命新闻事业的开端与挫折

新文化运动的成果之一,是马克思主义的革命党和革命报刊的诞生。而南方国民党的改组和轰轰烈烈的大革命形势的出现,进一步推动了革命新闻事业的大发展。最后,蒋介石的叛变,又使革命力量遭受沉重打击,革命形势跌入低谷。

一、共产党成立前的有关报刊

1918年,李大钊发表了几篇颂扬俄国十月革命的文章,如7月《言治》季刊上的《法俄革命之比较观》,11月《新青年》上的《庶民的胜利》和《布尔什维主义的胜利》。1919年元旦,他又为《每周评论》写了《新纪元》一文,歌颂俄国革命"是世界革命的新纪元"。五四运动前夕,李大钊轮值主编的《新青年》第6卷第5号成为《马克思研究》专号,他又发表了长篇论文《我的马克思主义观》,系统地介绍了马克思主义学说,标志着中国知识分子运用报刊阵地传播马克思主义革命世界观的开端。1920年,李大钊领导北京共产主义小组出版《劳动音》周刊。中国共产党成立后,他又指导创办了《工人周刊》、《政治生活》周刊、《国民新报》等报刊,并为《新青年》、《向导》、《晨报》等撰稿。

1919年7月,毛泽东以湖南学联的名义在长沙创办《湘江评论》,并自任主编。其《创刊宣言》就以大无畏的革命精神向旧的统治者发出挑战:"世界什么问题最大?吃饭问题最大。什么力量最强?民众联合的力量最强。什么不要怕?天不要怕,鬼不要怕,死人不要怕,官僚不要怕,军阀不要怕,资本家不要怕。"其后,他又发表了重要政治论文《民众的大联合》,曾被一些报刊转载和摘要,在全国颇有影响。从版面上看,《湘江评论》辟有《东方大事述评》、《西方大事述评》、《湘江大事述评》、《放言》、《新文艺》等栏目。从内容上看,它反帝反封建,歌颂俄国革命,也宣传无政府主义,是当时政治思想性最强烈的刊物之一。该刊物8月出至第5期,被军阀查封。毛泽东后又接办了《新湖南》周刊第7期,继承了《湘江评论》的战斗风格,反对封建军阀,宣传革命思想,如《社会主义是什么？无政府主义是什么?》等文章，洋洋千言。该周刊出到第 10 期，又被查封。

1919 年 5 月，天津学生联合会成立，创办《天津学生联合会报》，周恩来被推为主编。该报 7 月出版，周恩来亲撰发刊词《革新、革心》，明确提出"改造思想"、"改造社会"的口号。1920 年 1 月，学生革命团体"觉悟社"出版《觉悟》，亦推周恩来为主编，以做"引导社会的先锋"自勉。不久，周恩来赴法勤工俭学，自 1921 年 2 月至 1922 年 3 月，先后为《益世报》发回通讯 56 篇，介绍了欧洲时局，也报道了国际共运及欧洲工人运动的情况。中共旅欧支部和旅欧共青团于 1922 年在巴黎出版机关刊物《少年》，1924 年后改名《赤光》，周恩来曾担任这两个刊物的负责工作，并作为主要撰稿人，写有 40 余篇文章。他在旅欧通讯中提出，报纸之第一原则应是"考之以真实"。

"五四"前后，以学生报刊为主体的启蒙报刊纷纷创办。除上述诸家外，还有毛泽东主编的湖南湘雅医专的《新湖南》，周恩来等在天津创办的《敬业》，瞿秋白在北京创办的《新社会》旬刊，恽代英、林育南等在武汉创办的《武汉星期评论》和《学生周刊》，湖南周南女校的《女界钟》，浙江的《双十》周刊、《浙江新潮》和《钱江评论》，四川的《星期日》周刊和《四川学生潮》，以及上海的《全国学生联合会日刊》，杭州和广东的《学生联合会报》，北京学联的《五七日刊》，武汉学联的《学生周报》，北京学生救国会的《国民》杂志，《北京大学学生周刊》，少年中国学会的《少年中国》，等等。

《新青年》1920 年初迁回上海，陈独秀重任主编。5 月，出版"劳动节纪念号"，发表陈独秀的《劳动者彻底觉悟》和李大钊的《五一运动史》，介绍工人阶级的斗争史。9 月，第 8 卷第 1 号开始改组为中国共产党上海发起组的机关刊物，发表了陈独秀的《谈政治》，表示本刊已抛弃先前崇仰的资产阶级民主共和政治理想，而拥护马克思主义学说，要实行无产阶级革命和无产阶级专政；并开辟《俄罗斯研究》专栏，译载有关苏俄革命的理论与材料，介绍列宁生平和著作，以及苏联政府的各项政策和有关情况。据沈雁冰（茅盾）的回忆："这一期的封面上有一个小小图案，是一东一西，两只大手，在地球上紧紧相据，这暗示中国革命人民与十月革命后的苏维埃俄罗斯必须紧紧团结，也暗示全世界无产阶级团结起来的意思。"[①]

改组后的《新青年》，刷新论说、通信、随感录等栏目，在进行思想启蒙的同时，进一步加强社会主义宣传。继反对实用主义的"问题与主义"论战之后，《新青年》又汇辑第 8 卷第 4 号《关于社会主义的讨论》和第 9 卷第 4 号《讨论无政

[①] 《茅盾回忆录》（四），载《新文学史料》第 4 辑，1979 年。

府主义》两个专题，展开反对伪社会主义和反对无政府主义两次思想论战，为马克思主义在中国的传播消除思想障碍。组织领导方面，《新青年》主要由陈独秀、李汉俊、沈雁冰、陈望道等实际主持编辑工作，并成立新青年社独立印刷发行。《新青年》杂志的改组，标志着中国无产阶级革命新闻事业的正式诞生。

不过，为避免招来反动当局的注目，改组后的《新青年》初期仍保持原来新文化运动中统一战线的面貌，与北京的作者仍保持一定的联系，照旧采用他们的来稿。1920年底有一段插曲需如实记载，陈独秀专门致函胡适，谈道："新青年色彩过于鲜明，弟近亦不以为然，陈望道君亦主张稍改内容，以后仍趋重哲学文学为是，但如此办法，非就北京同人多做文章不可。"胡适回函说："新青年'色彩过于鲜明'，兄言'近亦不以为然'，但此是已成之事实，今虽有意抹淡，似亦非易事。若要新青年改变内容，非恢复我们'不谈政治'之戒约不能做到。但此时上海同人似不便此一着，兄似更不便……现在想来，只有……听新青年流为一种有特别色彩之杂志，而别创一个文学的杂志。"①也有记载说，胡适曾与北京同人谈道："今《新青年》差不多成了《苏俄》的汉译本……北京同人抹淡的工夫决赶不上上海同人染浓的手段之神速。"②最后，由于其他同人有关意见不一，陈独秀也反对再迁回北京，胡适等人又声称不再为《新青年》撰稿，原来团结在《新青年》周围的新文化运动阵营彻底分裂。而1921年中国共产党成立后，上海《新青年》就作为中共中央理论刊物运作至1922年7月终刊，主要宣传马克思主义和俄国革命。

中国共产党上海发起组于1920年11月7日创办半公开的大型理论刊物《共产党》，李达主编，为16开月刊。刊物上不标明编辑、印刷、发行诸项目，在《新青年》上刊出的广告启事假称在广州发售，作者有陈独秀、沈雁冰、李达等，全用化名写作。该刊物每期约50页，至1921年7月停刊，共出版7期，每期发行5000余份。第1号上由陈独秀执笔的《短言》明确提出："只有用阶级战争的手段，打倒一切资产阶级，从他们手里抢来政权；并且用劳动专政的制度，拥护劳动者的政权，建设劳动者的国家以至于无国家，使资本主义永远不致发生。"其创刊日期也表明，共产党人要坚决走十月革命的道路，为建立一个列宁主义的中国党而斗争，所以特别重视介绍列宁有关建党学说和苏共的经验，发表列宁在苏共九大上的讲话及《国家与革命》第一章。该刊物还用大量篇幅介绍国际共运的知识与有关文件，报道欧美各国共产党的消息。它在中国历史上第一次树起

---

① 《关于〈新青年〉问题的几封信》，载复旦大学新闻系编：《中国新闻史文集》，上海人民出版社1987年版，第118—122页。

② 转引自张静庐主编、辑注：《中国现代出版史料》（甲编），中华书局1959年版，第9页。

"共产党"的大旗,探讨中国革命的初步问题。

李达(1890—1966),湖南零陵人,字永锡,号鹤鸣。他曾参加《新青年》月刊的编辑工作,是中国共产党创始人之一,中共"一大"时当选为中央局宣传主任,还主持过一个地下出版社的工作。主编《共产党》月刊时,编辑部只有他一人,工作繁重,不少稿件需亲自撰写。1922年10月,他应毛泽东之邀,出任湖南自修大学校长,创办和主编校刊《新时代》。1924年,他脱党从事理论研究和教育工作。1949年,他重新入党,曾任武汉大学校长、中国哲学会会长。

中国共产党成立前后,把工人运动作为自己工作的中心,着力展开工人报刊的出版工作。成立之前,各地共产主义小组就已出版《劳动界》、《劳动音》、《劳动者》、《劳动与妇女》等刊物,鼓动工人联合起来,结成团体,为自己的权利而斗争。这是我国第一批以马克思主义为指导、以工人为对象的通俗报刊。《劳动界》周刊,1920年8月15日在上海创刊,32开,每期16页,陈独秀、李汉俊负责编辑,由新青年社发行。1921年初,该周刊被政府以"煽惑劳动,主张过激"罪名查禁,1月23日停刊,共出24期。《劳动者》周刊,1920年10月3日在广州创刊,它以《劳动歌》为题最早译载了《国际歌》歌词。该周刊也存在无政府主义和工团主义倾向,于1921年1月停刊,共出8期。《劳动音》周刊,1920年11月在北京创刊,主要编辑人有邓中夏、罗章龙等。该周刊很快被军阀政府查禁,于同年12月停刊,共出5期。这批刊物把马克思主义与工人运动初步结合起来,促进了共产主义运动的开展。

1920年7月,共产国际工作组和中共上海发起组领导创办了中俄通讯社,后来简称"华俄社",由共产国际来华小组成员兼翻译、中共上海发起组成员杨明斋任社长。该通讯社将苏俄国内情况的有关稿件供给《新青年》、《民国日报》等报刊,向中国介绍俄国革命的成果与经验,同时选择中国报刊的重要消息译成俄文,用电讯发往莫斯科,沟通中俄两国的重要信息,增进了两国人民的相互了解。该通讯社可算我国第一家无产阶级革命事业的通讯社,一直活动到大革命时期的1925年7月。

二、共产党成立初期的革命报刊

1901年,列宁提出新闻出版工作的三个任务:宣传员、鼓动员和组织者。这一著名论述后来一直被视为马克思主义新闻学的基础,中国共产党也是据此确定党的新闻工作的地位和作用的。1921年中共"一大"通过的决议中,有关宣传的部分明确规定:刊物必须由党组织经办,并由党员直接从事办报活动,其内容不可与党的方针、政策相违背,确定了党的报刊必须是"党的组织喉舌"的原则。

1922年中共"二大"通过《中国共产党加入第三国际决议案》，完全采纳了共产国际对报刊的要求，规定党报应由"确实忠于无产阶级革命事业的可靠的共产党人来主持"，"应该完全服从党中央委员会"。随后，中国共产党领导下的党团报刊不断创办，在中国新闻史上揭开了新的一页。

1922年9月13日，中共中央第一个政治机关报《向导》周报在上海创刊。该周报是16开本，每期8页，从第142期起增为12页，后又增至16页。它是《共产党》月刊停办后创办的，任务是宣传党的路线、方针、政策，报道、评论国内外政治时事，固定栏目有"时事评论"、"读者之声"、"各地通讯"、"寸铁"等。党中央总书记陈独秀亲自为它题写刊名，撰写发刊词《本报宣言》，还撰写过各种政论两百余篇。党中央和各地方党委的主要领导人如陈独秀、李大钊、毛泽东、罗章龙、赵世炎等也大多是它的主要撰稿人。共产国际代表马林指导该报的筹建，还用笔名"孙铎"参与过前期的编撰。

《向导》第一任主编为蔡和森（1895—1931），湖南湘乡人，中共早期报刊宣传活动家。1918年，他与毛泽东一起组织"新民学会"，参与创办《湘江评论》。五四运动后，他赴法国勤工俭学，认为国内缺少"有主义有系统的出版物"。1921年回国后，他加入中国共产党，一度负责编辑《先驱》半月刊。1922年中共"二大"上，他当选中央委员，负责筹办出版《向导》，任主编两年零八个月。他在《向导》上发表署名政论文章130多篇，并和妻子向警予合用"振宇"笔名发表文章30多篇。其文风辛辣，一针见血，分析精辟，且严谨透彻，气势恢弘，颇有战斗力和影响力。他于1925年冬赴莫斯科参加共产国际会议，在党的五大、六大上当选中央政治局委员，兼任宣传部长，接编中央机关报《布尔什维克》。1931年，他在香港被捕，后引渡至广州，被军阀秘密杀害。

由于上海反动势力的种种迫害，如租界巡捕曾武力搜查上海大学《向导》通讯处。《向导》从第6期起迁到北京出版，虽也曾遭到北洋军阀的干扰和查禁，但在民众的支持下坚持编辑发行。该报自54期起开设"外患日志"专栏，揭露帝国主义侵略中国的种种行径，使人民永志不忘而奋起反击。该报更揭露各派军阀连年混战、祸国殃民、丧权辱国、出卖民族利益的罪行。该报还批驳了各种错误思想与主张。如针对《努力周报》宣扬"好人政府"、"联省自治"等观点，该报指出其改良主义是有害的幻想，"中国现在需要的是打倒军阀和外国压迫"（《向导》第5期，君宇《王博士台上生活应给"好人政府"的教训》）。《向导》受到读者欢迎，影响日益扩大，发行量从最初的数千份增加到数万份，最高曾达10万余份。国内读者赞扬它是"黑暗中国社会的一盏明灯"。

中国社会主义青年团领导的报刊，最先在一些地方团组织中出现，如北京团组织最先创办的《先驱》半月刊，天津团组织的《劳报》（后改名《来报》、《津报》)、成都团组织的《人声》周刊、广东团组织的《青年》周刊等。1922年1月，北京团组织创办《先驱》半月刊，刘静仁、邓中夏为编辑。因遭北洋政府的查禁，该刊物从第4期起迁往上海。1922年5月，青年团中央建立，《先驱》改组为青年团中央机关报。它主要介绍国际共产主义运动和青年运动的情况，评述中国青年思想和青年运动的现状，宣传马克思主义理论和中国共产党的主张，批判各种错误思想，报道青年团的活动。1923年，青年团二大决定停办《先驱》，另出版《中国青年》为团中央机关报。《先驱》出至1923年8月第25期后停刊。

1921年下半年到1923年，中共领导下的中国劳动组合书记部及各地分支部又创办了一大批工人报刊，如上海、济南、长沙、湖北、香港的《劳动周刊》，北京的《工人周刊》，广州和武汉的《劳动周报》等。在各地工人运动中出版的报刊还有：湖北汉口的《真报》、陇海铁路总工会的《陇海路总罢工》、唐山工会的《唐山潮声》，以及《安源旬刊》、《京汉铁路日刊》等。其中，影响较大的有上海《劳动周刊》、北京《工人周刊》、汉口《真报》等。

上海《劳动周刊》于1921年8月创刊，4开小型版，为中共领导下第一张全国性的工人报刊。其发行量最高时达5000余份，广泛报道了上海、广东、江苏、江西、安徽等地的工人罢工斗争。第二年6月，上海公共租界工部局以"登载过激言论"、"鼓吹劳动革命"的罪名勒令《劳动周刊》停刊。《工人周刊》于1921年7月在北京创刊，第二年转为中国劳动组合书记部北方分部的机关报。1924年2月全国铁路总工会成立后，该周刊又改为其机关报，迁至郑州。该周刊详尽报道了中国工人第一次罢工运动高潮的情况，被誉为"北方劳动界的一颗明星"。该周刊1926年又迁至天津发行，直至年底停刊，共出150多期。《真报》于1922年10月在汉口创刊，由湖北省工团联合会主办，林育南主编。该报在第二年的京汉铁路工人大罢工中发挥了重要作用，成为罢工工人的喉舌。"二七"惨案发生后，《真报》社被捣毁，编辑之一施洋被害，为工人报刊史写下壮烈的一页。此后，全国工人运动转入低潮，工人报刊能坚持出版者极少。

三、大革命时期国民党的新闻报刊

二次革命后，孙中山领导的中华革命党于1916年初在上海法租界创刊《民国日报》。1917年冬，第一次护法运动中，《民主报》、《天民报》和《珠江日报》在广州创办。1918年春，《香江晨报》在香港创办，夏重民任社长兼总编辑，宣传护法思想，颇受读者欢迎。由于桂系军阀的排挤，护法运动失败，广州的《民主报》、《天民报》等夭折。然而，俄国十月革命的胜利和五四运动的爆发，给孙中山以很大鼓舞，他于1919年6月在上海《民国日报》创办《星期评论》(周刊)和

《觉悟》(日刊)。同年,他将中华革命党改组为中国国民党,8月初在上海出版了国民党中央机关的理论刊物《建设》月刊。

第二次护法运动期间,广州的《新民国报》于1921年开始接受国民党的部分津贴,逐步成为国民党在南方宣传革命主张的喉舌。1922年6月,陈炯明武装叛乱。《广州晨报》支持孙中山,反对陈炯明。1922年秋出版的《广州现象报》,在宣传民主革命方面也起了相当积极的作用。1923年在上海成立的国民党中央宣传部,把上海《民国日报》确定为该党机关报,又刊行了《新民国》、《中国国民党周刊》、《中山日报》等报刊。同年冬,《香江晨报》改组,成为国民党在香港的主要宣传阵地。在北京,国民党也出版了自己的报刊。

1923年6月,中共"二大"确定同中国国民党建立革命的统一战线政策。11月,中共在上海创办大型理论刊物《新建设》月刊,恽代英任主编,许多著名共产党人为其撰稿,系统讨论当时的政治形势和革命策略。1924年1月,中国国民党第一次全国代表大会在广州召开,许多共产党员以个人身份加入国民党,参加了此次会议,并担任了国民党的一些要职,如毛泽东曾担任国民党中央宣传部代理部长,实现了第一次国共合作,出现了如火如荼的大革命局面。在新闻战线上,国共两党同样紧密合作,一批共产党员参加了国民党报刊和通讯社的工作,也出现了由共产党员主持而用国民党名义出版的报刊,南方的新闻宣传工作呈现出相当活跃的新气象。

国民党宣传机构,首先是广州《民国日报》,它是1923年冬在原《新民国报》的基础上改组而成,由国民党中央宣传部主持,起着国民党中央机关报的作用。国民党又接管了反动势力控制的《民国新闻》,将其改组为国民党广东省党部机关报。国民党中央各部也都创办了自己的报刊:宣传部有《政治周报》,工人部有《革命工人》,农民部有《中国农民》、《农民运动》,青年部有《革命青年》、《青年工作》,军人部有《军人周报》,妇女部有《妇女之声》,等等。中央通讯社简称"中央社",1924年4月1日在广州成立,直属国民党中央宣传部,主要发布党务和国民革命新闻。北伐战争开始后,中央社记者随军采访,及时报道着当时的军事形势,影响日益扩大,1926年迁至武汉。

随着革命形势的发展,国民党在各省市的党部也出版了许多报刊,如湖南有长沙《民国日报》、《新民》、《湖南工人》,江西有南昌《民国日报》、《贯彻日报》,湖北有《楚光日报》、武汉有《民国日报》、《武汉星期评论》,北京有《民国日报》、《国民新报》,福建有福州《民国日报》,香港有《香港新闻报》……就连一些中小城镇的国民党党部也积极办报,如琼崖、汕头、梧州、宁波、无锡、松江等地都有《民国日报》。国民党此时在海外也创刊了一些报纸,如缅甸的《觉民日报》、泰国的《国民日报》、墨西哥的《醒华报》等。1924—1926年,国民党出版的报刊有上百种之多,形成同盟会成立以来国民党报刊出版的第二次高潮。

国共合作时期,一些以国民党名义出版,实际由共产党人主持的统一战线的报刊,影响相当广泛。如1925年12月在广州创办的国民党中央宣传部机关报《政治周报》,它是一份具有统一战线性质的政治刊物,实际由共产党人主编。毛泽东为首任主编,第5期后由沈雁冰、张秋人接任,热情宣传孙中山的三民主义和三大政策。毛泽东亲自撰写了发刊词,还用笔名发表了一些杂文,揭露和抨击广东军阀和国民党右派的言论。该报于1926年6月停刊,共出版14期,每期销量达4万余份。"《政治周报》的体裁,十分之九是实际事实之叙述,只有十分之一是对于反革命派宣传的辩论。"其第1期就设《反击》专栏,刊登反击国民党西山会议派(右派)的短文,揭露其有关的罪恶活动。该报在打破国民党右派的反革命宣传、维护国共合作局面和巩固广东革命根据地方面,起到相当重要的作用。

1925年3月,国民党湖北省党部机关报《楚光日报》在汉口创刊,创办人及经理为董必武,总编辑为宛希俨,其余四五名工作人员也都是共产党员。1926年,北伐军攻克武汉,11月在汉口创刊《民国日报》,也以国民党湖北省党部机关报的名义出版,社长董必武,总经理毛泽民,主编先后是宛希俨、高语罕、沈雁冰。两报都为共产党人领导编辑,积极报道当时全国的工人农民运动和北伐战争的形势,宣传孙中山的联俄、联共、扶助农工三大政策,以及中国共产党的政治主张,新闻数量多,报道面又广,深受各方欢迎,在湖北影响很大。

上海、广州、南昌等地国民党省党部的《民国日报》,湖南省党部的《新民》周报,浙江省党部的《浙江周刊》等,也都有共产党员参加其中的工作,但情况比湖北复杂得多。如上海《民国日报》由共产党员和国民党左派党员共同组成副刊部,先后出过9个副刊,其中《觉悟》和《评论之评论》影响较大,成绩显著。但是,西山会议后,该报完全为国民党右派所控制。广州和南昌的《民国日报》,由于共产党及国民党左派与右派之间的斗争错综复杂,争夺激烈,几次改变方向,终为国民党右派所控制。湖南省党部的《新民》周报,由共产党人李维汉任主笔,但刊行时间不长,终刊情况也不详。

此外,1925年10月,冯玉祥的西北国民革命军创办的《西北日报》,1925年冬改名《中山日报》,社长蒋挺松、总编辑马吉良以及许多记者都是共产党员。

国共合作时期,还有一些工农兵报刊,也主要由共产党人主编。国民党中央农民部出版的《中国农民》月刊,1926年1月在广州创刊,毛泽东为主编,曾发表毛泽东的《中国农民各阶级的分析及其对于革命的态度》和《中国社会各阶级的分析》,龙胆紫的《土地与农民》,彭湃的《海丰农民运动报告》,李大钊、林伯渠、李立三、阮啸仙等共产党人也常为它撰稿。国民党农民部1926年8月还创办

《农民运动》周刊，这是一个通俗性读物，刊载有关农民运动的材料和报道。该周刊于1927年迁至武汉，现在能见到的最晚一期刊物为1927年6月出版的第29期，确切终刊时间不详。

1924年6月，孙中山在广州黄埔创办国民党陆军军官学校。1925年7月，国民革命军统一编制，建立6个军。到1926年7月誓师北伐，广东地区的军人报刊约有30多种，分四种类型：一是国民党中央军事机关出版的，如军事委员会政治训练部的《军人日报》，国民党中央军事部的《军人周刊》，革命军总政治部的《革命军日报》、《政治工作周刊》、《军人俱乐部》；二是各军政治部出版的，如第一军的《突击》，第二军的《先锋》、《革命》半月刊，第四军的《四军周刊》、《军声》，第六军的《奋斗周刊》，第七军的《革命军人》，第八军的《党声》，学生兵团的《学兵日刊》等；三是黄埔军校出版的，有校本部的《黄埔日刊》，特别党部的《革命军》等；四是军人团体出版的，如中国青年军人联合会的《中国军人》、《青年军人》，黄埔同学会的《黄埔潮》周刊等。其中，影响较大的是《中国军人》和《军人日报》。一批共产党人在黄埔军校和各军担任政治工作，并成为一些军报的主要创办人和编撰人，各报在军队建设和北伐战争中发挥了很大作用。也有一些军报为国民党右派所控制，打击进步力量，后成为国民党新军阀的宣传工具。

《中国军人》于1925年2月在广州创刊，初为旬刊，第7期起改为月刊，为中国青年军人联合会的会刊。这是一个主要由周恩来组织的、以共产党员为骨干的进步军人的群众性组织，主编是共产党员王一飞，主要撰稿人也多为共产党人。其宗旨是："鼓吹革命精神，团结革命军人，唤醒全国军人，促起全国军人的觉悟。"所登文章通俗易懂，结合实际讨论问题，引导青年军人上进，介绍马克思主义等理论。该刊物不但在军校师生中发行，还专寄送各军，每期发行量达两万多份。

《军人日报》于1926年4月在广州创刊，为国民党中央军事委员会政治部、训练部主办的对开大报。其宗旨是："提高军人之政治观念，使军队真正成为拥护人民利益之军队。"它大量报道国民革命军各军的活动，反映军人的生活和要求，也介绍全国工农运动的形势，揭露帝国主义和封建军阀的勾结，还刊载关于苏联国内的消息。同年8月，在湖南衡阳改组为北伐军总政治部主办的《革命军日报》，先后在长沙、南昌、武汉出版，郭沫若、潘汉年、杨贤江相继任主编。

国民政府机关报《中央日报》于1927年3月在汉口创刊，中宣部长顾孟余挂名主持，总经理杨绵仲，总编辑陈启修（共产党员）。副刊由孙伏园主编，很有特色，刊登过毛泽东的《湖南农民运动考察报告》与谢冰莹的《从军日记》，尤其是发表了郭沫若的《请看今日之蒋介石》，社会反响强烈，蒋介石果然很快叛变革命。而随着汪精卫集团的右转,《中央日报》逐渐沦为国民党右派的舆论工具。

这一时期,国民党右派也较早地创办了一些报刊,如在广州有《护党旬刊》、《民权旬刊》,在香港有《大光报》,在北京有《民生周刊》等。此类报刊坚持反共立场,破坏国共合作,但数量不多,影响有限。五卅运动后,随着共产党力量的迅速增长、工农运动的猛烈开展,孙文主义学会等新老右派为抵制革命形势,先后在广州、上海等地创办了《国民革命》、《青白花》、《革命导报》、《独立旬刊》、《革命青年》、《黄埔月刊》、《黄埔军人》、《黄埔武力》、《黄埔生活》、《江南晚报》等刊物,以戴季陶主义为旗帜,公开反对共产党,反对工农运动,反对国共合作,作了一系列反革命宣传。

戴季陶(1891—1949),原名良弼,字选堂,又名传贤,字季陶,笔名"天仇恨",四川广汉人。他1905年留学日本,1909年回国,翌年接连担任《中外日报》、《天铎报》主笔,开始其新闻生涯。他借与清廷有不共戴天之仇,用笔名"天仇"抨击腐败政权。1911年,他因遭清廷通缉,逃往日本,转赴南洋,在革命党人主办的《光华日报》做编辑。1912年3月,他回上海参与创办《民权报》,最早进行坚决的反袁宣传,骁勇无惧,成为反袁的先锋战士。1913年5月,他兼任国民党创办的《国民月刊》主笔,后一直随侍孙中山左右,为孙中山的机要秘书。他曾为《民国杂志》编辑,经常在《民国日报》上发表文章,主编过《星期评论》、《建设》杂志。1920年夏天,他与陈独秀等人接触频繁,曾参与酝酿上海共产主义小组的一些活动。1924年,他在国民党一大上被选为中央常委兼宣传部长。他主持创办了中央通讯社。他一度出掌中山大学,推行"党化教育"。他是国民党右派理论家,反对国共合作,成为"西山会议派"骨干,后任国民政府考试院院长达20年之久,长期充任蒋介石的谋士,于1949年2月在广州自杀。

四、中共党团报刊体系的建立

第一次国共合作后,共产党在各地的组织和力量逐渐壮大。1923年末至1925年间,中共中央的一些报刊和地方各级党委的机关报刊纷纷创刊,青年团及其他共产党领导的群众团体报刊也相继问世,形成了一个初具规模的由中央到地方的中共党团组织报刊系统,并出现了一批党的宣传活动家。

1925年1月,中共"四大"高度评价中央机关报《向导》的工作,指出它在全国革命运动中取得了"舆论的指导地位"。1925年6月,蔡和森因事离职,由中宣部主任彭述之兼任主编。1926年,因奉系军阀进京,统治严酷,编辑部迁至广州、武汉等地。后期彭述之任主编时,陈独秀的一些右倾思想得到散布,党内思想斗争有所反映。1927年4月,由瞿秋白兼任主编,当时革命处于危机关头,《向导》又受到"左倾"错误思潮的严重影响。1927年7月15日,汪精卫在武汉叛变,《向导》被迫于8月停刊,前后共出版201期。

1923年6月,中共中央在广州创办《新青年》季刊;7月,在上海创办《前锋》月刊,都由瞿秋白主编。《新青年》1924年12月出版第4期后休刊,1925年4月复刊,为不定期刊,至1926年7月终刊。《前锋》封面假称在广州出版,而实际未能按期出版,至1924年2月出版第3期后停刊。两刊以宣传马克思主义理论为基本任务,分析世界与中国的政治经济形势,重点介绍革命导师的经典著作和国际共产主义运动的经验,从理论上论证中国共产党的纲领和主张,以指导中国无产阶级革命。《前锋》还重视调查研究材料,采用了许多统计数字,很有说服力。当然,陈独秀的右倾机会主义思想对其也有所影响,这在陈独秀所撰《本报露布》等文章中都有所表现。

瞿秋白(1899—1935),号雄魄,江苏常州人。因家贫,他16岁辍学,1916年到北京,在北京大学旁听,后考进免费的俄文专修馆,参加五四运动。1919年11月,他主编《新社会》旬刊,成为五四时期全国最有影响的五家刊物之一,第二年5月被查封。1920年,他参加李大钊组织的马克思学说研究会,8月办《人道》月刊,仅出1期就停刊。10月,他受聘于北京《晨报》和上海《时事新报》,以记者身份赴苏俄采访,写了《共产主义之人间化》等大量通讯,单《晨报》就发有41篇,共16万字。其通讯是十月革命后中国记者第一次向中国人民报道苏联各方面情况,影响很大。他还著有《俄乡记程》、《赤都心史》、《俄国文学史》、《俄罗斯革命论》四本书。1922年,他在莫斯科入党,作为陈独秀的翻译参加了共产国际第四次代表大会。1923年初,他随陈独秀回国,担任党的领导工作,参与《向导》的编辑工作。1925年,他在上海主编《热血日报》,为五卅运动作了最得力的宣传。他1927年任新的中央机关报《布尔什维克》主编,1930年又领导中央机关报《红旗日报》和《实话》五日刊,亲撰社论和文章。1931年,他被王明排挤出中央政治局,到上海与鲁迅等参加左翼报刊活动。1934年2月,他担任瑞金苏区政府教育委员,又担任《红色中华》社长兼主编。1935年6月,他被国民党俘虏杀害,遗笔《多余的话》。

《中国青年》作为青年团中央机关报于1923年10月在上海创刊,由恽代英、肖楚女、李求实先后任主编,林育南、邓中夏、任弼时、张太雷等曾参与编辑。该报为32开本,有"社评"、"时事述评"、"书报评论"、"文艺"、"寸铁"等栏目,图文并茂。它的宣传宗旨是供给青年"一种忠实的友谊的刊物",帮助青年正确认识国内外时事形势,引导青年走上强健的、切实的生活道路。如邓中夏发表《新诗人的棒喝》、《贡献于新诗人之前》等文章,教育青年树立革命的人生观。

它经常向青年推荐马克思列宁主义,提出"到民间去"的口号,号召知识青年深入工农兵,参加国民革命。它也曾与胡适创办的《读书杂志》、《国学季刊》辩论学术救国、读书救国等问题,最高发行量达3万余份。它配合《向导》等党报积极宣传反帝反封建的政治主张,支持北伐战争、农民运动,揭露蒋介石"四一二"反革命行径。在革命处于危机关头,《向导》受到错误思潮严重影响之时,《中国青年》仍能坚持从实际出发,有理有节地进行斗争。它于1927年10月被迫停刊。

恽代英(1895—1931),字子毅,江苏常州人,笔名但一、天逸、稚宜等,青年运动的领导者和报刊宣传活动家。他曾就读于武昌中华大学,五四时期就在《东方杂志》、《新青年》、《少年中国》等刊物上发表数十篇文章,创设利群书社,开办工人补习学校,后又指导编辑武汉《学生》周刊、《武汉星期评论》等刊物。他1921年加入中国共产党,1923年当选青年团中央委员,担任宣传部长兼《中国青年》主编。期间,他亲自撰写百余篇文章,以记者名义答复读者的来信,文字明白通畅、亲切感人,又具有科学求实的精神和强烈的战斗性。1924年国共合作后,他任国民党上海市执行部工农部秘书,曾领导上海《民国日报》副刊部工作。1926年,他赴广州,任黄埔军校政治总教官兼中共党团书记、农民运动讲习所教员。大革命失败后,他参加了南昌起义和广州起义。1928年,他任中共宣传部秘书,主编《红旗》杂志。他于1930年5月被捕,次年4月在南京被国民党杀害。

肖楚女(1893—1927),原名树烈,字秋,湖北汉阳人,笔名匪石、丑侣、野马等,青年运动领导人和报刊宣传活动家。他年少时做过报童、伙计、士兵,自学成才。五四时期,他任《崇德报》主编、《大汉报》副刊主编。他1920年参加利群书社,1922年加入中国共产党,1923年曾任中学教师兼重庆《新蜀报》主笔,撰文近千篇,反帝反封建。他1924年当选青年团中央委员,1925年赴上海,任《中国青年》编辑,主持"新刊批评"专栏,写了大量文章,深入浅出,长于论辩,其政论常能出其不意地击中论敌要害,后为《中国青年》主编。同时,他还为《向导》、《学生杂志》等刊物撰稿,人称"革命的煽动家"。1926年,他赴广州,协助毛泽东编辑《政治周报》,曾兼农民运动讲习所教员和黄埔军校政治教官。1927年,他在广州反革命大屠杀中遇害。

中共各地方党委机关报是在国共合作后的革命形势发展中陆续创刊的。1924年4月创刊的北京地委《政治生活》周刊,赵世炎主编,1926年7月后停刊。1925年8月在开封创刊的豫陕区委《中州评论》,萧楚女主编,1926年被查封。1925年12月在长沙创刊的湖南区委《战士》周报,夏曦主编,1927年4月停刊。1926年2月在广州创刊的广东区委《人民周刊》,张太雷主编,1927年4月停刊。

1926年10月在汉口创刊的湖北区委《群众》周报,罗章龙主编,1927年4月停刊。此外,还有江西的《红灯》周刊、浙江的《火曜》、福建的《革命先锋》等。各地方党委机关报与《向导》的宣传内容和形式相类似,也或因所处地区的具体情况不同而又各有自己的特色。

同一时期,各地青年团组织创办的报刊的网络也逐步形成。团中央1924年春在上海创办《平民之友》、《青年工人》,1925年初创办《劳动青年》。1926年,地方团组织也出版了一批报刊,如上海的《少年通讯》,广东的《少年先锋》,北京的《烈火》、《北方青年》,长沙的《湖南青年》等。北伐前,各地青年刊物达50余种。

旅欧青年团组织创办的报刊有:1923年8月在法国巴黎创刊油印的《少年》月刊,赵世炎、周恩来先后任主编,至12月停刊,约出30期。1924年2月又在巴黎创办《赤光》半月刊,周恩来任主编,邓小平参与编辑、刻写、油印等工作,至1925年6月停刊,共出33期。它于1928年在巴黎复刊,后又迁德国柏林出版,成仿吾等主编,1930年初停刊。

五、进步报刊与工农群众运动

国共合作后,工农群众运动在全国又开始复苏,并日渐蓬勃开展起来。1924年,一些被迫停刊的工人报刊陆续恢复出版,也出现了一些新创办的工人报刊。其中,最重要的是中共中央主办的《中国工人》,1924年10月创刊于上海,邓中夏、罗章龙先后任主编。1925年5月中华全国总工会成立后,以《中国工人》为其机关刊物,起初刊期不定,后为周刊,主要撰稿人有刘少奇、瞿秋白、李立三、任弼时、赵世炎、林伟民等。它以指导工人运动为自己的首要任务,通过介绍国际工人运动的斗争经验,总结我国工人运动的历史教训,帮助工人学习相关的战略战术,作好迎接革命高潮到来的战斗准备。还有1925年5月在广州创办的中华全国总工会机关报《工人之路》,省港大罢工时改出《工人之路特号》,为罢工委员会机关报。该报由全国总工会宣传部长邓中夏任主编,4开4版,日发行数千份,至1927年4月停刊,共出版616期,是这一时期工人报刊中出版时间最长的日报。

邓中夏(1894—1933),湖南宜章人,原名康,号仲懈,笔名仲夏。他1920年参加北京共产主义小组,主编《劳动音》。他1921年主持《工人周刊》工作,后任中国劳动组合书记部主任,领导了各地数次大罢工。他曾编辑《先驱》半月刊和《中国青年》周刊,然后主编《中国工人》和《工人之路》。1926年,他任中共广东区委机关报《人民周刊》编委。他在八七会议上当选中央政治局候补委员,先后任中共江苏、广东省委书记。他1930年为红军第二军团政委,时常在《红星周报》上发表文章。1933年,他在上海被捕,遭杀害。

北伐战争顺利推进时,工人报刊更是在各地全面铺开,如《上海总工会五日刊》、湖南执委《湖南工人》、山西执委《山西工人》、湖北《工人导报》、天津《工人小报》、山东《山东周刊》,以及《上海工人》、《铁路工人》、《印刷工人》、《造船工人》、《机器工人》、《中国海员》等,形成由全国总工会和地方工会组织出版的工人报刊系统。

当时正在兴起的农民运动迫切需要传播媒体的宣传鼓动,所以各地农民协会纷纷创办报刊,成为大革命时期报刊发展的一个突出现象,一个中国新闻史上前所未有的现象。1926年1月,在《中国农民》创刊的同时,广东农民协会创办《犁头》旬刊,后改为周刊。1926年下半年至1927年初,随着北伐军的节节胜利,各地农民协会在运动中又创办了一批报刊,如湖北的《湖北农民》、《湖北农民画报》,湖南的《农友》,江西的《江西农民》、《锄头》和《血潮画报》,山东《山东农民》、《山东农民画报》,陕西的《耕牛》,等等。在农民运动活跃的广东、湖南、湖北、江西等省的许多县、区,都出现了油印小报、传单、墙报等。1926年12月,中共领导的湖南农民协会召开第一次代表大会,决定创立一个农民通讯社。

同时,妇女运动也在各地史无前例地逐步开展,妇女报刊不断增加。1921年12月,以上海中华女界联合会名义创办的《妇女声》半月刊,实为中国共产党领导创办的第一份妇女刊物,其宗旨是:"宣传被压迫阶级的解放,促醒女子加入劳动运动。"主要编撰人有王会悟、王剑虹等,陈独秀、沈雁冰、邵力子、李达等名人都为它写过文章。1923年4月,天津女星社创办的《女星》旬刊,为天津《新民意报》的副刊之一。邓颖超为女星社的负责人与该刊主编之一,为《女星》写过不少文章。同年8月,作为上海《民国日报》副刊的《妇女周报》创刊,时任中共中央妇女部部长的向警予写文章呼吁妇女与一切被压迫的男子携手,共同进行反帝反封建的斗争。1924年1月,天津《妇女日报》创刊,主要编撰人有刘清扬、邓颖超等。向警予发表《中国妇女宣传运动的新纪元》一文,对该报在全国妇女运动中的作用寄予厚望。此后,中国共产党和青年团在各地支持出版了一批妇女报刊,如广东妇女解放协会的《光明》、全国妇女联合会的《中国妇女》、北京的《妇女钟》和《妇女之友》、湖北妇女协会的《湖北妇女》和《妇女运动》、长沙书店出版的《赤女杂志》、共青团长沙地委的《青年妇女》等。

随着学生运动的蓬勃开展,学生报刊发展也很快。1923年2月,《北京学生联合会日刊》创刊。4月,李达在湖南自修大学创办校刊《新时代》。7月,广东《新学生》半月刊创刊。1925年初,湖北的《武汉学生》创刊。接着,《上海学生》、《北京学生》、《湖南学生》、《香港学生》等陆续创刊。8月,中华全国学生总会的机关报《中国学生》创刊。北伐战争之际,全国各地的学生报刊已发展到50种以上,在动员广大学生积极投入革命运动方面发挥了相当重要的作用。

1925年,上海发生"五卅"惨案。为抗议英帝国主义的暴行,中共中央创办了《热血日报》。该报设有"社论"、"本埠要闻"、"国内要闻"、"紧要消息"、"国际要闻"、"舆论之裁判"和副刊"呼声",四开四版,约万余字,是中共创办的第一张日报。它及时报道了上海工商界群众的英勇斗争,以及运动在全国的开展形势,并传播国际进步力量支持中国人民斗争的信息。瞿秋白任主编,他用"维摩"、"维一"等笔名撰写社论、政论21篇,另撰小言论及大众化文艺作品20余篇。编撰人还有沈泽民、何味辛、郑超麟等。该报刊载的时评、作品都通俗易懂,积极支持群众的反帝斗争,针对上海各大报的歪曲报道,向世人揭示真相,受到读者欢迎,出版10天发行量就达3万多份。然而,反动政府下令通缉瞿秋白,《热血日报》从6月4日创刊到27日被迫停刊,仅出版24天。

1925年6月,中国共产党在上海成立国民通讯社,由中共中央宣传部直接领导。该通讯社设在《热血日报》社,《热血日报》停刊后,它担负起中共的对外宣传任务。1926年9月,通讯社被淞沪警察厅查封,社长邵季昂等5人被捕。1927年3月,在上海工人武装起义的高潮中,中共恢复了国民通讯社,直到"四一二"反革命政变后再次被查封。

五卅运动期间,上海一些进步团体和学生组织也纷纷创办反帝斗争报刊,如上海学生联合会的《血潮日刊》和《英文周报》,上海总工会的《上海总工会日刊》,上海工商学联合会的《工商学联合会日刊》,上海学术界对外联合会的《公理日报》,还有《五卅血》、《雪耻特刊》等。上海工商界还出版了一批以提倡国货为主要内容的报刊,如《国货周刊》、《国货日报》、《国货评论报》、《爱国报》等。《东方杂志》出版《五卅事件临时增刊》,也加入到共同的爱国斗争中来,形成广泛的反帝爱国统一战线。

五卅运动中,上海原有各种报刊都受到严峻的考验,一些报纸态度消极,或者轻描淡写,还有的报道不实,甚至拒绝刊登进步团体的声明。更严重的是,《申报》和《新闻报》在广告栏内刊登了上海公共租界工部局出版的为帝国主义说话的《诚言》第1期。这一行为激起上海新闻界和广大市民的公愤,数百群众涌到申报馆门前提出抗议,《血潮日刊》、《中国青年》、《工商学联合会日刊》等都载文痛斥。在爱国力量的说服下,《申报》刊登《辟〈诚言〉》全文,并向社会各界道歉,印发《〈诚言〉是英国人的谣言》传单20万份。这场新闻斗争的结果说明,中国报刊必须站稳反帝爱国的立场。

大革命时期,上海的《商报》一时异军突起。该报1921年1月由广东商人创办,聘请陈布雷为编辑主任兼总主笔,每周撰写评论5篇,星期日撰短评1篇,影响渐起。1923年曹锟贿选总统时，《商报》全版用大号字体排出，不遗余力地予以揭露、讨伐，掀起社会讨曹之役。革命军北伐时，《商报》又极表同情与支持。1925年五卅运动期间，《商报》站在同情工人、支持工人的立场上，发表文章，刊登工会的《泣告同胞书》，为此报馆还遭到工部局的控告。到1926年《商报》创刊5周年之际，销量已达12000份。《商报》起初是为了面向商界，后来却受到社会的广泛关注，尤其是深受知识界和青年学生的喜爱。

陈布雷（1890—1948），浙江慈溪人，原名训恩，字彦及，号布雷，笔名畏垒，毕业于浙江高等学堂。1911年，他任上海《天铎报》记者兼主笔，正式开始新闻生涯。他以"布雷"笔名发表评论，引起社会关注，许多倾向革命的文字颇有影响。后来，他辞职归里，担任过《申报》特约译述员。1921年，他任《商报》总主笔，从国内政治到国际时事，从社会文化到工商经济，任笔驰骋，名重一时。他积极参加了当时反帝反封建的斗争，五卅运动中亲自奔走于各团体采访消息，交换意见，撰写评论。这一时期，几乎每天都有署名"畏垒"的文章发表，在社会上产生了广泛影响。他1926年底得到蒋介石的接见，次年加入国民党，1928年一度出任《时事新报》的总主笔。1929年，他随蒋介石赴北平，从此脱离报界，成为蒋的高级幕僚，有所谓"文胆"之誉。1948年，他因对时局绝望而自杀。

六、蒋介石反革命政变前后

1926年3月20日，蒋介石一手制造了反共反苏的"中山舰事件"。而就在仅仅5天之前的3月15日，共产国际第六次扩大会议选举他为共产国际执行委员会名誉委员。事后，在中国考察工作的苏共中央书记布勃诺夫指示苏联顾问团和中国共产党让步，并对中共中央机关刊物《向导》记者就"中山舰事件"发表谈话，竭力为蒋介石的行为辩解。4月8日，共产国际机关刊物《国际通讯》发表署名文章，公开否认蒋介石在广州发动了政变。4月30日，在斯大林的指示下，苏联《真理报》发文对蒋介石与国民党公开表示支持，甚至大加赞赏。[①] 这些情况都更加助长了蒋介石的嚣张气焰，使其打击共产党、分化国民党左派的目的得逞。

1926年5月，国民党二届二中全会通过《整理党务案》，一些共产党员被迫离开有关报刊的工作岗位，一些革命报刊被迫停刊。"多年来，人们把《整理党务案》的通过归罪于中共中央总书记陈独秀，将此作为陈独秀右倾机会主义的一个证据……然而，历史表明，支持《整理党务案》的表面是苏联驻广州国民政

---

① 参见袁南生：《斯大林、毛泽东与蒋介石》，湖南人民出版社1999年版，第231—237页。

府总顾问的鲍罗廷,实际上是共产国际的主要领导人当时斯大林的密友布哈林。"而陈独秀"认为在这种情况下,中国共产党如不能退出国民党,变国共党内合作为党外结盟,就不能执行自己独立的政策,获得群众的信任,因此,他再一次要求退出国民党"。当然,这样的要求是不会得到苏联的同意的。布哈林在《真理报》上发表文章,"严厉批评中国共产党有退出国民党的意见"①。6月4日,陈独秀在《向导》上公开发表了《给蒋介石的一封信》,在尽量不偏离共产国际所定基调的基础上,对蒋介石的有关行为和论点进行了旗帜鲜明的驳斥。

　　北伐战争开始后,蒋介石和国民党右派在各地抢占舆论阵地,进一步排斥共产党员和进步人士。如黄埔军校政治部的《黄埔潮》半周刊停办后,由右翼军人控制的黄埔同学会仍用原名出版。蒋介石在南昌查封了《贯彻日报》,接着又控制了当地的《民国日报》。陈独秀在《向导》上发表《论国民政府之北伐》一文反对北伐,含沙射影地指出,这可能是一些军人政客权位欲的军事投机。这一态度受到国民党内支持蒋介石人士的抗议,然而它的确"反映了陈独秀在政治上的一定的远见与敏锐"②。然而,1926年12月,中共中央汉口特别会议还是作出错误决议,认为当前中国革命的主要危险是民众运动的激烈左转,蒋介石因害怕民众运动而右转,药方是工农运动缓和向右一点,蒋介石则向左靠拢一点,双方缩小距离以维持统一战线。当然,这也与共产国际的指导思想吻合。

　　1927年3月,蒋介石的叛变已迫在眉睫,中共中央在《向导》等刊物上对蒋介石的真实面目进行揭露,但是苏联和共产国际依然在大力宣传蒋介石和服从国民党。如3月15日,苏联《真理报》发表《蒋介石宣言》一文,副标题是"拥护党对军队的领导",为蒋介石"涂脂抹粉"。3月31日,共产国际甚至指示中共中央解散工人纠察队,埋藏所有武器。中国共产党为此付出了惨重代价。"大量的证据证明,为了拉住蒋介石,斯大林、布哈林在许多原则问题上对蒋让步,同时或多或少牺牲了中国共产党的利益。"③

　　1927年"四一二"反革命事变发生,上海诸地的共产党报刊一概被取缔,许多共产党员和进步人士惨遭屠杀。国民党左派报刊或被查封,或被改组。蒋介石与国民党右派利用各种办法控制新闻报刊,一些报刊也主动投靠蒋介石。如《醒狮》周报公开表示支持政变,"为铲除共同的敌人"。一度停刊的《民国日报》,很快在国民党右派的掌控下恢复出版。《时事新报》专门派人去南昌,得到蒋介石"准予照常出版"的手谕。上海的《申报》、《新闻报》在压力之下,也附和

---

① 参见袁南生:《斯大林、毛泽东与蒋介石》,湖南人民出版社1999年版,第245—246、247—249页。
② 同上书,第253页。
③ 同上书,第266、268、260页。

反共。

目睹此野蛮暴行和残酷屠戮,上海革命报刊仍坚持斗争。如总工会机关报《平民日报》被封闭后,改用《满江红》等化名继续出版,还秘密出版《新世界》杂志等。尤其是出版界人士郑振铎、冯次行、章锡琛、胡愈之、周予同、吴觉农、李石岑等七人发出联名抗议信,由胡愈之起草,提出三点疾呼:一是最高当局应立即裁判此事件的直接责任者;二是当局应保证以后不向徒手群众开枪,不干涉集会游行;三是国民党武装中之革命同志应立即宣告不与屠杀民众之军队合作。抗议信在上海《商报》上发表,引起统治当局震怒,派军警缉拿七人,郑、胡等被迫流亡欧洲。① 上海出版界的这次行动所表现出的正气令人感动,可惜如今却已很少有人提起。

胡愈之(1896—1986),浙江上虞人,笔名伏生。他 1914 年考入商务印书馆编译所当练习生,刻苦自学,后来任《东方杂志》编辑。俄国十月革命发生,《东方杂志》作了很多报道。五卅运动时,他又发表《五卅事件纪实》。他在发表联名抗议信后,于 1928 年初避难去欧洲。他 1931 年回国,次年担任《东方杂志》主编,支持邹韬奋的《生活》周刊。1934 年,他与金仲华等创办并主编《世界知识》。1936 年,他在香港协助邹韬奋主办《生活日报》。抗战爆发,他出任上海文化界救亡协会国际宣传委员会主任,出版《团结》、《上海人报》、《每日译报》等报刊。1938 年,他在武汉与他人一起出版《国民公论》,筹建国际新闻社。40 年代,他到南洋办报。他于 1948 年从新加坡回国,次年任民盟机关报《光明日报》总编辑。新中国成立后,他被任命为第一任出版总署署长,负责民主党派工作。

1927 年 4 月中旬,中共中央的武汉会议居然作出了反蒋但反对在军事上打击蒋介石的错误决定。当然,这个决定依然是在刚到达的共产国际代表团的指示下作的。会议对周恩来《迅速出师讨伐蒋介石》的正确主张予以拒绝,从而丧失了有利的同敌人决战的时机。而这也是因为共产国际与莫斯科都反对东征讨蒋。② 毛泽东后来这样说:"看来共产国际在 1927 年提供给中国共产党的不是什么'意见',而是干脆发命令,中国共产党显然甚至无权不接受。"③

此时,武汉成为革命报刊活动中心。《向导》、《中国青年》迁往武汉,加上原有的《楚光日报》、《汉口民国日报》、《群众》、《党声》等报刊,共同揭露蒋介石的罪行,报道事变真相,支持工农群众运动。《汉口民国日报》登载上海总工会的长篇报告《蒋介石屠杀上海革命工人纪实》,并刊登了《中国共产党第五次大会

---

① 参见方汉奇主编:《中国新闻事业编年史》中,福建人民出版社 2000 年版,第 1077 页。
② 参见袁南生:《斯大林、毛泽东与蒋介石》,湖南人民出版社 1999 年版,第 296—303 页。
③ 〔美〕埃德加·斯诺:《西行漫记》,董乐山译,三联书店 1979 年版,第 139 页。

宣言》。武汉新闻记者联合会还通过了《质问蒋介石摧残革命舆论》、《肃清新闻界反动分子》等决议。《中国青年》甚至提出了"从敌人手中夺取武器来武装自己"的主张。国民党左派刚创办的《中央日报》，其副刊由孙伏园主编，也保持一定的进步倾向。郭沫若的《请看今日之蒋介石》，就是在政变前不久的3月《中央日报副刊》和《革命生活》日刊上发表的。

然而，好景不长，湖南、江西、广东相继追随蒋介石发动政变，武汉的汪精卫也于7月15日发动政变。汪、蒋合流，各地共产党的报刊受到严重摧残，萧楚女、陈延年、赵世炎等革命报刊活动家、政论家被杀害。《向导》于7月18日出版第201期后停刊。《中国青年》秘密迁回上海。《汉口民国日报》被迫进行人事改组，总主笔沈雁冰在写完最后一篇社论《讨蒋与团结革命势力》后辞职离开。许多革命报刊被查封或停刊，只有极少数的转入地下，秘密维持出版。革命的新闻事业遭受惨痛的挫折。

第九章 国民党统治早期新闻业

国民党"一党专政"初期,在"以党治国"的方针政策之下,其新闻宣传系统得到了全面的扩张,占据着举足轻重的领导地位。在相对专制的新闻立法之下,民营新闻界进行着努力抗争,开拓出颇为可观的局面。同时,共产党的新闻力量坚持着根据地建设与国统区的半地下斗争。

一、国民党新闻宣传系统

1927—1928年,国民党在形式上"统一全国"后,宣布进入"训政时期",按苏俄模式"以党治国"。由于国共合作的破裂,国民党南京政府与共产党江西政权形成对峙,历史进入十年内战时期。孙中山曾认为:"中国四万万之人民,由远祖初生以来,素为专制君主之奴隶,向来多有不识为主人、不敢为主人、不能为主人者,而今皆当为主人……不有一度之训政时期以洗除其旧染之污,奚能享民国主人之权利?"[①]或者说,中国百姓文化素质低下,难以享受现代民主政治,所以国民党有责任以"保姆"的身份,"引导"开化全体民众。这样,国民党便开始了以政治全能主义为特色的专制训政统治,其一党专政的新闻传播事业却挂着"新闻自由"的招牌,构建出颇具特色的新闻统制模式。

中央通讯社是国民党新闻通讯网的中心,1924年成立于广州,北伐战争后迁至武汉。1927年蒋介石发动政变后,又在南京搞了一个"中央通讯社"。1928年汪蒋合流后,两通讯社合并于南京,由国民党中宣部主管。1932年,中央社改组,任命萧同兹为社长。萧同兹提出"工作专业化"、"业务社会化"、"经营企业化"的办社方针,网罗人才,充实队伍,迁出中央党部而建立独立机构;扩大报道范围,取得建立专用新闻电台的独占权利,传递和发布新闻电稿,许多无力拍发电讯和自派记者的报纸都依赖它,向全国250家报纸供应新闻稿,取得间接控制全国报纸新闻的地位;在全国各地陆续设立分社、办事处34个,在国外设立机构

---

① 《孙中山全集》第六卷《建国方略》,中华书局1985年版,第211页。

4处,建立覆盖全国的通讯网络,垄断国内新闻来源;与外国新闻社订立交换和购买新闻合同,成为外国通讯社的转发站,实际上切断了国内各报的国外新闻渠道,几乎垄断了国际重要新闻的来源,在中国新闻系统中占有重要地位。

中央广播电台简称"中央台",1928年8月1日正式播音,隶属国民党中宣部。1932年新建发射台,电台功率覆盖全中国。抗战前,又建南京台、河北台、西安台、长沙台、福建台等五座直属广播电台。国民政府交通部也在上海、北平、成都等地建立了几座广播电台。1928—1935年,各省市广播电台也陆续建立。为控制全国广播网,1936年,"中央广播事业指导委员会"成立,主任是陈果夫,制定全国广播电台节目播送办法,规定各省公营、民营电台一律要转播中央台的简明新闻、时事述评、名人演讲等节目。至此,以中央广播电台为中心的国民党新闻广播网基本形成。

《中央日报》1926年在广州筹办,1927年3月22日在汉口创刊,国民党中宣部部长顾孟余任社长。该报在"四一二"政变后还发表过反蒋文章,但"七一五"政变后立场骤变而反共拥蒋,9月停刊。1928年2月,丁惟汾、彭学沛等在上海重新主持出版《中央日报》,10月停刊。1929年2月,该报迁至南京出版,属国民党中宣部党报委员会领导,下设经理部、编辑部。1932年,该报改行社长制,程沧波为首任社长,推行一系列改革,改进言论与新闻,转入独立经营机制,先后增出《中央夜报》、《中央时事周报》。1935年,《中央日报》开始用轮转印报机,日出3大张。1937年6月,《中央日报》开办庐山版,鼓吹蒋介石"攘外必先安内"的反动政策。抗日战争爆发后,该报先迁长沙,后往重庆。尽管有地位、权势之利,但是《中央日报》最高销售数也只有3万份左右。

国民党中宣部直属报纸还有:1927年在上海创刊的《中央半月刊》;1928年在济南创刊的《民国日报》,由北平迁天津的《天津国民日报》;1929年在北平创刊的《华北日报》,在武汉创刊的《武汉日报》;1933年在西安创刊的《西京日报》;等等。以汪精卫、陈公博为首的改组派创办《革命评论》,鼓吹改良主义。国民党其他派系、各省市地方党部也出版了自己的报纸,往往以"民国日报"统称。军事系统报纸的核心是《扫荡报》,1932年在南昌创刊,协助蒋介石对共产党革命根据地的围剿,其前身为《扫荡三日刊》,主要在军中发行。该报1935年迁往汉口,开始公开发行,同时刊行《扫荡画报》、《扫荡旬刊》和《扫荡丛书》,1938年迁至重庆。据统计,1936年国统区有报刊1763家,其中国民党的党、政、军报刊大约占2/3,可见国民党新闻报刊宣传网非常庞大。

二、国民党新闻统制政策与立法

在国民党设计的"道统"体系中,独尊三民主义,其"党义"成为渗透民间各阶层的社会化意识形态,严厉打击和严密控制其他各种异端思想。在新闻宣传领域,实行"以党治报"的方针,规定新闻事业必须接受国民党的思想指导与行政管理,使"新闻界党化起来"。1928年2月国民党二届四中全会后不久颁布《暂行反革命治罪法》,其第6条明确规定:"宣传与三民主义不相容之主义及不利于国民革命之主张者,处二年至四年有期徒刑。"6月,制定《指导普通刊物条例》和《审查刊物条例》,规定:"各刊物立论取材,须绝对以不违反本党之主义政策为最高原则……必须绝对服从中央及所在地最高级党部宣传部的审查。"国民政府还颁布了《设置党报条例》、《指导党报条例》、《补助党报条例》,以此加强国民党对党报及新闻事业的领导权。12月,制定《取缔各种匿名出版物令》。新闻控制不断加强。

1928年初,蒋光慈主编的《太阳月刊》在上海创刊,倡导革命文学,激励人们走向光明。该刊物出至第7期被查禁,改名《时代文艺》,才出刊1期又被封禁。4月,文艺周刊《战线》在上海创刊,出至第5期被查封,被当局指斥为"攻击国府"。5月,《我们》文艺月刊在上海创刊,晓山书店出版,只出3期就被查禁,书店同时被封。9月,《未明》月刊在上海创刊,仅出1期即被查禁。同时,国民党上海警备司令部政训部社会科,在报上公布一批所谓"反动刊物"的名单,计有《创造月刊》、《流沙》、《抗争》、《现代小说》、《血潮》、《海上》、《畸形》、《峡潮》、《洪荒》、《奔流》、《澎湃》、《思想》、《流荧》、《戈壁》、《前线》等多种,并指出售这些刊物的书局"是共产党的大本营",诬蔑诸编辑和作者为"第三国际的走狗"。其中许多刊物很快被查封,如《思想》月刊8月在上海创刊,以介绍科学、了解中国为宗旨,出至第6期就被查禁。在空前的新闻钳制下,一些进步报纸也遭到关闭。广州1926年有29家报纸,到1928年只有14家;上海报纸也由23家减为15家;汉口报纸则由36家减为19家。

1929年,"党化教育"强行打入大、中、小学教育体系。1月,颁布《宣传品审查条例》,在重申审查制度的同时,宣布"反对或违背本党主义政纲政策及决议案者"、"宣传共产主义及阶级斗争者"、"妄造谣言以淆乱观听者"为反动宣传品,必须"查禁查封或究办之",排挤和镇压不同政见的报刊。国民政府又颁布《出版条例原则》,实行报纸、出版品登记制度,制定《查禁伪封面的书刊令》,公布《查禁反动刊物令》,设立图书电影审查机构,进行全面的政治控制。随后,相继颁布《设置党报条例》和《指导党报条例》,用"党报思想"强化和统驭所有的民间舆论。当然,国民党既然打着"三民主义"的旗号,也需玩弄两面手法。9月,国民政府发布《取消电报新闻施行检查令》,声称:"凡新闻纸之一切检查事宜,除经中央认为有特殊情形之地点及一定时期外,一律废止。"①12月27日,蒋介石煞有介事地通电全国,表示开放报馆的"言禁","保障新闻自由"。他在北平召开记者招待会,表示欢迎报界的善意批评,希望各报"以真确之见闻,作翔实之贡献,其弊病所在,能确见事实症结;非攻讦私人者,亦请尽情批评"②。

但是,随着时间的推移,人们看到宪法保障的新闻自由、言论自由、出版自由并没有完全兑现,国民党专制统治在思想言论、新闻出版领域还是颇为严厉的,查封进步报刊事件仍经常发生。据国民党中宣部印发的秘密文件记载,自1929年至1934年,被查封的书刊约887种。而据其《中央宣传工作概况》统计,仅1929年全年查禁的刊物就有272种,比1928年猛增90%。其中,共产党刊物148种,占54%,其余为国民党改组派、国家主义派、无政府主义派、第三党等的"反动"刊物。如1929年初,上海的《思想》月刊被禁,后改名《新思潮》,仍被查禁。上海的《引擎》月刊,仅出1期即被查封。6月,《小物件》半月刊仅出2期,国民党即以"捏造是非、混乱视听"为由,密令查禁。重庆《新社会日报》被封,国民党令地方"严行查封,并惩处其主持人"。北平《民意》、《急转》被指为"反动刊物"而遭查禁。1930年2月,上海《文艺研究》季刊仅出1期就被查禁。5月,上海以杂文时评为主的《巴尔底山》旬刊被查禁。7月,北平《现社会》杂志仅出1期即被查禁。9月,中国左翼作家联盟的机关刊物《世界文化》,也仅出1期即被查封。10月,上海《出版月刊》被当局以"言论谬误,且备列反动书目介绍销售"的罪名查禁。上海现代书局也遭查封。

国民政府于1930年12月颁布《出版法》,次年出台《出版法实施细则》。《出版法》共六章四十四条。第四章"出版品登载事项之限制"第十九条规定:"出版品不得为左列各款之记载:一、意图破坏中国国民党或破坏三民主义者;二、意图颠覆国民政府或损害中华民国利益者;三、意图破坏公共秩序者;四、妨害善良风俗者。"第二十一条规定:"战时或遇有变乱及其他特殊必要时,得依国民政府命令之所定禁止或限制出版品关于军事或外交事项之登载。"它对"意图破坏"、"意图颠覆"诸词条,没有明确详尽的界说,实为非常含混模糊之条款,这就为国民党司法当局随意判人以罪创造了极为有利的条件。国民政府还设立图书电影审查机构,进行全面的政治控制,私营新闻事业受到越来越多的限制、干涉。

---

① 刘哲民编:《近现代出版新闻法规汇编》,学林出版社1992年版,第528页。
② 转引自1929年12月29日《大公报》相关新闻。

1931年1月底,国民政府公布《危害民国紧急治罪法》,规定以文字、图画、演说作反动宣传的,要处以重刑。2月,《上海报》主编李求实以及作家柔石、胡也频等23位革命者遇害。"九一八"事变后,国内外政治形势急剧变化。为严密控制新闻界,麻痹国民的思想意识,国民党大量吸取法西斯新闻统制思想与经验,效法其"国家至上"原则,利用民族危机,大肆鼓吹和提倡"国家"、"民族"、"国民"等抽象观念,进行所谓"民族主义的新闻建设"。对凡是反对国民党及其政府的新闻宣传,一律以危害"国家"、"民族"利益为由予以取缔和镇压。11月,中国左翼作家联盟主办的《前哨》杂志被查禁。

1932年1月8日,国民党政府通令取消电报新闻检查:"查言论自由,为全国人民应有之权利,现在统一政府成立,亟应扶植民权,保障舆论,以副喁望,而示大众。"①但是,国民政府依然在查封进步报刊,如3月查禁上海左联《十字街头》,4月查禁中国社会科学家联盟刊物《研究》(仅1期),12月查禁左联《文学月报》。国民政府还对《宣传品审查标准》进行进一步增订而予以公布,再次重申"宣传共产主义及鼓动阶级斗争者"、宣传国家主义与无政府主义者,"对本党主义政纲、政策及决议,恶意诋毁者"为反动宣传,"危害民国,必须一律禁止"。1933年2月,国民政府决定在上海、汉口、南京、北平、天津五处设立新闻检查所,约5月起实行检查,到6月又不得不停止。在此期间,中国社会科学家联盟曾先后出版过《新思想》、《社会科学战线》、《世界》、《环球》等30多种杂志,均由于政治色彩原因,大多出版1、2期后即被查禁。

1933年后,国民政府不再以原来实施的审查追惩制度为主要手段,开始在新闻界推行旨在事前预防的新闻检查制度,也就是直接干涉新闻各部门的业务工作。国民党四届中执会通过《检查新闻办法大纲》和《各省市新闻检查所新闻检查规程》、《审查取缔大小日报标准》等法规,规定:"各报社刊载新闻,须以中央通讯社消息为标准",凡是不符合者,"应扣留或删改"。国民政府先后在南京、上海、北平、天津、汉口等大城市设立新闻检查站,要求各报均须在发稿前将全部新闻稿送请检查,对不服检查者处以停刊等处分。国民党四届中执会还通过决议,明确中央宣传委员会在新闻界的任务是:集中经费于少数报纸,培养成有力量之言论中心,对全国新闻界作有效之统制。即把握新闻界的重要力量以加强对其自身的统制,由此强化国民党的新闻事业,以获取新闻业的实际领导权,造成全国一个声音的新闻界党化局面,彻底完成"新闻一元主义"的任务。

1933年11月11日,国民党《中央时事周报》刊载一篇关于宣传方法的译文《希托拉的狂想》,说:"伟大群众的容纳性是非常有限的,他们的知识程度如此

---

① 刘哲民编:《近现代出版新闻法规汇编》,学林出版社1992年版,第529页。

低,遗忘的习惯如此深,所以善于宣传者往往把他所欲说的,集中成一二要点,然后用口号标语,反复地喊出,一直到最后一个人也深深感动。"总之,"谎越撒得大,群众越相信得快,因为头脑简单的人,都是未曾腐化过的。他本人不会说谎,他也不知道说谎这回事,所以他们听见人说什么,他就会相信什么"。说穿了就是"谎言重复千百遍即为真理"的欺骗宣传手法,其按语称之为"最为玄妙"、"别有独得之秘",对法西斯宣传手法奉若神明。

1934年,《图书杂志审查办法》颁布,国民党中宣部成立图书杂志审查委员会。8月,国民党中央执委会常务会议又核准了《检查新闻办法大纲》。有关新闻检查的法令还有《各省市新闻检查所新闻检查规程》、《各省市新闻检查违检惩罚暂行办法》等。上海党部《新闻统制之实施方案》还具体提出:"消灭反动报纸及新闻社,取缔灰色新闻及毒素新闻,淘汰肤浅落伍、桀骜不驯之新闻记者,其有冷酷无情,始终自外革命集团,绝无合作诚意者,尤不容留。限制非党系的新闻业侵略式的发展,干涉非党系新闻企业托勒司或迭而加形式。"1935年,国民党中宣部成立中央新闻检查处,南京设立首都新闻检查所,并在各省市成立新闻检查所,在各重要县市设新闻检查室,形成一个全国新闻检查网。1937年2月,《读书》半月刊在上海创刊,陈子展主编,仅出2期即被查禁。

国民党新闻理论工作者还设计了一幅取消私营新闻业、实现报刊公营化的理想蓝图,认为现时的私营报业可采取两步走的方法实行公营化:一是凡报业都需"直接对政党或政治负责",使"报业仍存其私营面目而并收得近于公营之效果";二是"以国家公款向私人照价收买其经营之报业,由公务人员接办"。①

1930—1932年,国民政府先后公布了《装设广播无线电收音机登记暂行办法》和《民营广播无线电台暂行取缔规则》。1936年2月,中央广播事业指导委员会成立,并公布了《指导全国广播电台播送节目办法》,随后函告各广播电台,"各电台播音节目改由本会接管审查",标志着国民党开始以法律形式着重从广播节目的内容上控制广播电台。1937年4月,国民政府又公布了《民营广播电台违背〈指导播送节目办法〉之处分简则》和《播音节目内容审查标准》。在一年多时间里,民营广播电台因违反该指导委员会有关规定而被明令撤销者有9座,暂停播音者4座,受警告处分者3座。

此外,1929年,国民政府颁布了《全国重要都市邮件检查办法》、《各县市邮电检查办法》等文件,在各地设立邮件检查所,通过拆包检查、禁止邮递等方法阻挠进步报刊的发行,有时还引出查封报馆、逮捕编辑的事件。据国民党中央宣传部有关文件记载,1929年至1934年,国民政府禁止发行的报刊约有887种。

---

① 参见杨季:《报纸前途之趋于公营》,载《前途杂志》1933年12月。

而各地方党部和政府禁止发行的报刊,难以计数。如1929年查封创造社,1930年查封上海现代书局,邹韬奋的50余家生活书店都被查封。国民政府还创立了民营报纸顾问制度,即委派国民党顾问加入民营报社进行指导,以增强其"党化新闻界"的力量。国民政府还在各地组织各种名目的新闻学会、记者团体,以国民党报人为核心与骨干,使之成为惟国民党是从的新闻类民间群众组织。截至1937年抗战爆发前,国民党政府颁布的新闻管制条令可谓车载斗量,基本完成极权主义新闻控制所需要的配套工程法规。

资深记者陶菊隐曾这样评论:"国民党检查报纸,达到了无孔不入的程度:凡不利于国民党的记载,包括评论、新闻、图片、摄影及小品文,均被检查员删去;凡被删去之处,必须用其他文字或广告填补,不得'开天窗',以免引起社会非难。其尤甚者,他们经常写些反共反人民的新闻,勒令各报用'本报特讯'照稿登出。当时论者认为:过去北洋军阀控制上海时期,包括袁世凯、卢永祥、孙传芳几个时代,并无检查租界报纸之例,如有认为不合之处,也只能采取停止邮寄的办法,或者通过工部局加以取缔。国民党所采取的上述手段,就比他们厉害多了。"①

更令人发指的是,国民政府出动军警、特务,公开捣毁报社、书店,逮捕报人、店主。《南国》周刊、良友图书公司等,都被砸过。政府甚至利用特务手段监控新闻界,从给进步报刊投寄恐吓信,直至使用凶残的暗杀手段。1931年2月,暗中捕杀"左联"五作家,他们都是有关报刊的编者或作者。1933年1月,镇江《江声报》经理刘煜生等被害。5月,密捕《北斗》主编丁玲、《真话报》主编潘梓年。6月,暗杀中国人权保障同盟总干事杨杏佛。1934年7月,江苏高等法院"以文字为叛国之宣传"罪名,判陈独秀、彭述之两人15年徒刑,上诉后改判8年。11月,暗杀上海《申报》老总史量才。这一系列事件,造成阴森的恐怖气氛。总之,国民党在执政初期,就实行了一套熔中国传统专制主义与外国法西斯主义于一炉的新闻统制政策与法制,妄图把新闻完全控制在自己的手中。

三、共产党报刊及左翼新闻活动

1927年共产党被迫转入地下后,其有关报刊也只得秘密出版。《上海报》,1927年4月创刊,是中共领导的半公开的通俗工人报纸。《布尔塞维克》,1927年10月创刊于上海,为中共中央理论刊物,瞿秋白主编。其发刊词指出,此后的中国革命只有无产阶级的政党才能担负起领导责任。《红旗》,1928年11月创

---

① 陶菊隐:《记者生活三十年》,中华书局2005年版,第122页。

刊于上海，为中共中央机关报。1930年，《红旗》与《上海报》合并为《红旗日报》，其创刊号的发刊词《我们的任务》首次提出："在现在阶级社会里，报纸是一种阶级斗争的工具。"该报工作人员一再遭缉捕，印刷所被破坏，经常改版，仍坚持斗争。各地党组织也积极出版报刊，如河北《北方红旗》、广东《南方红旗》、湖北《长江》、哈尔滨《白话报》、河南《河南报》、福建《福州工人》、江苏《明报》、四川《转变》等。1928年底，中华全国总工会在上海秘密复刊《中国工人》，至1931年停刊。

《红色中华》1931年12月创刊于江西瑞金根据地，到1934年长征休刊。该报1936年到陕北复刊，1937年改名《新中华报》。前期先后由项英、瞿秋白主持，主编有周以栗、王观澜、李一氓、沙可夫、瞿秋白。其特点一是紧密配合党的中心工作组织宣传报道，二是坚持群众办报的方针，发展了200多名通讯员，发行量最高达4万份。《红星报》是红军军委的机关报，1931年12月创刊，不定期出版，主要面对红军战士进行革命宣传。邓小平为前期主编之一，遵义会议后由陆定一主编。《青年实话》是少共（青年团前身）苏区中央局的机关报，1931年7月创刊于江西永丰县龙岩，后迁瑞金，主编阿伪，编委有陆定一、王盛荣等，1934年10月停刊。《斗争》是中共红色区域中央局的机关报。其他根据地也出版了许多报刊，如湘赣区的《湘赣红旗》、湘鄂赣的《工农兵》、鄂豫皖区的《红旗》等。上述刊物在1929—1933年刊发了大量介绍和阐释列宁主义新闻思想的文章，重要的有《提高我们党报的作用》、《党员对党报的责任》、《列宁主义与党报》、《怎样建立健全的党报》等。1933年12月1日，张闻天撰写《关于我们的报纸》，说："我们的报纸是革命的报纸，是工农民主专政的报纸，是阶级斗争的有力武器。"

1933年12月11日，《红色中华》第134期刊登报道：郑茂德偷骡子"回来就与少共中央局的某些同志大吃馆子"等。因与事实不符，该报为此于17日出版的第135期作了"重要更正"。而同日出版的《青年实话》第3卷第4号上却刊出《红色中华的造谣》一文，进行反击。12月29日，中共中央宣传部作出《关于〈青年实话〉的决定》，指出《青年实话》指责《红色中华》造谣，是"诬蔑中央政府的机关报，企图将少共中央的《青年实话》与中央政府的《红色中华》对立起来。中央宣传部认为这是绝对不能容许的现象，特给《青年实话》编辑部以严重警告"。这起违反党的宣传纪律的个案，已反映出其严格控制媒体的特点。

红色中华通讯社简称"红中社"，1931年11月7日创办于革命根据地江西瑞金，为"新华社"的前身。其任务一是向全国播送新闻报道，二是抄收国民党中央社电讯及塔斯社英文广播，辑成《参考消息》，油印数十份送中央领导同志参阅。它与《红色中华》为社、报合一机构，这一体制延续到1939年。1937年，红中社改名"新华社"。

在"左"倾路线的领导下,这一时期的共产党刊物注重阶级斗争的力度,时常将善意的批评化为无情的打击,连刊名也改得火药味十足,如将《红色中华》的《突击队》栏改名为《铁棍》、《铁锤》等,"残酷斗争"的味道越来越浓。其宣传还一度相当偏颇,口号浮夸,报道失实。如在根据地人口不足百万的情况下,提出要"扩大红军100万";有的号召募捐飞机支援红军,有的公开招聘红军指挥员,主张以城市暴动为中心的盲动主义。消息方面,只讲国民党统治危机重重(其实是相对稳定),不讲共产党内部的矛盾和失误;战况报道方面,只讲战斗的胜利,不讲严峻的敌情,结果是败仗增多,苏区日益缩小,军队损失惨重。1932年前后,国统区的地下报刊由于不注意采取隐蔽策略,也几乎全被国民党查禁或破坏。

1930年3月2日,中国左翼作家联盟在中共领导下成立,先后出版了《萌芽》、《拓荒者》、《文艺研究》、《文艺讲座》、《巴尔底山》、《文化斗争》、《北斗》、《前哨》(后改《文学导报》)、《十字街头》、《文学》等机关刊物。《文艺新闻》小报是中国左翼作家联盟的外围刊物,1931年在上海创刊,发行量从数千到上万份,坚持了一年零三个月。它主要是对反动派文艺的批判和文艺界动向的报道,也报道一些时事政治消息。有些时事报道是国民党政府所禁止的,如1931年3月,该报跟踪报道了"左联"五位作家被害的消息,并刊登了烈士的照片和悼念文章。它对"九一八"事变的采访特辑、对"一二八"抗战的鼓动宣传,都有力地冲击了国民党的新闻控制。

鲁迅从日本留学归来,1912年与陈子英等创办《越铎日报》,负责"西报要闻"的编辑,后又创办《越社丛刊》。五四时期,他参加《新青年》、《每周评论》、《国民公报》等的编辑与撰稿,在《新青年》上发表文章50余篇,在《每周评论》、《晨报》、《京报》上发表文章70余篇。1924年,他与钱玄同、孙伏园等组织语丝社,主编《语丝》,发表文章近130篇。后来,他又主编过《莽原》周刊和《国民新报》副刊。1928年,他参与创办并编辑《未名》半月刊,与郁达夫合编《奔流》月刊,与柔石等创办并主编《朝花周刊》。1930年,他创办《萌芽月刊》,主编《文艺研究》、《前哨》等。九一八事变后,他主编《十字街头》半月刊与《译文》,担任《文学》月刊和《世界文化》的编委。他一生主编与编辑过近20种报刊,认真负责;编辑与写作了数千万的文字,一丝不苟。他还为《申报》的《自由谈》副刊和《中华日报》的《动向》副刊等撰写了大量杂文,共用过约130多个笔名,与传统文化及统治当局进行了不妥协的斗争。

1931年10月,中国新闻学研究会在上海成立,成员以《文艺新闻》记者为主,以及《申报》、《新闻报》、《时报》记者和民治新闻学院、复旦新闻系师生约四十余人,大多为带有"左"倾思想的新闻界知识分子。该研究会在瞿秋白、邓中夏指导下成立,其《宣言》中说,"将以全力致力于以社会主义为根据的科学的新闻学之理论的阐扬",是中共暗中领导下的第一个研究无产阶级新闻学的学术团体。在此基础上,中国左翼新闻记者联盟于1932年3月建立,通过《斗争纲领》、《广泛建立工农通讯员》、《开办国际通讯社,传播革命消息》等决议,创办国际通讯社,4个多月后被查封。1934年,"左联"出版《集纳批判》,探索无产阶级新闻学,只出4期就被迫停刊。1936年5月,各左翼文化团体为适应抗日民族统一战线的需要而结束。

四、史量才和《申报》

史量才(1879—1934),原名家修,祖籍江苏江宁。他出身商人家庭,醉心实业救国。他1904年毕业于杭州蚕学馆后,即在上海创办女子蚕学堂,推动太湖地区蚕桑业的发展。他很快对新闻业产生兴趣,投身《时报》工作,领略到舆论监督的力量。他积极参加立宪派领袖张謇发起的保路运动,深受其赏识,担任过商办铁路公司董事、全国农务联合会干事等职务,表现出实业家的才干。辛亥革命爆发后,他投身江苏独立运动,作为立宪派曾谋划过支持袁世凯的动议。1912年10月,张謇为首,与史量才等人合伙购进《申报》,史量才任总经理,开始了一生最为重要的新闻报业生涯。1918年,张謇宣布脱离《申报》,报产为史量才独有,客观上促成了他特立独行的自由主义新闻报业。

史量才接管《申报》后,推出一系列改创措施,实践其自由主义的办报思想:敢书直言的真实性与言论独立的自由精神相结合,始终把握着报纸的民间方向。他长于经营管理,为了丰富和扩大报纸的信息量,增强新闻的及时性、真实性和可读性,组建了遍布海内外的新闻搜集网络,将记者派往世界各地主要城市,黄远生、邵飘萍等名记者都先后加盟。他提出"日报者,属于史部",要求报人以忠诚的态度,采集可靠的消息,写出真实的文章;主张报纸不与任何党派发生关系,在政治斗争中取超然的态度,以不偏不倚的立场,发表新闻和社评。

1915年,袁世凯企图收买《申报》,以为其复辟作宣传,成其政府之喉舌。当他派出手下诱之以权财时,史量才勃然大怒,即将此人逐出报馆。五四运动时期,《申报》率先持久报道事变,且持支持学生运动的态度,其时评中已带有明显的自由主义成分。如5月8日的时评《北京之示威与教育》说:"北京政府苟以此示威之举,而摧残教育,是诚政府自杀中国之策也。"1922年,《申报》出版了五十周年纪念册,六十多篇文章大都与自由主义有关,其兼容并包的风格得到一定的彰显。不过,1931年前,《申报》对时局的评论文章主要是温和的,其《自由谈》副刊也主要是"鸳鸯蝴蝶派"文人的园地。

1931年"九一八"事变后,《申报》表现出积极抗日和要求民主的进步倾向,明显与国民党政府唱对台戏。它积极报道事变真相,动员全体力量收集消息,第一天报道事变的电讯多达85条,后又发表时评《国人乎速猛醒奋起》,表明自己坚决抗击日本侵略的鲜明立场,责问国民党政府与军队的妥协与退让。12月17日,南京发生军警枪杀赴京请愿的北平学生的"珍珠桥惨案",国民党当局严格封锁消息,企图掩盖真相。《申报》不顾当局禁令,详细报道了事件经过,并发表时评《学生爱国运动平议》,支持学生的爱国行动。《申报》日渐激烈地批评政府,并聘请了许多著名的自由主义知识分子加盟,如延请陶行知为顾问、黄炎培为设计部主任、戈公振为副主任等。

不久,国民党左派领袖邓演达被暗杀。《申报》又独家刊登宋庆龄的抗议文章《国民党不再是一个革命集团》,骂蒋介石"个人独裁",指出"中国国民党早丧失其革命集团的地位",忙于派系斗争的宁粤双方"皆依赖军阀,谄媚帝国主义,背叛民众,同为革命之罪人"。接着,史量才在上海日报公会临时会议上慷慨陈词:"宋庆龄是国父孙中山的夫人,她的宣言,我们各报纸为什么不能发表。谁敢扣压,谁就负法律责任。"他决心冲破国民党的言论控制,并得到了多数报纸的赞同。

1931年12月12日,上海日报公会发表宣言,抗议当局借口违检,下令对《申报》、《新闻报》、《时事新报》、《时报》、《民国日报》等实行"禁邮",指出国民政府成立以来对新闻的控制和摧残愈演愈烈,"立言纪事,动辄牵制,黑白混淆,是非泯灭",声明"言论出版之自由,乃民权之大纲,垂著遗教,明见约法,固非命令所得变更,亦非暴力所得蹂躏",为保护报纸尊严,决定从即日起"绝对不受任何检查和干涉"。

1932年,"一二八"抗战爆发,《申报》更以极大的爱国热忱支援十九路军的淞沪抗战,发表了指导性时评《敬告国民》,号召市民奋起参加此生死之战,并宣传动员募款、补充军需、救恤将士、稳定市场、收容难民等有关工作,成为上海的舆论中心。4月,史量才、马相伯等66位代表抵制国民党在洛阳召开的"国难会议",并在《申报》上发表文章,揭露其应付舆论之实质。6月,南京大学闹学潮,《申报》如实报道事件真相,同时发表文章公开反对国民党围剿共产党红军。时评《"剿匪"与"造匪"》认为:"所剿之'匪',何莫非我劳苦之同胞,何莫非饥寒交迫求生不得之良民",并抨击道:"一部分'剿匪'军队,剿匪其名,而剿民其实。"《申报》公开反对蒋介石"剿匪",要求"结束一党专政",认定"一党专政"是中国社会灾难不断的总根源。

8月,蒋介石亲自给上海警备司令部下手令:"申报禁止邮递",并令撤换编辑人员。史量才虽然勉强同意撤换总编辑,但是并不屈服。12月,中国民权保障同盟成立,《申报》又对其有关活动予以详细报道,成为同盟的宣传讲坛。它抨击国民党的不抵抗政策,揭露其压制舆论、进行文化围剿的劣迹,还展开了几场大笔战,许多社会名流都积极参加,其自由主义风格令人称羡。影响最大的是副刊《自由谈》的转向,在黎烈文的主持下,得到鲁迅、茅盾、郁达夫、郑振铎、陈望道、叶圣陶等的大力支持,刊登杂文、随感、散文、考据、诗歌、漫画等。鲁迅就在《自由谈》上用了48个笔名,发表了143篇抨击时弊的文章。为一家报纸副刊撰写这么多文章,这在鲁迅一生中也是少见的。茅盾也写了60多篇杂文。然而,在极权主义的虎视下,《自由谈》仅维持了一年零五个月,终于被迫停刊,但它在中国新闻史和文学史上的地位却是不容小觑的。

  蒋介石曾指使上海市政府向史量才封官许愿,遭到严词拒绝。史量才常对身边的报馆职员说:"报纸是民众的喉舌,除了特别势力的压迫以外,总要为人民说些话,才站得住脚。"据说,有一次史量才与蒋介石话不投机,蒋介石气急败坏地说:"把我惹火了,我可掌握有百万大军。"史量才冷然对答:"我也有申、新两报百万读者。"①蒋介石因此记恨史量才与《申报》。国民党中宣部曾派员指导《申报》的编辑发行,并要求史量才撤换陶行知、黄炎培等骨干。史量才严词拒绝,表示《申报》是经济上独立的报纸,从不拿政府的津贴,倘若要派员指导,宁可停刊。其独立报人之骨气,令人敬佩。他敢于藐视国民党蒋介石的威权,而对方根本没有遵守起码的"游戏规则"的雅量和气度,于是上演了中国新闻史上最为野蛮的惨剧。1934年11月13日中午,史量才被国民党特务狙杀在浙江海宁。后来真相大白于天下,正是蒋介石下的命令。由于上述一系列事情,加上《申报》在上海舆论界上升到举足轻重的地位,严重影响国民党的舆论控制与政策宣传,这对于一党专政的国民党来说自然是不能容忍的。章太炎亲撰了《史量才墓志铭》,对这位自由主义报业大王的一生及其独立精神,进行了痛楚的追念和极高的评价。

  史量才遇害后,他的外甥马荫良接任总经理,一度聘请俞颂华任《申报》总编辑。俞颂华(1893—1947),复旦公学毕业,留学日本法政大学。1919年,他曾任上海《时事新报》的副刊《学灯》主编、《解放与改造》杂志编辑。1921年,他与瞿秋白等赴苏联采访,作为第一批赴苏记者发回许多通讯。他后来旅居德国三年,成为第一位驻欧中国记者。回国后,他曾任教中国公学,1928年任《东方杂志》编辑,兼授上海各大学的新闻学课程。他1932年出任《申报月刊》主编,1937年与记者孙恩霖前往延安,继范长江后再次对中共领导人进行重要采访。

---

① 黄培炎:《八十年来》,文史资料出版社1982年版,第92页。

1940年夏,他赴香港任《星报》总主笔,随后又赴新加坡任《星洲日报》总主笔。次年,他回香港任中国民主同盟机关报《光明报》总编辑。太平洋战争爆发,他转赴桂林任《广西日报》总编。他1943年又赴湖南衡阳任《大刚报》总编,次年回重庆任《国讯》半月刊主编。抗战胜利后,他任苏州社会教育学院新闻系主任,直至病逝。史量才称其无党无派,有大公至正的人格境界和新闻精神。

五、《大公报》及其办报方针

一般认为,《大公报》创办人吴鼎昌、胡政之、张季鸾为蒋介石所收买(吴后出任重要官职),拥护南京国民政府,对国民党采取"小骂大帮忙"的态度,并在此后的新军阀混战中倒向蒋介石,拥护蒋氏为正统。《大公报》钟情于自由资本主义的政治理想,以其为记事立言的准则。它对共产主义一贯持反对态度,还反对孙中山联俄联共的有关政策,常骂共产党"杀人如麻",红军是"匪其实质"。1927年,蒋介石发动"四一二"反革命政变。《大公报》一方面赞同蒋介石"清共"、"分共"的政治立场,另一方面也反对屠杀共产党员。4月29日的社评《党祸》指出:"夫新中国之建设,终须赖全国有志青年奋斗,而非自私自利之寄生阶级所能办,则对于各方杀机之开,势不能不大声疾呼,极端抗议。南方所谓领袖人物,首应切悔。"7月30日的社评《党治与人治》,从保护基本人权的角度出发,谴责国民党:"上海、广州大清党之时,杀人殊多……长此用军治杀人,必陷于专制政治之道。"《大公报》明确反对共产赤化,更谴责大事杀戮,认为政府不能用"高压猛烈之手段",建议应对共产主义"必须有深切之研究"。

1927年11月4日,《大公报》发表了一篇痛骂国民党主席汪精卫的文章《呜呼领袖欲之罪恶》,揭露汪精卫政治上的反复无常,是因为强烈的"领袖欲"作祟,指出他"特以'好为人上'之故,可以举国家利益、地方治安、人民生命财产,以殉其变化无常目标不定之领袖欲,则直罪恶而已"。12月2日,《大公报》又发表《蒋介石之人生观》一文,针对蒋宋婚事,对北伐军总司令的人生观进行批驳:"吾人所万不能缄默者,则蒋谓有美满姻缘始能为革命工作。夫何谓革命?牺牲一己以救社会之谓也。命且不惜,何论妇人?……呜呼!尝忆蒋氏演说有云:'出兵以来,死伤者不下五万人。'为问蒋氏,此辈所谓武装同志,缘有美满姻缘乎?抑无之乎?其有之耶,何以拆散其姻缘?其无之耶,岂不虚生了一世?累累河边之骨,凄凄梦里之人;兵士殉生,将帅谈爱,人生不平,至此极矣。"在北伐军全面胜利,即将统一全国之际,《大公报》也对其最重要的领袖人物进行了人品、道德方面的无情攻击。

1928年初,《大公报》发表《岁首辞》,宣布其"根本旨趣":"夫中国改革既有绝对之必要,而改革之大义曰解放创造,非复古,亦非俄化,则大体之国是可定矣。此无他,对内厉行民主政治,提倡国民经济,采欧美宪政之长,而去其资本家专制之短;大兴教育以唤起民众,争回税权以发达产业;对内务求长治久安之规模,对外必脱离不平等条约之束缚。"在此政治主张之下,《大公报》拥护南京国民政府,并在此后的新军阀混战中倒向蒋介石。在国民党统治初期的政治漩涡中,《大公报》能巧妙周旋,它拥护蒋氏为正统的态度和钟情于自由资本主义的政治理想也逐渐明确,奠定了往后记事立言的准则。

1929年12月29日,《大公报》发表张季鸾执笔的社评《国府当局开放言论之表示》,对蒋介石"开放言论之诚恳表示"给予称赞,而批评国民党过去的做法是"完全置全国言论界于党部指导管理之下","多少有承袭苏联式或法西斯式理论之趋势",因而形成各报言论、记事均一律,使报纸的职责变成"完全为当局作政策之宣传,不复含自由宣达民隐之意"。他指出这样做有两大弊端:一是"宣传过于统一严整之结果,人民神经久而麻痹,反使宣传失效";二是"全国言论界,单调化、平凡化",从而使民众失去读报的兴味,甚至使报纸失去信用。同时,他认为政府"奖励言论自由愈早,所减除社会危机愈多,故于党国利益愈大"。

一般认为,1931年"九一八"事变后,《大公报》又拥护蒋介石的不抵抗政策。其实,正如有的学者所指出的,《大公报》新闻报道的主题思想是"积极宣传救亡图存","坚决主张'明耻教战'","强烈谴责'上层误国'"。《大公报》'明耻教战'论中不宜过早宣战、应全力以赴备战的'缓抗'主张与蒋介石的'不抵抗主义'是有原则区别的。"①"九一八"后,蒋介石采取暂不抵抗、诉诸国联之政策。而对于国联的劝告,日本不但不听,反而变本加厉侵占吉林。《大公报》发表社评《国联发言后之辽吉被占事件》,对蒋介石的国策提出异议:"夫养兵百余万,而外患之来,专以不抵抗为标榜,世界自有历史以来,应断无如此无耻之国民。且不抵抗云云,究以何时为止,限度如何?充不抵抗主义之解释,凡日军所到,即我国所失,是最后只有双手奉送全国而后已。"同时,《大公报》对那些有民族气节、英勇抗敌的将士们,给予极为热情的赞扬,大力宣传其抗战事迹;对那些汉奸国贼之民族败类,则毫不留情地给予揭露和抨击。

1932年"一·二八"事变,竟以可耻的中日《淞沪停战协定》的签订而告一段落。《大公报》发表社评《愿国民清夜自问》:"何以四万万之国,竟成一等弱国?三十年来志士仁人,倡导革命,然革命何以无成?半个世纪以来,渐行欧化,然何以得其粗而遗其精,师其恶而弃其善?何以产生东方伟大文明之宗邦,而其后裔卑俗不肖至此?政府对自己的致命症,何以熟视无睹?"其结论是:"夫中国

---

① 方汉奇主编:《〈大公报〉百年史》,中国人民大学出版社2004年版,第200页。

应自问自责之点甚多,要之,可得一个总的答案曰:皆少数上层社会之罪。"1933年,热河战役又败,山海关诸地失陷。《大公报》发表《当局误国至何地步》社评,指着南京国民政府的鼻子责问:"此暴露军事腐败至何种程度,不得诿责于国力问题。"

尽管《大公报》坚决反对苏联的政治制度,然而1931年仍派记者曹谷冰到苏联考察采访,报道了苏联实施第一个五年计划的情况。后张季鸾发表社评《读日俄工业参观记感言》,承认日本、苏联在工业建设方面所取得的成就,值得国人参考,并指出:"中国人喜谈政治,作政争。实则今后立国之基础,完全在经济。易言之,完全在工农之科学的建设;任何政体之政府,如不能尽力于此目的,必不能长存,……中国之唯一出路,在如何节省国家财力,一面保护私人事业,迅速使全国工业化科学化!"说得相当有道理、有远识,可惜并不为当道者所注意和赏识。

《大公报》"星期论文"专栏也是名家众集,妙文不断。单胡适就有十余篇。1934年12月9日,他发表《汪蒋通电里提起的自由》,对政府提出五项要求:"第一,政府应该明令全国,凡不以武力及暴动为背景的结社与言论,均当予以保障,而不加以防制。第二,政府……应该明令一切党政机关不得因思想言论逮捕拘禁人民。第三,政府应该即日禁止公安与司法机关以外的一切机关随意逮捕拘押人民。第四,政府应该明令取消一切钳制报纸言论与新闻的机关。第五,领袖诸公应早日停止一切统制文化的迷梦。"1935年3月31日,他发表《试评所谓"中国本位"的文化建设》,认为应该"让那个世界文化充分和我们的老文化自由接触,自由切磋琢磨,借它的锐气来打掉一点我们的老文化的惰性和暮气。"12月15日,他发表《为学生运动进一言》,指出:"变态的国家,政治太腐败了,国民又没有正式的纠正机关(如代表民意的国会之类),那时候,干预政治的运动一定是从青年的学生界发生的。……懂得了这一条很浅近的历史公例,我们就应该明白,这几年中国国难之下,青年学生的沉寂,只是一种变态,而不是常轨。"《大公报》从1934年1月开始的"星期论文",到1949年6月共刊出七百余篇,为中国社会贡献了许多有价值的思考。

1936年12月,西安事变爆发。《大公报》发表《给西安军界的公开信》,谴责张学良、杨虎城发动兵谏,要求他们向蒋介石谢罪。宋美龄叫大公报馆把那天的报纸加印了几万份,用飞机在西安上空散发。事变平息后,张学良遭到扣押,《大公报》并不责备蒋介石食言,仍发表社评《对西安负责者之最后警告》,说:"中国苟欲维持为一国家,决不容某一部军队之叛乱,对顽迷不悟之叛军,最后只有以武力讨伐之。"可见,在西安事变中,《大公报》完全站在蒋介石的立场之上。

1935—1938年，范长江为《大公报》记者、采访部主任。他在1935—1936年考察西北地区，发表系列通讯，揭露西北地方政府之弊政、人民啼饥号寒之悲景。他还首次透露了红军长征的一些真实情况，在《大公报》上共发表21篇通讯，其中有6篇直接写红军，约有2万余字，后报馆将其辑成《中国的西北角》一书。随后（1937年2月），他来到延安，遍访中共领导人物，尤其是将与毛泽东的对话写成著名通讯《陕北行》，连续发表在《大公报》上。《大公报》打破国民党的新闻封锁，向广大读者介绍了中共领导人的音容笑貌及其民族统一战线政策与陕北红色根据地的情况。此举在当时是颇为惊人的，完全突破了国民党的新闻钳制，致使蒋介石大骂《大公报》。

吴鼎昌提出办报"有独立资本"、"不拉政治关系"，老总"不兼外职"诸原则。1926年9月1日，《大公报》载《本社同人之志趣》（张季鸾执笔），提出"四不"方针：不党、不卖、不私、不盲，成为《大公报》成功的秘诀。吴鼎昌在1935年加入蒋介石的"人才内阁"，任实业部长。抗战爆发后，他又担任过贵州省主席诸职，1944年奉调重庆，任国民政府文官长，成为蒋的重要幕僚。6月4日，他仍对《大公报》工作人员这样说："我们办报是为新闻的——我们办的这张报纸是毫无目标，如果说有目标的话，那就是为新闻而新闻，要真心做人民的喉舌。我们不是为了某种利益而办报，更不是为了某一派别而办报，也绝不为某一个人而办报，我们是为了人民全体的利益而办报。"①

六、成舍我与《民生报》、《立报》

1927年4月，成舍我在北平继续出版《世界日报》的同时，又与李石曾、吴稚晖在南京共同创办的《民生报》，自任社长。《民生报》采取"小报大办"方法，内容充实，版面生动，风行一时，成为《世界日报》的南京分馆。1930年，成舍我与李石曾以接洽学术文化为名，赴欧美考察各国新闻教育事业。次年回国后，他决心学习西方的报业模式，主张报纸言论应完全听从民意的支配。其办报口号为："资本家出钱，专家们办报，老百姓讲话。"②1933年，成舍我创办北平新闻学会。他还在《世界日报》社址创办"北平新闻专科学校"，以"手脑并用，德智兼修"为校训，从初级班办到高级班，1937年开办本科。"七七"事变后，北平沦陷，学校只得停办。

---

① 《大公报历史人物》，香港大公报社2002年出版，第64页。
② 毕群：《成舍我与重庆〈世界日报〉》，转引自白润生：《中国新闻通史纲要》，中央民族大学出版社2004年版，第180页。

1934年,张友鸾任《民生报》总编,在成舍我的支持下,5月报道了政务处长彭学沛用13万盖大楼,主体工程偷工减料,却为自己盖了栋洋房的事情。南京新闻检查机构将其删扣,成舍我拍案而起,指示报社照旧刊出。见报后,行政院长汪精卫见自己亲信被曝光,大为震怒,通知南京警方责令《民生报》停刊三日。成舍我不服,报纸复刊后就发社论,指责当局非法摧残舆论,表示要抗争到底。经汪精卫首肯,彭学沛向地方法院控告《民生报》"妨害名誉"。成舍我亲撰一篇万言答辩书,准备把事情搞大。中央社萧同兹、老报人程沧波出面调停,成舍我不接受。6月18日开庭,成舍我在法庭上作了两小时的答辩,原告被驳得哑口无言,法院却依然判成舍我短期徒刑"缓期执行"。成舍我第二天就将答辩书登在报上,请社会公论。

1934年7月,当局借口《民生报》刊登德国海通社一条军事消息有泄密之嫌,将成舍我等拘捕。据《世界日报》陈云阁回忆,当时监察院长于右任与汪精卫因铁道部向国外购买建筑材料中的贪污问题而发生争执,蒋介石为平息内讧,电谕二位以大局为重。陈云阁当即写成一稿,成舍我批示把它作为头版头条,用《蒋电汪、于勿走极端》为题登载,进一步得罪汪精卫。当局随即以"捏造文电、鼓动政潮"的罪名,令宪兵"立即查封《民生报》,拘办负责人,并严究消息来源"。7月23日,《民生报》被查封,与成舍我一起被拘捕的还有陈云阁、赵冰谷、钟贡勋,被关四十余天。后因有外交部次长唐有壬等的说情,加上9月1日记者节的到来,才准予众人保释。事后有人劝说:"新闻记者与行政院长碰,总要头破血流。"示意应低头和解。成舍我答:"我和汪碰,最后胜利必属于我,因为我可以做一辈子新闻记者,汪不能做一辈子行政院长。"

1935年9月,成舍我又与人合资在上海创刊《立报》,这是一张大报性的小型报,其主旨为:"对外争取国家独立,驱逐敌寇;对内督促政治民主,严惩贪污。"共产党员恽逸群主编国际新闻版,兼写社论;共产党员徐迈进主编本市新闻版;萨空了主编副刊《小茶馆》,后为总编辑。《立报》特点是通俗易懂,版面紧凑,组稿精编,副刊《言林》等各具特色,注重独家采访。它有自己的电台,可直接收到国内外各通讯社的电稿,新闻及时。遇有重大新闻,该报不惜派记者跟踪采访。如1935年"一二·九"运动期间,上海学生去南京请愿,记者随行,报道中出现上海教育局长潘公展向学生下跪以求学生勿再前行的细节。该报销量在10万份以上。1935—1936年,陈铭德、张季鸾、成舍我参与组织南京新闻学会和天津新闻学会。

1936年11月23日,《立报》最早捅出令全国震惊的新闻《今晨七人被捕》,抗日救国"七君子"事件拉开序幕。此后,《立报》对"七君子"案给予全程跟踪报道,并刊登其《答辩状》,详尽说明七君子"爱国无罪",在读者中引起强烈反响,对国民党政府迫害爱国人士的鄙劣手段给予有力的揭露。1937年抗战时,该报销量达20万份,创下纪录。成舍我因不满社内牵扯太繁和报纸"左"倾言论太多,11月宣布《立报》停刊,1938年在香港复刊,至1941年12月终刊。1942年,他在桂林创办"世界新闻专科学校"。1943年,他赴重庆出席国民参政会,坚持民间形象,拒绝官方邀其接任《扫荡报》社长。

七、自由主义诸刊物

自由主义第二份刊物《新月》,1928年3月由闻一多、徐志摩、胡适、梁实秋等在上海创办。徐志摩发表《"新月"的态度》一文,宣称"新月刊是独立的",主张思想言论自由,为维护人的健康与尊严而奋斗,并突破纯文学范围的限定,进一步向政论诸文体开放。1930年1月10日发表的《"新月"敬告读者》一文中说:"不错,我们是谈政治了……我们没有党,没有派,我们只是个人用真名真姓说我们的真话。我们几个人说的话并不一定是一致的,因为我们没有约定要一致。"罗隆基在留学7年后归来,加盟撰稿人的队伍,提供了新的动力。《新月》成为继《努力周报》后自由主义知识分子发表政治见解的重要阵地。该刊物维持到1933年6月,出到四卷七期后停刊。

1929年,在《新月》二卷二号上,胡适发表《人权与约法》,抨击国民党统治下恶劣的人权状况,指出实际生活中,无论什么人,只需贴上"反动分子"、"土豪劣绅"、"反革命"、"共党嫌疑"等招牌便都没有人权保障。"又如安徽大学的一个学长,因为语言上顶撞了蒋主席,遂被拘禁了多少天。他的家人朋友只能到处奔走求情,决不能到任何法院控告蒋主席。只能求情而不能控诉,这是人治,不是法治。"他呼吁当局尽快制定约法以保障人权。文章发表后引起中外舆论界的广泛注意。胡适在《新月》二卷六、七号合刊上发表《新文化运动与国民党》,评论国民革命道:"新文化运动的一件大事业就是思想的解放。我们当日批判孔子,弹劾程朱,反对礼教,否认上帝,为的是要打倒一尊的门户,解放中国的思想,提倡怀疑的态度和批判的精神而已。但共产党和国民党协作的结果,造成了一个绝对专制的局面,思想言论完全失了自由。上帝可以批评,而孙中山不许批评。礼拜可以不做,但总理遗嘱不可不读,纪念周不可不做。"所以,在思想言论自由这一点上,我们不能不说国民政府所代表的国民党是反动的。胡适要求废止一切钳制思想言论自由的命令、制度、机关,取消统一思想与党化教育的迷梦。他最后警告说:"如果这几件最低限度的改革还不能做到,那么,我的骨头烧成灰,将来总有人会替国民党上'反动'的谥号的。"

胡适的上述言论,引起国民党的极大不满,组织力量讨伐胡适。上海市党部作出决议,称:"中国公学校长胡适,公然侮辱本党总理,并诋毁本党主义,背叛政府,煽动民众,应请中央转令国府,严予惩办。"1929年10月4日,教育部奉令对胡适加以警告,并称:"为政府计,为学校计,胡适殊不能使之再长中国公学。"① 胡适不服,将其中不合逻辑的地方及其个别错字改正后,原封寄给教育部长蒋梦麟。按理,政府是无权撤私立学校校长职的,但是此时中国公学正在办理立案手续,胡适因政府刁难而被迫辞职。

自由主义第三份刊物《独立评论》,1932年5月创刊,至1937年夏终刊。这一时期,由于日本发动侵华战争,激起中国本土的民族主义的情绪,出现了新独裁主义的要求。如丁文江在3年中给杂志写了64篇文章,既谈中国工业化问题,也研究日本政治,而最引人注目的是在《民主政治与独裁政治》一文中提出"试行新式独裁"的主张。丁文江可谓中国当时最优秀的科学家之一,有"中国现代地质之父"的称号,其办事能力、行为品德也为公众所称赞,然而在政治上竟然如此的幼稚。蒋廷黻随后发表《革命与专制》等文表示支持,后受到蒋介石的召见且被委以政职。而自由主义者既要反对左翼的革命倾向,又要坚持自由高于救亡的价值优先,反对新独裁主义,陷于两面受敌的困境。

胡适在《独立评论》38号上发表《民权的保障》,反对中国民权同盟无条件释放一切政治犯的要求,指出:"一个政府要存在,自然不能不制裁一切推翻政府或反抗政府的行动。向政府要求革命的自由权,岂不是与虎谋皮?与虎谋皮的人,应该准备被虎咬。这是作政治运动的人自身应负的责任……离开了这个立场,我们只可以去革命,但不算是做民权保障运动。"结果,胡适被取消了同盟会员的资格。他在《独立评论》141号上发表《从民主与独裁的讨论求得一个共同的政治信仰》,总结道:"国民党如果不推翻孙中山先生的遗教,迟早总得走上民主宪政的路。"他指出:"在这样走上民主宪政的过程上,国民党是可以得到党外关心国事的人的好意的赞助的。"胡适几乎独立支撑着自由主义的传统立场,反对加强国民党政府权威的新独裁主义。

1931年8月,曹聚仁在上海创办《涛声》周刊,提出虚无主义,倡导怀疑精神,借古讽今,插科打诨,文风颇为活泼且尖锐。该周刊在1932年"一·二八"炮火中被迫停刊,8月重新发刊。1933年8月12日,林丁、曹聚仁《论上海文坛》一文中重申其虚无主义立场:"虚无主义者,在苦闷的空气之下,面正对着现实,拼命自己找出路,并非歇在路边乘风凉,说说闲话也。《涛声》之所以变成乌鸦,讨人不欢喜,即在于此。虚无主义到了极端,否定一切,也是应有的逻辑。我可不这样极端,不过所谓文人,所谓知识分子,早就看得不值半文钱。我不但不想

---

① 转引自白吉庵:《胡适传》,人民出版社1993年版,第287页。

上文坛,而且决定走出知识界,'脱下长衫,莫作奴才',这是我的口号。"其"脱下长衫,莫作奴才"口号,在读者中引起广泛共鸣。《涛声》发行两周年时,刊行特大纪念号,鲁迅也寄来祝贺文章,说"我是爱看《涛声》的"。11月底,政府以"袒护左翼,诽谤中央"的罪名查禁《涛声》。

八、陈铭德、邓季惺与《新民报》

1929年9月9日,《新民报》诞生于南京。社长陈铭德(1897—1989),四川重庆人,1919年入北京政法大学,深受西方自由主义新闻思想影响,兼任《国民日报》编辑,加入国民党。1924年,他回四川在成都法政学校教新闻学,兼《新川报》编辑,后又任《新川报》总编辑和重庆《大中华日报》主笔。1928年,他应朋友之邀到南京中央通讯社参与编务。1929年,他得四川军阀刘湘支持和国民党中央宣传部的资助,与同事吴竹似、刘正华共同创办《新民报》,约请张友鸾任总编辑,打开局面。1931年9月9日,他在《新民报两周年纪念增刊》上提出办报"四事"与同人共勉:"一传达正确消息,二造成健全舆论,三促进社会文化,四救济知识贫乏。"他坚决表示:"决不官报化,传单化。"

1931年12月5日,北大学生赴京示威团在南京街头游行,反对政府对日妥协,高喊"打倒卖国政府"等口号,与军警发生激烈冲突,185人被捕。第二天,《新民报》发表社评《北大学生被拘事件》,认为:"盖当局之于学生,只应如家长之于子弟,虽子弟有轨外之行,家长只能导之以理,而不能随意予以夏楚。质言之,当局只能对学生用感化,不必对学生用武力。"12月15日,各地大学生云集南京国民党中央党部,再次请求政府出兵抗日,又与军警发生冲突,学生代表多人被捕,有官员主张将学生处以死刑。第二天,《新民报》发表社评《昨日中央党部门前学生行动评判》,其中一段文字耐人寻味:"所幸今日政府,乃民从之政府,故时时尚能予以优容。假使有一二不肖之徒,从中挟嫌中伤,则死一学生即减少国家一份力量,学生诸君愿之乎?学生诸君如以赤血牺牲一不肖之手,何若准备牺牲于未来疆场之上乎?试观昨日在中央党部被逮之学生,有主释之者,有主杀之者,使真杀之,诸君又将何以对学生耶?"

12月17日,有请愿学生被军警击毙并推落南京珍珠桥下。对此,第一党报《中央日报》居然说是"自行失足落水"。而《新民报》在披露事实真相时,还悲愤地刊诗一首,其中有两句:"中央日报门前,不知多少冤鬼?"《中央日报》遂以诬蔑中伤为由,要将《新民报》告上法庭,由于学生纷纷表示愿往作证,终使其却步而作罢,但陈铭德还是受到了国民党宣传部的警告。12月20日,《新民报》表示"屈服",在"星期评谈"《学生应有之觉悟》中幽默地说:"青年学生之责任,乃在唤起广大民众共同对外；其对于政府，不过以民众力量，采取有效方法，以监督其不敢卖国与不敢误国而已。"

1932年1月17日，《新民报》发表社论《请对日绝交》；26日，又发表社论《再论对日绝交》，谴责政府的软弱；"一·二八"淞沪抗战爆发，发表社论《救国之最后一着》，为抗日军民打气。由于坚持发表有关抗日形势及学生请愿等消息，《新民报》曾招致国民党中央宣传部的严厉斥责。6月19日，《新民报》受到"首都警备司令部"停刊一日的处分，原因是两天中有三条新闻未送检即"径行发表"。国民党中央宣传部每月给《新民报》的800元津贴也从此停发。

《新民报》对学生的同情和对学潮的声援，在1935年6月罗承烈担任主笔后更为明显。一二·九运动后，该报连续发表社评《北平学生万岁》、《为北平学生运动，敬告全国青年》、《再论学生运动》等，悲愤地批评政府无权横加干涉和武力镇压学生的合理举动。该报后又刊登首都妇女救国会和南京学术团体救国会筹备处的"寻找学生代表启事"，暗示学生失踪可能被捕，终于惹恼当局。12月26日，南京警察厅把陈铭德拘留，给《新民报》停刊三日的处分，并指责这个启事"暗示学生群众，政府扣留了他们的代表，故意造谣，煽动学潮"[1]。然而，《新民报》复刊后一如既往地支持学潮，关注民生，接二连三地发表《再论失业问题》、《为灾民请命》等文章，连续报道"七君子事件"，并发表了反对政府出台《新出版法》的社评。这导致检查机构对它严厉监控，扣压相关文章，以致"开天窗"成了家常便饭。如1936年，由于纪念"九一八"的社评和副刊文章被扣，陈铭德指示编辑部在巨型天窗中嵌入"请看新民报言论正确消息灵通"大字，以示抗争。

1933年，邓季惺与陈铭德结为伉俪，她毕业于朝阳大学法律系，曾主编《新民报》副刊《新妇女》，并主持"法律问答"专栏，发表了许多很有分量的文章，如《妇女运动的时代性》、《妇女运动与家庭》、《刑法通奸条文极不平等》、《反对只许州官放火的立法》等。1936年，她任副经理，健全财务会计、广告、印刷、发行等方面制度，成为陈铭德的得力助手。1937年6、7月间，为了谋求生存，《新民报》股份公司成立，董事会包括了国民党统治集团中各派各系的人物。这种转变不仅是企业经营上的，还在于她在政治上试图寻求一种发展的保障，反映出报人在时局下委曲求全的气度。

1936年2月25日，陈铭德在南京冬令讲学会上发表演讲，说："中国的新闻事业不发达，大概以外原因为最多，尤其受政治影响，使舆论界得不着十分的保障，大家兢兢业业，连什么话也不敢说了。报纸原来是民众的喉舌，喉舌受了

---

[1] 蒋丽萍、林伟平：《民间的回声》，新世界出版社2004年版，第57页。

钳制,他如何可以发扬光大呢?譬如就采访言之,不要说大人先生们很不愿意见新闻记者,到处饷以闭门羹,即使幸而偶有收获,但一切消息非经检查后不能发表,于是发表的消息,各报千篇一律,结果大家用不着特别采访,大家也用不着多读报纸,报纸既不能登载特别消息,又不能随便立言,新闻事业之无从发达,自是意料中事。"①

九、邹韬奋与《生活》周刊

《生活》周刊,1925年10月由上海中华职业教育社创办,1926年邹韬奋任主编。每期都发表署名"韬奋"的"小言论",很受读者注意。"九一八"事变后,该周刊大量刊载时事政治材料,大声疾呼抗日救亡,勇敢揭露国民党统治的腐败,如调查揭露了交通部长王伯群贪污交通建筑费造房纳妾的丑行;尤其是抨击国民党"攘外必先安内"的错误国策,批评其压制抗日言行。1932年,国民党下令停止《生活》周刊的邮寄,但是在周刊员工的努力下,其发行量还是超过了15万份。《生活》周刊所辟《读者信箱》,将读者看作朋友,树立平民化的办报风格。在编辑方针上,它也颇重视个性特色,要求文字生动,有创造精神。《生活》周刊在读者服务部基础上成立了生活书店,1933年又成立了"生活出版合作社"。1933年的《生活》周刊第8卷,发表了一系列宣传唯物主义、社会主义的文章。12月,国民党以"言论反动、思想过激、毁谤党国"的罪名,查封《生活》周刊。

邹韬奋(1895—1944),原名恩润,乳名荫书,江西余江人,出生在福建永安。他1912年就读于上海南洋公学,立志做新闻记者。他1921年毕业于圣约翰大学,做过文秘等工作。1922年,他任中华职业教育社编辑股主任,主编《教育与职业》月刊。1926年,他接办《生活》周刊,正式从事新闻工作。1932年6月,中国民权同盟总干事杨杏佛被暗杀。邹韬奋因参加民权同盟也被列入暗杀名单,只能出国流亡,先后赴欧洲、苏联、美国进行考察。期间,他为《生活》写了大量旅行通讯,陆续编成三本《萍踪寄语》。

邹韬奋于1935年8月回国,11月又在上海创办《大众生活》周刊,热情报道"一·二九"运动,称颂学生救亡运动,发行20万份。1936年2月,周刊登载上海文化界救国会发表的《对中宣部告国人书之辩正》,反驳中宣部的诬蔑不实之词。他继承《生活》周刊的做法,开辟"星期评坛"、"国难课程教材"诸栏目,很快又被查封。6月,他再次流亡香港,在港创办《生活日报》,宣传抗日救亡,揭露日军在中国的暴行,出版了55天。8月,他回到上海,改出《生活星期刊》,增加

---

① 蒋丽萍、林伟平:《民间的回声》,新世界出版社2004年版,第52页。

4页图片,内容更为丰富,至第28期被查封。11月,他作为"七君子"之一被捕,在狱中坚持斗争,直到出狱。

邹韬奋主张为大众利益办报,为读者权益服务,密切联系人民群众,反映民众的呼声,"以社会的改进为鹄的"。他尤其为抗击日寇、批评政府、唤醒民众做了大量工作,表现出高尚的民族气节。1928年,他在答复一封读者来信时说:"我深信没有骨气的人不配主持有价值的刊物,区区既忝主本刊笔政,我的态度是头可杀而我的良心主张,我的言论自由,我的编辑主权,是断然不受任何方面任何个人所屈服的。"①1932年,他指出:"言论机关新闻事业非有独立的精神,决难始终维持其公正的态度。"②他还多次撰文声明自己主编的《生活》等报刊绝对没有什么党派为背景,"对问题或国事有所评论,全以多数的民众为立场"③。他一生创办过七种报刊,三次被迫流亡,一次被捕入狱,为其热爱的新闻事业忘我工作、坚定不移、鞠躬尽瘁。

十、新闻学教育事业的发展

1928年秋,广州设立中国新闻学院,由谢英伯主持,后改为中国新闻学校,是我国第一所新闻专科学校。同年底,顾执中在上海创办民治新闻专科学校,历时二十余载,抗战时迁重庆等地。顾执中还在缅甸仰光和印度加尔各答等地办民治新闻专科短期班。抗战胜利后,除上海本部复校外,还设有香港分校。这时,校名改为"上海民治新闻学校",招收新生以工农兵为主要对象,至1953年停办。它为国家培养了大批新闻专业人才,办学期间不设训导主任,对学生政治活动不加干涉,招生注重实际水平,办学体现求实进步的风格。

顾执中(1898—1995),出身贫寒,1923年毕业于一家教会中学,入上海《时报》当驻外记者。他1924年任景林堂夜中学校长,开始了记者兼教育家的生涯。他1927年到《新闻报》工作,后任采访部主任,报道重要消息,机敏勇敢。北伐时,他曾深入前线随军采访,成为一名出色的战地记者。他精通日、英、德语,1931年、1932年两次到东北,冒险调查"九一八"事变,发表《东北吁天录》等报道,向人民揭露日本侵略之真相。1934年,他赴欧洲各国及美、日等国考察新闻及其教育。抗日战争期间,他遭敌伪枪伤而避至香港,后再出国,曾任缅甸《觉民日报》主笔、印度加尔各答侨报《印度日报》社长兼总

---

① 邹韬奋:《答复一封严厉责备的信》,载《生活》周刊第四卷第一期,1928年11月18日。
② 邹韬奋:《正在积极筹备中的生活日报》,载《生活》周刊第七卷第十三期,1932年4月2日。
③ 邹韬奋:《与读者诸君告别》,载《生活》周刊第八卷第五十期,1933年12月16日。

编辑，直到抗战胜利才回国。他一生足迹遍天下，写下大量新闻作品，其中又以考察报告占据着突出的位置。他的作品有一定的针对性，不是人云亦云，而是自己反复思考，对事实和数据进行深入的分析判断，报道点面结合，具体生动，显示出独有的风格和特色。

复旦大学新闻系由谢六逸、陈望道创建，两人先后为主任，都为该专业的建设与发展作出了贡献。1917年，复旦大学成立国文部，聘《民国日报》编辑邵力子任主任。1924年，国文部改名"中国文学科"，陈望道建议设立"新闻学讲座"。1926年，新闻学讲座扩大为"新闻学组"，聘谢六逸等为教授。谢六逸（1898—1945），贵州贵阳人，留学日本早稻田大学文科。1927年，复旦大学中国文学科改为中文系，陈望道为主任，力主将"新闻学组"从中文系独立出来。1929年，新闻系成立，谢六逸担任主任有10年之久，著有《实用新闻学》、《国外新闻事业》、《通讯练习》等。30年代，他曾兼主编《立报》副刊《言林》、《国民周刊》、《趣味》周刊、《儿童文学》等，为当时最有影响的新闻教育家。抗战期间，他曾任大夏大学文学院院长。复旦大学新闻学会主办过《新闻世界》、《明日的新闻》、《新闻学期刊》等刊物。1935年10月，复旦大学新闻系还主办了中国首次"世界报纸展览会"，展品有三千多件。

黄天鹏（1909—1982），广东普宁人，1929年为复旦大学兼沪江大学新闻系教授。他早年在日本早稻田大学攻读新闻学，回国后发起成立北京新闻学会，主编学刊《新闻学刊》。他1928年主编北平《全民日报》副刊《新闻周刊》，同年到上海为《申报》主笔，并主编《时事新报》副刊《青光》。他著有《新闻与新闻记者》、《新闻文学概论》、《现代新闻学》、《新闻学概要》、《新闻学入门》、《新闻记者论》、《中国新闻事业》等，同时编辑了《新闻学名论集》、《新闻学演讲集》、《新闻学论文集》、《新闻学刊全集》、《报学丛刊》等多种新闻学文集，在现代新闻学界中学术成果最为丰硕。抗战期间，他任重庆《时事新报》经理兼中央政治大学新闻系教授。他1949年去了台湾，兼任多所大学的新闻学教授和《宪政时代》主编。

燕京大学新闻系，1927年因经济拮据而停办，1929年9月恢复，梁士纯为系主任。该系与美国密苏里大学新闻系建立了交换教授与研究生的合作关系，用英文教学，每年春季举办"新闻周"，请著名专家来讲演。

1933年，史量才创办申报新闻函授学校，招收学生五百多名。1935—1936年，该校出版了有关新闻学的16种函授教材，包括《新闻学概论》、《报业管理与组织》、《实用新闻学》、《通讯练习》、《评论作法》、《新闻储藏研究》、《记者常识》、《报纸印刷术》、《新闻发行学》、《广告学》、《本国新闻事业》、《国外新闻事业》、《出版法》、《时事问题研究》、《散文研究》、《报文选读》等，内容丰富，涵盖面广,反映了当时中国新闻学研究的水平和具体面貌。1936年,学校停办。

十一、新闻业其他相关概况

申时电讯社创办于1928年的上海,由《申报》经理张竹平主持。该社每日收发电讯6万余字,30年代初与110多家报社签订供稿协议,在当时国内有较大影响。后来,张竹平离开《申报》,又与他人合股购下《时事新报》、《大陆报》,创办《大晚报》。这样,张竹平将三报一社联合起来,设立一个共同的办事处,在业务方面紧密合作,互通有无,人称"四社"。1934年,股份公司成立,在北京、天津、香港都设有分社,中国第一个报业托拉斯雏形初显。另外,还以四社名义成立"四社出版社",成立"四社业务推广部",出版《报学季刊》、《申时经济新闻》、《时事年鉴》等书刊。该社于1937年上海沦陷时停办。

国民政府1928年12月公布《广播无线电台条例》,1929年8月颁布《电信条例》,允许公私团体和个人经营广播电台。30年代初,我国出现一批民营广播电台,半数集中于上海。1929年12月开播的上海广播电台(后改称"亚美广播电台"),为中国现代开办时间最长的民营台,直至1952年被公私合营。1934年,上海登记在册的广播电台有50座,除5座外国人开办外,其余均为民营台。到1935年3月,才出现第一座官办广播电台。民营台分三类:一为教育台,二为宗教台,三为商业台。民营台一般规模小,娱乐节目为主,格调不高,后也有一些投入到抗日救亡运动中。1934年11月,上海成立民营无线电播音业同业公会。

私营报刊也有所发展。据1931年8月前的统计,上海一地出版的报纸有50余家,通讯社达14家。各地曾遭到军阀查封的报纸大都得以恢复出版。除著名私营报刊外,学生救亡报刊也不少,如北平学生联合会的《学联日报》、清华大学的《觉民报》、燕京大学的《燕大周刊》和《一二九特刊》、北京大学的《北大周刊》等。其中影响最大的是《燕大周刊》,1935年12月发表了斯诺的《毛泽东访问记》。还有一些群众救亡团体报刊,如华北和北平各界救国联合会的《华北呼声》,北平妇女救世主国会的《北平妇女》,中华民族解放先锋队的《民族解放》、《我们的生活》、《活路》等。

据国民党内政部公布的有关新闻事业的统计材料,全国报馆数,1931年为488家,1932年为867家,1935年为1000家,1937年达1077家。以1936年为例,全国报社约1053家,通讯社约788家,杂志社约1875家,主要分布为:上海679家,南京371家,浙江368家,北平352家,湖南244家,河北240家,湖北208家,四川158家,山东145家,河南136家,广州135家,安徽114家,江苏108家,山西90家,江西70家,福建67家,青岛46家,天津35家,绥远32家,陕西30

家,云南 29 家,甘肃 23 家,察哈尔 19 家,贵州 14 家,青海 8 家,宁夏 3 家。这显示出新闻报业中心南移,单上海、南京、浙江、江苏、湖南、湖北数地之和已占据大半之数。江浙地区经济文化的稳定发展,为私营新闻报业提供了较好的拓展空间。

1933 年有"杂志年"之称,中国的大部分杂志集中在上海出版,上海被称为"杂志的麦加"。据有关统计,上海这一年共出版了至少 215 种杂志,按门类分,人文科学 102 种,文学艺术 40 种,应用技术 32 种,普通杂志 38 种,自然科学 3 种。1934 年 9 月在上海创刊的《世界知识》,由胡愈之、金仲华、钱俊瑞等发起创办,为中国第一份以评述国际时事为主要内容的刊物,开创了我国新闻界评述国际新闻的先声。抗战期间,《世界知识》迁往汉口、广州、香港,1945 年在上海复刊,1950 年迁至北京。

1931—1937 年出版的小报约有一百多种,与 20 年代的七百多种相比,减少了许多。其中,出版时间长、影响较大的仅二三十种。不过,许多小报一改过去不问政治时事、偏重娱乐消遣的面貌,而熔政治、经济、文化与社会新闻于一炉,向综合性方向发展。

当时的私营出版业也颇为繁荣,许多文化名人都与出版业结下不解之缘,如曾朴父子的真善美书局、徐志摩的新月书店、王礼锡的神州国光社、巴金的文化生活出版社、郭沫若的群益出版社、陈望道的大江书铺、张资平的乐群书店、姚蓬子的作家书屋等等。鲁迅一生就办过七个出版社,其出版之自由度可以想见。30 年代,上海的出版社、印刷厂约有百余家,以商务、中华、世界、大东、开明、正中等六大出版机构为最,几乎占全国出版业的一多半市场。其中,只有正中书局为国民党官办,其余都为民营企业。而 1935 年与 1936 年成为中国出版业的最高峰年代,如商务印书馆在民国初期每年只出书百余种,1930 年达 957 册,1933 年 1430 册,1934 年 2793 册,1935 年 4293 册,1936 年 4938 册,占到全国的 52%。商务印书馆、中华书局、世界书局三家出书总和,1935 年为 9233 册,1936 年为 9438 册,分别占全国出版总量的 62% 和 71%。有学者慨叹:"于是,1935—1936 年也就成为中国近代出版高峰的一个历史绝唱。"①

十二、记者节与"新生事件"

以蔡元培为首的一些自由主义知识分子,在国民党掌权初期曾对其表现出相当的期待,如著名的自由主义思想刊物《现代评论》就明确表达了对国民党的

---

① 王建辉:《出版与近代文明》,河南大学出版社 2006 年版,第 149—150、156 页。

某种赞赏态度。然而,其短暂的选择"失误",很快就被国民党"以党治国"的专制主义国策逼到了相当尴尬的境地,很快从极权主义的逼迫中警醒过来,重新回到本朴的自由主义立场。

1933年1月21日,镇江《江声报》经理兼主笔刘煜生被国民党江苏省政府主席顾祝同下令枪决,罪名是"蓄意煽起阶级斗争,鼓动红色恐怖","宣传共产",而证据仅仅是《江声报》副刊《铁犁》上发表的《当》、《下司须知》、《涛声》、《端午节》等几篇描写社会生活的小说。22日,上海《申报》披露了此案,舆论为之大哗,激起社会各界的强烈抗议。中国民权保障同盟两次发表宣言,明确指出:刘"非死于描写社会生活之文字,而实死于揭载鸦片公卖之黑幕"。全国律师协会决定提出控诉,上海日报记者公会召开紧急会议商讨对策,两百多名记者联名发表声明,谴责顾祝同"毁法乱纪,摧残人权",要求予以制裁。南京的首都记者协会也要求"严惩苏省当局,以保人权"。北平新闻记者公会举行追悼会,并通电全国,要求严惩凶手。迫于舆论压力,国民党监察院曾装模作样地对此案进行了调查,表示要"弹劾"顾祝同,但后又借口顾是军人,无法办理此案而不了了之。

1933年9月1日,由于开放言论自由而保障人身安全的呼声日益强烈,国民政府不得不发布一个《保护新闻从业人员》的命令,内云:"查人民非依法律不得逮捕拘禁审问处罚,与人民有发表言论及刊行著作之自由,非依法律不得停止或限制之,训政时期约法第八、第十五条已经明白规定。"国民政府还训示各级国民党政府和军人:"对于新闻从业人员,一体切实保护。"这无非是企图缓和一下新闻和各界民众的不满情绪,并无实质性的具体保护措施。1934年8月,杭州记者公会发出倡议,定9月1日为记者节,得到各地新闻界的响应。9月1日,北京、杭州、太原、长沙、青岛、南昌、厦门等地新闻界分别举行庆祝活动。1935年,"九一"记者节得到全国新闻界的确认,连海外华侨新闻界亦予认同。此后,每年9月1日,全国新闻界都要举行保障记者安全、维护言论自由的纪念活动。

1935年2月,杜重远在上海创办《新生》周刊。5月的2卷15期刊载艾寒松化名"易水"所写的《闲话皇帝》一文,谈到日本时说:"日本的天皇是一个生物学家,对于做皇帝,因为世袭的关系,他不得不做,一切的事,虽奉天皇之命而行,其实早作不得主……日本的军部、资产阶级,是日本的真正统治者。"所以,日本天皇是古董、是傀儡,而溥仪更是傀儡的傀儡。日本保留天皇,"是企图利用天皇来缓和一切内部各阶层的冲突和掩饰一部分人的罪恶"。报纸一出,借机寻衅的日本人便大闹起来。日本总领事说该文"侮辱天皇,妨害邦交",组织日本浪人示威,要求禁止周刊发行和惩办当事人。国民党当局居然亲日媚外,查封周刊,对发行人杜重远提起公讼。

《新生》周刊散发《告别读者诸君》传单,要国人记住这一屈辱,坚信最后胜利属于人民。日方探悉此案将以罚款了结,再次向当局施压。7月9日,江苏高等法院第二分院开庭审理,群众近千人旁听。杜重远严正申诉:"《新生》文章并无侮辱天皇之意,希望日本不要干涉中国内政,如天皇能对军人加以约束,应令日军撤出东北,还我河山。"而法庭早奉令结案,判杜重远散布文字,构成诽谤,处一年零两个月徒刑,没收《新生》2卷15期。杜重远当庭疾呼:"法律被日本人征服了!我不相信中国还有什么法律!"愤怒的听众也高呼"爱国无罪!"、"打倒卖国贼!"等口号。许多报刊也纷纷报道了这一事件,痛斥国民党媚日妥协,制造了中国现代最屈辱的新闻外交事件。杜重远1936年出狱后,投入爱国救亡运动,1940年在新疆被盛世才软禁,1944年遭杀害。

十三、新闻业发展的有关分析

通过对上述诸问题的例举及有关数据的分析,我们或会有所疑问:在国民党一党专制统治之下,及其对新闻报业的严密控制之中,为什么当时的新闻出版仍颇有生气且有所发展?

首先,国民党统治不得不继承《临时约法》规定的"人民有言论、著作、刊行、集会、结社、书信秘密、居住迁徙、信教等自由"的权利,所以其新闻出版法及其操作规则不能剥夺一般民众的言论出版权。同时,在新文化运动的余绪中,人们已经习惯了新闻出版较为自由的社会氛围,文人们更是在此环境中乐此不疲,依然不时申办各种报刊,且站在各自立场上发表五花八门的观点。国民党统治初期不可能在全国各地很快建立起自己的新闻网络和新闻检查机构,颁布的新闻法规也不严密,对全国的新闻统制不可能一下子很有效,所以是无法实现其思想言论一统天下的"美梦"的。

就是在国民党内部,也是党内有派,思想言论极不统一。除以党营名义建立的中央新闻机构、CC系控制的报刊系统及军队的报刊系统外,也存在反蒋独裁的各派报刊,如以汪精卫、陈公博等人为首的改组派报刊,有上海的《革命日报》、《上海民报》、《硬报》、《革命评论》周刊、《前进》月刊、《民意》周刊、《中华晚报》(后改名《革命晚报》)、《新创造》、《民主》,还有南京的《夹攻》周刊、《中央导报》,成都的《社会日报》及《新创造》、《民主》等刊物,还办过一个"中华通讯社"。以胡汉民、孙科为首的再造派报刊,有上海的《民众日报》、《再造旬刊》。以邓演达为首的第三党报刊,有上海的《革命行动日报》和四川的《成都庸报》等。还有各地军阀控制的报刊,如阎锡山的《晋阳日报》、《山西日报》、《太原日报》、《中报》及"太原通讯社",桂系的《吼报》、《响报》、《冲锋》等。这些报刊在与国民党中央唱反调时,也常遭到查禁。如《硬报》出版才一个月,报社就被当局封闭;后改名《上海小报》,不久仍遭封禁;再办《狂风》,仅发7期,再被查禁。

尽管国民党新闻机构在数量与地位上占据了绝对优势,然而其新闻检查手段也用于国民党自己的新闻报业,进行着全方位控制,稍有失误,便予以训斥或处分,使其新闻报道迟缓、失实,编排死版、守旧,社论与文章千篇一律,用党性原则取消了新闻特性。"不求有功,但求无过"成为所有国民党报人心照不宣的办报准则,其办报意识日趋保守。所以,在质量上,国民党新闻机构根本无法与数量只占三分之一却颇有活力的私营体抗衡。

较为独立的私营新闻报业和出版业的存在与发展,是当时言论自由的经济基础。当然,由于国民党的统制政策,言论往往获罪而视为畏途,也有一些民营报刊实行轻言论重新闻的编辑方针,写作时追求一种四平八稳的文风,对于政府的方针大计,力为阐扬,多方维护;最多揭露一些次要问题,所谓"小骂大帮忙";也或追求华而不实之文采,言不及义,聊以应景;有的甚至走上兜售黄色新闻的末路。但是,民营新闻报刊业的知识分子们与国民党当局的各种抗衡,依然占据着醒目的地位。应该说,十年中,民营报刊业不仅在规模、设备上有明显进步,而且也有不少报人忠于新闻实践,通过自己的辛勤劳动,甚至以生命为代价,为新闻发展贡献力量。

新闻报业与专制政府抗衡的办法,一是直接的宣言、抗议。1930年春,成都报界联合会改组,发表宣言,主张言论绝对自由,报刊应痛陈民众苦难。该联合会曾两次声援重庆《西蜀晚报》与当地军阀之间的斗争,一次是抗议刘湘查封该报,一次是抗议重庆军界捣毁该报。8月,上海平凡书店被国民党查封。上海书业总会发表宣言,抗议当局对文化事业的摧残。1932年12月,中国民权保障同盟在上海举行记者招待会,要求与新闻界同人并肩,为争取结社、言论、出版、集会等民主自由权利而斗争,"共负促进人类社会进步之使命"。1935年底,71位新闻工作者联名发表《上海新闻记者为争取言论自由宣言》。1936年10月1日,巴金、林语堂、洪深、茅盾、鲁迅、冰心、丰子恺、郑振铎、陈望道、黎烈文、王统照、郭沫若、周瘦鹃等21人联名发表《文艺界同人为团结御侮与言论自由宣言》,要求政府"即刻开放人民言论自由,凡足以阻碍人民言论自由之法规,如报纸检查、刊物禁扣等,应立即概予废止"。

二是纡回战术,报刊被查封后,很快再另起炉灶,改名重来。如1929年2月,创造社出版部被上海当局查封,改名"江南书局"后继续出版工作。1932年10月,王造时主编的《主张与批评》在上海创刊,其《国民党怎么办?》一文,质问国民党抗日诸事项,被当局指为"肆意诋毁本党",出3期后被以"反动刊物"罪名查禁。一个半月后,王造时又创办《自由言论》杂志,首篇就发表《安内必先攘外——为政府进一忠言》,批评国民党当局的错误政策,呼吁团结抗日,说:"我不认为国家本身是目的,我坚决反对国家被一个人或少数人所操纵……我要国家,我爱国家,我要的是政治平等的国家,我爱的是经济平等的国家。"1933年底,《主张与批评》也被勒令停刊。当局密令各大学不许聘教王造时,他便改行做律师。

1933年12月,邹韬奋主编的《生活》周刊被查禁。第二年2月,原班人马转而创办《新生》周刊。1934年8月,南京最高法院对陈独秀、彭述之一案的判决书中,提及两人所主编刊物多至百余种,最著名的有《新青年》、《火花》、《校内生活》、《无产者》、《热潮》等。天津《大公报》曾刊出判决书全文。1936年12月,北平大学生创办的《台风》杂志因宣传抗日被查禁。1937年1月,《台风》改名《新知识》出版,5月再遭查禁。

三是敢于报道对国民党不利的新闻。前述实例已很多,再如1930年5月,太原《民话报》刊登《黑幕重重之山西高等法院》一文,揭露该法院太原监所本年前4月非正常死亡人犯达17人,该报编辑因此遭非法拘捕。太原市新闻记者联合会举行集会,声援《民话报》的正义之举。1932年9月,北平新闻记者公会致函市政府、公安局,希望其尊重约法,赋予新闻界言论自由,不得随意干涉;又通电国民党中央和南京政府,吁请保障言论自由和基本人权。此事起因于北平《导报》、天津《益世报》登载第二十九军驻北平办公处处长骗婚新闻一则,编辑遭军人殴打和绑架,后经本地警察交涉,始交警局看管。通电对军阀如此摧残言论、蹂躏人权,要求中央依法处置,并向全国各界求援。

天津天主教会主办的《益世报》,"九一八"事变后聘罗隆基、钱端升为社论主撰,马彦祥主编副刊,其社论、副刊及新闻报道都表现出明确的坚持抗战、反对投降的立场,批评国民党当局的不抵抗政策。"一二·九"运动期间,该报公开支持学生运动,发表《爱国无罪》的社论,受到读者的欢迎。教会报纸能有如此胆略,令人敬仰。

总之,国民党严格禁止的主要是共产党人主办或以其思想为指导的报刊,对其他思想者和一般文学青年主办的报纸刊物还算比较宽松。当时,在上海、北平等大都市中,现实主义的文学创作或学术批评成为知识青年显示自我价值的一种时尚。三两个朋友,凑一两百元钱就可以自费创办一份刊物,如果再将几篇作品结集印成小册子,一个作家或学者也就诞生了。所以,20世纪30年代的作家学者多如过江之鲫,文学青年更是不可计数。应该说,只要不触犯国民党的有关思想禁忌,几个人办一家出版社,创刊一份日报或一本杂志,在当时还是不成问题的。当然，任何私营报刊，如果反对国民党政府的基本国策，而宣传共产主义、社会主义，或严厉批评国民党的独裁统治，都会遭到遏制或摧残。尤其是当时共产党主办的"地下新闻事业"，自然为国民党政权所敌视且严厉镇压。

第十章 抗日战争时期的磨炼

日本人的野蛮侵略,使中华民族遭受了重大而痛苦的劫难,社会各方面都饱受战争创伤,新闻事业也损失惨重。国民党的新闻统制依然颇为严厉,不过在统一战线的旗帜下,各党派和许多民营的新闻机构及各界同仁,在奋力抵抗中重整旗鼓,坚持着艰苦卓绝的对日作战,并依旧朝着民主自由的方向不懈追求,精神可歌可泣。

一、抗战时新闻界概况

1937年"七七"事变爆发,抗战开始。国民党新闻机构在战争中遭受极大破坏,南京的中央通讯社、《中央日报》、《扫荡报》、《民国日报》等新闻机构陆续迁往重庆,并采用在各地出分版的办法扩大宣传网,逐渐恢复其新闻传播网络。1938年以后,《中央日报》逐渐扩大到有12个城市的分社分版,《民国日报》扩大到13个,《扫荡简报》扩大到50个,《阵中日报》扩大到11个。在重庆还出版有《中央周刊》、《三民主义半月刊》、《文化前锋》、《民意》等报刊,依然宣传"一个党、一个主义、一个政府、一个领袖"的法西斯主张。据1944年的统计,各地广播电台有23座,省市党报有41家,县市党报有397家。

卢敦基、周静所著《自由报人——曹聚仁传》这样描述中央通讯社在抗战期间的有关工作:"淞沪'八一三'抗战之后,中央社才正式成立随军记者组,每组配上五瓦特的电台和两名话务员。除了由CC系把持的浙江省外,总社在各省设立分社,分社的任务主要是传播、收发总社当日所发电讯,供应当地各报新闻,至于采集地方稿件,倒在其次。当时中央社上前线的记者有27名,在国内通讯社中最多,只是同日本不能相提并论——日方在中国战场的记者有800多人。中央社的随军组,配属到战区司令长官部,大概是10个左右,而日本的记者,则配属到各战斗部队的联队(团司令部)或大队。日军记者肩上背着二瓦特半的发报机,骑马,或骑摩托车,随时可以发报,而我们的记者,则只能呆在司令长官部的旁边,播送综合性的间接的军事新闻。中央社也想将记者教会发报,但这些文字行家科学知识太缺,又乏动手能力……中日在新闻上的距离,和军事上的差距相似。"①

1937年7月8日,国民党政府颁布了酝酿已久的《修正出版法》,并于同日施行。28日,内务部又颁布了配套的《出版法施行细则》。这部法律成为抗战时期新闻法治的基本依据,强化了国民党对新闻事业的控制。8月,国民党中央常委会修正通过了《新闻检查标准》和《检查书店发售违禁出版品办法》。同时,国民政府军事委员会政治部发布了《非常时期新闻检查规程及违检惩罚暂行办法》,规定:"凡在各省市印行之日报、晚报、小报、通讯社稿及其增刊、特刊、号外等,于发行前,均须将全部稿件,无论社评专论、专电通讯、特讯特写、专访信件及其他一切副刊文字并广告等,一律送由各该新闻检查所检查。"1938年,国民党先后通过了《国民精神总动员纲领及实施办法》、《抗战期间图书杂志审查标准》、《战时图书杂志原稿审查办法》等,公然压制言论自由。1939年9月,国民政府国防最高委员会颁布了《对于新闻发布统制办法》。国民党还通过并颁布了《图书杂志查禁解禁暂行办法》、《战时新闻检查办法》、《对于新闻发布统制办法》、《调整出版品查禁手续令》、《战时新闻违检惩罚办法》等。迁都重庆后,国民党政府打着"战时新闻管制"的旗号,正式成立了"战时新闻检查局",制定了《战时新闻检查局组织大纲》。到1940年11月,国统区已经建立了21个新闻检查所、54个新闻检查室,遍布各重要省市,形成了一个严密的新闻检查网。这期间颁布的有关法规还有《抗战时期报纸通讯社申请变更登记暂行办法》、《杂志送审须知》、《图书送审须知》等。

1942年3月,国民政府颁布《国家总动员法》,明确规定:"本法实施后,政府于必要时,得对人民之言论、出版、著作、通讯、集会、结社,加以限制。""得对报馆及通讯社之设立,报纸、通讯稿及其他印刷物之记载,加以限制、停止,或命令其为一定之记载。"1943年2月15日,国民政府又颁布了中国历史上第一个专门管制新闻记者的法律《新闻记者法》,后又颁布了《新闻记者法实施细则》。为了加强对新闻记者的控制,该法不仅规定了新闻记者的资格、权利和义务,还明确规定所有新闻记者必须加入当地的新闻记者公会,而此新闻记者公会实由各级行政机关主管。这一试图将新闻记者间接地置于政府管制之下的法律,遭到新闻界的一致反对和抵制,从而使其无法付诸施行。10月,国民党重新修正了《战时新闻禁载标准》和《战时新闻违检惩罚办法》,并由军事委员会核准施行。可见,抗战期间,国民党的新闻控制依然严厉,其党部、警察、宪兵、特务都可检查新闻出版单位,甚至随意扣留出版物,拘捕有关工作人员。

---

① 卢敦基、周静:《自由报人——曹聚仁传》,浙江人民出版社2003年版,第166页。

作为国统区新闻事业的中心,上海沦陷前,一批宣传抗战的报刊纷纷问世,主要有《救亡日报》、《抗战》、《立报》,及上海编辑人协会的《文化战线》、上海职业界救亡协会的《救亡周刊》、上海各界抗战后援会和漫画界救亡协会的《救亡漫画》五日刊、生活教育社的《战时教育》旬刊,还有《世界知识》、《妇女生活》、《中华公论》、《国民周刊》等联合出版的《战时联合旬刊》等。武汉沦陷前,宣传抗战的报刊主要有《武汉日报》、《大公报》、《群众》、《新华日报》、《全民抗战》,还有政论性刊物《国民公论》、小型通俗刊物《救中国》、综合性刊物《战斗旬刊》、青年理论刊物《战时青年》、东北救亡总会的《反攻》等。

《救亡日报》是国共两党联合创办的一张宣传抗日救亡的报纸,1937年8月24日创刊于上海,11月停刊;1938年1月在广州复刊,10月停刊;1939年1月在桂林复刊,1941年2月停刊。该报名义上是上海文化界救亡协会机关报,社长郭沫若,总编辑夏衍。由于国民党派的总编辑樊仲云不管事,该报基本处在共产党领导下。许多著名作家、教授、社会名流纷纷给报纸供稿,如宋庆龄写政论,何香凝写诗词,郑振铎写杂文,李公朴写通讯,田汉写戏剧、小品,郭沫若写评论……该报在桂林时期办得最有生色,皖南事变后被勒令停刊。

邹韬奋1937年7月出狱后,8月在上海创办《抗战》三日刊,年底到武汉。1938年7月,他将《抗战》与李公朴的《全民》合并为《全民抗战》,发行量达30万份。10月,武汉失陷,《全民抗战》再搬到重庆出版。1941年皖南事变前后,该报又遭查封,56家生活书店先后被封55家。3月,邹韬奋再次流亡到香港,5月复刊《大众生活》,直到香港沦陷。他1943年来到苏北解放区,因患病秘密到上海医治,次年病逝。他在遗书中提出申请,后被追认为中共党员。他一生共创办六刊一报,三次流亡,一次入狱,仍坚持在新闻战线上战斗,宣传抗日救国,其辛苦为民办报、百折不挠的精神令人敬佩。

沦陷区的民营报纸纷纷迁渝,重庆最盛时有22家报纸,影响较大的有《大公报》、《新民报》、《新蜀报》、《新华日报》、《中央日报》、《时事新报》、《世界日报》、《益世报》等。《新蜀报》1921年创刊于重庆,社长陈愚生,总编辑刘泗英,提倡民主科学、改造社会。抗战期间,周钦岳为总经理,萨空了、刘尊棋、高天等进步人士先后担任过编辑,宣传抗日,曾配合过《新华日报》发表一些进步文章,进行民主斗争。1942年4月,郭沫若的《屈原》公演,《新蜀报》出版其演出特刊,大力宣传这部借古讽今的历史剧,推动国统区的爱国民主运动。1945年2月,《新蜀报》发表文化界人士《对时局的宣言》,公开响应结束一党专政,成立联合政府的呼声。4月18日,国民党当局迫使周钦岳辞去总经理职务,《新蜀报》为国民党所掌握。

除《救亡日报》、《新华日报》、《扫荡报》、《大公报》外,在桂林出版发行的抗战报刊主要有:《国民公论》,1938年创刊于武汉,是救国会机关报,1939年迁桂林,胡愈之主持,1941年停刊。《力报》,1940年创刊,张稚琴为总经理,总编辑先后有欧阳敏讷、冯英子等,进步人士邵荃麟、储安平、杨东莼、宋云彬等均为该报写过社评和专论。其副刊《新垦地》,先后由聂绀弩、葛琴、王西彦等人主编。《广西日报》,前身是南宁《民国日报》,1936年由省会迁桂林,遂改名。上述诸报都有进步的文化界人士和中共地下党员参与编辑。另外,进步报刊还有《野草》、《文学创作》、《戏剧春秋》、《文艺生活》、《文化杂志》、《国文杂志》、《世界知识》、《中国农村》等。

香港在太平洋战争爆发前也是抗日新闻宣传的一块重地,原有报纸《华侨日报》、《工商日报》、《华字日报》等,都投入抗日宣传报道。《申报》、《立报》、《大公报》、《世界知识》等迁香港出版。在香港新创办的报纸中,影响较大的有1938年创刊的《星岛日报》和《保卫中国同盟新闻通讯》。另外,1941年4月,中共的《华商报》创刊。5月,邹韬奋的《大众生活》创刊。9月,中国民主同盟的《光明报》创刊。这些报纸都为宣传抗日竭尽全力。

中国青年新闻记者协会1937年11月在上海成立,推选范长江、羊枣、恽逸群等为总干事。上海、南京相继失陷后,协会于1938年3月移至武汉,更名"学会",召开第一届全国代表大会,有150多名代表参会,通过了宣言,选举了领导机构。协会创办《新闻记者》,开办"记者之家",设立"战地报纸供应部"等,协助记者做好战时报道工作,解决一些报社急需用人的困难,并同外国新闻记者建立了多方面的联系。武汉失守后,总会迁至重庆,先后在成都、桂林、昆明、香港、苏北、延安等地建立了25个分会,会员近2000人,是抗战时期影响最大的进步新闻团体。1941年皖南事变后,总会及国统区分会被查封。

1939年4月,在中国青年记者学会的倡议下,中国新闻学院在香港创立,并得到各方爱国人士的支持。学院前期招过3届学生,1941年12月太平洋战争爆发前夕停办,抗战胜利后复办。1943年8月,国民党中宣部与美国哥伦比亚大学合作创办重庆新闻学院,隶属于国民党中央政治学校。其主要课程均由美籍教师讲授,笔记、考试、定稿都用英文,还出版了英文周刊《重庆新闻》,是战时大后方唯一的英文报刊。

1943年春,蒋介石发表了据说是由陶希圣捉刀的国策性著作《中国之命运》,以一种民族主义的保守立场,大肆诋毁五四以来的新文化,攻击所谓西方的自由与民主,主张以中国传统的伦理价值重建道德基础。这引起了自由知识分子的强烈不满,如金岳霖拒绝阅读这本强制人人必读的领袖著作,自由知识分子们"带着蔑视和受辱的神情称它为无聊的废话"。"蒋介石作为国民党政权的象征和中心,在1943年后期已失去了中国知识阶层的信任和忠诚。"①从1943年下半年开始,出现了一股强大的自由主义运动,围绕着国民党的"还政于民"、战后中国政治秩序的安排等热点问题,在公共媒体上展开了轰轰烈烈的讨论。

二、获新闻奖的《大公报》

西安事变时,《大公报》发表《给西安军界的公开信》,极力谴责张学良、杨虎城,颂扬蒋介石,为营救蒋而高唱"国家中心"论。全面抗战爆发后,该报主张一心抗战,揭露汪伪的汉奸嘴脸。该报于1937年8月天津沦陷后迁汉口,出版年余(1937年9月至1938年10月),武汉沦陷,1938年12月复刊重庆。该报由张季鸾直接领导,坚持抗日救亡,关注社会教育,也能揭露国民党政府的腐败,在此后的7年多时间里成为重庆发行量最大的一家报纸。1941年5月,该报获美国密苏里大学新闻学院授予的1940年度外国报纸荣誉奖——最佳新闻事业服务奖,这是中国报界第一次获得国际新闻奖,对整个中国报界都是难得的殊荣。重庆新闻界当天举行了隆重庆典。9月,张季鸾病故,王芸生接掌重庆版大权,批评政府之言论更为尖锐。恰逢国民党五届九中全会通过《修明政治案》,《大公报》12月22日在社论《拥护修明政治案》中直斥"某部长"(外交部长郭泰祺)以巨额公款购公馆,某巨室(孔祥熙家族)以"逃难的飞机竟装来了箱笼老妈与洋狗",激起民众的极大愤慨与抗议。1943年2月的社评《看重庆,念中原》,批评政府明知河南大旱,仍不恤民情而命令河南"罄其所有,贡献国家",而重庆一些达官贵人依然灯红酒绿,根本不关心河南灾民的疾苦,引起强烈反响,因此而被勒令停刊3天。1944年12月19日的社评《为国家求饶》,痛斥发国难财的赃官和奸商。12月24日的社评《晁错与马谡》,因日军逼近贵阳,要求国民党"除权相"、"戮败将以服军民之心"。

张季鸾(1888—1941),字炽章,祖籍陕西榆林,生于山东邹平,为人好友轻财,待人忠厚有信。他13岁时父亲病逝,家贫回陕,16岁考入三原宏道高等学堂,18岁留学日本,攻政治经济学。他参与《民报》与改良派的论战,立志走"新闻救国"和"言论报国"的道路。他21岁时回国,加入于右任的《民立报》,开始新闻实践。1912年初,他曾担任孙中山的总统府秘书(不到一个月)。1913年,他与曹成甫创办北京《民立报》,任总编。不久,因刊载袁世凯向六国银行私借2500万英镑的丑闻,直接引发"二次革命",报纸被查封,他入狱三月余才经营救而被放出。之后,他赴上海,加盟胡政之的《大共和日报》,任国际版主编。1915

---

① 费正清:《费正清对华回忆录》,知识出版社1991年版,第296、311页。

年,他创办《民信日报》。1916年,他返京任《新闻报》驻京特派记者,任《中华新报》总编辑。1918年,他因报道政府借款卖国的消息,得罪段祺瑞而再次下狱。次年,他被营救出狱,返上海与沈钧儒等主持《中华新报》。五四运动期间,他反对激进主义思潮而遭激进报刊斥骂。1924年,他发表时评《列宁逝世》,受世人瞩目。1926年,他与吴鼎昌、胡政之共同接办《大公报》。1927年,他撰写"三骂"(骂吴佩孚、蒋介石、汪精卫)社评,名噪天下。

他后来与蒋介石交往,持外圆内方的自由主义立场,不当国民党的官,不拿政府的津贴,也不许政府干预报纸的事务。他制定办报"四不"方针,倡导"新闻自由"、客观公正,撰写了大量呼唤民主民权、宪政法治,斥责专制极权、暴力政治的文章。他撰写的社评名篇有《对于言论自由之初步认识》、《极度压迫言论之恶影响》、《国民会议与言论自由》、《再论开放党禁》、《民权保障与司法独立》等。1929年,他在社评《国府当局开放言论之表示》中直言:"查党国对于言论界之过去,多少有承袭苏联或法西斯式理论之趋势,将完全置全国言论界于党部指导管理之下,而绝对统一之。其所谓统一,非仅言论而已,经事变然,故其理想的境界,为全国报纸言论一律,纪事一律,当局谓黑,则俱黑之,谓之白则俱白之,其所是否者地否之。是此种制度下之报纸,其职责乃完全为当局作政策之宣传,不复含自由宣达民隐之意也。"在如此愚昧险恶的政治环境之下,他办报的秘诀是:"随时准备失败。"他在三十余年的新闻写作生涯中写下约三千余篇文章,以情感人,以理服人,其向专制者要新闻自由的精神,不愧为中国的"文坛巨擘、报界宗师"。

此外,《大公报》1936年4月增创上海版,至1937年12月上海沦陷而迁香港,于1938年8月创刊香港版,由胡政之直接领导,直至1941年12月香港沦陷。1941年3月,《大公报》又创桂林版,香港方面人员也迁至桂林,原香港版总编辑徐铸成任总编辑,金诚夫为经理。1942年4月,又出《大公晚报》。1943年9月,胡政之宣布《大公报同人公约》,第一条规定:"以'不私不盲'四字为社训。"他解释道:"'不党'可归纳入'不私','不卖'可归纳入'不盲'。"1944年,桂林实行大疏散,《大公报》于9月被迫停刊。

萧乾(1910—1999),出生于北京一个贫寒的蒙古族家庭,1926年考入北新书局当学徒,后漂泊各地。他1930年考入辅仁大学英文系,3年后转入燕京大学新闻系。1935年毕业后,他入《大公报》主持文艺副刊,兼任旅行记者。他和杨刚主持《文艺》副刊的4年时间里,联络到许多延安作家,并发表其系列作品。如有延安作家严文井、丁玲、刘白羽、姚雪垠等的来信,谈到延安"鲁艺"的情况,住窑洞、吃小米的滋味等,还有野火的《抗大生活》、沙汀的《贺龙将军》、欧利文的《延安的月色》等,《大公报》香港版《文艺》副刊共发表延安作品118篇。抗战初期,萧乾的《林炎发入狱》、《血肉筑成的滇缅路》等新闻特写,曾享誉一时。1939年10月,他抵达伦敦,担任伦敦大学东方学院讲师兼《大公报》驻英特派记者,报道战时英国的状况。1944年,他又成为《大公报》的欧洲战地随军记者,是当时西欧战场上唯一的中国记者。他为国内发回最新的战地报道和特写:《血红的九月》、《到莱茵前线去》、《银风筝下的伦敦》、《矛盾交响曲》等,热情讴歌了欧洲人民反法西斯的英雄业绩,极大地鼓舞了正在抗击日本法西斯侵略的中国军民。战后,他又来往于欧美,相继采访报道了联合国成立大会、波茨坦会议、英国大选和纽伦堡国际法庭的审判等重大历史性事件,有《祝旧金山会议》、《美国印象》、《南德的暮秋》等特写通讯,因而被称为"跨越时空的世界级记者"。萧乾也是一位作家、文学翻译家,是一个颇具传奇色彩的人物。

三、精彩纷呈的《新民报》

《新民报》在南京沦陷后迁至重庆,1938年初在重庆复刊,确立"中间偏左、遇礁即避"的方针,侧重社会新闻。在宣传抗日救国的同时,该报鼓吹民主宪政,也时常对国民党的参政会、省市参议员选举等进行讥嘲和抨击。重要的编辑者为"三张一赵":张友鸾、张恨水、张慧剑和赵超构,四员大将在重庆《新民报》合作,加上其他各色人才的大汇聚,使迁渝的《新民报》能不断克服困难,走出更为精彩的步伐。

张友鸾(1904—1990),是一个新闻全才,21岁就做《世界日报》总编辑,历任上海《立报》和南京《民生报》总编辑,曾是《新民报》南京初创期的第一任总编辑,一度离开而去创办《南京人报》。抗战初期,他回《新民报》主持《大时代》副刊,后创办《曲线新闻》专栏,文笔泼辣峻峭、简练隽永。1940年8月16日,他发表《杨将军不写九宫格》一文,为杨虎城将军被蒋介石非法拘禁鸣冤叫屈:"将军获谴三四年,以生龙活虎之人,在花朝日夕之时,处穷乡僻壤之地,苦闷无聊,可以想见。左右因便进言:'何不以习字为功课?习字能养性,得静中之乐也。'将军深嘉纳之。于是,集白羊之毫,折九宫格子,日书百十字。初患格小字大,字正格斜;积旬日,及稍稍有规矩,颇以自喜。左右有谀之者,曰:'佳哉,将军几入格矣!'将军闻言,忽有所感,则大怒,裂其纸,并墨砚而碎之。左右方惊无所措。将军乃慨然云:'我人已在格子里,愁苦不可解,今并我字亦入格耶?我固有罪,我之字,无罪也,我何必使字失自由?'从此将军不复习字,苦闷无聊,遂一如往昔。"其文字真有《史记》之风骨。

张恨水(1895—1967),既是享有盛名的章回小说家,也是颇为著名的新闻人,创办过《南京人报》。抗战初期,他来到重庆,为《新民报》台柱子,主编副刊

《最后关头》,发表连载《疯狂》、《牛马走》、《八十一梦》等,一时洛阳纸贵。1939年3月,日寇在我国土上狂轰滥炸,屠戮民众。蒋介石、孔祥熙、陈立夫等拨款在四川乐山设立"复兴书院",中央社3月2日电提出:"际此强虏披狂,国脉一线,欲转危为安,端赖宏施教化……所望白鹿遗风,重见今日,振铎全国,曷胜延企。"张恨水8月15日发表《理学能救国乎》一文:"近来大人先生,鉴于'人心不古',提倡宋儒理学,以端士气,其用意至矣美矣,未尽善也!这话怎么讲?有道是'理学倡而南宋亡'。假设富国强兵之说,长枪大戟之能,一股脑儿不谈,只出二程一朱三夫子,在洛水庐山,大讲其大学之道,就可以复兴华夏,那末,生当三夫子之时,何以北宋被逐于金,南宋又覆于元?……时至今日,我们还憧憬着那白鹿遗风,真让人莫测高深。"

张慧剑(1904—1970),21岁到北京《舆论报》主编副刊,后在南京《朝报》任职时就有"副刊圣手"之称,喜好旅游。他1932年进《新民报》做副刊编辑,此后20年担任过该报重庆、成都、南京、上海、北平五个分社的副刊主编,内容包罗万象,思想独具风格,趣味高雅而深受欢迎。他把《新民报》的副刊《西方夜谭》办得有声有色,1941年至1945年所写专栏文章就达300余篇。他曾发表过《列宁吃墨水瓶》、《忆鲁迅翁》、《瞿秋白之家世》等一系列敏感文章,《伽利略之被审》一文更写得洋洋洒洒,对伽利略服膺真理之精神倍加推崇,对其横遭教会迫害的事实大加揭露,对残暴愚昧的统治者痛加斥责。1946年10月,国民党在南京积极为蒋介石筹办六十大寿,张慧剑就在《新民报》副刊上编了《西太后六十寿辰》专辑。第二年,国民党"大选"获胜,正筹备蒋介石隆登"总统"宝座大典,张慧剑又在副刊上编了个《袁世凯》专辑。其编者的魄力,令人感叹不已。

赵超构(1910—1992),笔名林放,原在南京《朝报》主编国际新闻版,兼写评论。抗战爆发后,他来到《新民报》主持评论专栏《今日论语》,30岁不到的年纪,对世事洞察秋毫,文笔辛辣老到。他在1946年12月2日的《今日论语》中说:"我们在街头看到警察捉人的样子,就常常感到做中国人的自愧。那几乎是征服者对被征服者的姿态、方式。"揭露中国社会没有民主的种种文化现象。赵超构所写文章主要有两大主题:鼓吹抗日和敬念国殇,其文字沉痛激昂。1944年初夏,他参加国民党组织的一个中外记者团到延安采访,待了43天,返回重庆后的第五天就在7月的《新民报》日刊上连载长篇通讯《延安一月》,共十多万字,较为客观和系统地报道了延安的政治、军事、财政、文教等基本情况,及中共领导人的一些言论,轰动一时。11月,《延安一月》出版单行本,很快就销售一空,1945年还多次重印,日本也有译本出版。新中国成立后,他被授予上海《新民晚报》终身社长。

当时担任《新民报》副刊主笔和编辑、记者的还有夏衍、吴祖光、冰心、姚苏凤、孙伏园、沈起予、黄苗子、陈白尘、程大千、赵纯继、陈理源、郑拾风、浦熙修等，可谓人才济济。陈铭德很会识用人才，只要你文章写得好，不管你是什么政治身份，他都能尽力吸收到报社，并做到人尽其才。1941年出版晚刊，可谓《新民报》发展中的一个里程碑，逐渐改变着报纸的发展方向。《新民报》1943年创办成都版晚刊，1945年2月又增出成都版日刊。由于陈铭德坚持自由主义"第三力量"的立场，时常发布对国民党政府不利的消息和社评，曾遭到国民党中宣部的警告："《新民报》这样搞下去，不仅报馆会关门，连你自己的生命也说不定要出问题！"①

四、《新华日报》及其民主自由精神

《新华日报》是中国共产党在国统区公开发行的机关报，1938年1月创刊于汉口，董事长周恩来，社长潘梓年，总编辑华岗，经理徐迈进，到10月共出版258期，迁重庆。在周恩来的领导下，该报采用各种手法与国民党进行了长期的斗争，在重大问题上冒着被查封的危险，逃避国民党的新闻检查，自己组织发行力量。在广州的分馆迁至桂林，主要是翻印和发行报纸至两广、湖南诸地。除阐发共产党的有关主张和新闻外，该报表达出的崇尚民主自由的精神，更值得今人好好学习与认真思索。

1939年2月25日，《新华日报》发表社论《民主政治问题》，着重论述了不能因所谓国民文化程度不高而拒绝实行民主政治，应用民主政治教育人民的问题，认为："至于民众教育程度和自治能力的培养，这是一个非常重要的问题。但要知道，民众参加抗战动员，民众自身的民主生活，是他们受到训练和教育的最好、最迅速的方式。正是在民主制度之下更容易教育和训练民众。在这种方式下，群众可以充分发挥其积极性和创造性，把他们自身的教育和抗战事业，同时推向前进。""切实执行抗战建国纲领所规定的'于抗战期间不违反三民主义最高原则及法令范围内，对于言论、出版、集会、结社予以合法之充分保障'。这是提高民众教育程度和自治能力的有效方法，也是实现民主政治，加强民众动员争取抗战建国最后胜利的重要任务。"10月5日，该报又发表社论《团结与民主》，指出："依靠了民主政治才能够团结一切的抗日力量，准备着适当时机来到时对敌反攻，争取最后的胜利。团结与民主，这是我们在民族自卫战争中战胜强大敌人最

---

① 陈铭德、邓季惺：《〈新民报〉二十年》，载《文史资料选辑》第六十三辑，中国文史出版社1979年版，第140页。

可靠的武器。"①

1940年4月7日,《新华日报》发表文章《读书与自由》,说:"我很奇怪有些'教育家'们,素以'读书救国'论者自居的,竟不准学生有读书的自由,某某报看不得呀,某某书包含着'危险思想'呀,学生应该坐在教室里老老实实呀,真罗嗦得够呛。试问学生在学校里不能够自由读书,他还来进学校干吗?难道单是晓得了课本上的那点知识就够了吗?学生进学校不是为了来求知的么?……读书固可贵,自由尤为可贵。我们要自由,更要求青年在学校里有自由读书的自由。难道这是不合理的要求吗?"1941年6月2日,该报发表社论《青年思想训练问题》,谈道:"由不信仰走到信仰,只能经过说服、引导,只能是自觉的、自愿的,而不是强迫的、命令的。只有自觉和自愿,才能产生心悦诚服的信仰,和惊天动地的创造活动。一般民众都是如此,青年尤其是这样。如果走相反的道路,则结果都是十分可悲的。"②

1942年8月29日,《新华日报》发表社论《民主精神》,赞扬英美的民主制度,说:"在美国,罗斯福三度当选总统后,就以政治家的风度,发挥美国的民主传统,和共和党的总统候选人威尔基亲密合作……而且,为了动员及团结广大劳动人民,加强反法西斯力量,释放了共产党总书记白劳德同志。在英国,三年前被禁闭的英共机关报《工人日报》,最近亦已解禁。这说明英美在战时也还是尊重人民的言论、出版等民主自由的。英美两大民主国家采取这些重大措置,正说明英美两国是尊重和重视共产党及其他党派,和他们所代表的意见和力量的。执政政党,从来没有因为他们的地位,就排斥别人,压制别人,称他人为'异类';相反的,他们为了战争的胜利,珍惜别的党派及各个阶层的努力……全国各党派能够融洽地为共同目标奋斗到底,这是英美的民主精神,也是我国亟应提倡和效法的。"10月11日,该报发表庄沙音的文章《论学术自由》,认为:"在中国,要有更大限度的学术自由,是绝对应该的"③。

1943年7月4日,美国国庆,《新华日报》发表《真实的民主战士》予以祝贺,盛赞美国的一些开国元勋,"我们可以看到真实的民主精神和真实的民主战士"。9月12日,该报又发表钟颖的文章《美国人民的理想与民主精神》,对美国的民主制度力加称颂,引用林肯的话"若不得他人的同意,没有一个人善良得足以统治另一个人",论证政府必须要由民众选举产生,人民对政府有批评的权利,也有罢免的权利。9月15日,该报发表社论《民主第一》,指出:"民主已经成

---

① 笑蜀编:《历史的先声》,汕头大学出版社1999年版,第38、40页。
② 同上书,第160、162页。
③ 同上书,第44、152页。

了世界的潮流,谁要反抗这潮流,谁就要遭受灭顶之祸,这是应该十分戒惧,十分警惕的。"9月22日,该报又发表社论《培养起民主的风气》,以支持蒋夫人宋美龄的某次报告为基础,指出:"一定要人民敢于说话,政府鼓励人民说话,热诚地去'知道人民的意思'才行。最后,人民敢说,政府愿听之后,还要政府积极'就人民的意思施政',才能使人民的意思不落空。……就是人民和政府,都要有自尊容人、从善如流、过勿惮改的精神。"10月8日,该报发表张申府的文章《民主原则》,说:"现在整个世界的大趋势是什么呢?一言以蔽之,就是民主二字。……中国今日是处处都需要民主。"①

吴廷俊《中国新闻传播史稿》说:"1943年下半年,《新华日报》在宣传上出现了某些思想偏差,如国民党政府主席林森去世那一天,报上全文登载了中央社发的消息和照片,并围了一个很大的黑框;副刊上刊登的一些文章对罗斯福的'新政'评论不正确,有的甚至宣传资本主义国家的所谓'自由'、'民主'等等。中央不仅专门派人到重庆了解情况,而且指示董必武对《新华日报》的工作人员进行一次整风,将同这种思想偏向有关的人集中到南方局所在地——红岩,学习了一个月,进行严肃认真的批评、自我批评。同年,周恩来由延安回重庆后,还亲自主持了《新华日报》编辑工作和出版工作的改进。……确保了《新华日报》坚持正确的政治方向。"②

1944年1月4日,《新华日报》发表社论《民主是发展生产的暖室》,认为"经济上的民主是解决当前症结最基本的途径"。3月5日,该报发表郁敏的文章《强大而民主》,指出:"我们再不应该以为,只要船坚炮利就算是强大的国家。我们必须看出,民主本身就是一个力量。一切财富,一切国防的武器,只有和民主结合在一起,才能算是真正强大的力量。"3月26日,社长潘梓年发表文章《学术思想的自由问题》,提出:"学术自由,思想自由,是把民主国家和法西斯国家区别开来的重要特征。"3月30日,该报发表社论《论英美的民主精神》,又盛赞英美人民的民主、自由之权利,以为"这是人类共同的宝贝"。4月19日,该报发表文章《言论自由与民主》,明确:"有民主就有言论自由,没有言论自由就不是民主。我们拿英国来作例,英国是一个民主国,所以英国即使在战时,对言论的自由也是尊重不渝:刊载了有害国防的消息,至多也不过事后由政府提出公诉,没有其他任何直接干涉言论的行为。……我们应当把民主国先进的好例,作为我们实现民主的榜样。"5月16日,该报发表社论《孙哲元先生论三种自由》,赞赏立法院院长孙科在某次演讲上的观点:"要使人民力量动员起来,必须给人民

---

① 笑蜀编:《历史的先声》,汕头大学出版社1999年版,第108、113、56、59、15页。
② 吴廷俊:《中国新闻传播史稿》,华中科技大学出版社1999年版,第269页。

以政治自由"；"人民有了政治自由就能促进国家民族的自由"，将其称为"真理"，认为"全国大多数人民都会举起双手来赞成"。5月17日，该报发表社论《民主即科学》。6月2日，该报发表短评《为民主拼命》，支持黄炎培"为民主拼命"的主张："我们是为民主而战，为自由而战，就一定要民主，要自由。"①

6月12日，《新华日报》发表文章《只有民主才能保证创作自由》。6月25日，该报发表《青年教育与思想问题》，主要是对一些著名专家学者的采访。许多学者都认为，法西斯"统一思想"，实质上是"消灭思想"，将人民化为工具，只有让青年自由地判断和发展，才是最好的教育与领导。同时，该报还发表了《美国的教育与民主》，盛赞美国以民主为基础的自由开放式教育体系。7月4日，该报又发表社论《美国国庆日——自由民主的伟大斗争节日》，不但充分肯定了美国的民主制度与建国成果，并且说："我们共产党人现在所进行的工作，乃是华盛顿、杰斐逊、林肯等早已在美国进行过了的工作，它一定会得到而且已经得到民主的美国的同情。"7月20日，该报发表文章《法治与人权》，引用衡阳《大刚报》、云南《正义报》、柳州《阵中日报》、成都《华西日报》和《新中国日报》诸报的有关论述，讨论了"立法必须依据人民的公意创制"、"真法治必须建立在民主的基础上"、"应有一可守的法"、"立法精神要大公无私"、"先决的问题是保障人权"诸方面的问题。11月15日，该报发表社论《民主主义是生命的活力》，对美国在南北战争和世界大战时期照样进行总统、州长大选的民主制度，给予极高的评价。②

1945年1月28日，《新华日报》发表社论《不是空喊民主》，要政府一步步地切实实行民主制度。2月17日，该报刊发社论《民主的才是合法的》，指出："今天中国内部的统一问题，如何动员与统一全国人民抗战力量的问题，也只有实行民主主义，只有遵循民主的途径才可以得到公平合理的解决。"3月31日，该报发表社论《新闻自由——民主的基础》，指出去年公布的《战时出版品书刊审查办法》中禁载标准十二条之第一项"违背我国立国之最高原则者"，笼统抽象，可任意解释。"而照现行情况，所谓'立国的最高原则'，就是党治。在这种情况下，主张民主的中国报纸，就厄运重重，动辄得咎。"随后论述了"言论出版自由是民主政治的基本"、"言论出版限制使人民愚昧和无知"、"是民主还是独裁就看有无言论自由"、"作恶扣压新闻必造成自由的衰落"、"要以坚毅精神争取实现民主政治"、"不做懦夫，不做奴才，使报纸为民主服务"诸方面的问题。7月3日，该报又刊发社论《争民主是全国人民的事情》，面对抗日战争即将胜利的大

---

① 笑蜀编：《历史的先声》，汕头大学出版社1999年版，第24、145、121、179、69、91页。
② 同上书，第207、127、255、74页。

好形势,指出:"人民大众要用民主原则来团结自己,来反对民主的阻碍。没有任何名义可以改变或歪曲人民大众的民主原则。法统主义么?人民大众要根据民主原则来检视这种法统是否还应存在。权威主义么?人民大众也要根据民主原则来检视这种权威是否值得尊重。只有民主原则能够决定人民大众要赞成什么,反对什么,要做什么,要不做什么,也只有民主原则才能解决问题,转变时局。……这样一个民主的新中国就一定要实现。"①

可见,抗战期间,《新华日报》要求民主、自由的立场是一贯的。尤其是1943年7月16日,该报发表李勃的文章《民主与诚实》,指出:"在任何社会里,诚实总是被看成一种美德;而在民主社会里,尤其是非看重诚实的态度不可。……诚实是对人的态度,但也是律己的准则。假如故意说假,而旁人相信,便沾沾自喜,以为得意,其人心不可救药。用不诚实的态度对人,固然是对人的侮辱,其实又是对自己的侮辱。我们相信,倘大家没有这样诚实的态度,民主就不可能存在。"②这一点更发人深省。

《群众》周刊是中共在国统区公开出版的第一个刊物,1937年12月在汉口创刊,积极配合《新华日报》进行宣传,后迁至重庆、上海、香港等地出版。

国际新闻社是中共在国统区公开合法的通讯社,1938年10月得到国民党军事委员会国际宣传处的同意,成立于长沙。范长江辞去《大公报》采访部主任一职出任社长,总编辑黄药眠,以中国青年新闻记者学会会员为骨干。该社在长沙大火后迁至桂林,1939年下半年开始先后设立香港分社、重庆办事处和金华办事处。后国际宣传处单方面废止供搞合同,加上国民党特务的暗中破坏,国际新闻社在国统区的合法存在只有三年多一点。

五、中共根据地的新闻事业

1937年4月创刊的《解放》周刊(后为半月刊)为中共中央机关刊物,1941年秋停刊。《红色中华》报于1936年初在陕北复刊,为陕甘宁边区机关报,1937年1月改名《新中华报》,1939年改组为中共中央和陕甘宁边区的联合机关报。《共产党人》1939年10月创刊,为中共中央的内部刊物。《八路军军政杂志》1939年1月创刊,由八路军总政治部出版。《中国青年》1939年4月复刊,由全国青年联合会延安办事处主办。《中国工人》1940年2月创刊,由中共中央职工运动委员会主办。《中国文化》1940年2月创刊,为陕甘宁边区文化协会主办的

---

① 笑蜀编:《历史的先声》,汕头大学出版社1999年版,第79、182、94页。
② 同上书,第13页。

机关刊物。《边区群众报》1940年3月创刊,是以农村干部与农民为主要对象的通俗小报。此外,还有《中国妇女》等报创刊。

红色中华通讯社于1937年1月改名"新华通讯社",与《新中华报》社、报一家。该社1939年从《新中华报》中独立出来,社长向仲华,下设编辑科、通讯科、译电科和油印科。该社在整顿地方通讯社的基础上于各地建立分社,凡属全国、全党、全军性质的新闻电讯一律由新华总社发布,以加强党对外宣传的统一领导。1944年,该社成立英文广播部,9月正式对外播发英文电讯稿。至抗战胜利前夕,新华总社已增至110多人。

延安新华广播电台于1940年3月筹建,周恩来任中央广播委员会主任,12月开始播音,为中国革命广播事业的开端。电台功率有300瓦,每天上下午各播音一次,每次一小时左右,由新华社提供稿件,广播中共中央重要文件、报纸社论和重要论文、国际国内各类新闻,以及名人讲演、科学常识、文艺节目等。电台在1943年春因各种困难停播,到1945年9月恢复播音。

其他各根据地党委机关报主要有:晋冀鲁豫的《新华日报》(华北版)、晋察冀的《晋察冀日报》、晋绥的《抗战日报》、山东的《大众日报》、新四军的《抗敌报》与第四师的《拂晓报》、华中的《江淮日报》、华南的《东江民报》、淮北的《人民报》等。据不完全统计,从1937年到1939年,在华北、华中两个敌后解放区约有各类小型报刊700余种,晋察冀和晋冀鲁豫边区各有报刊100余种,山东解放区约有80种,山西吕梁和晋绥边区各有50余种。1939年5月17日,中共中央发出《关于宣传教育工作的指示》,要求:"从中央局一直到省委、区党委,以至比较带有独立性的地委、中心县委止,均应出版地方报纸……党委与宣传部均应以编辑、出版、发行地方报纸为自己的中心任务。"根据这个指示,各地对许多小报进行整顿和合并,集中力量加强办好各级党委的机关报。1941年7月4日,中共中央宣传部发布《关于各抗日根据地报纸杂志的指示》,其中第七条规定:"报纸杂志的领导,应统一于党的宣传部。宣传部应经常的检查和讨论该项工作。下级的报纸杂志应送上级宣传部审查。党的委员会及主要负责人应定期的直接检查宣传部此项工作并加强其领导。"①

影响与作用最大的是《解放日报》。1941年5月15日,中共中央通知:"将延安《新中华报》、《今日新闻》合并,出版《解放日报》。一切党的政策,将经过《解放日报》与新华社向全国传达。《解放日报》的社论,将由中央同志及重要干部执笔。"第一任社长为博古,主编为杨松。至1947年停刊,《解放日报》共出

---

① 《中宣部关于各抗日根据地报纸杂志的指示》,载《中国共产党新闻工作文件汇编》(上),新华出版社1980年版,第117页。

2130期。为办好此报,中共中央还决定停办《解放》、《中国青年》、《中国工人》、《中国妇女》等。

1942年2月,毛泽东作了《整顿党的作风》、《反对党八股》等报告,延安整风开始。中央任命陆定一、胡乔木接管《解放日报》。3月,中央宣传部发出《为改造党报的通知》,要求根据毛泽东的号召,加强党对党报的领导,整顿"三风"以增加党报的战斗性。8月,陆定一正式接任《解放日报》主编。9月,该报传达毛泽东的有关意见:"报纸对于政策问题的宣传,必须经常向中央请示报告。以后凡是重要问题,小至消息,大致社论,必须与中央商量。中央和西北中央局要管理报纸。报纸不能闹独立性,应当在统一领导下进行工作,不能闹一字一句的独立性。自由主义在报社内是不能存在的,不要以为报纸发表的文章,某人具名,可以自己负责,这是关系到党的事情。要规定些条例和制度。"① 陆、胡二人积极贯彻毛泽东的指示,对报道内容和版面设计等一系列环节进行改版整顿,逐渐确立了一些基本原则,从而建构了毛泽东新闻学思想的框架。"毛泽东认为党报除了及时报道需要报道的新闻之外,还有一些暂时不宜发表的消息,需要压一压,过些时候再发表,这就是所谓'旧闻'。有些重要信息是不宜发表的,那就干脆'不闻'。对信息发布的具体把握是有实际意义的,因为任何新闻媒介都不可能把所有采访到的信息全部及时报道,而是要根据政治需要和策略上的考虑有选择地、或缓或急地发表。"②

同时,各边区的党报也进行了整顿与改版。《解放日报》9月22日社论《党与党报》提出:"报纸是党的喉舌,是这一个巨大集体的喉舌。在党报工作的同志,只是整个党的组织的一部分。一切要依照党的意志办事,一言一动,一字一句,都要顾到党的影响。报馆的同人应该知道,自己是掌握党的新闻政策的人,自己在党报上的每一句话,每一个字,选的消息和标的题目,直到排字和校对,都对全党负了责任,如果自己的工作发生了疏忽或错误,那并不是仅仅有关于一个人或几个人的问题,而是有关于整个党的工作和影响的问题。"同时,规定建立审查稿件制度,凡重要社论、消息、通讯、文章必经党中央审定,实行领导人看大样制度等;取消个人负责的主笔制度,建立编委会,加强编辑部的集体领导;贯彻全党办报的方针,即:各级党委分别建立党报委员会,专门负责领导报刊的宣传工作,加强对各级报纸的领导。以上改革方案向毛泽东汇报后,毛泽东表示满意。

此外,为了加强新闻队伍的思想建设,反对记者乃"无冕之王"的观点,1942

---

① 吴廷俊:《中国新闻传播史稿》,华中科技大学出版社1999年版,第283页。
② 《二十世纪中国社会科学·新闻学卷》,上海人民出版社2005年版,第90页。

年11月17日,《解放日报》发表专论《给党报的记者和通讯员》,要求新闻工作者提高党性,树立"人民公仆"的思想,并指出:"我们党报的记者通讯员,决不能像资产阶级的记者通讯员那样,自称为'无冕之王'。我们老老实实自称为公仆,我们是党和人民这个大集体的公仆。我们不是依照个人兴趣和个人利益或少数人的利益办事,我们老老实实为党为人民办事。"1944年2月,《解放日报》发表重要社论《本报创刊一千期》,总结其主要经验"就是'全党办报'四个字"。中共有关新闻宣传与党报理论基本形成。

1943年3月14日,《解放日报》发表社论《抗战与民主不可分离》,赞成在中国实行民主的政治原则,对人民进行抗战与民主的教育。9月1日,该报发表社论《反对国民党反动的新闻政策》,提出:"反对'一个党、一个领袖、一个报纸'的法西斯化新闻统制政策。并向国民党当局要求立即开放言论出版自由,停止对任何抗日报纸的无理压迫,取消强迫登载中央社造谣电讯的办法,根绝破坏抗战和宣传法西斯的言论,严格取缔混入新闻界的特务棍徒,保障记者的人权和言论自由权!"1944年6月13日,该报发表《中国的缺点就是缺乏民主,应在所有领域贯彻民主——1944年6月12日毛泽东答中外记者团》,毛泽东指出:"只有民主,抗战才能够有力量,这是苏联、美国、英国的经验都证明了的,中国几十年以来以及抗战七年以来的经验,也证明了这一点。民主必须是各方面的,是政治上的,军事上的,经济上的,文化上的,党务上的以及国际关系上的,一切这些,都需要民主。毫无疑问,无论什么都需要统一,都必须统一。但是,这个统一,应该建筑在民主基础上。政治需要统一,但是只有建立在言论、出版、结社的自由与民主选举政府的基础上面,才是有力的政治。"1945年3月23日,该报发表社论《新闻必须完全真实》。7月2日,该报发表李普的文章《一切光荣归于民主》,认为在战争的紧急情况中,民主是不适宜的观点是错误的,解放区的经验证明:"民主能发挥无穷的伟力,唯有实行民主,事情才能办好。"①

六、沦陷区的新闻界概况

1932年3月,伪满洲国成立。10月,伪《出版法》公布,两年后经修正后重行公布。1933年10月,伪满洲弘报协会建立,统制东北地区的新闻报业。1940年12月,伪满洲弘报协会解散,设立政府弘报处,统揽东北新闻宣传事宜。1941年8月,伪满洲国又颁布伪《通讯社法》、《新闻社法》和《记者法》,强化对新闻事业的"国家"垄断。华北伪"临时政府"1938年7月颁布伪《出版法》,翌年2月

---

① 笑蜀编:《历史的先声》,汕头大学出版社1999年版,第50、3、28页。

又制定《出版法实施细则》。华中伪"维新政府"1938年9月通过伪《出版法》和《著作权法》。1940年汪伪政府成立后,先后颁布了伪《国际宣传局组织法》、《中央电讯社组织章程》、《全国重要都市新闻检查暂行办法》、《出版法》、《宣传部直属报社管理规则》、《修正战时出版法》及其《实施细则》等。汉奸政府用这些法律严格控制新闻舆论,以讨好日本主子,维持其傀儡统治。

1925年,日本在大连建立"放送(广播)局"。九一八事变后,日本又在哈尔滨、长春、沈阳建统称"四大中央放送局",左右伪满的广播宣传。七七事变后,华北、华东、华南各重要城市电台相继陷落。1938年初,以大汉奸王克敏为首的"中华民国临时政府"成立,同时伪"北平中央广播电台"开始播音。上海、南京沦陷后,日军接管国民党的广播电台,作为日军的喉舌。1940年,汉奸组织"华北广播协会"成立,控制华北各台。另有"蒙疆广播协会",控制绥远、察南、晋北等地广播。汪精卫降敌后,1941年建立伪"中国广播事业建设协会",控制华东各台。抗战期间,日伪在中国境内建立的广播电台约有五六十座。

1932年12月,日伪在东北建立"满洲国通讯社",总社在长春,其他省均设一支局。1937年4月,该通讯社与日本同盟社签订日满通讯一体化协定,成为日本同盟社一分支机构。1940年5月,汪伪在南京设立"中华电讯社",隶属其伪宣传部之下,先后在东京、香港、上海、广州、武汉、杭州各地建立分社,成为沦陷区新闻通讯的最高统制机关。

长春的日伪报刊主要有:《大同报》、《满洲新闻》、《满洲日报》、《新京日日新闻》等。沈阳的日伪报刊主要有:《盛京时报》、《康德新闻》、《满洲日日新闻》、《醒时报》等。以长春、沈阳为中心,形成日伪在东北的新闻中心。北平的日伪报刊主要有:《新民报》、《武德报》、《实报》、《华北新报》、《北平晨报》、《新兴报》、《新北平报》、《全民报》等。日本人在北平成立"北支派遣军报道部",以控制新闻媒体。天津的日伪报刊主要有:《庸报》、《东亚晨报》、《新天津报》、《天声日报》、《冀东晨报》等。以北平、天津为中心,形成日伪在华北地区的新闻中心。上海的日伪报刊主要有:《新申报》、《中华日报》、《平报》、《国民新闻》、《新中国报》、《三民周刊》等。南京的日伪报刊主要有:《新南京报》、《南京新报》、《总汇报》、《南京晚报》、《民国日报》、《中报》等。以上海、南京为中心,形成日伪在华东地区的新闻中心。广州的日伪报刊主要有:《中山日报》、《迅报》、《民声报》等。香港沦陷后的日伪报刊主要有:《南华日报》、《天演日报》、《香岛日报》、《大光报》、《东南晚报》等。以广州、香港为中心,形成日伪在华南的新闻中心。

据1940年的统计,日伪在19个省的大中城市里,约有报刊139种。除东北外,当时全国出版报刊最多时达六七百种,其中较大的报纸有两百多种,较大的杂志有一百多种。日伪报刊为打开销路，宣扬腐朽生活方式和人生哲学，甚至大登黄色新闻，但报刊销路仍然不佳。许多爱国志士不但拒看日伪报刊，有的还采取丢炸弹等破坏行动。

上海《申报》总编辑陈彬龢，从左倾斗士到汉奸总编之巨大转折，留下诸多谜团。他早年曾在哈同花园附属的女校当教师，因犯了"有损师表"的过失而被辞退。风起云涌的大革命时代，时任南开学校总务长的他是个热血男儿，参加1926年的"三一八"反帝示威，曾遭军阀政府的通缉。1931年，经黄炎培引荐，他进入《申报》，其谦恭、忍让的脾性渐得总编辑张蕴和的信任。他所写的批评国民党、爱国反日的社评尖锐、泼辣，一改原先的保守习气，使《申报》站在了民主抗日的前沿。他极力鼓吹新闻自由，认为新闻应为"人民的喉舌"，得到史量才的赏识。他动手改造"自由谈"副刊，发表了许多爱国知名人士的檄文，尤其是鲁迅的杂文。1932年，《申报》又连发数篇社论，反对蒋介石发动对江西红军的围剿。蒋介石一怒之下，下令"禁止《申报》邮递"，指名黄炎培、陶行知和陈彬龢离开《申报》。年底，陈彬龢又和宋庆龄、蔡元培、鲁迅、林语堂等人发起成立"中国民权保障同盟"，并任上海分会的执行委员。他无疑是一位爱国民主的斗士。他1936年移居香港，据说与一些日本"战略家"过从甚密，并开始为日本人做事。太平洋战争爆发后，他居然在日本占领军的支持下，出任《申报》总编辑，替日本侵略者作宣传，不遗余力地鼓吹"大东亚圣战"，还曾以"旧报新抄"为栏目，连续刊载1905年有关日俄战争的报道，无耻地吹捧日军武力。他还撰写了《警察保甲化，保甲警察化》一类的文章，要中国人当日本统治者的顺民。老友邹韬奋秘密来上海治病，他发现后便向日军告密，邹韬奋险遭不测。战争结束后，他逃往日本，后在东京郊区的一家精神病院中毙命。

沦陷区也有许多爱国报刊在坚持斗争。如天津沦陷后，约有二十多种小型的抗日秘密报刊，如《高仲铭纪事》、《炼铁工》、《突击》、《北方》、《前哨》、《抗战》、《火线上》、《匡时》、《后方》、《中心月刊》等。太平洋战争爆发前，上海租界成为"孤岛"，一些抗日报刊得以生存，如《译报》、《导报》、《文汇报》、《团结》周报、《学生》半月刊、《华美晚报》、《大美晚报》（中文版）等。

《译报》，1937年12月由中共在上海租界创办，夏衍主编。当时租界中的外文报纸不少，如英文有《大美晚报》、《字林西报》、《上海泰晤士报》，法文有《上海日报》、《人道报》，德文有《远东新闻》，俄文有《真理报》、《消息报》等，其中刊登许多有关中国抗战的消息和资料，发行多达2万余份。《译报》出版第12期后，受敌伪威胁而停刊。1938年1月，该报改名《每日译报》出版，请英国人做发行人。除大量抗战新闻外，该报还经常刊登中共中央文件和负责人的讲话、文章，报道八路军、新四军的战况。该报因此曾收到过十多份恐吓信。1939年5

月,英籍发行人被收买,租界当局借口报纸未经送审,责令停刊。

《文汇报》,1938年1月25日创刊于上海。当时上海一带虽已沦陷,但苏州河以南的公共租界、法租界还未被日寇占领,成为由法、英等国控制的"孤岛",具有自由主义倾向的爱国人士严宝礼就在这里集资创办了《文汇报》,并高薪雇佣了英商克明为发行人,以"英商"的名义出版发行这张报纸。严宝礼为总经理,胡惠生为总编辑,徐铸成为主笔(1939年初接任总编辑),储玉坤为国际新闻编辑,柯灵为副刊编辑,全报社十余人。该报内容丰富,观点鲜明,报道抗战消息,评论社会新闻。1月28日,该报发表首篇社论《淞沪之役六周年纪念》,光扬抗战精神。2月8日,该报又发表社评《告若干上海人》,对混迹上海滩的汉奸发出警告,遂招致炸弹破坏(一死数伤)和恐吓信的威胁。在严宝礼、胡惠生的支持下,徐铸成又写出社评《写在本报遭暴徒袭击之后》(2月12日):"炸弹的光顾、黑暗的势力向我们进攻,正足以证明我们的苦斗,已获得相当的代价。我们愿为正义而流血,并愿为维护言论自由奋斗到底!"《文汇报》每天发表一篇社论,分析国内外形势,宣传抗日救国,揭露日寇的暴行,受到广大读者的欢迎。报纸销量直线上升,至5、6月发行量突破5万份。1939年,日伪收买克明。5月18日,《文汇报》突然接到英国驻沪领事的通知,以"言论激烈"的罪名,罚令停刊两周,后并未能复刊。

徐铸成(1907—1991),江苏宜兴人,青年时受朱谦之、胡适、邵飘萍、鲁迅等人的影响,喜欢《申报》和《新闻报》。他曾入清华大学、河北大学、北京师范大学求学。他20岁进入"国闻通讯社"任"抄写员",被胡政之发现,改任《大公报》记者。从1932年至1935年,他曾任《大公报》驻汉口特派记者,兼为京沪两家报纸拍发电讯,也或为汉口《大中报》、《大光报》撰写社论。1936年,他调任《大公报》上海版要闻编辑,兼为《国闻周报》撰稿。他在胡政之、张季鸾领导下工作,颇有成绩而受报社青睐。他1938年为严宝礼所赏识,加盟并主持上海《文汇报》笔政,坚持独立于党派之外的立场,气节高昂地抗日,反对"舆论统一",坚持言论自由的最高原则,努力反映老百姓的心声。1939年《文汇报》被敌人查封后,他转任《大公报》香港版编辑主任。1941年底,香港沦陷后,他又担任《大公报》桂林版总编辑、重庆《大公晚报》主编。

上海租界的《华美晚报》于1936年8月创刊,朱作同为总经理,石招泰为总主笔。日军入侵上海后,该报仍努力宣传抗日救国大业。1938年,该报拒绝刊登伪政府统税局通告,即遭暴徒手榴弹袭击,设备受损,3人受伤。朱作同同时又创办了《华美》周刊,被当时上海新闻界誉为"最精彩、最富战斗力的一个周刊"。1941年,朱作同被暗杀,《华美晚报》被迫停刊。

上海孤岛时期最著名的硬骨头报人朱惺公(1900—1939),江苏丹阳人,自学成材。他1928年任《浙江商报》副刊编辑,30年代初曾任《时代日报》特约编辑,1938年任《大美晚报》中文版《夜光》副刊编辑,1939年发表《民族正气——中华民族英雄专辑》,同时连载《汉奸史话》,宣传抗日爱国思想,激励民众的斗志,不时受到敌伪的恐吓。1939年6月,他发表文章揭露汪伪的恐怖活动,义正辞严地宣告:"这年头,到死能挺直脊梁,是难能可贵的。贵'部'即能杀余一人,其如中国尚有四万万五千万人何!……余生为庸人,死作雄鬼,死于此时此地,诚甘之如饴者矣。"充分表现出视死如归的英雄气概。不久,《大美晚报》印刷所遭暴徒捣毁,朱惺公公开痛斥敌伪的恐吓行为,8月30日遭日伪特务暗杀,年仅39岁。此外,《大美晚报》的张似旭、程振章、李骏英,大光通讯社社长邵虚白,《申报》记者金华亭,《新闻报》编辑倪澜琛、《文汇报》职员陈桐轩,也都遭敌伪杀害。《社会晚报》社长蔡钧徒,曾风传其与日本人有"勾结",后不知何故也在报上登有一些"反日情绪"的新闻,最后被日伪绑架杀害,并悬首于上海法租界与南市接壤的闹市示众。

七、外国新闻工作者在中国

20世纪初,由于中国不断发生一些引起世界瞩目的重大事件,西方发达国家的部分通讯社的报纸开始在上海、广州、北京等地设常驻记者。到二三十年代,西方各国的在华新闻机构已形成较为完备的传播网络,记者日益增多。尤其到抗日战争时期,出于对中国战场和中国革命的关心,一些外国记者付出极大的努力,对中国社会及红色根据地作出详尽的报道,在中国和世界新闻史上产生很大影响。

美国记者埃德加·斯诺(1905—1972),1928年9月来到中国,任上海英文周报《密勒氏评论报》助理主编,写有《中国五大怪》、《拯救二十五万生灵》等报道,对中国人民的苦难深表同情。他1930年任美国"统一新闻协会"驻远东游历记者、驻北平代表。1933年,他出版了第一部著作《远东前线》,记述了中国军民的抗日斗争。1933—1937年,他应聘在燕京大学新闻系任教,编译中国现代作家的小说集《活的中国》,同时担任美国《纽约太阳报》和英国《每日先驱报》的特约记者。他1936年6—10月往陕北采访,与中共领导人进行详细访谈,11月在上海《密勒氏评论报》上首先发表有关报道和照片,1937年出版《红星照耀中国》。为了便于在国统区发行,他于次年改书名为《西行漫记》。他先后在西安、香港、武汉、重庆、成都等地投身于抗日斗争。1941年,他因撰文揭露皖南事变真相,被迫离华返美。1960年,他再次访问中国,撰《大河彼岸》。1964年,他作为法国《新直言》周刊记者来到中国,拍摄纪录片《四分之一的人类》。1970

年,他与毛泽东进行重要谈话,预告中美关系将发生变化。

海伦(1907—?),1931年到达上海,任美国总领事馆秘书。她于次年与埃德加结婚,1933年移居北京,始为《密勒氏评论报》书评作家和通讯员,继而创办《民主》(英文)杂志。她后又成为《亚细亚》杂志的撰稿人,伦敦《每日先驱报》和纽约《太阳报》的通讯员。1936年10月,她到达西安,采访张学良,报告了东北军的一些情况。1937年,她在丈夫之后进入陕北,开始长达数月的访问,采访了中共领导人,著《红色中国内幕》(又名《续西行漫记》)。抗战期间,她还著有《革命生涯:传记》(1938)和《中国为民主奠基》(1941)等书,表达了对中国革命的理解与支持。1949年,她与埃德加离婚。1972年中美建交后,她数次访问中国,著有《七十年代西行漫记》,记述七十年代末的陕北之行。

美国记者安娜·路易斯·斯特朗(1885—1970),1925年来到中国,报道孙中山的民主革命运动和省港大罢工。1927年,她再次来到中国,深入湖南农村,报道毛泽东领导的农民革命运动。1937年,她第三次来到中国,从武汉到山西八路军总部,采访10天,写了《人类的五分之一》一书,报道八路军等的抗日游击战争。1940年末,她来到重庆,采访蒋介石、周恩来等。1946年,她来到解放区,用长达9个月的时间先后访问了陕甘宁边区、晋察冀边区和东北解放区,后写成《中国人征服中国》一书。尤其是她采访毛泽东时,毛泽东阐述了"帝国主义和一切反动派都是纸老虎"的著名论断。1958年,她第六次来到中国,并在北京定居。1970年,她在北京逝世。

美国记者艾格妮丝·史沫特莱(1890—1950),1928年12月以德国《法兰克福日报》和英国《曼彻斯特卫报》特派记者身份来华。她揭露中国社会的黑暗,参加民权保障同盟,支持左翼文化运动。她1933年著《中国人的命运》、《中国红军在前进》(又译《中国红色风暴》)。她1934年再次来华,1936年亲历并报道了西安事变,应张学良之邀,在西安广播电台进行每天40分钟的英语广播,向世界报道西安事变后的政局及有关人物的近况,使她在国际新闻界声名大震。她1937年访问延安,写成《中国在反击》,反映华北抗日形势与八路军的战绩。在对朱德深入采访后,她完成传记《伟大的道路》。她后来随八路军、新四军转战华北、华中和华东,写了许多战地通讯,完成报告文学《中国的战歌》,成为抗日战争中随中共部队一起生活的唯一西方随军记者。1950年,她在伦敦逝世。

美国记者阿本德(1884—?),1926年来到中国,先任《北京导报》代理总主笔,后以一系列蕴涵着敏锐政治观察力的中国报道为《纽约时报》所赏识,被聘为驻京记者。1929年,他因在报道中批评国民党的腐败,而被南京政府撤销在中国拍发新闻电报的权利。直到1931年"九一八"事变发生,他正式向外交部道歉,才重获发电报权利。1930年,他出版《受难的中国》一书,既对中国的境遇深表同情,也对其无力自救颇感失望。1931年,他首先报道了"满洲国"的成立。1937年12月,他第一个把日军在南京的屠杀暴行公布于世。他以擅长抢发重大新闻而知名。

美国记者伊罗生(1910—?),30年代在上海《大美晚报》和《大陆报》当记者,渐显过人才华。1932年,他发表政论集《国民党反动的五年》。1933年中国民权保障同盟成立时,他成为8名执行委员之一,主编《中国论坛报》。到1938年,他以对中国革命的深刻了解,完成了论述第一次国共合作曲折过程的经典之作《中国革命的悲剧》,成为在华外国记者中的风云人物。

美国记者白修德(1915—?),1939年被派往中国,在重庆任国民党政府新闻部顾问,主持报道中国抗战新闻。由于成绩出众,他很快成为美国《时代》周刊驻远东的首席记者。他曾穿过日军封锁线,到山西敌后游击区采访。他1943年到河南的严重灾区采访,报道了灾区惨绝人寰的真相。1945年9月2日,作为记者代表之一,他在美国军舰"密苏里"号上目睹了日本投降的仪式。他对国民党政府的腐败、军事的无能和政治的独裁都深有体认,1946年出版了《中国的惊雷》一书,在国内外掀起轩然大波,被迫回国。

英国记者詹姆斯·贝特兰(1910—?),《泰晤士报》和《曼彻斯特卫报》记者,1936年来到中国,年底到达西安,采访长达四十余天,返回北平后写成《中国的危机:西安兵变真相》,不但生动报道了西安事变的过程,还介绍了中国西北地区的社会背景。1938年,他又到达延安,成为第一个采访这里的英联邦记者。在访问中共领导人之后,他还去了山西前线,采访达3个月之久。次年,他在英国出版了《不可征服的人:在华北战斗农民中间一年惊险生活的日记》,详尽介绍了华北八路军及与中共领导人的交谈情景。

德国作家、记者汉斯·希伯(1897—1941),1925—1927年大革命时期来到中国,曾在北伐军总政治部编译处工作,并为上海的《中国周刊》等报刊撰稿。他1932年再次来到中国,在上海与《大美晚报》编辑等外国人发起建立国际"马列主义学习小组",经常在英、美报刊上发表关于中国问题的报道及评论。抗战爆发后,他积极支持中国人民的抗战,筹募医药用品,送到新四军中。他1938年春来到延安,采访毛泽东,次年又采访周恩来和叶挺军长。1941年皖南事变后,他到苏北新四军中采访,会见陈毅和粟裕,完成书稿《中国团结抗战中的八路军和新四军》、《叶挺将军传》。他9月进山东采访八路军,10月在随部队与日寇作战中牺牲。

1944年5月,随着反法西斯战争取得重大进展,国民党不得不允许中外记者组团采访延安。6月,中外记者西北参观团抵达延安,参观采访一个多月,其中外国记者6人,中国记者9人。其后,美国记者福尔曼写出《来自红色中国的报告》(又名《北行漫记》)一书。美国记者斯坦因在英国《时事新闻报》上发表《毛泽东朱德会见记》。美国记者爱泼斯坦在印度《政治家日报》上发表《我所看到的陕甘宁边区》，他还写了二十多篇出色的通讯，分别发表在《纽约时报》等著名报刊上。这些真实而生动的报道，打破了国民党的新闻封锁，让世界了解中国共产党在抗战中的地位与作用。

在抗战初期的广播宣传中，一些外国友人常到汉口广播电台进行反战宣传。其中，最为有名的是日本人绿川英子（原名长谷川照子），她亲眼目睹了日军野蛮的侵略行径和中国人民的反抗斗争。为了使两国人民免除灾难，她在汉口广播电台担任了三个月日语播音员，以其流畅的日语历数侵略军的暴行和中国人民所遭受的苦难，呼吁日本军人起来反战。她的播音在侵华日军中产生了一定的影响。

第十一章 解放战争时期的概况

抗日战争结束后的四年,是国家发生翻天覆地变化的四年。期间,不但国共军事战场上的力量对比发生剧变,新闻战线上各派的力量对比也发生了戏剧性的逆转。最后,共产党获得了全面胜利,其中也包括新闻战线中间力量的全面"向左转"。

一、国民党新闻业的膨胀与瓦解

1945年9月,国民党发布《管理收复区报纸通讯社杂志电影广播事业暂行办法》等法令,抢先在收复区扩展其新闻事业。

首先,许多新闻机构向收复区搬迁,尤其是重庆的国民党中央新闻体系向南京的迁移,行动相当迅速。如中央通讯社、中央广播电台由重庆迁南京,《中央日报》由屯溪迁上海,并很快在南京复刊。国民党军报《扫荡报》改名《和平日报》,出版南京版。《东南日报》由丽水迁杭州,南平版迁往上海。龚德柏为"接受先遣队"进入南京,恢复出版《救国日报》,后又出版《大同晚报》。

其次,收复区各地国民党军政机关纷纷出版地方报纸,或大量接管敌伪新闻媒介为己所用。如北平《华北新报》改为国民党北平党部机关报《华北日报》,上海《新中国报》改为国民党上海党部机关报《正言报》,汉口《大楚报》改为国民党汉口党部机关报《华中日报》。此外,《中央日报》在南京、上海、重庆、长沙、福州、厦门、沈阳、长春、贵阳、昆明、桂林、海口拥有12个分社。1945年《中央日报》复社后的总社社长是马星野(1909—1991),浙江温州人,先后就读于厦门大学、国民党中央党务学校,曾主编《党军日报》、《中央政治学校校刊》。他1931年留学美国密苏里大学新闻系,回国后主持中央政校新闻系教学工作14年。抗战期间,他曾创刊《新闻学季刊》,为"中国新闻学会"发起人之一。1942年,他任国民党中宣部新闻事业处处长。1948年,他出席日内瓦举行的联合国新闻自由会议,代表中国新闻界参加制定《世界新闻自由宪章》。

再次,国民党军事系统的报纸也不断增加。如《和平日报》在南京、上海、汉口、重庆、兰州、广州、沈阳、台北、海口拥有9个分社，各地的《党军日报》《黄浦日报》《阵中日报》等也迅速扩张，到1947年已发展到229家。

最后，国民党强行改组和接管收复区的民营报纸。如对上海《申报》《新闻报》，借口其在太平洋战争爆发后曾附逆，攫取其部分股权；并组织"申报、新闻报报务管理委员会"，潘公展任《申报》委员会主任兼社长，萧同兹任《新闻报》委员会主任，程沧波为社长。两报名义上打着"商业民办"的旗帜，实际上由国民党CC集团控制。

据1946年5月国民党宣布还都南京时统计，国民党中央直接主办或控制的各地报纸有23家，发行45万份；各省地方党部办报27家，发行14万份。此外，县市级党部主办的各类党报，以及军队系统党报及官股控制的企业大报等，都为数不少。国民党很快建立了以《中央日报》为首的巨大党报体系，其中还包括以国民党党员"个人名义"出版发行的"民间党报"。据当年的统计，国统区报纸达984家，发行200万份。到1947年，全国报纸总数增至1781家之多，其发展速度是惊人的。5月底，《中央日报》社率先实施企业化，改组为股份有限公司，建立企业管理制度，其盈亏收支不再列入国民党中央党部的预决算中。

通讯社方面，中央通讯分社有50多个，国外设有20多个有关机构。抗战胜利后，国民党派员赴各地接收日伪电台，将其改造为官办电台，至1946年共21座。同时，各地陆续恢复和新建一批民营广播电台，1946年初，仅上海就有43座。内战爆发后，国民党为垄断广播渠道，极力限制民营台的发展，制订了许多苛刻的条件，使民营台经营每况愈下。1947年底，国统区各种官办、民营广播电台101座，其中属国民党中央广播事业管理处管辖的有42座，短波发射机81部，总发射力达550千瓦。

1945年9月1日，蒋介石在重庆发表庆祝抗战胜利的广播演说，表示"将取消新闻检查制度，使人民享有言论自由"。10月1日，国民党宣布废除战时新闻检查制度。1946年11月15日，"国民代表大会"在南京召开。12月15日，会议通过《中华民国宪法》，规定人民有言论自由、出版自由等权利，宣称中国进入"宪政"时期。1947年6月，新闻局成立，接替国民党中宣部主管全国新闻事业。10月31日，国民政府公布《出版法修正草案》（以下简称《草案》），规定出版物违法如"意图颠覆政府或危害中华民国者"，一律按刑事法规的规定予以处罚，还增加了"出版品不得妨害本国或友邦之元首名誉之记载"等新规定。《草案》公布后，许多报界人士撰文予以批评，包括国民党派系报刊在内的大部分报刊都对其持不同意见。如《大公报》王芸生撰写的社评《由新民报停刊谈出版法》，就对其反动性质作了大胆的批判，主张废弃《草案》。文章说："出版法，是个枝节性质的法律，我们敢冒昧的说，其有不如其无。这个法，是袁政府时代的产物，国民政府立法院虽略有修正,而大体仍因其旧,实是一件憾事。因为言论与发表的自由,是人民的基本权利之一,宪法例有保障的规定。出版法的立意,乃在限制言论与发表的自由,这与保障民权的精神是不合的。"

国民党报刊的宣传特点在于,颂扬独裁统治,把内战的责任推给共产党,鼓吹国民党的战绩。报道往往颠倒是非、混淆黑白,乃至歪曲事实,造谣中伤,对共产党及其领导的解放区竭尽诬蔑之能事。直至辽沈、淮海、平津三大战役时,国民党报刊、电台还在进行一系列的歪曲报道。甚至在人民解放军挺进长江时,《中央日报》还在大叫"不迁都"、"打到底"、"安定京沪"、"固若金汤"之类的昏话。

国民党控制的报刊,也有对时局不满而对其统治进行曝光和批评的。以国民党陆军总部少将参议龚德柏为社长的南京《救国日报》,于1948年4月23日登出揭发孙中山之子孙科的文章:"当国父孙先生于十三年在广州任大元帅时,孙科要求任广州市长,孙中山先生以其年轻经验不足拒之,讵孙科即声言要到澳门接卢太夫人到广州祝寿,并积极作筹备祝寿工作姿态,以强硬手段,威胁国父及宋庆龄女士,几乎弄成僵局,后经党元老调解及宋庆龄女士之建议,始得国父允许,名义以代理市长委之,祝寿事始得平息。"同时,此文以很大篇幅描写了孙科在官任上如何大权在握、独断专行,如何敲诈勒索、贪污腐败,及如何杖击元帅府秘书长胡汉民等丑事。1949年3月17日,《新闻天地》登载华三祝《蓝妮颜料案始末》,揭发交际花蓝妮一度为孙科院长(行政院)的情妇,抗战期间得到一笔来路不明的财产,胜利后没收伪敌财产波及蓝妮,孙科站出来包庇此事,并把蓝妮称作"敝眷",最后发还此财产的经过。4月7日,该报又登出章闶《孙科出卖房产给政府》的文章,进一步揭发孙科霸占他人房产,据为己有,却要政府出钱补助,最后又准备卖给中央银行的有关腐败内幕。

随着国民党在战场上的失利,自1948年下半年起,其重要新闻机构及一些主要负责人开始安排后路,准备逃往台湾。1949年3月,《中央日报》迁到台北,军报《和平日报》也迁到台湾,并于7月初恢复《扫荡报》旧称。中央通讯社和中央广播电台也向台湾运去了重要设备,12月在台北挂上"中央通讯社总社"招牌。随着国民党蒋家王朝在大陆的覆灭,其新闻事业也完全瓦解。

二、《大公报》的最后风采

重庆《大公报》1945年9月和10月社评《莫失尽人心》和《为江浙人民呼吁》,谴责国民党军政官员乘劫收敌产之机,大发私财的无耻行径。该报还发表社评《质中共》,对共产党的一些行为提出质疑。11月,《大公报》复刊上海版,李子宽为经理,徐铸成为总编辑。12月,《大公报》复刊天津版,曹谷冰为经理,孔昭恺为编辑主任。1946年元旦,《大公报》在上海成立大公报社总管理处,标志着该报的管理中心移至上海。1948年3月,《大公报》复刊香港版,胡政之亲撰《复刊词》,重申本报为民间组织,坚持"文章报国"宗旨,并说明内地两党政治斗争激烈,可能难以见容,只能到香港这个特殊地区寻求新的发展。4月24日,胡政之突然病倒,一病不起。7月,他连续发表反对当局镇压学生运动和文化专制政策的一系列社评,其忧国忧民之心溢于言表。12月底,吴鼎昌也辞去了《大公报》董事职务。次年4月12日,胡政之逝世。这个新闻全才的辞世,意味着《大公报》第一代领导者主政时期的结束,由第二代领导层的王芸生等接班。

胡政之(1889—1949),名霖,笔名冷观,四川人。他少年时跟随父亲游宦安徽,后入安徽省高等学堂。他17岁留学日本,在东京帝国大学学习法律。1911年回国后,他先在大学教书,后来担任过江苏高等法院第二分院刑庭庭长。1913年,他任《大共和日报》总编辑。他1915年任吉林巡按使王揖唐的秘书长,王揖唐推荐他为《大公报》总编辑。他1919年去巴黎和会采访,又去英国、德国、瑞士诸国考察一年之久,写了许多有价值的采访报道,视野开阔,叙事动人,显示出其记者之才华。他1920年加入北京《新社会报》,与林白水共事,因意见不合离开。1921年,他在上海创办国闻通讯社,任总编辑。1924年,他创刊《国闻周报》。1926年9月,他与吴鼎昌、张季鸾接管《大公报》,任经理兼副总编辑,时撰社评,或亲自采访重大新闻,如三次出关拜访张学良,撰写了十余篇有关通讯。至1949年逝世,他一生为中国新闻事业奋斗了35个年头。他不但文笔恣肆,编辑精致,且长于经营,工于筹计,善于培养人才,可谓新闻界之全才。

胡政之反对专重经营利润的钱奴思想,也反对专供政治权势利用的权奴思想。1932年4月,他发表《新闻记者最需要有责任心》一文,指出新闻事业"必须与公理公益站在一条线上,方算合理。否则便是党派私利的传音机,不配作社会公器"。张季鸾去世后,胡政之与蒋介石若即若离,时有批评国民党之言论。据说,蒋介石每每念及张季鸾时即喟叹不已,原因是"胡太不听话"。时人常常钦慕胡政之独立傲岸之报人风采,并佩服其经营、用人之商家风范。李纯青曾深有感慨地说:"大公报任人唯贤,不任人唯亲,这是一个企业成败的主要关键之一……胡政之颇能兼容并收,不拘一格……大公报内部有一定的自由空气,各人可以各言其是,无所顾忌。编辑、记者思想不必走钢绳,因而就缺乏产生八股文的土壤。"①

王芸生(1901—1980),原名德鹏,天津人,出身贫寒,自学成才。在茶叶铺

---

① 周雨主编:《大公报报人忆旧》,中国文史出版社1991年版,第309页。

当伙计时,他开始为《益世报》写稿。他接触过五四运动,1925年参加天津五卅运动,曾主编天津洋务华员工会的《民力报》,是有名的反帝活动分子。他1926年来到上海,加入国民党,又经博古介绍加入共产党,担任过《和平日报》编辑。1927年6月,他在天津《大公报》发表启事,决心脱离一切党派,专心做新闻工作,以文章报国。他1928年任《商报》总编辑,写文章与《大公报》辩论时被张季鸾发现,次年被请进《大公报》编辑部,负责编地方版新闻。1931年至1934年,他完成后来以《六十年来中国与日本》命名的一书,七卷,200万字,曾在《大公报》上连载,受到国民党的重视,应邀上庐山采访,并给蒋介石讲课。1935年,他被提拔为编辑主任,写有大量揭露汉奸卖国、激发军民抗敌的文章。他1936年任《大公报》上海版编辑室主任,写《寄北方青年》,责难张学良发动西安事变,以"国家中心论"立场规劝青年学生。1938年,《大公报》迁重庆,王芸生任渝馆总编辑、社评委员会主任。1941年,张季鸾病逝,王芸生继任总编辑。他写有《拥护修明政治案》、《看重庆,念中原》、《为江浙人民呼吁》、《我看学潮》等社评,揭露国民党政治腐败、搜括民财、钳制舆论、镇压学生运动等丑闻,受到官方报纸的"围剿"。

抗战胜利后,王芸生主张和平、民主建国的第三条道路,他在1945年6月13日的社评《胜利逼人》中说:"我们希望朝野上下,全国一致,都要有一个坚决观念,就是:反内战。"9月1日的社评还提出:"我们建议政府先做一件事,就是:取消新闻检查,开放言论自由。"9月27日的社评《莫失尽人心》,批评国民党接收大员在收复区大发横财。重庆谈判时,王芸生设宴招待中共众领袖,当面劝诫毛泽东,希望中共"不要另起炉灶",希望走军队国家化和民主宪政的和平道路。然而,谈判话音未落,内战硝烟四起,《大公报》只能寄希望于美国马歇尔将军的调停。10月25日,他发表反对八路军、新四军切断津浦铁路的《为交通着急》一文。11月20日,《大公报》又发表社评《质中共》,替国民党说话,引起轩然大波。1946年2月,他发表《东北的阴云》和《读雅尔达秘密协定有感》,愤慨披露该协定严重损害中国主权,如外蒙古独立和辟大连为国际港等,引发著名学者和青年学生的响应和抗议,被视为严重的"反苏"事件。4月,苏军撤离长春,国共两军争夺长春之战开始。《大公报》头条新闻打出了这样的标题《长春苏军昨已撤去,共军进攻接踵而来》,副标题是《国土既归来,还流同胞血》。次日,该报发表社论《可耻的长春之战》,反对共产党军队在东北发动的长春战役。10月7日,该报又发表社评《不许破裂!必须和平!》,还在做和平之梦。

1947年,王芸生参加中国赴日记者团,考察战后日本。回国后,他发表美国扶持日本军国主义的观点,写出《日本半朋》等12篇文章,引起国民党的不满;并发表《何必防闲学生运动》,遭到《中央日报》的指名攻击。1948年元旦,《大公报》发表社论《武力不能解决问题》,希望这一年成为"人类觉醒之年",呼吁"自由主义站起来","反对任何一党专政",要求实行民主的"多党竞争制"。1月10日,该报又发表萧乾执笔的社评《自由主义者的信念》,完全打出"自由主义"的旗号,提出自由主义的五个基本信念,包括赞成民主的多党竞争制。7月,《新民报》被勒令停刊,《大公报》发表社评《由新民报停刊谈出版法》,主张废除钳制言论自由的《出版法》,对《新民报》被查封表示不满,说:"言论与发表的自由,是人民的基本权利之一,宪法例有保障的规定。……现代民主宪政国家,人民可以公开抨击政府施政,在野党在宪政轨道中尤以推翻政府为其能事,那非但不犯法,且是一种特权。"这更引起国民党《中央日报》的攻击,连发社评列举其所谓"罪状",要求"三查王芸生",除攻击谩骂之外,还逮捕《大公报》多名记者。王芸生受到极大震慑,此时极为彷徨、苦闷,不知前途何在。《大公报》事业何在? 10月底,他在共产党的邀请下,考虑几天后,终赴香港领导《大公报》香港馆起义,发表《和平无望》社评。他1949年3月抵达北京,6月17日在上海发表《大公报新生宣言》。

三、储安平的《客观》和《观察》周刊

储安平(1909—1966),江苏宜兴人,幼年丧母,由伯父储南强抚养成长,就读于光华大学新闻系和英国文学系。他1929年曾向鲁迅主编的《奔流》杂志投过稿,在《流沙》、《国闻周报》等报刊发表过作品,1931年编过一本叫《中日问题各家论见》的政论集。他1932年大学毕业,为《中央日报》副刊编辑,后又主编过一本月刊《文学时代》。1931—1934年,他大约写了十二三篇小说,自认文学才能不高,所以开始转向政治学。1935年,他考入伦敦大学政治系,师从著名自由主义思想家拉斯基教授。抗战时,他在湖南、重庆多所学校任教。他1945年春在湖南任《中国晨报》主笔,年底到重庆编《客观》杂志,1946年到上海创办《观察》。他的政论文字思路清晰,语言犀利,很有一番指点江山、针砭时弊的味道,成为当时自由主义思想运动的一面旗帜。1947年,他在题为《施用闷药前后的心理与感觉》一文中告诉人们:他不惧怕肉体的死亡,惧怕的是一个人的生命完全操之于他人,一切听人摆布,失去表示自我意志的能力。

《客观》周刊1945年11月创刊于重庆,发行人为张稚琴,主编储安平,编辑有吴世昌、陈维稷、张德昌、钱清廉、聂绀弩。储安平在创刊号上声明:"在《客观》上所刊的文字,除了用本社同人的名义发表者外,没有一篇可以被视为代表《客观》或代表我们一群朋友'全体'的意见,每一篇文字都是独立的,每一篇文字的文责,都是由各作者自负的。"在充分尊重思想自由、尊重作者的个人权利

前提下,无论作者的看法是否与编者相左,只要观点论据充分,《客观》都愿刊载。《客观》作为一个进步的自由主义刊物,在当时西南地区颇有影响。

储安平以"安平"署名,为《客观》撰写"客观一周"专栏文章。他反对国民党一党专政,认为国民党的腐败已使它失去了革命的活力,尤其以一党专政抗拒国家民主化进程。他也批评共产党,承认共产党有刻苦精神,但不承认极端的社会主义能适行于中国,认为在一个讲究"一致"的政党统治下,人民是不会有真正的民主和自由的,因为人民有无思想言论的自由,是一个国家有无民主的前提。另外,在与苏共的关系上,共产党"过于崇奉外邦,一味视外邦为宗旨,则不免丧失自己的独立意志和独立人格"。他较为笃信英国的民主制度,要求走军队国家化和民主宪政的和平道路,指出用武力相斗是难以走上民主道路的。他还希望大量培养中国的自由主义知识分子及其中产阶级,"为了达到造成一个民主的中国的目的,我们应当用种种方法以鼓励中国的中产阶级抬头,成为民主政治的干部。其中特别对于自由思想的大学教授及著作家等,应鼓励他们出面说话,建立一个为民主国家所不可缺少的健全的舆论"[①]。1946年4月,《客观》停刊,共出17期。储安平1946年春离开重庆去上海,实际上只主编了12期,13期起改由吴世昌主编。

1946年9月,储安平在上海创刊《观察》,16开本,每期6万字。该周刊继承了《客观》的自由主义作风,以知识分子的良知和责任感,要求遵循客观、公正的原则立场,对国家政治、经济、文化多方面地进行自由评说,希冀靠言论的力量影响政府的决策,并以此唤起社会良知。其发刊词《我们的志趣和态度》宣称,该周刊"大体上代表着一般自由主义思想分子",以"民主、自由、进步、理性"为其刊物之方针,无党无派,发表政论而不从事政治活动;强调:"国家政策必须容许人民讨论,政府进退必须由人民决定,而一切施政必须对人民负责";并指出:"没有自由的人民是没有人格的人民,没有自由的社会必是一个奴役的社会。""人民最可宝贵的素质是理性,教育的最大目的亦即在发挥人类的理性。"《观察》云集了一大批最著名的自由主义作者,认为有权利用言论的力量批评政府及各方面力量,以坦率、公允和智慧的笔调吸引了大量的知识分子读者,销量从400份迅速飙升到10万份,左右着舆论界自由主义运动的风向。

储安平在《观察》上所作政论时评,主要是对国民党腐败政治的批评,给学生运动以同情与支持,维护言论自由权利和价值,及讨论美国对华的有关政策等。如他1946年9月14日的第一篇时评《失败的统治》,就认为国民党二十年的统治是失败的,几无像样的建树,"只知以加强'政治控制'来维护其既得政

[①] 《客观》第12期第1页。

权。……政治在本质上则愈来愈开倒车：贪污流行，效能低落，自由缺乏保障，民生一无改善，而政治道德则尤见江河日下"。《观察》每出满24期，储安平就要写一篇总结性的"报告书"。其第1卷报告书谈道："在过去的半年中，本人从未参加任何政治的集会或活动。此事包括着两个原则：一、一个刊物要维持它超然的地位，这个刊物的编者必须是真正绝对超然的；二、我们这个刊物是全国自由思想分子的共同理想，这个刊物绝不应成为编者个人活动的工具。大家支持这个刊物是为了支持这一个理想，而非支持任何个人；任何个人都不应该利用这个刊物以达到他为了私人利欲的目的。"

其他学者的文章，可谓观点各异。有不满国民党统治的评论、通讯；也有反对共产党和共产主义的评论、消息，有的文章甚至说，"就统治精神上说，共产党和法西斯党本无任何区别"，共产党在中国的胜利是"以暴易暴"。然而，《观察》的言论以批评国民党政府为主，在客观上应有利于当时的中国共产党。1947年10月，《观察》发表专论批评美国前驻苏、驻法大使的对华政策，并强烈批评国民党政府的无能，引起国民党的不满。1948年7月，传出政府将要查封《观察》的消息，储安平没有被吓住，反而回敬了一篇署名文章《政府利刃指向〈观察〉》，历数英美言论自由之案例，指责政府对言论的管制而据宪力争言论权。12月，《观察》发表《一场烂污》，对国民党20年来的极权统治作了完全否定的总结，最终被国民党查封。还有说是因为10月的一篇军事通讯《徐淮战局的变化》，蒋介石认为其泄漏了军事机密，所以查封了杂志社。

储安平这一段青年人生(40岁还不到)，真诚坦荡，言论大胆，文风犀利，意气风发，既具学者的儒雅，且兼记者的风光，给人留下深刻印象。谢泳《储安平与〈观察〉》作如此评价："储安平的希望在半个世纪后的中国，依然是知识分子的一种理想，他过分早熟的自由与民主的观念，给他带来了终身的不幸。储安平早年由文学而报界，又由报界成为独立报人，终身的理想是想通过言论来影响政府的决策，受英国人思想影响过深，甚至忘了自己所处的现实环境。在知识分子中，储安平的言论行为获得极大成功，但当他试图以此种思想影响政界及更多的人时，便显得一筹莫展了。""在中国现代史上，《观察》差不多可以说是最后的同人刊物，在《观察》之后，似乎再没有这样允许自由主义知识分子自由创办刊物、自由议论国家生活的事了。同人刊物在中国的消失是一件至今还牵动知识分子的大事。"[①]《观察》确实成为了中国自由主义的最后丰碑。

---

① 谢泳：《储安平与〈观察〉》，中国社会出版社2005年版，第22、25页。

四、自由主义的《世纪评论》

1947年1月,张纯明在南京创办《世纪评论》,其宗旨为"超然独立,公正客观",明确宣布:"本刊的立场是超然的……我们审察中国现在的环境,感觉自由主义尚有提倡的必要。"主编张纯明(1903—1984),曾留学美国十年,为耶鲁大学博士,深受西方文化熏陶。该刊物以大学教授为主要撰稿人,批评政府、议论时政,除通讯、社论外,还发表许多名人的专论、述评,是一本可与《观察》相伯仲的影响较大的自由主义刊物,发行量也仅次于《观察》。

1947年2月14日,傅斯年在参政会上揭发孔祥熙、宋子文贪腐,"慷慨陈词,主张清查宋孔产业"。第二天,《世纪评论》第七期上刊出傅斯年文章《这个样子的宋子文非走不可》,列举了行政院长宋子文的种种劣迹,痛斥其搞乱经济,贪污腐败比孔祥熙有过之无不及,指出:"古今中外有一个公例,凡是一个朝代,一个政权,要垮台,并不是由于革命的势力,而由于他自己的崩溃!……而用这样的行政院长,前有孔祥熙,后有宋子文,真是不可救药的事。……要彻底肃清孔、宋二家长期侵蚀国家的势力,否则政府必然垮台。"其政论风格,开门见山,正气逼人。这些说论耿言,可谓掷地有声。

2月22日,《世纪评论》第八期又刊出傅斯年的长文《宋子文的失败》,揭露宋家的"中纺"公司:"中纺公司的组织,原与国民党历来标榜的口号'轻工业民营'违背,他的说法是增加政府收入。去年一年,他平均每月输政府一百亿,全年一千二百亿。今年列的数字是每月三百亿,全年三千六百亿。社会上估计,去年盈余是一万亿。……然而仔细看看,(政府)何尝有赚钱这回事?第一,美棉以法价结外汇,在中纺,利益极大;在国家,担负好大外汇。第二,机器全无代价,房子生财全是拿来的。第三,补充机件,外汇取之裕如。这样算赚钱,以裕财政,欺人乎?欺天乎?政府为他的收入之益,远不如为他外汇负担之害。"接着,他还举出宋孔两家压低外汇,大肆进口,以肥私囊,侵蚀国家的罪责:"在这样外币贱,国币贵的情形下,入口极易,出口极难,一悬数倍,简直要断绝中国货的出口,大开外国货的入口,岂特入超而已,简直要一个是无限人,一个是零,这真断送中国的经济命脉,何时恢复,真不可知。谁开创这个局面?孔祥熙。谁继承这个遗志?宋子文。他俩这一着,简直把中国葬送在十八层地狱下了。简直是彻底毁坏中国经济,彻底扫荡中国工业,彻底使人失业,彻底使全国财富集于私门,流于外国。"总之,宋子文"对于经济的无知与私心,是使中国经济非总崩溃不可的"。

3月1日,储安平的《观察》周刊又刊出傅斯年的《论豪门资本之必须铲除》一文,揭露宋子文"作风是极其蛮横,把天下人分为两类,非奴才即敌人,这还不必说,问题最重要的,在他的无限制的极狂蛮的支配欲,用他的支配欲,弄得天下一切物事将来都不能知道公的私的了"。文章直斥孔、宋是盗国的"扒手",将公的变为私的。国营厂矿都被弄得亏损、瘫痪,而"宋营"企业却都盈利巨万,国家不受其益,反受其害。最后,他提出挽救国家经济的办法:征用孔、宋产业十五年。很快,《观察》周刊全文转载了前两篇文章。半个月中,傅斯年写了三篇文章,矛头直捣官僚资本的核心,讨伐政府首脑,语言辛辣犀利,态度激切率直,在全国引起轰动,各家报刊纷纷转载,促发社会舆论的广泛共鸣,刺痛了国民党统治高层的神经。

在这样的形势之下,统治上层不得不有所行动。2月16日,监察院举行全体监委紧急会议,决定派员彻底清查有关情况与责任人。3月1日,也就在傅斯年第三篇文章发表的同时,立法院召开报告会,宋子文经一再邀请只得出席,并报告有关事项,立法委员当面向他提出严厉质询。当天下午,宋子文终于抵挡不住朝野舆论的巨大攻势,遂提出辞去行政院长之职。国民党最高国防委员会及国民党中常会举行联合紧急会议,批准了宋子文的辞职请求。新闻舆论在当时一党专制的体制中能起到这样的作用,颇令人感叹。《世纪评论》于1948年11月因局势发展而被迫停刊。

五、《新民报》的顽强抗争

抗战胜利后,《新民报》除重庆、成都原有日、晚刊外,又在南京、上海、北平恢复或创办了日、晚刊。南京《新民报》日刊于1945年10月复刊,晚刊1946年元旦发行。该报"双十节"发表的《复刊词》重申:"本报是一个民间报纸,以民主自由思想为出发点,不管什么党、什么派,是者是之,非者非之。只求能反映大多数人群的意见和要求,绝不讴歌现实,也不否认现实。我们在政治斗争极端尖锐化的环境之下,精神上时时感受一种左右不讨好的威胁,但我们的态度很鲜明:主张和平,反对内战,主张民主,反对独裁,主张统一,反对分裂。我们服膺三民主义,决不信奉共产主义;我们拥护现政府,但确不满现状,认为一党专政的办法,应该赶快结束。"1946年4月,北平版创刊。5月,上海版晚刊创刊。上海版的《复刊词》更是宣称:"我们愿意忠于国,忠于民,但是坚决不效忠于任何政府集团。"1947年,重庆社经理张君鼎和成都社经理崔心一,因加入"中国民主社会党"而被免去职务,以保持报纸超然独立于任何党派之外的立场。1946—1947年为《新民报》全盛时期,陈铭德主持制定了其"五社八版"(南京、上海、重庆、成都、北平)的编辑方针,其规模可称为国内最大的报业集团之一。

1947年2月20日,由吴祖光主编的上海版《新民报》副刊"夜光杯"刊登了署名"愚者"的一首政治讽刺诗,题为《冥国国歌》。该诗根据中华民国国歌进行"改编",如把"民国"改为"冥国"之类,对三民主义与国民党进行讽刺贬斥。歌词一经刊出,读者反应强烈,社会影响巨大。国民党上海党部负责人当众训斥陈铭德,勒令《新民报》自动停刊,交出作者进行公审。陈铭德坚持只道歉,不负交人责任,经多方奔走,最后以上海版《新民报》自动停刊一天、登报道歉而暂时了结。不过,《新民报》并没有就此屈服,依然不断批评国民党政府,时而透露共产党方面的有关情况及战场实际形势,先后有数人被列入军统黑名单。5月25日,上海版《新民报》被当局勒令停刊,罪名是"破坏社会秩序,意图颠覆政府"。通过多方活动和舆论的支持,7月30日总算复刊,然而国民党中宣部派来总编辑及数个腰挂手枪的记者,一张民间报纸竟遭受武装特务进驻监督。

南京版《新民报》对1947年南京"五二〇"血案进行详细报道,揭露国民党军警殴打学生的罪行。浦熙修等3人因撰写长篇报道《学生联合游行 发生流血事件》而被捕,在狱中坚持斗争,不屈不挠,70天后被营救出狱。女记者浦熙修,1910年生于江苏嘉定,北京师范大学毕业,1937年参加《新民报》工作,次年《新民报》迁重庆后任采访部主任,写了大量揭露国民党政府丑恶面目的新闻和特写,如1941年的《孔夫人爱犬飞渝》、1943年的《孔大小姐飞美结婚》,揭露了国民党大员孔祥熙家人在抗战中的奢侈生活片段。1945年10月重庆谈判时,她表现出对民主政治的向往,曾受到毛泽东的接见。政协会议时,她又是位非常活跃的记者,访问了30多位名人代表,以每天一篇千字左右的采访记形式刊载于《新民报》晚刊。1946年校场口事件后,她与许多新闻工作者发表公开信,揭露事实真相,痛斥国民党的卑劣行径。4月,在南京下关事件中,她与一些爱国民主人士遭到特务、暴徒的围攻和毒打,在医院受到周恩来等的慰问。在"五二〇"血案中,她不顾个人安危,以整版篇幅报道事实真相,有力地支持了青年学生的正义斗争。她出狱后任香港《文汇报》驻南京特约记者,依然不屈不挠地用笔与国民党进行斗争,每周写一篇通讯送香港发表。1948年11月,她又遭特务逮捕,再次被关入监狱。《浦熙修自传》谓:"我当时心中很坦然,我觉得除一死之外还有什么大不了的事情。"①第二年,她获救出狱,在上海迎接解放。

1947年9月9日,重庆版《新民报》日刊社评再次强调:"爱护自己,爱护自己的报纸,说起来并不简单,但有一个基本的前提不可忘却,那就是为办报而办报,报纸本身就是目的。倘以报纸为其他企图的桥梁,那就难免有过河拆桥之一日;倘以报人身份为敲门砖,那就免不了有闭门弃砖的时机。总之,办报的目的,倘在报纸以外的什么企图,总有一天,报纸要受到其他企图的牺牲,这自始即乏

---

① 袁冬林、袁士杰编:《浦熙修记者生涯寻踪》,文汇出版社2000年版,第734页。

办报之心,又怎能爱护报纸的历史?"这一观点的思想是相当深刻的,即使在今天也是耐人寻味的。

南京版《新民报》1948年7月8日被国民党查封,蒋介石亲批勒令永远停刊,罪名有"为匪宣传、诋毁政府、散布谣言、煽惑人心"等,陈铭德、邓季惺只得逃往香港。此消息一经宣布,中外舆论大哗,纷纷反对政府此举,《新民报》各地分社也都发表抗议文章。1949年,成都版和重庆版《新民报》也先后遭到国民党的劫掠。

六、其他民主报刊简介

民主党派、民主人士主办的最有影响的报刊是中国民主同盟的中央机关报《光明报》,于1941年9月在香港创刊,12月停刊。该报1946年8月复刊,至1947年7月停刊。1948年3月,该报第二次复刊。该报以反对南京独裁政府,实现民主、和平、统一的新中国为主旨,积极宣传民盟的政治主张。中国民主同盟于1945年10月在重庆创办《民主星期刊》,邓初民为主编,陶行知为发行人,1946年初还创办了该报的桂林版,而民主同盟在成都的机关报是《民众时报》。1946年2月1日创刊的《民主报》为中国民主同盟总部的机关报,发行人张澜,社长罗隆基,总编辑马哲民,编辑部负责人叶丁易。另有马寅初、陶行知、张申府、邓初民、张君劢、章伯钧、张东荪、梁漱溟、郭沫若、周鲸文、孙宝毅为该报社论委员。2月10日,国民党特务制造校场口事件后,《民主报》当天发号外《今晨校场口庆祝会上暴徒捣乱演成血案》,第二天发表社论《民主的耻辱》。7月12日,西南大学教授李公朴被暗杀,该报发表社论《抗议!抗议!抗议!》。7月15日,闻一多又倒在血泊中,该报发表社论《血债》、《最严重的关头》,刊登文章《中国在屠杀中》、《血债要用血来还》、《闻一多先生的道路》,直刺国民党统治的专制要害。9月以后,东北、华北诸战役打响,该报发表社论《不要把人民当作炮灰》、《政府决心要打》、《拿出人民的力量,制止祸国殃民的内战》、《假道学与假民主》等。1947年2月底,该报设备被特务捣毁,被勒令停刊。

民主党派报刊还有:人民救国会的《民主生活》,民主建国会的《平民》周刊,农工民主党在香港的《人民报》(后迁广州以民主同盟南方总支部的名义发行),以及上海的《昌言》、《周报》、《民主》周刊等。进步学生报刊有:燕京大学新闻系的《燕京新闻》、上海学生联合会的机关报《学生报》、复旦大学的《中国学生导报》、中央大学和重庆大学的《大学新闻》、同济大学的《争民主反迫害快报》、清华大学的《清华周刊》等。

《文汇报》1945年8月在上海复刊,徐铸成任总编辑,孟秋江为采访部主任。

投资者是曾当过北洋政府官员和三北轮船公司经理的虞恰卿的儿子虞顺懋。该报复刊后积极参加反对内战，要求和平的民主建国斗争。23日，该报发表社论《今后的本报》，重新亮出自由主义旗号："实行宪政，势在必行；有待报纸之启迪民智，必赖言论的自由。是以本报本着言论自由的最高原则，发表社论，力求大公无私。"它对上海人民争民主、反独裁、反内战的斗争进行了充分报道，推动了上海的民主运动。11月1日，该报发表社论《请问毛泽东先生》，说："毛泽东先生在重庆与政府当局会谈……临别的寄语是'和为贵'……但自毛氏返延安后，华北各地的摩擦冲突，不仅未见消弭，而且日见表面化激烈化。"该报对国民党的批评锋芒也是相当凌厉的。如1946年元旦，郭沫若发表《历史的大转变》，说："一党专政的作风不能再用了。国民党固然有不少的人才，但中国之大，除国民党员之外，就没有人才了吗？中国是中国人的中国，不应该是某一党的中国。"1月25日的《文汇报精神》呐喊："文汇报精神就是敢说话，无私见党见，大家只知道有报，不知有个人。"它完全站在争取民主、反对内战和独裁的国民立场上。7月，该报反对国民党在上海实行"警管区制"，被加以"挑拨员警感情"的罪名，勒令停刊一周。其后，当局企图以重金收买，遭到拒绝，乃至恼羞成怒，于1947年5月将其与《新民报》、《联合晚报》一起查封。

翻译家傅雷写给《文汇报》、《观察》的文章及其故事，也颇值得一叙。1947年4月24、25日，《文汇报》连续登出长文《我们对美苏关系的态度》，这是傅雷为斯诺翻译一组访苏见闻的文章结集出版为《美苏关系检讨》一书所作的译序。文章谈道："战后美国对中国的政策犯了很多很大的错误，不但有目共睹，而且大家已经交相指摘。但是苏俄对我们的行为也不见得全部友好，完全平等。红军在东三省搬走日本人的工厂，进步的刊物噤若寒蝉，不赞一词。《中苏条约》公布，国内所有的报纸，不分派别，一律颂扬。这些现象怎么解释呢？难道我们的独立的人格还没有建立？""到现在还有人觉得中国只能有两种人：不是亲苏，便是亲美；反苏的必亲美，必近乎反动，甚至就是国民党的尾巴。正如国民党右派认为亲苏的必反美，必近乎异党奸匪，或竟是共产党的尾巴。他们都不能想象另一种人，抱住了自己的良心，不问对方是谁，只问客观的事实，既不亲苏也不亲美，既不反苏也不反美，但谁损害了他们国家的利益就反对。在这样的左右夹攻之下，真正的舆论就难以建立，而中华民族独立自主的日子也愈加渺不可期了。"文章虽然将"反动"与"国民党"联系在一起，然而还是招致左翼阵营的激烈批评，尤其是周建人等严厉指摘其"亲美反苏"。7月，傅雷在《观察》上发表了回应文章《所谓反美亲苏》，结尾的一段话至今读来都让人惊心："内战决不会永久打下去，现状迟早要改变。比破坏更重要更艰苦的事业还在后面，以周先生这种作风对付未来的局面，中国是付不起代价的。左派也罢，右派也罢，死抱住正统也罢,死抱住主义与教条也罢,不容忍决不会带来和平,天下苍生也不见得会沾光。一个民族到了思想统一,异端邪说诛尽灭绝的时候,即是它的文化枯萎以死的时候。"

成舍我在1945年先于重庆复刊《世界日报》,随后在上海复刊《立报》,在北京复刊《世界日报》。重庆版复刊词《我们这一时代的报人》说:"单就我自己来说,三十多年的报人生活,本身坐牢不下二十次,报馆封门也不下十余次。……我们有笔,要写文章;有口,要说话。报纸是发表意见最著功效的工具,我们一定要竭尽心力,珍重爱护。北洋军阀和日本强盗,都不能打倒我们,不仅过去如此,相信一切反时代反人民的恶势力,无论内外,都将永远如此。打倒我们的,只有我们自己;只有我们自己,变成了时代的民众的渣滓。我们向正义之路前进,我们有无限的光明。"①他重新开始做"报业大王"的美梦。其《立报》编辑经营的"四原则"为:一凭良心说话;二用真凭实据报告新闻;三大众化的廉价报纸;四终年为读者服务,强调报人应站在无党无派而超然的国民立场上。他信奉世界主义和自由主义,反对激进的暴力革命,认为革新社会的最好办法是用和平手段,努力于民主宪政。内战爆发后,他积极鼓吹走"第三条道路",敦促"国民党还政于民","共产党还军于国"。1948年12月,北平告危,他由天津飞返南京。1949年2月,得知《世界日报》被中共北平军管会接管,他南走香港。

1948年初,自由主义思想在战乱的中国出现又一次悲壮的回光返照。《大公报》异乎寻常地连续发表社评,论述"自由主义的信念"、"自由主义者的时代使命",公开打出自由主义的旗帜。《观察周刊》也接连刊载了施复亮等的文章,鼓吹自由主义。1948年3月,北平一批大学名教授成立了"中国社会经济研究会"。5月,他们创办《新路》周刊,在第1期上提出了一个"政治制度化、制度民主化、民主社会化"的初步主张。随后,研究会又发表了改善国统区经济的意见,提出了一个和平过渡的改良主义纲领。7月,南京的《大学评论》要求发起一个国民党的"新生运动",以重建宪政之国。可以说,当时许多报刊都倾向于鼓吹和平、民主建国的自由主义"第三条道路",包括民族资产阶级主办的《周报》、《民主》、《平民》等刊物,甚至包括青年党的《新中国日报》、《中华时报》及民社党的《再生》等报刊。然而,在中国,这"第三条道路"却是走不通的。自由主义在国共两党的思想纲领中都被当做可怕的外来妖魔,遭到一致的痛斥和抵制。尤其是在战争的暴力替代了理性的对话的时代背景下,自由主义完全失去了其生存的基本空间。

---

① 《世界日报》1945年11月20日复刊词。

七、共产党在国统区的新闻宣传

1945年9月14日,正在重庆谈判的毛泽东、周恩来致电华中解放区负责人,发出尽快派人去上海、南京、武汉、香港等地办报的指示:"上海《新华日报》及南京、武汉、香港等地以群众面目出版的日报,必须尽速出版。根据国民党法令,可以先出版后登记。早出一天好一天,愈晚愈吃亏。"这样,中共中央立即派人到上海、北平、南京等大城市筹办报纸。除重庆版外,《新华日报》在上海、南京分别成立了筹备处,但由于国民党的阻挠,无法在上海等地出版。抗战时期有广泛影响的《救亡日报》改名《建国日报》,1945年10月在上海复刊,其内容充实,敢于讲话,然而仅15天就被查封。上海地下党和进步人士还创办了《联合日报》、《联合晚报》、《文萃》周刊和《消息》半周刊。《联合日报》于1945年9月创刊,名义上声称"以纯粹民间资本,无党派立场,发挥民间舆论精神",实际上由中共南方局领导,日销20万份,仅出2个月就被当局指令停刊。该报于1946年4月恢复出版,发行《联合日报》晚刊,人称《联合晚报》,由中共驻沪办事处直接领导,出版后影响颇大,在舆论界做了大量工作,至1947年5月,被当局以支持学潮的罪名勒令停刊。而《文萃》只出了10期即被封,编辑中的共产党员陈子寿、骆何民、吴承德被捕,在解放前夕被害,人称"文萃三烈士"。《消息》只出了14期,也被查封。1946年2月在北京创刊《解放报》和成立新华社北平分社,《解放报》开辟《群众呼声》、《读者通讯》等专栏,与国统区人民建立广泛联系,发行量达5万份,到5月29日又被反动当局查封。《群众》杂志1946年6月由重庆迁上海,担负起党报的任务,到1947年3月被查封。上海"中联广播电台"由地下党主持经办,1946年7月被查封。1947年1月,国民党查封上海的"苏联呼声"。

只有重庆《新华日报》维持时间稍长。1946年1月11日,该报发表了陆定一的重要文章《报纸应革除专制主义者不许人民说话和造谣欺骗人民的歪风》,其中说道:"世界上为什么会产生现代的报纸?这是因为人民大众要求知道真实的消息。……专制主义者不要人民聪明懂事,只要人民蠢如鹿豕,所以他是很不喜欢现代报纸的。""所以,有两种报纸。一种是人民大众的报纸,告诉人民以真实的消息,启发人民民主的思想,叫人民聪明起来。另一种是新专制主义的报纸,告诉人民以谣言,闭塞人民的思想,使人民变得愚蠢。前者,对于社会,对于国家民族,是有好处的,没有它,所谓文明,是不能设想的。后者,则与此相反,它对于社会,对于人类,对于国家民族,是一种毒药,是杀人不见血的钢刀。"①2月18日,该报发表何思敬的专论《出版法之修正》,指出:"有两种出版法:一、保障以及发扬文明之出版法;二、摧残以及毁灭文明之出版法。我们中国需要哪一种?""真正的出版法就是人民自由出版之保障书,其任务在保障民间的出版事业有自由可享,在使民间的出版事业成为自由的事业,成为人民的自由的机关之一,成为文明的母胎。""真正的出版法以人民的自由出版为常道,因人民的自由出版是思想信仰、良心、学术、言论自由集中的反射镜。我们能希望一个出版法站在近代文明之外不保障其发展吗?"②

在解放战争前的一年多时间里,《新华日报》仍然发表了不少要求民主、自由的社论与文章。1945年9月27日,该报发表社论《民主的正轨:毫无保留条件地还政于民》,指出:"一个民主国家,主权应该在人民手中,这是天经地义的事。……什么是主权在民?依照孙中山先生的民权主义,是人民对政府有选举权和罢免权,对政制法律有创制和复决之权。只有人民真正得到了这四种权,才算具备了民主国家的基本条件。……因此,建设一个国家的民主,第一个标志,第一个步骤,就是把上述四权交给人民,不作一丝一毫的保留;政府的负责官员,由人民来选举,从人民中间产生;政府的大政方针、政令法律,由人民来决定,由人民来创制;政府官员的失职或政策法律的行不通,是违反人民的利益的,人民就可以罢免他或撤废他。一个国家是不是实现了民主,执政当局是不是有诚意实现民主,就看他是不是把人民应有的权利,毫不保留地交给人民;并且对于人民实行这几种权利,是不是毫无保留地加以尊重。"③12月11日,该报发表社论《睽睽众目岂容狡辩,屠杀学生罪责难逃》,支持昆明的学生运动,谴责国民党制造的"一二·一"惨案,认为:"青年有发表政见的自由,反动者却怕青年过问国事",并指出:"对青年应有的民主态度——不可强加诬蔑、动用武力。"④

1946年1月13日,《新华日报》发表社论《保障人民自由的开端》,要求政府兑现承诺,保障人民的言论、出版、集会、结社、信仰各方面的自由权利。1月18日,该报发表李新的文章《实现自由是"不切实际"吗?》,说:"联合国宪章里规定了人民的基本自由。我国人民正要求政府实现蒋主席宣布的四项自由。偏偏在这时候,有人高呼自由万万不可行。这种意见,显然违反民意,志在维护国民党一党政府的现状。……人民要求和争取四大自由,是没有力量压得下挡得住

---

① 笑蜀编:《历史的先声》,汕头大学出版社1999年版,第135页。
② 同上书,第157页。
③ 同上书,第313页。
④ 同上书,第228页。

的。"①1月24日,该报发表署名力民的文章《人民文化水平低,就不能实行民选吗?》,指出:"选举的能否进行和能否进行得好,主要关键在于人民有没有发表意见和反对他人意见的权利,在于人民能不能真正无拘束地拥护某个人和反对某个人。"②2月1日,该报发表茅盾文章《要真民主才能解决问题》,颇为激动地说:"20年来,尤其是最近几年,我们受尽了欺骗。如果将来其他文献统统失传,只剩下堂皇的官报,则无话可说。如其不然,那么,我们的后代一定会不懂,为什么我们这样容易受欺骗?我们不能再忍受那种欺骗了。现在既然连政府也口口声声说'民主',那么,我们就要求一个真正的民主。我们不要假民主。"③2月6日,该报发表社论《学校要做民主的堡垒》,指出:"和平建国纲领中在教育项内规定'保障学术自由,不以宗教信仰、政治思想干涉学校行政'。又规定'根据民主与科学精神,改革各级教学内容'。这规定很切要,也就是废除党化教育,保障教育自由,使学校能负起培养建国人才的责任。能够做到这样,学校就成了庄严的民主堡垒。学校行政受外力干涉,教学内容受党化思想的规范都是最有害的事。"④2月8日,该报发表社论《平民人身自由是政治民主的标尺》,以个案分析论证了普通老百姓时有遭受执法军警强暴侵凌的危险。2月18日,该报发表社论《集会、结社自由的实现》,要求政府彻底废止剥夺人民集会、结社权利的一些恶法,"集会、结社自由的根本权利,又重新回到人民手里来了,我们应该好好地运用它,发展它,让它在整个民主建设事业中,表现出更辉煌的成果来"⑤。3月30日,该报发表社论《一党独裁,遍地是灾》,坚决反对国民党一党专政,指出在一党专制之下,全国到处是灾荒。11月17日,该报发表社论《争取自由解放的中国学生——世界学生日献辞》,支持为了民主自由而斗争的学生运动。1947年2月底,重庆的《新华日报》被查封,人员限令离开。

另外,1946年,中共在香港复刊《群众》周刊,创办《正报》。还有1月复刊的《华商报》,为中共领导的爱国统一战线的报纸,董事长邓文钊,总编辑刘思慕,总经理萨空了。《华商报》本是廖承志等领导的,1941年4月在香港创刊,为中共机关报,因日寇进攻,于12月停刊。这些报刊在香港高举和平、团结、民主的大旗,反对国民党独裁统治。

---

① 笑蜀编:《历史的先声》,汕头大学出版社1999年版,第34页。
② 同上书,第195页。
③ 同上书,第9页。
④ 同上书,第236页。
⑤ 同上书,第263页。

八、共产党解放区的新闻事业

首先,各大解放区中共机关报的创办。山东解放区的《大众日报》于1945年8月由两日刊改为日刊,后为中共华东局机关报,1949年3月又改为中共山东分局机关报。1945年9月,中共晋察冀分局机关报《晋察冀日报》迁至新解放的张家口市出版。11月,中共东北局机关报《东北日报》在沈阳创刊。12月,中共华中局机关报《新华日报》华中版在淮阴创刊。1946年5月,中共晋冀鲁豫中央局机关报《人民日报》在邯郸创刊。

其次,新华社的发展,机构的扩大,分为国内新闻、国际新闻、英文广播、口语广播4个编辑部门。至1946年4月,新华社在国内已建成总分社9个,分社40多个,成为一个全国性的通讯社。中央又提出"全党办通讯社"的口号,制定《新华社、解放日报暂行管理规则》,实行报社合一、以通讯社为主的体制,新华通讯社社长与总编辑分别兼任解放日报社社长与总编辑。

各解放区广播事业有所发展。除延安新华广播电台外,张家口、哈尔滨、抚顺、通化等各解放城市也先后建立了人民广播电台。到1946年9月,各解放区广播电台有11座。期间,中央制定了《语言广播部暂行工作细则》,为最早的解放区广播宣传工作法则,规定:"有计划与有系统地宣扬我党我军与解放区的事业和功绩,揭发国民党的腐败黑暗统治并宣传与鼓励其统治区广大人民的民主运动。"任务是"与国民党中央广播电台进行宣传斗争"。

另外,1946年2月,华中新闻专科学校在淮阴成立,这是解放区第一个专门培养新闻人才的学校,著名记者范长江任校长。其他各解放区原有和新办的高等院校,如延安大学、华北联大、山东大学、中原大学等,也曾设立过新闻系或开办过新闻专修班,为党培养了一批新闻工作者。

当然,延安的《解放日报》依然承担着中共中央机关报的重任。1946年5月4日,该报发表社论《纪念"五四",贯彻为民主自由的斗争》,指出:"民主,只有民主,才能使中国新生,才能使青年获得肉体与精神的解放。没有民主,便不能存在和发展为人民服务的科学。没有民主,便不能有人民的自由思想,而没有民主与科学,中国便绝对不可能由落后变为先进,绝不可能由贫弱变为富强。""中国法西斯派有一条独断的根本教条,叫做'一个领袖、一个党、一个主义'。……中国法西斯派拼命把这种罪恶的教条灌输给纯洁的青年,一切不接受这种法西斯主义特制的思想模型的,都是异端,都被认为该杀。……'五四'已过去二十七年了,民主与科学的旗帜仍然是辉煌的。完全推翻中国法西斯派的压迫,争取全国的民主,打碎思想统制,使得中国完全新生,这是一切民主人士、进步人士的严重任务。"①

随着国民党军队的全面进攻和重点进攻,一些解放区的新闻机构因撤退而暂时停刊,如中原解放区的《七七日报》、皖中的《大江报》、淮南的《淮南日报》、华中版的《新华日报》等。1947年3月,随中共中央撤出延安,《解放日报》也在出了第2130号之后停刊。新华社和新华广播电台也一分为三:一部分转移到瓦窑堡继续播音,改称陕北新华广播电台;一部分东渡黄河,向太行转移,新华总社7月中旬在太行恢复工作;一部分随中央转战陕北,年余时间行程几千里,出色完成联络、报道等各项任务。

到1947年下半年,解放军转入战略反攻,各报逐步恢复出版。新华社也在各野战军中建立了四个总分社,兵团一级建立分社,各军建立支社,将解放军在各个战场上的胜利消息及时地传播全国。同时,在土地改革宣传战线上,出现了采访时道听途说、捕风捉影,撰稿时凭空制造"英雄模范",编辑时根据需要随意删改等现象。如《晋绥日报》在宣传土改工作时,有些新闻严重失实,造成农民对党报的某些不信任的心理。为了反对这种弄虚作假的新闻作风,在解放区新闻战线上进行了一场反"客里空(虚假)"运动。6月,《晋绥日报》发表编辑部文章《不真实新闻与"客里空"之揭露》,公开检讨了本报的错误。9月,新华社发表社论《学习晋绥日报的自我批评》,《东北日报》发表社论《加强新闻的自我批评精神》等。然而,纠正了右倾错误后,一些报纸又出现了"左"的倾向,这主要表现为孤立地宣传贫农路线,在整党问题上唯成份论,没有全面地宣传党在土改工作中的总路线、总政策。1948年2月,毛泽东作出了《纠正土地改革宣传中的"左"倾错误》的指示,要求各级党的领导机关、新闻机关和新闻工作者,检查工作,纠正错误。

1948年以后,《石家庄日报》、《中原日报》、《华中日报》、《群众日报》、《江汉日报》、《长春新报》相继创刊或复刊,原《晋察冀日报》和《人民日报》合并,出版华北局机关报《人民日报》。中共新闻事业开始从农村向城市推进。新华社在各地和各部队都普遍建立分社和支社,对三大战役进行了出色的报道。随着战场上的捷报频传,5月22日,新华社发表社论《旧中国在灭亡,新中国在前进》,指出:"在中国人民和人民敌人的生死斗争中间,没有任何'第三条道路'存在。"根据当时的中共中央文件,新闻媒体的性质已被定为:"是一定的阶级、党派与社会团体进行阶级斗争的一种工具,不是生产事业。"②

---

① 笑蜀编:《历史的先声》,汕头大学出版社1999年版,第240页。
② 中国社会科学院新闻研究所编:《中国共产党新闻工作文件汇编》(上),新华出版社1980年版,第189页。

1948年4月2日,毛泽东在《对晋绥日报编辑人员的谈话》中指出:"报纸的作用和力量,就是它能使党的纲领路线、方针政策、工作任务和工作方法,最迅速最广泛地同群众见面。"报纸要"靠全体人民群众来办,靠全党来办,而不能只靠少数人关起门来办"①。6月,中共中央作出《关于宣传工作中请示与报告制度的决定》,要求各级党委加强对党报的领导,规定党报的社论及编者对于新闻的政治性和政策性的按语与对读者问题的答复,必须由党委批准才能发表。各地党报的宣传,凡内容有不同于中央现行政策和指示的,均应事前将意见及理由报告中央批准,否则不得发表,并重申了领导看大样的制度:"每天或每期党报的大样须交党委负责人或党委所指定的人作一次负责的审查,然后付印。"秋天,中共中央集中记者进行学习和训练。10月2日,刘少奇在《对华北记者团的谈话》中指出,新闻工作者不仅要宣传党的路线、方针,而且有权利考察党的政策对不对。"为了及时地正确地宣传党的路线和政策,就要经常学习、研究,时刻注意党的各项方针政策的执行情况。""人民依靠你们把他们的呼声、要求、困难、经验以至我们工作中的错误反映上来,变成新闻、通讯,反映给各级党委,反映给中央,这就把党和群众联系起来了。"②

九、新闻界抗争与国民党迫害

1945年5月,著名学者曹禺、张申府、张静庐等50余人,提出"要求言论自由、出版自由、取消新闻图书杂志及戏剧的审查制度",并提出"拒绝检查、拒绝审查"的口号。7月,国民参政会的黄炎培、左舜生、傅斯年、褚辅成、章伯钧等6位参政员,应毛泽东的邀请去延安访问。黄炎培回来后,写成《延安归来》一书。8月7日,重庆国讯书店不送审查自行出版了该书,拉开"拒检运动"的序幕。8月中旬,重庆《宪政》、《国讯》、《中华论坛》、《民主世界》、《民宪》、《文汇》、《再生》等16家杂志联合发表声明,宣布稿件不再送审,表示要"共同高举言论自由的大旗,宣告检查制度的死亡,宣告一切压迫言论自由的法令与制度的死亡",得到新闻出版界的响应。后各地有数十家杂志发表声明,响应取消审查原稿的倡议,决定自9月起,有关言论报道不再送检,并呼吁全国新闻界共同举起言论自由、新闻自由的大旗,得到全国许多新闻单位的共鸣。

《新华日报》也趁"9·1"记者节之机,发表题为《为笔的解放而斗争》的评论文章,语气之沉痛激烈,今天读来仍颇感痛快:"在抗战胜利中纪念'记者节',

---

① 复旦大学新闻系编:《中国新闻史文集》,上海人民出版社1987年版,第365页。
② 同上书,第370页。

每个新闻从业员都感到一点光荣,但是在光荣背后,对于戴着重重枷锁而奋斗过来的新闻记者,每个人也都有一份悲愤和羞惭。悲愤的是我们'文章报国'的志愿和力量,在这长期的神圣抗战中因为这种不合理制度而打了一个七折八扣,有消息不能报道,有意见不能发表,每天做应声虫,发公式稿,替人圆谎,代人受罪,在老百姓中间造成了'报纸上的话靠不住'的印象,圆谎八年,把中国新闻事业的声誉和地位作践无余;而使我们羞惭的是在这么长的年月中,中国新闻记者竟然默认了这种不合理的制度,不仅不能用集体的力量来打碎这种铐在手上的链子,挣脱缚在喉间的绳索,居然有不少自称新闻记者的人为这种制度辩护,用国情不同来替这种制度开脱,甚至有人由新闻记者摇身一变而为检察官,用剪刀和红墨水来强奸人民的公意。"① 9月4日,《新华日报》发表社论《走向和平的新中国》,再次呼吁:"现时的一切束缚人民的言论出版结社集会自由的法令必须立即废除。"

9月中旬,重庆《宪政》《国讯》《中华论坛》等10家杂志出版《联合增刊》,不向国民党政府办理登记手续,稿件也不送检。成都响应"拒检运动"的数十家新闻出版机构也发表宣言,提出争取"发表的自由"等7项主张,出版了一份联合刊物《言论自由》。中共《群众》杂志为此发表社论,称"这是一个意义重大的民主运动",不合理的法律规章"都是应该立即废除的"。昆明、桂林等地新闻出版界积极响应,各大学也通电响应。在国内外越来越强烈的自由民主的呼声之下,国民党当局不得不有所让步,通过了《废除出版检查制度办法》。1945年9月12日,国民党中宣部部长吴国桢出面向记者宣布:"自10月1日起废止战时新闻检查制度,但收复区在军事行动尚未完成以前除外。"9月30日,由军事委员会战时新闻检查局局长贺国光、副局长李中襄出面,举行记者招待会,当众宣布从10月1日起,撤销战时新闻检查局,同时废止新闻检查制度。至此,拒检运动获得重大胜利。

1945年10月10日,国民党被迫签订《国共双方会谈纪要》,其中明确写道:"一致认为政府应保证人民享受一切民主国家人民在平时应享受身体、信仰、言论、出版、集会、结社之自由,现行法令,当依此原则,分别予以废止或修正。"② 1946年1月,重庆生活书店等35家出版社联名致函即将召开的政治协商会议,提出废止出版法、取消期刊登记办法等5项要求。后政协会议通过《和平建国纲领》,进一步明确规定废止战时实施的新闻出版检查办法,修正《出版法》,扶助报刊、通讯社的发展等。当然,这些也只是一纸空文,国民党政府并没有真正

---

① 笑蜀编:《历史的先声》,汕头大学出版社1999年版,第191页。
② 方汉奇主编:《中国新闻事业编年史》(中),福建人民出版社2000年版,第1517页。

放弃其一贯奉行的新闻统制政策,各地查封报纸、特务袭击、迫害记者之事仍层出不穷。

1945年底,国民党依然在制造种种借口查禁进步报刊。如在上海先后查封《建国日报》、《联合日报》、《消息》半周刊等报刊。在北平查封《解放报》、新华社北平分社。《新华日报》也多次遭到检扣。成都《华西晚报》在5天内收到两封恐吓信,并遭特务袭击。西安《秦风·工商日报联合版》一夜间被人纵火3次。西安《民主导报》主编李敷仁被特务绑架,险遭暗杀。最令人发指的是,新闻工作者、共产党员杨潮(笔名羊枣),1946年1月在杭州被秘密处死,上海61名记者联名向国民党政府提出强烈抗议。

1946年2月10日,重庆发生"校场口事件",不仅使庆祝政协成功大会流产,还使60多位民主人士、新闻记者和各界民众被殴打致伤或失踪。国民党宣传媒体公开造谣,歪曲事实真相。对此,重庆的报纸公开披露真相,痛斥国民党制造谣言。2月22日,《新华日报》和《民主报》营业所被捣毁。5月,国民党制定《维持社会秩序临时办法》,对坚持进步立场的报刊大肆摧残。29日,北平国民党当局查封了75家新闻机构。6月23日南京"下关事件"中,国民党特务打伤在现场采访的《新民报》等几家报社的记者。国民党仍强行宣布《修正出版法》和《新闻记者法》的管制法规有效,上海的《昌言》、《周报》、《民主》分别被勒令停刊。7月,民主人士李公朴、闻一多相继被害,昆明、重庆、上海一些报刊出版了纪念特刊,接连发表社论,质问国民党当局。仅1946年1—8月,全国就有263家报纸、杂志、通讯社被查封,47位记者被逮捕,3位新闻工作者被杀害。

全面内战爆发后,中共在国统区的报纸都被查封或停刊。国民党更加强了对新闻舆论的控制,颁布了一大批非常法规,将言论出版自由的权利剥夺殆尽。1947年5月,国民党为镇压学生运动,公布了修正后的《戒严法》。随后,上海《联合晚报》被国民党以刊登学潮消息的罪名勒令停刊。《文汇报》、《新民报晚刊》因反内战求和平,也被勒令停刊。6月1日,国民党出动大批军警宪特,在重庆等重要城市对新闻界人士进行大逮捕。这一天,仅重庆一地就逮捕30多人,其中《国民公报》4人、《商务日报》6人、《新民报》8人、《大公报》8人、《世界日报》4人。《新民报》除重庆分社8人外,还有成都分社3人、南京分社9人、上海分社1人,共21人被捕。① 国民党当局7月颁布《动员戡乱完成宪政实施纲要》、《剿匪总动员宣传计划纲要》,12月颁布《戡乱时期危害国家紧急治罪条例》,不但取缔一切对其统治不利的新闻宣传,且加重处罚刑期,实行恐怖统治。

1948年,国民政府封禁报刊、逮捕记者事件更是层出不穷。6月,《动员戡

---

① 参见方汉奇主编:《中国新闻事业编年史》(中),福建人民出版社2000年版,第1559页。

乱期间军事新闻采访发布办法》施行,规定所有报社、通讯社所采军事新闻未得证实者,非经事先询明当地军事新闻发布机构者不得发布,完全垄断了国统区内军事新闻的报道权。其后,《文汇报》、《大公报》、《新民报》和《观察》等报刊所遭受的极权统治的打击,终于导致这些民营报刊与国民党的决裂,王芸生、徐铸成、陈铭德、邓季惺、储安平这些铁杆自由主义报人因梦幻的破灭而被迫"向左转"。1949年,国民政府败局已定,依然颁布《惩治叛乱条例》,要对散布所谓"不实消息"者处以重刑;并施行《白报纸配给标准》、《特种营业管制方法》等法令,企图在各方面对新闻媒介严加控制,以作垂死挣扎。

张育仁在《自由的历险——中国自由主义新闻思想史》一书中深刻评论道:"国民党的统治崩溃了,但是,除了储安平等少数人之外,绝大多数自由主义报人并不知道,他们也将不可避免地走向历史的'终结'——在思想的暗穴里,他们将被严密地封存起来。但是,储安平、王芸生等人的悲剧无论如何都要比王韬、谭嗣同等人的悲剧更为复杂和费解,其个中缘由恐怕就在于他们作为自由主义最后的牺牲,亲自目睹了自由主义和他们自己的全军覆灭,以及被葬入历史坟场的整个凄凉的过程。"①

---

① 张育仁:《自由的历险——中国自由主义新闻思想史》,云南人民出版社2002年版,第453页。

第十二章　中华人民共和国早期

新中国建立初期,对全国新闻事业进行了大规模的布局调整,主要在党的一元化领导下,对非国营新闻机构进行了逐步取缔或彻底改造。在建立社会主义新闻事业的基础上,又进行了一系列的文化批判运动,尤其是扩大化的"反右运动"及"大跃进运动",阶级斗争的氛围日益浓厚。

一、解放初期的调整布局

1948年11月,中共中央作出《关于新解放城市中中外报刊、通讯社处理办法的决定》《关于对新解放城市的原广播电台及其人员的政策的决定》《关于处理新解放城市报刊、通讯社中的几个具体问题的指示》,提出"保护人民的言论出版自由和剥夺反人民的言论自由"的原则及其实施细则;对国民党和坚持反动立场的新闻机构一律封闭和没收;对进步新闻事业加以保护;对不反共的中间新闻事业不禁止,依靠其自身力量继续出版。1949年2月,中共中央发出《对北平市报纸、杂志、通讯社登记暂行办法的批示》。此前,《世界日报》在北平继续坚持反动立场,被军管会查封与接管。《新民报》北平版也由军管会接管,宣布与原社长陈铭德脱离关系。5月,上海《申报》停刊。11月,中央颁布《全国报纸杂志登记暂行办法草案》,对全国旧报刊进行重新登记整顿。同时,中央对外国人在华的新闻事业也规定了一些相应的处理办法,许多外国人主办的新闻报纸只得纷纷停刊,如上海的《大美晚报》于1949年6月停刊,《字林西报》于1951年3月停刊。

新华总社和陕北电台1949年3月迁到北平,原华北局机关报《人民日报》也迁到北平出版,8月改为中共中央机关报,逐渐向全国发行。4月24日,周恩来宣布把具有光荣传统的两报《新华日报》和《解放日报》分别交给南京和上海。4月30日,南京《新华日报》创刊出版,为中共江苏省党委机关报。5月28日,上海《解放日报》创刊出版,为中共华东局和上海市委的机关报。5月27日,武汉《长江日报》创刊,为中共中南局机关报。6月初,延安《群众日报》迁西安出版,为中共西北局机关报。12月,哈尔滨《东北日报》迁沈阳,仍为中共东北局机关报。1950年,全国各级党的机关报共151种,约占全国报纸总数的59%,可以说在各类报纸中占优势地位。《人民日报》在1949年才发行9万多份,1950年就扩至17万份,1955年设各大城市航空版,猛增为71万份,1956年已近90万份。《工人日报》于1949年7月15日在北京创刊,为全国总工会机关报。《中国青年报》于1951年4月27日在北京创刊,《解放军报》于1956年7月1日在北京创刊。总之,建立一个以《人民日报》为中心、以各级党报为主体的国营报刊网,是当时党和政府的一项重要的历史使命。

1949年6月16日,《光明日报》作为中国民主同盟机关报在北京创刊。1953年,该报改组为各民主党派、工商联和政协无党派人士联合主办的报纸。章诒和《往事并不如烟》载,50年代初,《光明日报》在"排版上出了政治性错误。有个重要新闻,是针对某个事件发表的两个严正声明:一个来自中共中央,一个为各民主党派中央的联合表态,它们均为新华社的通讯稿。《光明日报》把民主党派的那个声明放在了头一,把中共的声明放在了头二。这就出了大乱子,上边命令追回报纸,全部销毁,立即重新排印;并指示'光明'必须要像《人民日报》那样,将中共列在前,民主党派摆在后"①。可见,当时《光明日报》只是名义上由民主党派主办,称为民盟中央机关报,社长章伯钧,总编辑胡愈之,秘书长萨空了,总经理林仲易,而实际上还是共产党领导。不久,《光明日报》党组成立。

萨空了(1907—1988),原名萨音泰,蒙古族。他20年代末开始从事新闻事业,曾任《世界日报》、《北京晚报》编辑、记者,《世界画报》主编,在民国新闻学院、北京新闻专科学校任教。他1935年到上海参加《立报》编辑工作,言论进步,深受欢迎,报纸发行量大增。1938年,他在香港创刊《立报》,任总编辑。他1939年为《新疆日报》副社长,1940年为重庆《新蜀报》总经理,积极抗日救亡。他1941年到香港为民盟机关报《光明报》总经理,1943年被国民党逮捕入狱。他1945年为香港《华商报》总经理,1949年出任《光明日报》社秘书长。新中国成立后,他任新闻总署副署长等职,于1960年加入中国共产党。1983年,已76岁的他还出任《人民政协报》党组书记兼总经理,又任民盟中央副主席等职。

《新民报》、《文汇报》也分别于1949年6月9日、12日在上海复刊,然而性质已发生变化。《文汇报》复刊后,金仲华任社长,徐铸成任总编辑。1953年后,《文汇报》建立党组,并奉命转向,以中小学教师及高中学生为主要发行对象。1956年3月,《文汇报》宣布停刊。1953年,上海版《新民报》与《亦报》合并,易名为《新民报晚刊》,陈铭德任社长,邓季惺为顾问。该报由全盛时期的"五社八

---

① 章诒和:《往事并不如烟》,人民文学出版社2004年版,第31页。

版",归为上海一版,并很快实行了公私合营。不久,政府任命赵超构为《新民晚报》总编辑,陈、邓二人均以政协委员空挂而不再与报务有涉。蒋文杰在《晚报生涯杂忆》中谈道,当时有一个不成文的规定,凡是日报登过的重大新闻,晚报必须全文照登。而新的重大新闻,只要新华社没发,中央台没播,哪怕就发生在你的眼皮底下,也不能报道!1953 年 3 月 5 日,斯大林逝世。6 日上午,苏联驻沪领事馆已经降了半旗,《新民晚报》与苏联领事取得联系,得到了证实,但在向新闻出版处请示时,回答却是:照登日报,不得有误。当天下午,市委紧急通知在人民广场举行追悼大会,可刚出炉的《新民晚报》上登的还是斯大林的病况通报。

其实,1949 年 1 月 18 日,中共中央就已发出各地报刊处理通讯社电讯的特别规定:各地所有公私报刊,一律不得登载各帝国主义国家通讯社的电讯,一切国际新闻,均须根据新华总社广播稿发表。各地所有私营报社及通讯社,一律不得擅自设立收报台抄收各外国通讯社电讯。12 月 9 日,中共中央公布《中央人民政府政务院关于统一发布中央人民政府及其所属各机关重要新闻的暂行办法》,明确规定:凡国内"一切公告性新闻"须经中央政府、政务院、军事委员会等"机构负责首长同意后","均由国家通讯社即新华通讯社统一发布"。[①] 有学者指出,这一政策"使建国后相当长一段时期内我国媒体信息来源单一,不能满足人民群众广泛了解世界形势的需求。要求私营媒体一律不得擅自抄收、刊播外国通讯社电讯,无异于取消了私营媒体赖于生存的信息全面、传播速度快的特色,这也是建国后我国私营媒体消亡的原因之一。当然,中央在当时实行这些政策是社会大变动时期所必须的,关键是形势发生变化后是否对应急政策进行调整"[②]。

1949 年,重庆解放,渝馆《大公报》虽正式取得登记证,成为合法的民营报纸,但发行量下降,人心不定,只得恳请公私合营。1952 年 8 月,《大公报》并入重庆市委党报《重庆日报》。天津《大公报》在解放初期被停刊,1949 年 2 月改为《进步日报》问世,在创刊号上对旧《大公报》进行了严厉批判,乃至痛骂。该报实际上由宣传部领导,所以成为地方性党报。上海《大公报》在解放后得以继续出版,王芸生亲撰《大公报新生宣言》表明政治态度,此后完全按照党的新闻路线进行工作,如庆贺党的生日,欢呼政协的召开,支持镇反与土改,宣传"三反"、"五反"运动。由于和党报内容雷同,上海《大公报》经营上快速滑坡。王芸生上书毛泽东,毛泽东听完汇报,当即指示:"上海《大公报》与天津《进步日报》

[①] 参见《中国共产党新闻工作文件汇编》,新华出版社 1980 年版,第 290—291 页。
[②] 陈建云:《中国当代新闻传播法制史论》,山东人民出版社 2005 年版,第 48、53 页。

合并迁京,择地建新址。报名仍叫《大公报》,作为全国性报纸,报道分工是国际新闻和财经政策。"王芸生听罢,激动得说不出话来。毛泽东风趣地说:"大公王,恭喜你收复失地了啊!"两报合并后,王芸生任社长,孟秋江任副社长和党组书记。1953年元旦,改组后的《大公报》在天津出版,多余人员由政府重新安排工作。1956年,天津《大公报》新馆落成。10月1日,新《大公报》正式在天津出版,发行量增至28万份。

据统计,1950年,全国各类报纸有382种,其中有58家为私营报纸,华东地区有24家,其中14家在上海。下半年起,各家报纸相继实行公私合营。1951年,全国报刊增至475种,而私营报纸减为25家。政府对私营报纸作了极为严格的规定,如必须全文采用新华社消息,禁止用国民党及帝国主义国家通讯社电稿,不得解释中共的法令政策等。如天津《博陵报》、哈尔滨《建设日报》等就因发生类似问题而受停刊处分。在这种形势之下,私营报纸不能有"超党派"立场,"内幕消息"也不准刊登,其他电稿更不得采用。由于不知如何经营,私营报纸纷纷自行停刊。到1952年底,全国所有私营报刊全部实行公私合营,并在报社内建立党组织。后又逐渐退还私股,私营报刊逐渐消失。经过几年的调整,到1954年10月,全国共有报纸248种,均为国营"官报",在共产党的一元化领导之下,成为"党的喉舌"。至此,报业方面的社会主义改造基本完成。

1950年3月,中共中央发出《关于改新华社为统一集中的国家通讯社的指示》,决定:"今后新华社的各总分社、分社和支社,除向总社发稿和印发总社的稿件外,不应再单独对外发稿;其所有人员,应全部交新华社统一调度与供给。"着力把新华社改组为一个集中统一的国家通讯社。1952年,新华社工作人员增至2000余人,在国内设立6个总分社与28个分社,在国外设立5个分社。1956年,国内分社有31个,国外分社有19个,形成广泛的记者网和通讯体系,并主办了一系列报刊,如《参考消息》、《参考资料》、《时事手册》、《内部参考》、《新华社电讯稿》、《新闻业务》、《新闻图片》、《前进报》等,具备了国家通讯社的规模。

为了便于向海外华人、华侨作宣传,1952年9月,中国新闻社(简称"中新社")成立,由归侨名人胡愈之、金仲华、萨空了、王芸生、顾执中等发起创办,金仲华任社长。中新社最初设在新华社内,属于华侨广播组,对外用中国新闻社的名义。1957年3月,中新社脱离新华社,成为单独的一家通讯社,在广东、上海、福建三地设有分社。

在各地新华分社相继成立之时,主要城市的广播电台也很快播音。1949年6月,中央广播事业管理处成立,脱离新华社的领导,与报纸、通讯社并列为三大新闻机关。12月,北京新华广播电台改名为"中央人民广播电台"。1949年底,全国有广播电台49座。1950年4月,国家发布《关于建立广播收音网的决定》。

到 1952 年，全国电台增加到 72 座，除西藏外，各地都有了广播电台，建立广播收音网万余个，形成全国统一的新闻事业通讯网。建立一个以新华通讯社为主体的国家通讯社网和以中央人民广播电台为中心的国营广播电台网，是当时一项重要的工作。

解放初期，各大城市有私营广播电台 34 座。上海有 22 家，其中 6 家因违反法令被勒令停业。北京也有 3 家私营电台因"播送有毒素的节目"而被政府查封。经过几年对私营台的整顿，到 1953 年底，剩下的私营台经公私合营方式收归国有，完成了社会主义改造。如上海 16 家私营台公私合营后，1952 年合并为上海联合广播电台，1953 年并入上海人民广播电台。

1949 年 7 月，中华全国新闻工作者协会筹备会成立，推举胡乔木、金仲华、陈克寒、张盘石、邓拓、恽逸群、杨刚、邵宗汉、徐迈进、刘尊棋、王芸生、赵超构等 12 人，后又补推徐铸成、储安平 2 人，作为新闻界代表参加中国人民政治协商会议。1949 年 9 月 29 日通过的《共同纲领》第 5 条规定："中华人民共和国人民有思想、言论、出版、集会、结社、通讯、人身、居住、迁徙、宗教信仰及示威游行的自由权。"第 49 条规定："保护报道真实新闻的自由。禁止利用新闻进行诽谤，破坏国家人民的利益和煽动世界战争。发展人民广播事业。发展人民出版事业，并注重出版有益于人民的通俗书报。"

1949 年 11 月，新闻总署成立，署长胡乔木，副署长范长江、萨空了，下设一厅（办公厅）、一社（新华社）、三局（广播事业局、国际新闻局、新闻摄影局），管理全国所有的新闻机构。次年，新闻部署主持了全国各类报纸的社会分工事宜，推出报纸"企业化经营"与"邮发合一"的新办法。新闻总署颁布过的法令有《关于统一发布中央人民政府及其所属各机关重要新闻的暂行办法》、《关于报纸采用新华社电讯的规定》、《关于统一新华通讯社组织和工作的决定》、《全国报纸杂志登记暂行办法草案》、《期刊登记暂行办法》、《管理书刊出版业、印刷业、发行业暂行条例》、《关于各报应保守国家秘密的指示》等。1952 年，新闻总署宣布撤销，此后全国新闻事业由中共宣传部直接领导。

范长江（1909—1970），原名希天，四川内江人。他 1927 年离开中法大学重庆分校，进入了贺龙的二十军学生营，后参加南昌起义，失败后流落广东。他 1928 年考入国民党中央政治学校，后因有所不满而离开。他 1932 年进入北京大学哲学系学习，次年为《晨报》、《世界日报》、《大公报》等撰稿，开始其新闻生涯。1935 年，他以《大公报》特邀通讯员身份，开始了精彩的西北采访，历时 10 个月，报道了红军、延安诸情况。1936 年，他正式被《大公报》录用为记者，到前线采访，了解西安事变。1937 年，他发表大量战地通讯，其《动荡中之西北大局》一文遭到国民党的责难。1938 年，他组织"中国青年记者学会"，脱离《大公报》。1939年,他与胡愈之等创办国际新闻社,5月加入中国共产党。1941年,他在香港与邹韬奋等创办《华商报》。他后来进入苏北解放区,曾任边区新闻学校校长、新华社华中分社和《新华日报》(华中版)社长等职。解放战争时期,他跟随党中央,负责宣传工作。解放后,他历任新华社总编辑、解放日报社社长、新闻总署副署长、人民日报社社长、全国科协副主席等职。"文革"中,他被"四人帮"迫害致死,1978年平反。

二、社会主义的思想改造历程

1949年,储安平到北平参加中共领导的"新政协",并参加民盟和九三学社。11月,《观察》复刊,改为半月刊,储安平仍为主编。然而,复刊后的《观察》,其自由主义的风格已荡然无存,乃至一些封面形式也面目全非,如刊徽周围的英文单词(独立、无党派、观察)不见了,每期重复声明的本刊传统:民主、自由、进步、理性四个基本原则之类内容没有了,往日的撰稿人队伍也基本消失了。同时,储安平为复刊后的《观察》写了三篇署名文章,已毫无昔日的锋芒。"复刊后的《观察》没有复刊词,只发表了一篇题为《我们的自我批评、工作任务、编辑方针》的本社同人文章。从这篇文章的文字、风格、叙事方式上看,出自储安平手笔无疑。本社同人文章分为三个部分:一、自我批评、学习改造;二、工作任务;三编辑计划、工作态度。第一部分是文章的中心。全盘否定以往《观察》的意义和价值。细读这个过去的文本会发现,文章作者在叙述事件经过时使用的是带有个人感情色彩的文字,而在评价当时的革命和否定自己的过去时,则完全使用的是源于毛泽东《论人民民主专政》及当时流行的报刊语言,其特色是抽象、空洞、雷同,毫无个人行文的风格特征。与储安平往日议政时所采取的客观超然态度已截然不同。文章只剩下一种声音,毫无分析地否定自己的过去,不加怀疑地接受思想改造和政治学习,整个文章中充满了悔过和忐忑不安。"①

总之,"从整个刊物的文章内容上看,与往日《观察》截然不同。主要方针除了歌颂新中国的内容外,剩下的就是对苏联、朝鲜、东欧国家的盲目赞颂,还有就是有关知识分子思想改造的文章"②。刊物的基调由过去的以"暴露性、批判性"为主变成了以"积极性、鼓舞性"为主,侧重介绍战斗英雄、劳动模范、生产能手等新社会的新人物、新气象,这和储安平原来的办刊宗旨可谓大相径庭。1950年5月第14期后,《观察》改名《新观察》,主编为黎澍。储安平调任新闻出版总

---

① 谢泳:《储安平与〈观察〉》,中国社会出版社2005年版,第51页。
② 同上。

署新华书店总店的副总经理,从此离开了自己倾尽心血创办的刊物。在此期间及后来,他去了东北旅行,到新疆考察,又写下了不少一味歌功颂德的通讯、游记之类。后人似乎难以想象,《观察》从停刊到复刊才11个月,储安平是在怎样痛苦的挣扎中完成这一思想改造的。"在国民党的高压之下,他可以说冒着很大的风险抗议对《观察》的查封,然而在《观察》复刊号上,他又基本上否定了自己的过去,这其中有多少是出于政治压力?有多少是出自真诚?一时不好妄下结论,但在储安平转变的过程中的确有很多令人深思的东西。"①

王芸生一直认为,作为报人,"须有坚贞的人格,强劲的毅力,丰富的学识,以敏感的头脑,热烈的心肠,冰霜的操守,发为'威武不屈,贫贱不移,富贵不淫'的勇士精神"。他曾说:"报纸是现代历史,新闻记者是替现代做历史的一员。因此,对时代应有一种独立的观点和立场。"新闻记者要有"是非之心,羞恶之心,恻隐之心","不锦上添花,尤其不要为少数'要人'虚张声势,新闻最忌阿谀谄媚"②。然而,他1949年回上海,6月在《大公报》发表《新生宣言》,检讨了该报的历史,尤其是反省了近年来坚持"中间路线",批评过共产党诸事,给自己扣上"跟着国民党反动统治走"、"亲美反苏"、"大公报基本上属于官僚资产阶级"等大帽子,诚惶诚恐,言过其实,已失去一个独立报人应有的基本立场。自1949年起,虽任历届全国政协常委和人大代表,但"晚年的王芸生是在沉痛的自责和极度的困惑中度过的"③。

徐铸成在1949年尝试"第三条道路"失败后,终于"向左转",来到北平接受新政权。《文汇报》1949年6月在上海复刊后,他依然担任总编辑。《徐铸成回忆录》谈道:"无奈解放后一些套套,每使人瞠目束手。举例言之。在长沙解放之日,我们已在无线电中收到确讯,而翌日刊出,即被指为抢新闻,是资产阶级办报作风,因新华社尚未正式公告也。再如《论人民民主专政》发布之日。要闻编辑郑心永按所列问题,作分题以醒眉目,亦被指为离经叛道。如此重要文件,只能作经典郑重排版,安可自由处理!总之,老区方式,苏联套套,只能老实学习,不问宣传效果,此为当时必经之'改革'。因此,我对社论也艰以执笔,因数十年记者经验,从不惯于人云亦云,思想未通即先歌颂,每以此为苦。老友李平心兄谅我苦心,辄陪我熬夜,我舒纸半日,尚未能下笔,辄请平心代劳。总计复刊一二年屈指可数之社论,以平心所撰者为多。"④由此可见,此时办报之"艰辛",又非

---

① 谢泳:《储安平与〈观察〉》,中国社会出版社2005年版,第45页。
② 转引自贾晓惠:《〈大公报〉新论:20世纪30年代〈大公报〉与中国现代化,天津人民出版社2002年版,第148页。
③ 张育仁:《自由的历险——中国自由主义新闻思想史》,云南人民出版社2002年版,第484页。
④ 《徐铸成回忆录》,三联书店1998年版,第190页。

往日可比。

50年代初,徐铸成参加"思想改造运动"和"救报运动",开会与观光不断,同样也颇"艰辛"。"当时'三反'、'五反'运动不断展开,每一'战役'都事先有具体部署,我奉命参加旁听,自然也要写些遵命的社论和长短文章。"1953年,《文汇报》奉命转向,以中小学教师及高中学生为主要对象,要求编辑们学习苏联的"凯洛夫教育法",徐铸成也只有刻苦钻研。1955年底,"报馆开展了肃反运动,由这位副总编负责。全馆被认为怀疑对象的有六七人,日夜关门交代,批、斗,十分紧张"①。1956年3月,《文汇报》宣布停刊。5月,北京《教师报》创刊,徐铸成任总编辑。

50年代初,我国开始学习苏联的新闻工作经验,各报大量刊登译介列宁、斯大林论报刊和苏联塔斯社、《真理报》等工作经验的文章。到1954年掀起高潮,赴苏对口学习蔚然成风,"苏规中随",形式上一味模仿苏联,出现教条主义、"全盘苏化"等弊端。如《真理报》声称是一张"没有错误的报纸",《人民日报》等也提出"为没有错误的报纸而奋斗"的口号。《真理报》不登广告,于是我们的报纸也不登广告。袭用苏联的报道思路,广播只谈成绩,不能讲缺点。报刊对社会主义国家只说好,对西方帝国主义国家只说坏,至于敌人骂我们的话、揭露的有关社会弊端,一概不能见报,新闻报道的片面性日益严重。在这样的新闻状态下,"《人民日报》因而片面强调对群众的灌输,不尊重、不重视、不反映群众的呼声和反馈,不能言人民所不敢言,言人民所不能言"②。

50年代初,由新民主主义革命转向社会主义革命,中共中央发布了一系列重要文件以进行新闻控制。1950年4月,中共中央颁发《关于在报纸刊物上展开批评和自我批评的决定》。在其后的抗美援朝、土地改革、镇压反革命、"三反"、"五反"运动中,各报一方面宣传国家重点建设的成就,报道先进事迹与人物;另一方面集中揭发和批判了一些重大事件,如天津地委刘青山、张子善的贪污案。1953年春,广西《宜山农民报》擅自批评中共宜山地委。事后,广西省委宣传部对《宜山农民报》进行了批评,并上报中宣部。《中宣部关于党报不得批评同级党委问题给广西省委宣传部的复信》指出:"党报编辑部无权与党委会对立。党报编辑部如有不同意见,它可在自己的权限内向党委会提出,必要时并可向上级党委、上级党报直至中央提出,但不经请示不能擅自在报纸上批评党委会,或利用报纸来进行自己同党委会的争论,这是一种脱离党委领导的作风,也是一种严重的无组织无纪律现象。"正式提出"报纸不得批评同级党委"的原则。

---

① 《徐铸成回忆录》,三联书店1998年版,第228、253页。
② 方汉奇等主编:《正在发生的历史:中国当代新闻事业》,福建人民出版社2002年版,第28页。

1954年7月，中共中央政治局通过《关于改进报纸工作的决议》，再次强调了报纸批评必须在党委领导下进行，并经认真调查研究，做到实事求是的指示。此前，《关于宣传工作中请示报告制度的决定》规定："各地党报必须执行毛主席所指示的由各地党的负责人看大样制度，每天或每期党报的大样须交给党委负责人或党委所指定的专人作一次负责的检查，然后付印。"①《关于新华社记者采写内部参考资料的规定》规定了记者们采写内部参考资料的主要范围，包括"实际工作中的困难、偏向、错误和缺点的情况"，"统一战线工作中的问题"，"工作中一些尚不成熟、带试验性的不宜公开报道的工作经验"，"各地自然灾害的详细情况和反革命分子活动情况"，以及"其他不宜公开发表的重要情况"。1955年11月，全国人大常委会通过《关于处理违法的图书杂志的决定》，对媒体的禁载内容在六个方面作了详尽的规定。这一系列政策对新闻传播活动进行了全程控制，并从党报扩展到全国所有新闻媒体。绝对的政治控制，使新闻主体意识逐渐消逝。

　　同时，在一系列的宣传批判中，阶级斗争的氛围日益浓重，新闻报人也在其中经受着痛苦的思想磨练。1951年，电影《武训传》公映后，获得文化界人士的普遍好评，对武训行乞兴学的苦操奇行多表赞赏。4月，《文艺报》发表贾霁的文章《不足为训的武训》，展开一些不同观点的讨论。5月20日，《人民日报》发表毛泽东亲撰的社论《应当重视电影〈武训传〉的讨论》，宣称："电影《武训传》的出现，特别是对于武训和电影《武训传》的歌颂竟至如此之多，说明了我国文化界的思想混乱达到了何等的程度！""承认或者容忍这种歌颂，就是承认或者容忍污蔑农民革命斗争，污蔑中国历史，污蔑中国民族的反动宣传，就是把反动宣传认为正当宣传。"这样严厉的诘问，在全国引起剧烈的震动。社论还公开点名批评"歌颂"武训的报刊和作者，指责他们助长了"反动宣传"，并列出了48名作者、13家报刊的名字。《人民日报》同时还刊出专论《共产党员应当参加关于〈武训传〉的批判》，随即掀起批判《武训传》的高潮。其后，《人民日报》发表有关文章和动态报道百余篇，《文汇报》也有一百多篇，《光明日报》有三十多篇，其中不少有关作家、学者的自我批判。期间，文化部组织了一个调查团前往山东武训家乡实地调查，江青化名"李进"参加了这个调查团，并成为编写调查记的三位执笔者之一。7月下旬，《人民日报》发表经毛泽东亲自修改的《武训历史调查记》，结论为：武训是"大流氓、大债主和大地主"。许多曾对武训表示赞赏的文化人士遭到批判，导演孙瑜、主演赵丹更是不停检讨，自泼污水。从此，文学艺术和学术理论的讨论失去了独立的地

---

① 《中国共产党新闻工作文件汇编》（上），新华出版社1980年版，第186页。

位,总为严厉的政治批判所取代。此事给解放后的文化事业以沉重打击,电影成为最直接的遭殃者,几乎陷入停滞境地。

1953年,李希凡、蓝翎寄给《文艺报》《关于〈红楼梦简论〉及其他》一文,没有回音。1954年,《文史哲》第9期发表此文。10月,两人又在《光明日报》上发表《评〈红楼梦研究〉》。毛泽东看到这两篇批判红学专家俞平伯的文章后,于10月16日给中共中央政治局写了《关于红楼梦研究问题的信》,称赞"这是对三十多年以来向所谓红楼梦研究权威作家的错误观点的第一次认真开火"。"看样子,这个反对在古典文学领域毒害青年三十余年的胡适派资产阶级唯心论的斗争,也许可以开展起来了。"10月下旬,《人民日报》发表《应该重视对〈红楼梦〉研究中的错误观点的批判》、《质问〈文艺报〉编者》诸文,掀起一场以新闻工具为主要阵地的学术批判运动,批判俞平伯的红学研究,批判胡适的反动思想。一时间,批判《武训传》的招数又继续重演,全国报刊一边倒,无数批判文章铺天盖地而来。最后,《文艺报》编辑部被改组,有关的学者、教授遭到批判。

1953年,中央人民政府委员会扩大会议上,梁漱溟进言,提出农民依然很苦"生活在九地"的问题,要求党给予重视。毛泽东回应:"有人不同意我们的总路线,认为农民生活太苦,要求照顾农民。这大概是孔孟之徒施仁政的意思吧。然须知,有大仁政小仁政者,照顾农民是小仁政,发展重工业、打美帝是大仁政,施小仁政而不施大仁政,便是帮助了美国人。"当时梁漱溟遭受全面围攻,只能选择沉默。毛泽东曾说:"梁漱溟这个人很反动,公开站在地主资产阶级立场上说话。……对他的反动思想不充分揭露不得了,不严厉批判不行。"①从1955年5月开始,报刊对梁漱溟的政治、哲学、文化、教育思想以及他的历史问题,整整批判了半年以上。

1953年,《文艺报》第2期发表《胡风的反马克思主义的文艺思想》等文章,《人民日报》予以转载,批评胡风文艺思想的运动拉开帷幕。1954年7月,胡风向中央政治局提交了《关于解放以来的文艺实践情况的报告》(即"三十万言书"),结果是捅了马蜂窝。1955年2月,《人民日报》突出报道了全国作协决定开展"对于胡风的资产阶级唯心主义文艺思想的批判"的消息,随后连续发文进行全面批判。5月13日,《人民日报》刊登《关于胡风反党集团的材料》,其八百字按语由毛泽东亲自写定:"读者可以看出,胡风和他所领导的反共反人民反革命集团是怎样老早就敌对、仇视和痛恨中国共产党的和非党的进步作家。"他责令"一切和胡风混在一起而得有密信的人",应当把信交出,坦白交代罪过。斗争一下子升级为揭露"胡风反革命集团"。在全国清查中,共牵连两千多人,正

---

① 转引自汪东林:《梁漱溟与毛泽东》,吉林人民出版社1989年版,第22、34页。

式定为"胡风集团分子"的共78人,都遭受了残酷迫害。6月10日,《人民日报》发表社论《必须从胡风事件吸取教训》,提出社会主义建设中阶级斗争"更加尖锐"的观点。这场批判运动,党中央机关报首先发难,随后各地报纸、电台群起响应,大张旗鼓地攻击讨伐,最后出动专政机关进行残酷镇压,不但知识分子的思想受到奴役,其人身也不存在任何基本权利的保障。胡风在1955年被捕入狱,至1965年才正式被宣判有期徒刑十四年。1969年刑期届满,他要求获释,却又被改判无期徒刑,至死都一直把自己当做被母亲错打了一巴掌的孩子。胡风冤狱直到80年代才逐渐平反。

新闻教育方面,1949年7月,华东新闻学院在上海创办。11月,北京新闻学校创办,附属新闻总署,1951年第二期学员毕业后停办。1952年,国家开始进行大规模院系调整,把华东新闻学院、圣约翰大学新闻系、暨南大学新闻系、民治新闻专科学校并入复旦大学新闻系。燕京大学新闻系并入北京大学中文系,改设编辑专业(后称"新闻专业")。苏州的社会教育学院新闻系并入江苏文化教育学院,不久便停办。1954年,中央党校设立新闻班。1955年,中国人民大学创办新闻系。这期间,新闻院校主要学习苏联的经验,生搬硬套,改造原有教学内容,将政治理论课的学习提到首要的地位。同时,教条主义和党八股严重束缚新闻工作者的思想,宣传公式化,没有不同意见的讨论,缺少自由,文风枯燥,报道面窄,内容贫乏,可读性差。

三、1957年反右运动中的新闻界

1956年4月,毛泽东在最高国务会议上提出"百花齐放、百家争鸣"的科学文化发展方针,并在中共中央政治局会议上作了《论十大关系》的报告。刘少奇也作了反对教条主义和党八股的谈话。《人民日报》开始酝酿新闻工作改革事宜,为克服教条主义等缺点,7月宣告正式改版,希望改进文风,开展自由讨论,扩大报道范围。改革在新闻传播领域全面展开,新华通讯社和广播电台也都有所动作,努力改进报道质量。另外,《文汇报》于10月在上海复刊,徐铸成仍任社长兼总编辑,钦本立、柯灵、浦熙修等任副总编辑。此前,《人民日报》总编辑邓拓曾言:"自然希望能大力宣传'双百'方针,鼓励知识界大胆鸣放,《文汇报》一向在知识分子中有特殊的影响。"[①]同时,党中央还同意了"民主党派独立自主地去办《光明日报》"的方针,决定把《光明日报》还给民主同盟,党员总编辑撤出,社长仍由章伯钧担任。

---

① 《徐铸成回忆录》,三联书店1998年版,第258页。

1957年2月,毛泽东在最高国务会议上作了《关于正确处理人民内部矛盾的问题》的报告。3月,他在中央宣传工作会议上发表重要讲话,再次强调"百花齐放、百家争鸣"方针,并决定进行党内整风,鼓励人们"大鸣大放",向党和政府提意见。他还在专门召集与会新闻界代表的座谈会上说:"社会主义国家的报纸总比资本主义的报纸好,我们的报纸毒少,对人民有益。"他还曾紧紧握着徐铸成的手,特别表扬《文汇报》办得活泼,说:"你们《文汇报》实在办得好,琴棋书画、花鸟虫鱼,真是应有尽有。编排也十分出色。我每天下午起身后,必首先看《文汇报》,然后看《人民日报》,有空,再翻翻别的报纸。"徐铸成感到:"毛主席这种高度评价的鼓励,像一股暖流,在我血液里汹涌。"[1]

4月,中共中央发出《关于整风运动的指示》。4月10日,毛泽东召见《人民日报》总编辑邓拓、副总编胡绩伟等人,在座的还有胡乔木、周扬和陈伯达等。他对报纸提出严厉批评,并说:"最高国务会议和宣传会议已经开过一个月,共产党的报纸没有声音。你们按兵不动,反而让非党的报纸拿去我们的旗帜整我们。过去说你们是书生办报,不对,应当说是死人办报。你们多半是同中央的方针唱反调,是抵触、反对中央的方针,不赞成中央的方针。"[2]他还对几个副总编辑说:"你们真怪,难道你们都同意他(指邓拓)吗?是不是邓拓会团结人,你们的意见都那么一致?几个副总编辑像铁板一块,不敢批评他,不敢起来革邓拓的命。有意见可以争论嘛!为什么不和邓拓争论?要民主集中,但内部可以争吵,拍桌子。你们只要不到马路上去闹,什么意见都可以提。要敢于给邓拓提意见,顶多撤职。为什么一点风都不透,没有一个人向中央写信报告情况。大概邓拓有德,你们不忍心反对他。我看你(指邓拓)很像汉元帝,优柔寡断。你当了皇帝非亡国不可!"[3]第二天,《人民日报》发表社论《继续放手,贯彻"百花齐放、百家争鸣"的方针》,明确指出:"目前的问题不是放得太宽而是放得不够。"4月13日,《人民日报》又发表社论《正确处理人民内部矛盾》,全面报道了毛主席的一些讲话,以求能弥补"过失"。15日,《人民日报》社进行整风,改版方案遭到否定。

4月初,《光明日报》党组撤销,回归"民主党派"的报纸形象,储安平出任总编辑。这位老报人开始了大刀阔斧的改革,派出许多记者到全国各大城市,广泛向知识界有名的专家学者约稿,鼓励他们多提意见,后共发表座谈会记录11次,占12版,约13万字;也时常发表各地记者的采访纪要,以帮助中共整风。5月2

---

[1] 《徐铸成回忆录》,三联书店1998年版,第263页。
[2] 顾行、成美:《邓拓传》,山西教育出版社1991年版,第89页。
[3] 转引自苏双碧:《浪中记事·1957年邓拓为什么"按兵不动"》,中国社会科学出版社2005年版,第128页。

日,《人民日报》又发表社论《为什么要整风》,要求"让人民有不同的意见敢于自由发表,能够自由讨论"。一些民主人士确实本着"知无不言,言无不尽"的精神,向中共及其领导人提出了许多诚恳的意见。《文汇报》是以文化教育为中心的综合性报纸,在此"大鸣大放"的时风中,自然搜集了文化界的各种批评意见,相继开展了尊师重教、新人口论、出版工作、汉字改革等方面问题的讨论,在刊登编排方面的处理也颇具匠心,在文化教育界引起很大反响。

在共产党提出"百花齐放、百家争鸣"并要与民主党派"长期共存、相互监督"的时风中,储安平似乎恢复到了40年代后期创办《观察》时的精神状态。他在报社说:"报纸与党和政府存在着根本矛盾,那就是报纸要登,党和政府不许登。""我们这些人是以批评政府为职业的。""我们的目的在揭露。分析和解决问题,是共产党的事。"他在一次全社大会上甚至坦言:"我听统战部一位副部长说毛主席说过,《光明日报》可以和《人民日报》唱对台戏。请问:大家有没有这样的思想准备?有没有真正拥护和贯彻这一点的准备?来把它检查一下子。"他提出民主党派的有关新闻可占报纸的三分之一,在数量上应压倒其他一切新闻,只有这样做才能给别人一个"民主党派的印象"。他还说:"例如北京大学民主党派的成员,他们都是知名人士,他们过小组生活时,对学校提意见,就一定非常重量,可以多登。共产党组织的活动,不是我们'光明'的报道责任,可以不登。"他反对报纸报道学习工作,宣传政策,认为不必管什么政策。因为办报无非是代表普通百姓说话,体现政治监督,所以强调民主党派监督共产党的作用,要求发挥舆论的监督性质,多写"监督"社论。有人问:"有些报道是否要权衡利害?"他斩钉截铁地回答:"报纸就是报纸,报纸过去叫新闻纸,它就是报道消息的。只要是事实,什么新闻都可以登。"有人问:"登重大新闻要不要向中共中央宣传部请示?"他也直率地回答:"我们是民主党派的报纸,用不着。"总之,在这次"民主党派独立自主地去办《光明日报》"的方针下,储安平想尽力一试。他说过:"我倒要看看怎样让我独立自主,我要撞撞暗礁,担担风险,用我的肩膀扛扛斤两,看到什么时候会受到阻力!"①

在"双百"方针鼓舞下,"鸣放"空气逐渐热闹起来,各种声音混杂在一起,有鼓吹共产党和各民主党派"轮流坐庄"的,有反映民间疾苦、要求改革社会制度的……既有善意的批评,也有恶意的攻击,还有一些言辞虽然尖锐却并非恶意的言论,以至于编辑们不知如何处理一些偏激的言论。5月14日,中共中央发出《关于报道当前党外人士对党政各方面工作的批评的指示》,规定:(1)对党外人士的错误批评,特别是对于右派分子的言论,目前不要反驳,以便使他们畅所

---

① 参见谢泳编:《储安平:一条河流般的忧郁》,中国青年出版社1999年版,第53—54页。

欲言。报纸应继续充分报道党外人士的言论,特别是对右倾分子、反共分子的言论,必须原样地、不加粉饰地报道出来,使群众明了他们的面目。(2)对少数有反共情绪的人的带有煽动性的言论,应放手让他们发表,并且暂时不要反驳。(3)对有关市场物价、外交政策和个别肃反案件的消息和言论,必须加以领导和控制。5月15日,毛泽东撰写了《事情正在起变化》一文,指示:"现在右派的进攻还没有达到顶点……我们还要让他们猖狂一个时期,让他们走到顶点。"

5月16日至18日,全国新闻工作者协会与中国人民大学新闻系等单位在京举行座谈会,二百多位新闻界知名人士参加了会议。一些学者、老记者就工作中存在的问题各抒己见,主要是对当时党报的现状颇为不满,认为党报教条主义严重,报纸是阶级斗争的宣传工具的观点已不能适应新的形势,中宣部根本不懂如何办报,不讲究宣传艺术,不重视宣传效果,把报纸办得像"布告牌"、"留声机"、"翻版书"。有学者谈到我国的新闻出版自由非常缺乏,主张多办几家通讯社,还要允许同人办报,要求实现新闻自由、言论自由和出版自由,不要党报一统天下,旧中国的民营报纸在各方面都积累了许多经验,应很好地继承。当然,也有人提出不同的看法和意见。

6月1日,储安平在统战部党外人士座谈会上发言,提出震撼全国的"党天下"之谏。"他的发言话音刚落,博得一片喝彩。北大校长马寅初先生当即用手拍着椅背,连称 Very good!"[①]即随后发表于第二天《光明日报》的《向毛主席、周总理提些意见》一文,认为"党领导国家并不等于这个国家即为党所有,大家拥护党,但并没忘了自己也还是这个国家的主人。政党取得政权的主要目的是实现它的理想,推行它的政策。为了保证政策的贯彻,巩固已得的地位,党需要使自己经常保持强大,需要掌握国家机关中的某些枢纽,这一切都是很自然的。但是在全国范围内,不论大小单位,甚至一个科一个组,都要安排一个党员做头儿,事无巨细,都要看党员的颜色行事,都要党员点了头才算数,这样的做法,是不是太过分了一点?……这几年来,很多党员的才能和他们所担当的职务很不相称,既没有做好工作,使国家受到损失,又不能使人心服,加剧了党群关系的紧张。但其过不在那些党员,而在党为什么要把不相称的党员安置在各种岗位上。党这样做,是不是有'莫非王土'那样的想法,从而形成了现在这样一个一家天下的清一色局面。"问题提得非常尖锐,得到了相当多的共鸣,如《文汇报》紧接着就进行了全文转载。巴波在《光明日报四十年》一书中说:"当他握笔写'党天下'这篇发言稿时,我正好坐在他办公桌对面。他说,他一再犹豫,冒不冒这风

---

① 闫小波编著:《百年传媒变迁:1900—2000》,江苏美术出版社2002年版,第138页。

险,但他要看一看有没有这个雅量。"①此文如石破天惊,撼动朝野,不但马寅初等人当场叫好,章伯钧阅后也钦佩不已,称"储安平是个勇士"。

6月7日,毛泽东在同胡乔木、吴冷西谈话时指出:"写文章尤其是社论,一定要从政治上总揽全局,紧密结合政治形势。这叫做政治家办报。"同一天,党中央派吴冷西接替邓拓为《人民日报》总编辑。6月8日,毛泽东起草了《组织力量反击右派分子的猖狂进攻》的党内指示。同一天,《人民日报》发表《这是为什么?》的社论,拉开全国反右斗争的大幕。14日,《人民日报》又发表了《文汇报在一个时期内的资产阶级方向》,将《文汇报》的政治方向定义为"反共反人民反社会主义的方向",并断定《文汇报》有一个"民盟右派系统"。7月1日,《人民日报》发表毛泽东亲自撰写的社论《文汇报的资产阶级方向应当批判》,严厉批判《文汇报》的办报方向,并提出反右斗争的政策和策略。"其中有一段画龙点睛的警语:'有人说,这是阴谋。我们说,不,这是阳谋。'"②可见,毛泽东把报纸作为其实施"阳谋"、"引蛇出洞"的阶级斗争工具。

6月16日,《文汇报》不得不发表自我检讨的社论《明确方向,继续前进》,并开座谈会揭露自己"所犯的资产阶级的方向错误"。然而,这并没有得到上面的宽容,报纸销量从十余万份跌到两三万份,处境十分艰难。《光明日报》也不得不发表文章,检讨自己所犯的错误,并揭发总编辑储安平的言行。此外,《大公报》、《中国青年报》、《北京日报》诸报也都发表文章和社论,检讨在运动中的不好表现,自扣帽子,以求过关。6月下旬,北京又召开第二次新闻工作者座谈会,有四百余人参加了会议,这次会议成为反右派斗争的前哨阵地,重点批判了新闻界的大右派,还有在第一次座谈会上发言的一些观点。这些批判,大多无限上纲,甚至无中生有,捏造事实,给人扣上"反动"、"反党"、"反马列主义"等大帽子。

在遭受各方面的猛烈批判后,8月,徐铸成、储安平等都被打成大右派,被撤职和送郊县劳动改造。储安平只做了《光明日报》七十多天的总编辑,就这样结束了他作为一个知识分子的生涯。到1966年"文革",他遭受到更大的迫害。8月31日,他与老舍同一天投湖自杀,但没有死成。9月上旬,他突然失踪,再没有回来。章诒和在《往事并不如烟》中说:"在中国,进取的条件是依附权力,服从权势。然而,储安平想靠能力、靠人格来谋取成功,就注定是个失败者。"谢泳说:"很可能储安平关于'党天下'的发言是征求过梁漱溟意见的,而以梁一贯敢言的性格推论,他是支持储安平说话的,这样想来,未尝不可以说,当年储安平的

---

① 巴波:《光明日报四十年》,光明日报出版社1989年版,第68页。
② 《徐铸成回忆录》,三联书店1998年版,第295页。

发言代表了多数知识分子的心声,而他却为此付出了生命。"①

《光明日报》社长章伯钧和森林工业部部长罗隆基(两人都为民盟副主席),被打成"章罗同盟",作为顶极右派。复旦大学新闻系主任王中在一次座谈会上指出,"报纸是阶级斗争的宣传工具"这种观点已不能适应形势,报纸首先是人们借以获得知识和信息的出版物,读者花钱买报,就要物有所值。他1956年所著《新闻学原理大纲》,因提出了一些不同的新闻学观点,如认为党报也有两重性,即宣传工具性和商品性,也要考虑读者的利益等,就被批判为"反党反马克思列宁主义的资产阶级的反动纲领",被扣上"资产阶级右派在人民新闻和文教事业中的代理人"的大帽子。老报人陈铭德、邓季惺此时已与新闻界没有关系,突然被邀请参加大鸣大放,他们提出政府应鼓励多办几家非党的民营报纸等建议,结果双双被打成"右派",成为新闻界的右派夫妻。而散落在各地的原《新民报》同人,被打成右派者竟有数十人之多。

《文汇报》驻京办事处主任浦熙修也被打成右派。当初和国民党作英勇无畏斗争的女记者,这次骨头却软得出奇。"浦熙修不幸成为了最下流、最无耻的背叛者和出卖者。浦熙修像无知的女中学生向班主任交出刚刚收到的求爱信一样,向权力部门交出了十年间罗隆基写来的记录他们最深刻最美好感情的所有信件。她控诉说,罗隆基反党反人民的本质是一贯的,还说罗隆基是通过她来控制《文汇报》并改变其方向的。为了将罗隆基打得更垮更烂,这个名叫浦熙修的女人甚至为罗隆基捏造了一个地主分子的身份,还暗示说罗隆基是特务,主动要求官方追究罗隆基与周佛海的关系。总之,什么东西杀伤力强,什么东西能将罗隆基砸成肉泥,她就搬起什么东西来向罗隆基砸过去,完全进入了杀敌立功、赎罪消灾的魔境。"②然而,这样做并没有给她带来什么宽恕和赦免,照样戴右派帽子之,最终于1970年被折磨致死。

1957年4月17日,在全国农业展览会上,农业部部长助理左叶与中国新闻纪录电影制片厂摄影师在拥挤中发生争执,左叶转过脸来大骂:"你重要还是我重要?再挤就叫你滚出去!"这引起各报记者反感。③ 第二天,《中国青年报》发表小品文《部长助理与摄影师》,《文汇报》刊登著名女记者彭子冈的文章《尊重新闻记者》和专电《新闻记者的苦闷》,对此事进行了不点名批评和尖刻的讽刺。许多报纸都进行了有关的报道和评论,如《人民日报》发表袁水拍的诗《官僚架子滚开》,并配有讽刺画。8月,《人民日报》发表《"左叶事件"报道失实》一文及

---

① 谢泳:《储安平与〈观察〉》,中国社会出版社2005年版,第60页。
② 摩罗:《知识分子:若隐若现的神话》,载祝勇编:《知识分子应该干什么》,时事出版社1999年版,第326页。
③ 方汉奇主编:《中国新闻事业编年史》(中),福建人民出版社2000年,第1717页。

社论《对新闻工作的一个教训》，认为此事件是"新闻界的右派分子向党进攻"，是"反党反社会主义"的，三次点名批判彭子冈，称她的文章是新闻战线向党进攻的总动员令。于是，许多在报上批评过农业部部长助理左叶的记者与作者都被划为右派。《文汇报》也发表社论《"左叶事件"的沉痛教训》，承认："《文汇报》的右派分子是罪魁祸首。"不仅像彭子冈之类的记者被打成右派，连《中国青年报》文艺部主任吴一铿只因曾编发过有关稿件，也被打成右派，含冤而死。

据不完全统计，6月至9月，《人民日报》点名批判的新闻界右派分子有104人，加上各省市主要报刊批判的右派，共有212人，其中不乏总编辑、副总编辑以及著名报人。如1928年创办民治新闻专科学校的著名新闻教育家，曾担任过多家报社记者、主笔和总编辑的顾执中，在受到批判后被划为右派。到1958年2月，上海新闻界被错划的右派就达129人之多，如曾任《大公报》、《新华日报》诸报记者，现为《新闻报》副总编辑的陆诒等名记者，其中文汇报社就达21人。在全国广播系统中，被划为右派的有364人，大都为编辑。影响较大的是温济泽、邹晓青、张纪明的"反党小集团"事件，起因主要是中央广播事业局副局长温济泽提出对内、对外广播的"四不同"：对象、任务、内容、报道方式不同，被斥为对外广播特殊论，1958年10月被补划为右派。

《大公报》社长王芸生侥幸获免。他开始也受到严厉批判，主要是因为历史上的"反苏"问题，眼看要被划为右派。"毛泽东认为当时只有三家全国性的党外报纸，而《文汇报》和《光明日报》的总编辑都已划为右派，《大公报》的总编辑就不宜再划右派了。""有人认为毛泽东是一个恩怨分明的人，他或许记起了重庆谈判时，是章士钊与王芸生建议他'三十六计走为上'。"所以，他发话："王芸生就免了吧！"中宣部部长陆定一随即打电话给《大公报》党组负责人，告之不要给王芸生划右派了，王才逃过此劫。① 而天津《大公报》有右派二十多人。1959年，周恩来几次找王芸生谈话，告之毛主席的意思，让他写大公报史。1960—1962年的《文史资料选辑》分期刊登了王芸生、曹谷冰合写的《英敛之时代的旧大公报》和《1926年至1949年的旧大公报》，其大批判笔法对原《大公报》的历史评价有失公允。

王芸生曾多次说过："大公报史将来仍需重新写过。""在临终前已大彻大悟的王芸生，更悔恨自己无论有多大压力，有多么悲痛，都不该写那篇'自我讨伐'式的长文，即《1926年至1949年的旧大公报》。因为这篇文章不仅对他自己，也对吴、胡、张等使用了极为刻薄甚至污秽的语言。他万分悔恨自己也参与了那场对《大公报》的'围剿'。"王芸生曾答应张季鸾，要给他写一篇传记，但一直无法

---

① 王芝琛：《一代报人王芸生》，长江文艺出版社2004年版，第217页。

兑现诺言,临终前曾激动地说道:"我多少次动念头,多少次又都放弃了。他潇洒、儒雅、大度、宽厚,才思机敏。我自量没有这个文采,恰当地还一个张季鸾给世人。别说这么一个历史人物,时事的俊杰,还要再编排一些'帽子'给他戴上,这笔如何下?这么该写的人,我都没写,对季鸾兄于师于兄于友,我都愧对他……"①

四、1958年"大跃进"的荒诞岁月

1957年,第一个五年计划的胜利完成,使党内滋长了骄傲自满、急于求成的思想。1958年元旦,《人民日报》发表了受到毛泽东表扬的社论《乘风破浪》,提出争取用15年左右时间赶超英美。1月至3月,毛泽东在有关会议上多次对1956年反冒进问题提出批评,认为反冒进使6亿人民泄了气,是政治问题,并再次提出"在15年或者更多一点的时间内赶上和超过英国",从而使党内"左"倾冒进思想迅速抬头,急于求成的心理占了上风。2月2日,《人民日报》社论又宣称:"我们国家现在正面临着一个全国大跃进的新形势"。5月,在党的八届二中全会上,正式通过了"鼓足干劲,力争上游,多快好省地建设社会主义"的总路线,并在抓生产方面宣传"以粮为纲、以钢为纲"。

1月12日,毛泽东在给广西负责人刘建勋、韦国清的信中强调,"省报问题是一个极重要的问题,值得认真研究","精心写作社论是一项极重要任务,你们自己、宣传部长、秘书长、报社总编辑要共同研究。第一书记挂帅,动手修改一些重要的社论,是必要的"。这推动了各级党委加强对新闻工作的直接指导,"全党办报"进一步开展,省一级的党委报道组、地委和县委报道组都广泛建立起来,掀起全党办报的高潮,对"大跃进"起了推波助澜的作用。

1月15日,毛泽东在与《人民日报》社社长吴冷西的谈话中强调,评论"要组织大家写,少数人写不行","各部门、各版可以竞赛"。2月27日,《人民日报》社举行动员大会,宣布了《苦战三年工作纲要》。各部门和个人都制定了跃进规划,开展各种形式的竞赛活动,天天搞评比。在中央党报的带动下,各省党报也纷纷应战,掀起相互竞赛的热潮,以《山西日报》最为突出。这一时期,报纸的通讯标题与版面设计似乎生动活泼多了,图片、图表的运用也更得法称心。同时,新华社、广播事业局也都提出三年苦战计划,都准备在"大跃进"的形势下大显身手。

6月7日,新华社郑州分社播发一条消息《惊人的高产卫星》。第二天,《人

---

① 王芝琛:《一代报人王芸生》,长江文艺出版社2004年版,第220、250—251页。

民日报》发表了题为《卫星社坐上了卫星,五亩小麦亩产2105斤》的文章,报道了河南遂平县卫星农业社五亩小麦创纪录的消息。不到5天,高产纪录就被河北魏县亩产2394斤打破。接着,纪录被不断刷新,有关媒体报道了河北临漳亩产3650斤,湖北谷城亩产4353斤,河南辉县亩产4535斤,河南商丘县亩产4689斤,河北安固县南娄底乡卓头村农业社小麦亩产5103斤。7月12日,《人民日报》用头版头条报道了河南西平县放出小麦亩产7320斤的更大卫星。全国掀起放"卫星"攀比的浪潮,小麦的亩产纪录不断地被刷新。7月23日,《人民日报》公布,今年夏粮全国总产量达1010亿斤,超过去年413亿斤,增产69%。

水稻的产量更让人吃惊,从6月底至9月,许多地方水稻亩产量的"卫星"也从千余斤放到了数万斤。新闻媒体先后报道江西贵溪县亩产2340斤,福建闽侯县亩产7275斤,湖北孝感县达15000斤,湖北麻城县达36900斤。这年夏天,在安徽,只要各县市放出当地早稻亩产万斤的卫星,就为其宣传庆贺,结果从万斤浮夸到4万余斤,如繁昌县亩产达43075斤。更有甚者,四川郫县报道亩产有82525斤,广西环洒县竟然达130434斤,简直就是骇人听闻的神话了。7月底,农业部估计,今年早稻产量将比去年翻一翻,达800亿斤。此后,安徽、河南、四川等省都宣布自己是早稻平均亩产千斤的省。

这时,科学家也耐不住寂寞了,有位著名物理学家在6月16日的《中国青年报》上撰文,认为常规农作物光合作用能量转换率极低,如果提高之,则产量必有惊人增长,提出以科学方法充分利用太阳能,可以使粮食亩产提高20多倍,达到4万多斤。有的科学家称他们"亲眼看到"了亩产上万斤水稻"卫星"上天的经过。① 新闻媒体也在大力宣传这类口号:"人有多大胆,地有多大产。不怕做不到,就怕想不到。"由是,他们在推广生产经验方面开始瞎指挥。如普遍号召农耕"土地深翻和高度密植"经验,某电台报道某地一个民兵连"为了创造小麦高产纪录,这个连计划种麦600亩,施肥200万斤,地深翻5尺,争取亩产25万斤"。甘肃甚至报道敦煌县农民翻地1丈2尺,实在令人不可思议。媒体还宣传所谓高度密植经验,"越密越先进,越密越革命"。其他各类荒唐的增产方法,如将麦子与水稻嫁接、用狗肉汤浇地、给庄稼注射葡萄糖等,层出不穷。

《人民日报》辟有《丰产榜》、《高产纪录统计》等栏目,鼓励报道高产者,大力促使虚报风,除上述"神话"外,还有红薯亩产25万余斤、棉花亩产16000斤等天方夜谭似的故事。毛泽东对此也都信以为真,8月4日在河北徐水视察时,对全国竞放卫星的情况大加赞扬:"世界上的事情不办就不办,一办就办得很

---

① 郑建楠:《这是事实,这是奇迹》、殷宏章:《科学研究要奋起直追》,载《人民日报》1958年8月14日。

多！过去几千年都是亩产一二百斤,如今一下子就是几千上万!"9月5日,《人民日报》在头版报道《广东穷山出奇迹,一亩中稻六万斤》,下配新闻图片,说明为:"这块中稻田里的稻谷像金黄色的地毯一样,13个人站在上面也不沉。"10月1日,《天津日报》报道天津东郊区新立村公社水稻试验田亩产12余万斤。那么,这样的弥天大谎如何作假呢?区长指示将40亩即将成熟的稻秧移到一亩稻田之内,密植达60万墩、1200万株,所以人站在上面也不沉。但是,最后稻根腐烂,稻粒瘪霉,无奈之下,只得在打谷机里藏稻谷,再虚报产量。①

在工业生产方面,1957年全国的钢产量为535万吨。1958年1月的南宁会议,确定当年的钢产量为620万吨。3月成都会议时,指标提升为700万吨。6月中旬,冶金工业部提出其指标升为820万吨,规划到1962年达6000万吨。6月17日,薄一波代表经委向中央政治局作了《两年超过英国》的报告,估计可上1000万吨。毛泽东说:"干脆一点,争取1958年钢产量翻一翻,搞1100万吨。"这样,比1957年翻一翻的1070万吨的指标就定下了。为了完成这个指标,全国参加大炼钢铁的人数,8月份由几百万突增到五千万,10月底达六千万,年底已超过一亿,其劳动力占当时全国总人口的六分之一。7月,全国有小土高炉3万多座,8月底增加到17万座,9月底激增到60多万座,到10月底已达几百万座。

随着全民炼钢运动的开展,报纸上同样大放钢铁"卫星"。《破釜沉舟,全力以赴,九月破万吨,十月过两万,河北力争生铁扶摇直上》、《首都钢铁星期日,城里城外一片红,七十万人大炼钢》等醒目标题在报纸上最显眼的位置招摇。吉林电台举办《钢铁高产日特别节目》,昼夜24小时连播,当地一夜间就"钢铁元帅升帐",将电台变成生产指挥部。《人民日报》开辟了大炼钢铁《比一比》专栏,发表各省的计划数字和实际完成的情况。一些报纸也开设"各省进度表",大家你追我赶,唯恐落后。中央人民广播电台《在钢铁战线上》节目中,报道广西罗城县36小时产铁266529吨。9月29日,新闻报道全国钢的日产量近6万吨,铁的日产量近30万吨。10月中旬,《人民日报》报道,这一周内钢的平均日产量又增长85%,达10多万吨;铁的平均日产量增长303%,达37万多吨。到1958年底,新闻报道,大炼钢铁比上一年翻一番的年产1070万吨的指标不仅胜利实现,而且超额完成。而实际上,土法炼钢导致出现大量的废钢铁,其中至少有数百万吨是废品。

8月,毛主席视察河北、河南、山东等地,发出"办人民公社好"的指示。同时,中共中央在北戴河会议上通过了《关于在农村建立人民公社问题的决议》,

---

① 参见方汉奇、陈昌凤主编:《正在发生的历史:中国当代新闻事业》,福建人民出版社2002年版,第14页。

人民公社化运动在全国迅速展开。8月18日,《人民日报》发表社论《人民公社好》,声称其有十大优越性,"一个由社会主义迈向共产主义的伟大社会改革——建立人民公社运动,正在蓬蓬勃勃地展开"。随后,各类新闻单位围绕这一精神加大宣传力度,刮起一股"共产风",似乎"共产主义"对于我国"已经不是什么遥远将来的事情了"。10月4日,《人民日报》又发表通讯《毛主席在安徽》,报道毛泽东视察舒城县舒茶人民公社时,知道这个公社办公共食堂,吃饭不要钱,就说:"吃饭不要钱,既然一个社能办到,其他有条件的社也能办到。既然吃饭可以不要钱,将来穿衣服也就可以不要钱了。"于是,全国各类媒体开始大力宣传"吃饭不要钱"政策,全国各地人民公社也展开"吃饭不要钱"的共产主义运动。

方汉奇主编的《中国新闻传播史》中写道:"这一时期新华社的新闻报道中存在着大量失实、片面、虚夸的现象。一些记者,包括摄影记者,不惜违背客观事实,任意夸大渲染,甚至故意捏造、无中生有,以求达到耸人听闻的效果。"怎么会发展到如此地步呢?"当时一些领导一手拿着高指标,一手拿着右倾的帽子,逼着新闻工作者虚报浮夸。所以有'右倾帽压出高指标'的说法。有的新闻工作者在采访报道中了解到真实的情况,反映了真实的情况,往往被扣上'右倾分子'、'反对三面红旗'的大帽子,轻则受到不公正的待遇,重则家破人亡。"①如新华社广东分社社长杜导正,曾随潮流写了一些浮夸报道,后深入实际,秉笔直书,向北京报告广东饥荒的情况。为此,他被批斗折磨,被定为右倾机会主义分子,撤销职务,蒙冤数年。

总之,"大跃进"中,全国的浮夸风已达疯狂的地步,新闻媒体一味报"喜"不报忧,对一些地方发生的灾情基本不予报道。河南是全国所谓的"跃进"先锋,所受灾难也最深重。1958年,全省粮食产量实际只有281亿斤,却上报为702亿斤。上交粮食数量不够指标,上级部门就翻箱倒柜,抢夺农民口粮,并采用抓、捆、吊、打各种野蛮手段。公安部门甚至还协助公社抓人。如1959年末,信阳地区为追逼农民交粮,公安部门逮捕了1774人,其中36人死在狱中;拘留过1720人,其中667人死在拘留所里。"大跃进"期间,整个信阳地区起码饿死百余万之民众。然而这些情况,当时我们根本不可能从任何新闻媒体上得知。

1959年8月庐山会议,本来是准备反"左"倾冒进的,但当彭德怀等人上万言《意见书》,对"大跃进"表达真实看法时,立即遭到毛泽东的抵制,对其进行了无情的批判,揪出"彭黄张周反党集团",彭德怀等人被免去职务,打成右倾机会主义分子。毛泽东认为:"办一张专讲坏话的报纸,不要说一年,一个星期也会

---

① 方汉奇主编:《中国新闻传播史》,中国人民大学出版社2002年版,第376、390页。

灭亡的。""假如办十件事,九件是坏的,都登在报上,一定灭亡。"①随后,在全党内部展开新一轮的反右倾运动,"反右倾、鼓干劲"成为报刊宣传的中心任务。新闻界又全面倒向批右斗争,两报一刊又发表了一系列社论和文章,如《"得不偿失"论可以休矣》、《驳"国民经济比例关系失调"的谬论》等,宣传"高速度、大跃进",极"左"冒进宣传又延续了一段时间。

直到1960年冬,有关"大跃进"的宣传报道才停止。1959年的粮食产量已经下降到1954年的水平,但是国家仍在搞"高征购",许多地方出现浮肿病和非正常死亡。1960年的粮食等农业产量更是跌到1951年的水平,农村人均占有粮食才200多斤,全国粮食奇缺。接着,便是三年"自然灾害"。据后来《中国人口年鉴》有关统计,三年中四川净减人口约1000万,安徽约439万,河南约238万,山东约234万,湖南有183万……②工业方面,由于重工业孤军冒进而损失惨重,轻工业产量下降,产品奇缺。国家财政大量赤字,造成通货膨胀。估计"大跃进"给国家至少造成的直接经济损失达1200亿元。1961年,毛泽东提出加强调查研究的号召,却依然认为"最近几年建设成就是伟大的,证明总路线、大跃进、人民公社的方向是正确的",只是在"具体工作"方面发生一些缺点和错误。③刘少奇曾尖锐地指出:"'大跃进'的错误报道,中央负一半的责任,《人民日报》也要负一半的责任。《人民日报》搞了那么多错误的东西,影响很坏,可以说有报纸的害处,比没有报纸的害处还大。刘少奇的批评虽然严厉了一些,但依旧没有能敲醒一些人的心灵。"④

据有关经济数据的推算,后来经过8年的经济调整,到1965年才恢复到1957年的水平。然而,学者金辉经认真调查研究指出:"1959—1961年,中国大地风调雨顺,全国的旱涝态势相当正常。并且,其正常的程度甚至令人吃惊……甚至是历史上最好时期。"⑤李良荣指出:"'当党和国家的驯服工具',这一句新闻界流行一时的座右铭,就是新闻媒介单一功能的最好概括。对于从中央到地方党政机关的任何决策,不管是对是错,是理解还是不理解,新闻媒介都只有义无反顾地、大张旗鼓地宣传,使之家喻户晓。即使决策在实践中已表明出极其严重的后果,甚至灾难性的后果,只要决策机构不改变决策,新闻媒介还得硬着头皮寻找事实来表现其'巨大威力',还得痛斥一切动摇者。"⑥

---

① 李锐:《庐山会议实录》,河南人民出版社2000年版,第89、136页。
② 参见王珍:《新中国最惨痛的灾害记忆:三年大饥荒》,载《文汇读书周报》2005年11月18日。
③ 参见毛泽东:《建国以来毛泽东文稿(第9册)》,中央文献出版社1996年版,第458页。
④ 转引自方汉奇主编:《中国新闻传播史》,中国人民大学出版社2002年版,第392页。
⑤ 金辉:《风调雨顺的三年——1959—1961年气象水文考》,载《方法》1998年第10期。
⑥ 李良荣:《李良荣自选集:新闻改革的探索》,复旦大学出版社2004年版,第273页。

五、新闻事业的波动时期

1957年，我国邮发报纸有1325种，每年的总印数约24.4亿份。1958年，报纸猛增到1776种，总印数达39亿份。报纸数量从1959年起开始下滑，1960年为1274种，但总印数却达50.9亿份，创下最高纪录。随后，国民经济连续遭受三年严重困难，从1961年开始，中央不得不对各地报刊进行整顿和精简。1963年，报纸骤减到289种，总印数下降至25.8亿份。经过国民经济的调整与恢复，1965年，报纸增至413种，总印数增至47.4亿份。而到"文革"开始的1966年，报纸总数降为300余种，总印数为36.7亿份。

整顿期间，晚报却有所发展。新中国建立初期，主要有两家晚报：一是上海的《新民报晚刊》，1958年改名为《新民晚报》；二是天津1949年创刊的《新生晚报》，1952年改名为《新晚报》，1960年再改为《天津晚报》。此外，1957年10月，广州《羊城晚报》创刊。1958年3月，《北京晚报》创刊。晚报一方面主要是为丰富人民的精神生活，另一方面也在补充日报宣传工作之不足。1961年，《新民晚报》发行量突破30万份，创历史纪录。

1957年8月1日，中国国民党革命委员会主办的时事政治周报《团结报》正式公开向全国发行。自《光明日报》划出一批右派而重新改组后，这是我国当时唯一的由民主党派创办并发行的报纸。1958年9月1日，国家体委主办的《体育报》在北京正式创刊，成为当时全国唯一的体育专业报。不久，有十几个省市先后创办了地方性的体育报。1959年元旦，中国科学院创办《科学报》。但到1960年，由于纸张缺乏，全国各家科技报全部停刊。60年代前半期，农民报、企业报也有不同程度的发展，但到"文革"前夕已所剩不多。

期刊在1956年社会主义改造基本完成后约有484种，每年总印数有5.5亿份。期刊数量在1958年"大跃进"时几乎翻了一番，达851种。1958年6月，中共中央主办的《红旗》杂志在北京创刊，陈伯达为总编辑。此后，各省、市、自治区党委也纷纷创办了自己的政治理论刊物，如北京的《前线》、上海的《解放》、浙江的《求是》、河北的《东风》、内蒙古的《实践》、黑龙江的《奋斗》、广东的《上游》……甚至地委、县委也出版自己的理论刊物。三年困难时期，期刊数量大幅下降，减少到约400种，到1962年才开始有所回升，1963年至861种，1965年为790种，1966年跌至191种，1967年降为102种。

在此期间，新华社驻外分社一直在持续发展，1956年时有19个驻外分社，至1961年扩大至40多个。到1966年初，国外分社发展到51个，驻外记者85人，形成以亚非拉地区为主的国际报道网。其内部刊物《参考消息》，创办于延安时期,新中国建立初期也仅供党内外的高级干部阅读。1957年3月起,阅读范围扩大到县委委员一级,发行量从几千份扩大到13万份。该刊物1958年底进一步扩大范围到一般干部,到1965年发行达85万份。

1958年5月1日,中国第一座电视台北京电视台开始试播,9月2日正式广播。10月,上海电视台成立。12月,哈尔滨电视台开播。到1961年,先后有19座省级电视台相继设立。广播电台的发展,1957年60座,1958年90座,1959年121座,1960年142座,平均递增30%左右。1962年,广播电台从145座减到81座。电视台只保留北京、上海、广州、沈阳、天津5座,有线广播减少一半。1963年,又增加哈尔滨、长春、西安3座电视台。到1966年底,电视台恢复到13座。当时,全国电视机也只有一两万台。

1958年,许多高校开办新闻系或相关专业,如江西大学新闻系、杭州大学新闻系、南京大学中文系新闻专修科、暨南大学中文系新闻专业、吉林大学中文系新闻专业、山东大学中文系新闻专业等。北京大学中文系新闻专业正式并入中国人民大学新闻系。1959年,北京广播学院成立。随后,湖南、福建、山东、上海、江西、吉林、广东、陕西等地也建立了广播学校。新闻专业在校生达1200人,是解放初期的3倍。60年代初,十几所高校的新闻专业停办,只保留中国人民大学新闻系、复旦大学新闻系和北京广播学院三个新闻教学基地。学校在教学中宣传许多"左"的东西,将"报纸是阶级斗争的工具"这一论点绝对化,而对其他颇为正确的理论、观点,则进行盲目的批判。如1960年6月,中国人民大学新闻系掀起一场揭批"修正主义和资产阶级新闻学"的运动,将"报纸的真实性是新闻工作的根本原则"扣上"公然反对党性"的帽子,说报纸具有"提供消息、传授知识、交流经验"的功能是修正主义的新闻观,认为记者只是党的驯服而奋发有为的工具,并提出"报纸只能反映主流,不能反映支流;只能报道先进的东西,不能报道落后的东西;只能报道成绩,不能报道缺点"的荒谬主张。第二年,中宣部派出调查组,重新组织师生讨论,才澄清一些是非,为受批判的教师和教材平反。

60年代初,杂文作为报刊的重要文体出现暂时繁荣期。如《北京晚报》的《燕山夜话》(邓拓,共152篇),《前线》的《三家村札记》(邓拓、吴晗、廖沫沙,共60多篇),《人民日报》副刊的《长短录》(夏衍、吴晗、孟超、廖沫沙等,共37篇)。同时,报刊宣传的先进人物也影响广泛,雷锋、欧阳海、焦裕禄等的光辉形象令人难忘。1964年,毛主席号召"工业学大庆,农业学大寨",各新闻媒体又进一步大力宣传这两个先进集体。

1962年,毛泽东在党的八届十中全会上作了《关于阶级、形势和党内团结问题》的报告,向全党全国发出"千万不要忘记阶级斗争"的号召,强调阶级斗争要

"年年讲、月月讲、天天讲",将"以阶级斗争为纲"作为主导意识形态领域的准则。这次会议还将李建彤的长篇小说《刘志丹》定性为"为高岗翻案的反党大毒草",毛泽东为此专门指出:"现在不是写小说盛行吗?利用写小说搞反党活动,是一大发明。"此后,意识形态领域的政治批判之风也开始甚嚣尘上。从1963年9月到1964年7月,以《人民日报》编辑部和《红旗》杂志编辑部名义相继发表九篇评论苏共中央的公开信,批判"赫鲁晓夫修正主义"。

1963年,《文汇报》等批判昆曲《李慧娘》和廖沫沙的"有鬼无害论",说其利用厉鬼"向共产党复仇"。毛泽东肯定了这一批判,批示说,"许多部门至今还是死人统治着……许多共产党人热心提倡封建主义和资本主义的艺术,却不热心提倡社会主义的艺术,岂非咄咄怪事。"1964年,毛主席第二个批示说,文联及所属协会"最近几年,竟然跌到了修正主义的边缘。如不认真改造,势必在将来的某一天,要变成匈牙利裴多菲俱乐部那样的团体"。报刊批判电影《北国江南》、《早春二月》是修正主义"调和阶级矛盾"。毛主席又在有关文件上批示,可能不只这两部影片,还有别的都需要批判,使修正主义材料公布于众。全国报刊又开始批判《不夜城》、《林家铺子》、《舞台姐妹》、《兵临城下》等十余部优秀影片。

当时全国报刊上批判各类文学作品的文章,也是层出不穷。如所谓"反党、反毛主席革命路线"的作品就有《保卫延安》、《小城春秋》、《朝阳花》、《青春之歌》、《六十年的变迁》、《红旗谱》、《播火记》、《晋阳秋》、《我的一家》等;宣扬阶级调和论、人性论的有《苦斗》、《三家巷》、《苦菜花》、《太阳照在桑干河上》、《我们播种爱情》、《三月雪》、《变天记》、《火神》、《山高风云录》等;歪曲和攻击社会主义社会的有《上海的早晨》、《在和平的日子里》、《乘风破浪》、《南行记续编》、《香飘四季》、《在田野上,前进!》、《风雷》、《归家》、《水向东流》等;丑化工农兵形象,美化阶级敌人的有《红日》、《暴风骤雨》、《破晓记》、《屹立的群峰》、《源泉》、《清江壮歌》、《战斗到明天》、《长城烟尘》、《铁门里》等;大写中间人物,不塑造英雄形象的有《三里湾》、《丰产记》、《李双双小传》、《泉洞》、《下乡集》、《山乡巨变》、《桥》、《东方红》、《我的第一个上级》等。"报纸天天让人们懂得,知识分子都是资产阶级的,都浑身个人主义,浑身名利思想,生来就右倾,阶级属性如此,必须脱胎换骨。"①

1965年,毛泽东在政治局常委扩大会议上提出"必须批判资产阶级反动思想"的口号。所以,除上述文化艺术领域外,报刊在社会科学领域也"大开杀

---

① 梁柯平:《痛定思痛的报告——回忆大跃进中的文汇报》,载《在曲折中前进——文汇报回忆录(2)》,文汇出版社1995年版,第327页。

戒"，开辟了许多大批判阵地，如在哲学领域批判杨献珍的"合二而一"论，在经济学领域批判孙冶方的价值规律等有关理论，在美学领域批判周谷城的"时代精神汇合论"，在历史学领域批判翦伯赞等人的"非阶级观点"……这些批判往往上纲上线，动辄以大帽子扣人，阶级斗争的火药味日益浓重，完全是"山雨欲来风满楼"的景象。

第十三章 "文化大革命"时期

这十年,中国社会演绎了一场历史上空前的浩劫。新闻媒体作为阶级斗争的有力工具,于其中扮演着极其疯狂的角色,社会在苦难和荒诞中飘摇。

一、发动初期与新闻界

1965年11月10日,《文汇报》发表姚文元的《评新编历史剧〈海瑞罢官〉》一文,吹响了"文化大革命"的号角。这篇文章是在毛泽东的指示下,由江青具体布置上海市委安排姚文元写的,毛泽东还不止一次地亲自审阅过。据说其文九易其稿,秘密搞了一年,对党中央其他领导也属保密,所以文章发表后,开始并没有引起太大的注意。报界在沉默19天之后,《北京日报》、《解放军报》、《人民日报》突然接到党中央要求转载的通知,此后全国各地主要报刊几乎无一遗漏地相继全文转载。然而,各报反应多有不同,在批判问题上出现了两军对垒的情况。如《解放军报》的编者按直指《海瑞罢官》为大毒草,而《人民日报》则以为属自由的学术讨论范畴。可以说,开始许多人不服姚文元无限上纲的做法。这时,毛泽东强硬地指出,《海瑞罢官》的"要害问题是'罢官'。嘉靖皇帝罢了海瑞的官,1959年我们罢了彭德怀的官。彭德怀就是海瑞"。

12月8日,《红旗》杂志发表戚本禹的文章《为革命而研究历史》,借批判胡适,不指名地批判吴晗、翦伯赞的历史观,后得到毛泽东的赞赏。同时,毛泽东在上海主持召开中央政治局常委扩大会议,突然对解放军参谋总长罗瑞卿大将进行批判,指控他推行"资产阶级军事路线"、"以军事冲击政治"、"反党篡军",给他扣上许多莫须有的罪名,并由林彪宣布撤销罗瑞卿的党政军一切职务。文化战线上批《海瑞罢官》,军事战线上批罗瑞卿路线,两条战线同时夹击,全国的"阶级斗争"形势一时显得异常紧张。

1966年2月,彭真在有关扩大会议后整理出《文化革命五人小组关于当前学术讨论的汇报提纲》(即《二月提纲》),认为《海瑞罢官》的讨论只是学术问题。此时,林彪委托江青召开部队文艺工作座谈会,起草《二月纪要》,指出16

年来文化战线上存在尖锐的阶级斗争,"被一条与毛主席思想相对立的反党反社会主义的文艺黑线专了我们的政",号召坚决进行一场文化战线上的社会主义大革命。3月,毛泽东在杭州的有关讲话中,严厉指责《二月提纲》和中宣部、北京市委包庇坏人,不分是非,要求对资产阶级学术权威进行切实的批判,并点名批判《三家村札记》和《燕山夜话》是反党反社会主义的大毒草。4月,《人民日报》和《光明日报》发表戚本禹《〈海瑞骂皇帝〉和〈海瑞罢官〉的反动实质》一文,又投出重磅炸弹。5月,报刊掀起批判《三家村札记》和《燕山夜话》的狂潮,《解放军报》发表《向反党反社会主义的黑线开火》一文,《光明日报》刊登文章《擦亮眼睛,辨别真伪》,《文汇报》推出姚文元的《评"三家村"——〈燕山夜话〉、〈三家村札记〉的反动本质》,《红旗》杂志刊登的则是戚本禹的文章《〈北京日报〉的资产阶级立场》。

5月16日,在中央政治局扩大会议上,毛泽东主持制定中共中央通知(即《五一六通知》),要求全党"高举无产阶级文化革命的大旗,彻底揭露那批反党反社会主义的所谓'学术权威'的资产阶级反动立场,彻底批判学术界、教育界、文艺界、出版界的资产阶级反动思想,夺取在这些文化领域中的领导权",并指出"混进党里、政府里、军队里和各种文化界的资产阶级代表人物,是一批反革命的修正主义分子"。十年"文革"就此宣布开始。会上撤销原"文化革命五人小组"及其办事机构,重新建立以陈伯达为组长,江青为副组长,张春桥、姚文元、戚本禹、王力、关锋为成员,康生为顾问的"中央文化革命小组",隶属于中央政治局常委,具体领导"文化大革命"。在首都几家主要报纸负责人的会议上,陈伯达严厉批评了《人民日报》一个时期以来的种种错误,随后率工作组进驻《人民日报》社。6月1日,《人民日报》发表了毛泽东亲自指导、陈伯达等人合作撰写的社论《横扫一切牛鬼蛇神》,指出"一个势如暴风骤雨的无产阶级文化大革命高潮已在我国兴起",下达了总动员令,标志着文化大革命正式开始。

1966年6月1日晚,在毛泽东指示下,中央广播电台播报了北京大学聂元梓等人攻击北大党委和北京市委的大字报。新华社当晚播发了这张大字报。2日,《人民日报》以《北京大学七同志一张大字报揭穿一个大阴谋》为题,刊登了这张大字报,并发表了评论员文章《欢呼北大的一张大字报》。毛泽东热情称赞它是全国第一张马列主义大字报,并指示中央改组北京市委和北大党委。在北大带动下,各地学生纷纷起来造反,成立红卫兵组织。此后,《人民日报》接连发表社论《夺取资产阶级霸占的史学阵地》、《做无产阶级革命派,还是资产阶级保皇派》、《我们是旧世界的批判者》、《放手发动群众,彻底打倒反革命黑帮》,掀起揪斗黑帮分子和"牛鬼蛇神"的浪潮。8月5日,毛泽东在中南海大院里贴出了《炮打司令部——我的一张大字报》,矛头直指刘少奇。接着,中共八届十一中全会召开，通过《关于无产阶级文化大革命的决定》（即《十六条》），明确文化大革命的对象和任务。各地报刊也对此进行了鼓动宣传。此后，毛泽东接见革命群众与红卫兵，称赞"造反有理"，红卫兵开始了大串连运动，到处煽风点火，揪斗各类"牛鬼蛇神"和走资派。

新闻媒体也为之推波助澜。《人民日报》高度赞扬红卫兵的行动，发表了题为《好得很！》的社论。《红旗》杂志刊载清华大学红卫兵撰写的《无产阶级的革命造反精神万岁》、《再论无产阶级的革命造反精神》和《三论无产阶级的革命造反精神》三篇文章，并发表评论员文章《向革命的青少年致敬》，认为"造反有理"，且"越乱越好"。《人民日报》与《解放军报》时常以醒目的大号字体《高举毛泽东思想伟大红旗，把无产阶级文化大革命进行到底》为标题，登载有关红卫兵的宣传资料。

接着，便开始了红卫兵"砸烂旧世界"的"革命"行动。遍及全国的"破四旧"运动中，全国的文物古迹几乎无一幸免，图书资料也大量损失。抄家的狂风中，各地的名人大家也几乎无一幸免，许多人甚至在被打骂凌辱后扫地出门。有些地区在公安局的配合下，还对"四类分子"大肆迫害。中国进入"红色恐怖"的岁月，生命、文化、文物遭受空前的浩劫。

8月29日，《人民日报》发表社论《向红卫兵致敬》，称："红卫兵上阵以来，时间并不久，但是他们真正地把整个社会震动了，把旧世界震动了。他们的斗争锋芒，所向披靡，一切剥削阶级的旧风俗、旧习惯，都像垃圾一样，被他们扫地出门。一切躲在阴暗角落里的老寄生虫，都逃不过红卫兵锐利的眼睛。这些吸血虫，这些人民的仇敌，正在一个一个地被红卫兵揪了出来，他们隐藏的金银财宝，被红卫兵拿出来展览了。他们隐藏的各种变天帐、各种杀人武器，也被红卫兵拿出来示众了。这是我们红卫兵的功勋。"

二、个人崇拜的狂热宣传

同时，新闻媒体还对毛泽东进行狂热的个人崇拜宣传，大树特树领袖的权威。其实，从50年代起，对毛泽东的个人崇拜就不断升级。在1958年的中共中央成都会议上，毛泽东就提出"正确的"个人崇拜的观点，"这种宣传个人崇拜的观点，被当时会议所接受并被某些人推向极端。有人甚至提出：相信主席可相信到迷信的程度，服从毛主席要服从到盲从的程度"[①]。60年代，在学习毛泽东著作的宣传中，个人崇拜的倾向进一步升级。1961年5月1日，《解放军报》根据

---

① 中国行政管理学会编：《新中国行政管理简史：1949—2000》，人民出版社2002年版，第173页。

林彪指示,开始每天在报眼位置选登《毛主席语录》。许多知识分子更是紧随其后,如郭沫若在1962年后接连在新闻媒体发表诗词《吃水不忘开井人》、《领袖颂·元旦书怀》、《访韶山》、《赞〈东方红〉》、《访茅坪毛主席旧居》等等。

1965年,毛泽东会见斯诺时,承认中国确有"个人崇拜",并不认为个人崇拜有什么不好,表示当时中国需要更多的个人崇拜。此心迹袒露后,林彪等人开始狂热吹捧毛泽东。郭沫若先在当年2月的《光明日报》为毛泽东《清平乐·蒋桂战争》一词手迹发表而撰文注解时,毛泽东的诗词是"诗词的顶峰",毛泽东的墨迹是"书法的顶峰"。9月底,林彪在《解放军报》发表《中国人民革命的胜利是毛泽东思想的伟大胜利》一文,说毛泽东思想"在世界上是站在最高峰的,站在这个时代的顶峰","是当代最高最活的马克思列宁主义"。1966年初,林彪在全军政治工作会议上提出毛泽东的指示是各项工作的"最高指示",又说:"毛泽东思想是当代马克思主义的顶峰,是最高最活的马列主义。""文革"开始后,林彪到处说,"这次文化大革命的最高司令是毛主席",毛泽东是天才,天才数百年才出一个。他要求报刊广泛宣传,为新闻媒体定下个人崇拜的基调。

由是,新闻媒介越来越突出地宣传毛泽东的英明、伟大,对毛泽东的个人崇拜和神化日益走向白热化的程度。从1966年6月2日开始,《人民日报》以往安排《今日要闻》的报头也为醒目的《毛主席语录》所替代。6月7日,《解放军报》发表社论《毛泽东思想是我们革命事业的望远镜和显微镜》,提出:"毛主席是我们心中的红太阳,毛泽东思想是我们的命根子。不论什么时候,不管什么样的权威,谁反对毛泽东思想,我们就要全党共讨之,全国共诛之。"《人民日报》也以《毛泽东思想是我们心中的红太阳》为标题,登载有关报道;刊登《部队活学活用毛主席著作革命谚语选》,诸如"毛主席的书,句句是战鼓,句句是真理",毛主席的话"一句顶一万句"等等。对毛主席的个人崇拜,扩大到对毛主席每一个行为的崇拜,对毛主席每一句话的崇拜。

中央广播电台等开播《毛主席语录》节目,播音开始曲改为《东方红》,节目中张口闭口"阶级斗争"。北京电视台在节目开始之前播出毛主席像和语录,银屏上经常出现人们早请示、晚汇报的宗教式祈祷,出现人们跳忠字舞、做语录操的种种场景。报刊上,毛泽东照片越来越多,越来越大。7月25日,《人民日报》在头版以大字标题报道了前几天毛泽东畅游长江的消息,并刊登了他在快艇上挥手的巨幅照片。次日,《人民日报》又发表题为《跟着毛主席在大风大浪中前进》的社论,称毛泽东在长江中畅游一小时为"特大喜讯",亿万人民"同声欢呼,衷心祝愿毛主席万寿无疆!"同时,该报用长江的风浪喻指文化大革命中所遇到的各类逆流,号召人民"永远跟着毛主席",在文化大革命的大风大浪中"英勇进军",把"反革命复辟的阴谋一个一个地揭露和粉碎"。

1966年8月,中共中央召开八届十一中全会。在毛泽东主持下,会议通过《关于无产阶级文化大革命的决定》(以下简称《决定》)。8月8日,《人民日报》发表社论《全国人民的大喜事》,公布出版《毛泽东选集》的消息。8月10日,毛泽东在中共中央群众接待站,接待了前来祝贺《决定》发布的群众代表。在激动不已的民众面前,毛泽东说:"你们要关心国家大事,要把无产阶级文化大革命进行到底。"第二天,《人民日报》用套红标题报道了毛泽东会见群众的场面以及有关讲话。从此,这两句话便成为报刊反复宣传和渲染的"最高指示"。8月12日,第一批出版的《毛泽东选集》四卷本首先在北京几个著名的大学发行,报纸突出地宣传了各高校召开迎"宝书"大会的热烈场面。此后一段时间里,各报刊几乎天天在报道《毛泽东选集》在全国各地发行的空前盛况。接着,从军队率先普及的《毛主席语录》在全国发行,从此"手不释宝书,口不离语录"成了人们是否忠于伟大领袖的试金石。

8月18日至11月下旬,毛泽东先后8次在天安门广场接见红卫兵,总共约1300多万人次。他在红卫兵"毛主席万岁"的欢呼声中,左臂被戴上红卫兵袖章。每次检阅,中央电台、电视台或现场直播,或事后反复播送实况录像和新闻记录片。全国各大小报刊都以最好的版面、最醒目的编排手段刊登检阅盛况。中央新闻纪录电影制片厂还拍摄了大型彩色纪录片《毛主席和百万文化大革命大军在一起》,向全国发行,反复播映。期间,在林彪、陈伯达等人的指示讲话中,在红卫兵小将的盲目崇拜中,加上新闻媒体的总结概括,毛泽东被逐步加以"伟大的领袖、伟大的导师、伟大的舵手、伟大的统帅"的桂冠,对毛泽东个人的崇拜宣传达到无以复加的疯狂地步。

各种报刊不但效法《解放军报》,每天都在报眼位置选登《毛主席语录》,冠以"最高指示"的栏头,还把文章中的毛主席语录排成黑体字,以示突出和尊崇。报刊中,对毛主席讴歌、崇拜、表忠心的新闻标题和有关文章比比皆是,文章中出现了"最最最最敬爱的领袖"、"祝您万寿无疆、万寿无疆、万寿无疆!"等话语,形成空话和套话连篇的"文革报刊文体"。毛主席的照片也越登越大,越来越突出。"三忠于"、"四无限"、"四个伟大"、"万岁!万万岁!"都成了妇孺皆知的口头禅。1968年3月,《解放军报》副总编冯征,因曾对"一句顶一万句"之用语表示怀疑,便被打成现行反革命,批斗、抄家后关进"牛棚",后押送劳改农场。1970年,毛主席依然对斯诺说:"在过去的几年中,有必要搞点个人崇拜。……人需要被人崇拜,也需要崇拜别人。"①

---

① 闾小波编著:《百年传媒变迁:1900—2000》,江苏美术出版社2002年版,第167页。

三、夺权斗争与一月风暴

1966年9月2日,毛泽东传下最高指示:"凡是镇压学生运动的人都没有好下场!"数天后,《人民日报》发表社论《工农群众和革命学生在毛泽东思想旗帜下团结起来》,指出:"学生起来闹革命,把斗争矛头指向党内走资本主义道路的当权派,指向一切牛鬼蛇神。他们的大方向始终没有错。"10月3日,《红旗》杂志全文刊登林彪的国庆讲话,并发表社论《在毛泽东思想的大路上前进》,指出:"对资产阶级反动路线,必须彻底批判。"这实际上是再一次向以刘少奇为首的"走资产阶级反动路线的当权派"发起进攻的总动员。随后,北京各高校有所行动。12月,"打倒刘少奇"、"打倒邓小平"等标语出现在北京街头。

1966年5月底,原《人民日报》总编辑吴冷西由于"不听话"而被撤职,陈伯达率工作组进驻报社夺了权。6月,工作组进驻天津《大公报》,原领导靠边挨批。9月,《大公报》改名《前进报》。《人民日报》刊登"《前进报》今日创刊"的声明,说它是文化大革命高潮中诞生的,是红卫兵和革命群众"破四旧"、"立四新"大进军中的胜利产物。12月底,中央财政金融学院的红卫兵冲进报社,判《前进报》死刑。至此,这份有64年历史的报纸,被迫在中国内地画上了一个句号。同时,上海造反派也正在用围攻等方式,夺《解放日报》与《文汇报》的权。

1966年6月20日,中央任命唐平铸任《解放军报》代理总编辑。8月28日,唐平铸说:"毛主席接见我时说:'过去十几年来,我从来不看《人民日报》,《人民日报》不听话,邓拓跟着彭真跑,吴冷西也不听话。谁知道你听不听?搞不搞独立王国?'"唐平铸代理总编辑也只有半年时间。1967年1月13日,造反派便贴出《解放军报向何处去》的大字报,认为军报在总政治部副主任刘志坚的领导下,执行的是资产阶级反动路线,从而揭开军报夺权斗争的序幕。17日,林彪发出《给解放军报社革命同志的一封信》,支持造反派的行动。毛泽东在信上批示:"同意,这样答复好。"中央开始整顿军报的领导班子,接替者为原上海《解放日报》的鲁瑛。

1967年元旦,《人民日报》、《红旗》杂志发表社论《把无产阶级文化大革命进行到底》。上海拉开了"一月风暴"的夺权序幕。1月5日,《文汇报》发表上海工人造反总司令部等11个造反派组织的《抓革命,促生产,彻底粉碎资产阶级反动路线的新反扑——告上海全市人民书》。第二天,以王洪文为首的造反派组织联合召开"彻底打倒上海市委大会",夺取了党政大权。会议整整进行了五个小时,有10万余人参加,上海电视台全程转播了大会实况。毛泽东对夺权表示支持,说:"这是一个阶级推翻另一个阶级,这是一场大革命。""上海革命力量起来,全国就有希望。它不能不影响整个华东,影响全国各省市。"1月9日,毛泽东亲自决定,向全国广播《告全上海市人民书》。《人民日报》也在头版全文刊登,并加了毛泽东亲自审定的编者按语。1月11日,中共中央、国务院、中央军委及中央文革小组联名向上海造反组织发出贺电。《人民日报》、《红旗》杂志分别发表社论,肯定和支持上海的夺权斗争,鼓吹各地效仿。如1月22日《人民日报》的社论《无产阶级革命派大联合夺走资本主义道路当权派的权》,叫嚣:"有了权,就有了一切;没有权,就没有一切。""联合起来,团结起来,夺权!夺权!夺权!!!"2月5日,经毛泽东批准,新生政权"上海人民公社"成立,后改称"上海市革命委员会"。

在元旦社论的鼓动下,北京二十余所高校集合了数十万群众在天安门广场举行了声势浩大的声讨刘少奇、邓小平的游行集会。两天后,《人民日报》刊登姚文元文章《评反革命两面派周扬》,不但暗指陶铸等中央领导为两面派人物,还翻出1950年电影《清宫秘史》的旧账。文中用黑体字标引毛泽东在1954年评述《红楼梦》讨论时的一段话:"被人称为爱国主义影片而实际是卖国主义影片的《清宫秘史》,在全国放映之后,至今没有被批判。"后注点出:"鼓吹《清宫秘史》的'大人物'当中,就包括有在当前这场无产阶级文化大革命中提出资产阶级反动路线的人,他们反毛泽东思想的反动资产阶级世界观,他们保护剥削阶级、仇恨革命的群众运动的本质,早在建国初期吹捧《清宫秘史》时就表现出来了。"矛头直接对准国家主席刘少奇。后有一份红卫兵小报说,刘少奇曾吹捧《清宫秘史》是爱国主义的,并自诩为"红色买办"。3月31日晚,中央台反复播送了戚本禹的文章《爱国主义还是卖国主义?——评反动影片〈清宫秘史〉》。次日,《红旗》杂志全文发表,矛头直指刘少奇,批判其"假反帝、真投降",是"假革命、反革命",称其为"党内最大的走资派"和"睡在我们身边的赫鲁晓夫"。4月8日,《光明日报》发表社论,直接以《批倒中国的赫鲁晓夫》为题。5月8日,《人民日报》、《红旗》杂志发表编辑部文章《〈修养〉的要害是背叛无产阶级专政》,对刘少奇进行公开的大批判。

1967年1月16日,《人民日报》、《红旗》杂志发表评论员文章《无产阶级革命派联合起来》,公开了毛泽东的一条最新指示:"无产阶级革命派联合起来,向党内一小撮走资本主义道路的当权派夺权。"文章强调:"无产阶级文化大革命的中心任务,归根结底,就是无产阶级从党内一小撮走资派手中夺权的斗争。这是现阶段我国阶级斗争的焦点,是社会主义和资本主义两条道路斗争的集中表现。"由是,全国各地的夺权斗争如火如荼地展开。上海电视台开实况批斗走资派和反动学术权威的大会前后达百余次,仅1967年就开了51次。8月,《红旗》杂志和《人民日报》连续发表社论,要揪出"党内最大的走资派"。在八届十二中全会上,刘少奇最终被定性为"大叛徒、大内奸、大工贼",被"永远开除出党",此外还揪出一个"六十一人叛徒集团案"。

夺权斗争从1967年的"一月风暴"开始,一直到1968年9月,各省、市、自治区陆续建立新政权。《人民日报》对每一个地方的夺权胜利,都要发表社论表示欢呼,其欢呼声在神州大地上响彻了一年半之久。"党报文章等于党的指示"、"党报就是法律"、"党报社论指挥全国形势",以报刊言论代替政府制定颁布的法令法规,其"报刊治国"、"社论治国"诸现象,造就了世界报刊史上的一大奇观。

1966年8月25日,《陕西日报》第三版以《帝国主义和一切反动派都是纸老虎》为题,刊登了纪念毛泽东《和美国记者安娜·路易斯·斯特朗的谈话》发表20周年的有关文章。第四版刊登的是"毛主席检阅首都百万革命大军"的图片。第二天,西安高等院校两万多名学生包围了《陕西日报》社,痛斥该报第三版中的"帝国主义"和"纸老虎"几个字正好对准了第四版毛泽东像的头部中央,认为这是"以偷天换日的手法,对我们伟大的领袖、伟大的统帅、伟大的舵手毛主席进行的恶毒侮辱","是对我们无产阶级的猖狂进攻","是一个精心策划的反革命事件"。学生们高呼"砸碎报社"、"封闭报社"、"接管报社"等口号,冲进报社,占领了办公楼及其设施。其头领还将此事与西北局、陕西省委联系起来,要求召开声讨省委黑帮大会,有关领导人出席并作交待。他们随即将报社代总编辑李一松(省军区副政委)戴高帽子游街,批斗长达7个多小时。满街都是批判《陕西日报》的大字报,造反师生抓住这一莫须有的"问题"不断上纲上线。事情愈闹愈大,在全国都产生一定影响。①

11月2日,在造反师生的强烈要求下,面对咄咄逼人的形势,西北局和陕西省委只得组织由学生、工人、干部组成的检查团进驻报社。12月,报社被迫作出检讨,省委也作出公开检讨。然而,检查团认为,省委和报社的检讨极不深刻,没有认罪改错的诚心。随着运动的深入发展,12月31日,《陕西日报》社最终被造反派查封。李松晨等主编《辉煌50年——共和国档案》之三《文革档案》的"文革花絮"引用一位资深编辑的文章说,当时《解放军报》"当一版有毛主席照片时,就必须保证一版的其他照片上没有人把枪口对着毛主席的方向,甚至在文字上有'毛主席'的字样出现时,一定要透过光线看看二版上的同一地方有没有贬义词……后来只好做一个报纸透视箱,一个玻璃桌子,桌下安几个电灯。报样出来后,一版和二版、三版都放在玻璃板上,玻璃板下头打开电灯,进行透视,以检查毛主席照片和名字前后,有没有贬义词。经严格检查后,没有贬义词才能付

---

① 参见《文革"八·二五陕报事件"回顾》,载《良友生活周刊》2006年3月16日。

印"。

　　林彪说过:"搞政变,有两个方面要抓,一是军队,一是报纸、广播电视。"在各地夺权活动中,新闻媒体是夺权重点。在"一月风暴"中,上海的报社、电台、电视台都被接管,如1月4日造反派就首先夺了《文汇报》《解放日报》的权。而中央广播电台、电视台及新华社早就在中央文革小组的掌控之中。1967年初,中共中央发出《关于广播电台问题的通知》和《关于报纸问题的通知》。前者决定对全国地方电台实行军管,一律停止自办节目,全天转播中央台节目。地方夺权成立革命委员会后,恢复少量自办节目。各地电视台基本停播,全国13家电视台,一度只有上海和广州两家播出。1967年初,北京电视台也停播了近一月之久。后者指示省市报纸可以停办闹革命,但不应停止代印《人民日报》、《解放军报》和《光明日报》。许多地方报刊在夺权斗争中被查封。据统计,1965年全国有报纸413种,刊物767种;1966年有报纸390种,刊物248种;1967年报纸降为334种,刊物102种;1968年报纸只剩40余种,刊物更不胜寥寥。种数虽然减少,但印数没有明显降低,有的地方反而有所上升。不过,各地方报几乎都成了《人民日报》的翻版,出现了中国近代新闻史上罕见的"千报一面"的奇观。

　　1967年1月,解放军奉命"三支两军":支左、支农、支工、军管、军训,军队开始介入"文革"。《解放军报》在夺权后也加盟"一报一刊"的行列。同年国庆节,"两报一刊"发表编辑部文章《无产阶级专政下的文化大革命胜利万岁》。1968年元旦,"两报一刊"发表社论《迎接无产阶级文化大革命的全面胜利》。这样,"两报一刊"社论在一定意义上代表了党中央的声音,号令着全国的运动进程。4月10日,姚文元在北京广播电台军管小组给中央文革小组的《请示北京市台的宣传口径》报告上作出批示:"凡广播电台的宣传,均应以毛主席审定的《人民日报》公开发表的社论和消息为标准。"① 所以,当时新闻界有一种风气叫"对表",就是对第二天有什么比较重要的新闻要发表、应该如何排版,全国各地的许多报纸夜间都会打长途电话到北京,主要向《人民日报》和《解放军报》询问,以了解某一条重要新闻应该安排在哪个版面的什么地方,甚至具体到用什么字体、标题占多少栏等等。这样,新闻界不但形成真正的"千报一面"之奇观,更重要的是即使版面处理得有些不妥,地方报纸也可以不负责任了。

　　1968年9月1日,"两报一刊"发表陈伯达、姚文元所写的文章《把新闻战线的大革命进行到底——批判中国赫鲁晓夫反革命修正主义的新闻路线》,否定17年来的新闻工作,把新闻媒体定性为"无产阶级全面专政的工具"。文章认为,新中国建立17年来的新闻战线是刘少奇黑线专政,一贯仇视和反对毛主席

---

① 方汉奇主编:《中国新闻事业编年史》(中),福建人民出版社2000年版,第1853页。

的无产阶级新闻路线,成为妄图颠覆无产阶级专政、复辟资本主义的工具。由是,对新闻界的摧残和迫害进一步加剧,一大批新闻工作者遭到批判或被扫地出门、下放农村等。尤其是一些原新闻战线杰出的领导人和专家,如邓拓、孟秋江、金仲华、范长江、章汉夫、潘梓年、恽逸群等人,先后被迫害致死。

廖沫沙(1907—1990),湖南长沙人,1930年入党,1933年加入中国左翼作家联盟。1938年后,他曾任《抗战日报》、《救亡日报》、《新华日报》编辑部主任,香港《华商报》副总编辑兼主笔。他1949年到北京,先后担任中国新闻协会理事、北京市委宣传部副部长、教育部部长、统战部部长、北京政协副主席等职。他擅长写作,经常在《新观察》、《前线》、《北京日报》、《北京晚报》、《中国青年报》上发表杂文,针砭时弊,论古证今,文风活泼。他与邓拓、吴晗合著《三家村札记》,被打成黑帮分子,身心遭受残酷迫害。

当时的国民经济在逐步衰退。1967年的工农业总产值比1966年下降近10%,1968年在此基础上又下降4.2%。其中,钢产量1967年减产33%,1968年又减产12%。财政总收入1967年比上年减少25%,1968年又减少14%。这两年损失的工农业总产值就达1100亿元。然而,当时的新闻媒体根本就不会去算这笔账,更不可能进行有关的报道。

四、"文革"小报的兴衰始末

1966年夏至1969年春,随着各种红卫兵和群众组织的出现,一批"文革"小报刊铺天盖地而来。北京地区有确切记载的"文革"小报近千种,约8770期。其中,大专院校各类组织发行的小报约210种,军队院校约15种,外地学生组织在京发行者约46种,跨院校红卫兵组织约11种,中等学校各类组织约70种,各级党政机关群众组织约100种,厂矿企业群众组织约30种,文化艺术界约42种,其他各行业群众组织约200种。全国"文革"小报估计超过六千种,其期数和类别更无法统计,成为中国报刊史上的乱世奇观。

1966年8月,毛主席在天安门接见和检阅红卫兵,并为北大"文革筹委会"主办的新校刊题写了"新北大"的刊名,表示对此类红卫兵报刊的支持。《人民日报》也第一次刊出红卫兵照片,红卫兵运动如火如荼地开展起来:破四旧、大串连……红卫兵迫切需要代表自己心声的宣传工具,第一张红卫兵报呼之欲出。9月1日,北京六中《红卫兵报》创刊,首都大专院校红卫兵司令部创办《红卫兵》,都是最早的红卫兵报,均为八开四版。9月中旬以后,形势逆转,工作组遭批判,成为反动路线,一批红卫兵造反派起来了,随之创办了一大批红卫兵报,如北京地质学院的《东方红报》、北京航空学院的《红旗》、北京师范大学和清华大学的《井冈山》等。尤其是北京大学的《新北大》因得到毛泽东的亲笔题词而声名显赫,成为"新北大公社"聂元梓诸人的代言工具。

1967年夏,全国红卫兵报刊的种类达到了顶峰,可谓万旗争锋,仅北京就有300多种。这类报刊一般能出版10期左右,有的出版1期即销声匿迹,而《新北大》出版200期、清华大学《井冈山》出版156期、地质学院《东方红报》出版149期、北京师大《井冈山》出版141期、矿业学院《东方红》出版129期、航空学院《红旗》出版118期,都为全国最有影响的小报。各地景况也同样纷乱,如重庆"反到底"派声称有30多种报刊。西藏地区红卫兵报最少,据说也有10多种,其藏文版的《红色造反报》堪称全国一绝。其中影响最大的,当推《首都红卫兵》,创办者为"首都大专院校红卫兵革命造反总司令部"。该司令部由北京地质学院等20多所院校组成,1966年9月成立,自诩"中央文革的铁拳头",初期受到工作台组的压制,一旦造反成功,便把矛头对准"反动路线",提出"一切权力归左派"的"夺权"口号。

这些小报的报头普遍采用套红印刷,一般均用毛泽东手书体。创刊号、纪念日、节日多刊登毛泽东巨幅照片,版面上标语、语录、口号比比皆是。不少小报还辟有副刊,或刊发政治漫画。无论消息、文章、时论或文艺作品,作者一般不署真名,而署一些时髦的笔名。标题或文章中的被批判者姓名,常常被倒排,或在上面打叉。小报上小道消息满天飞,"棍子"和"帽子"也满天飞。小报的内容大致可分五类:一是"大批判",连篇累牍地刊登有关"走资派"和诸类反动分子的罪行录,上纲上线,人身攻击,无所不用其极。二是刊登内部中央文件和领导人的讲话,以显示其"通天"之本领,各报大都设有"动态组",或派出记者尾随中央文革小组成员参加活动,以抢先发表有关消息。三是本派红卫兵学习毛主席著作、首长讲话、中央文件的心得体会,常常是满篇假、大、空的豪言壮语,以标榜自己最革命。四是刊登各地几大派"文攻武卫"的形势,乃至相关的武斗消息,往往有耸人听闻的内战血案、惨案。其中许多报道能真实地反映出文革所造成的灾难性后果,但也不乏捕风捉影、添油加醋,刻意制造出的火药味。五是刊登一些未经核实的小道消息、内幕新闻,混淆视听,或相互攻击、恶意谩骂,甚至肆意歪曲事实,成为党同伐异的工具。有关报道还往往采用战争年代发急电的形式,如开头多用"某某地方告急"、"十万火急"等字样,以吸引人们的注意。

为了配合毛泽东炮打党内资产阶级司令部的战略意图,清华大学《井冈山》等红卫兵小报登出一张大型漫画:"百丑图"。图中央画了两顶轿子,经过漫画造型夸大的刘少奇、邓小平坐在上面,下面抬轿子的都是被打倒的一些中央首长,且经过了恶毒丑化:陶铸在前鸣锣开道,谭震林双手沾满了鲜血,罗瑞卿嘴里叼着一把匕首……

红卫兵报刊的编辑出版，一般都带有自发性质，自筹经费，自行编辑，自己联系印刷，更多的是自行油印，印数几千份至数万份不等。除几家有影响的报刊通过邮局订阅外，多数是先在单位内部发送，然后派人在街上叫卖。上海《红卫战报》事件可算是中国新闻史上的奇闻：1966年11月27日，上海"红革会"要求邮电局代为发行批判中共上海市委"资产阶级反动路线"的第9期《红卫战报》，且提出要与《解放日报》一道发行，声称"《解放日报》放毒到哪里，我们就消毒到哪里"。迫于形势压力，上海市委只得签字同意，于是出现了每售递一份《解放日报》，就伴随一份《红卫战报》的"押解出售"的报刊史上有趣现象。

　　1967年5月14日，中共中央发布《关于改进革命群众组织的报刊宣传的意见》，在肯定革命小报的重要作用的基础上，对其宣传内容作了详细的限制性规定，如不准刊登毛主席没有公开发表的讲话、中央内部文件，必须严格保守党和国家的机密，不得发表反对人民解放军的文章，等等。9月8日，北京市革命委员会、北京卫戍区发出布告，通知外地来京人员不许在北京设立联络站，不准在北京出版报刊，违者一律取缔。1968年7月，毛泽东对清华大学武力反抗工人毛泽东思想宣传队进驻学校的事深感不满，盛怒之下连夜召见北京学生"五大领袖"，对他们进行了严厉的斥责。28日，工宣队、军宣队进驻各大学，结束了红卫兵造反派的控权，从而开始整顿红卫兵报刊。1968年底至1969年初，随着各种群众组织的解体、各高等院校的停办和中学生的上山下乡，全国大多数红卫兵报刊都停止出版，其"指点江山"的时代告一段落。

五、继续革命的混沌路程

　　1969年1月19日，"中共中央文化大革命领导小组"发出文件，规定地方广播电台的宣传报道，"应以伟大领袖毛主席亲自审定的在《人民日报》等中央报刊公开发表的文件、社论、消息、文章为准。凡与中央口径不一致的，凡中央报刊不发表的，电台一律不得广播"①。3月30日，《人民日报》、《解放军报》和《红旗》杂志发表社论《革命委员会好》，充分肯定夺权后的革命领导班子。4月，中共九大召开，全面肯定文化大革命的成果，新的党章中确定林彪为毛泽东的接班人。新闻界开始广泛宣传九大，并展开对知识分子的大批判。如《人民日报》发表驻复旦大学工宣队的文章《我们主张彻底革命》，提出要彻底改造旧大学，培养普通劳动者。《红旗》杂志的评论员文章《关于知识分子接受再教育的问题》，要求用无产阶级世界观改造资产阶级知识分子。

---

① 方汉奇主编：《中国新闻事业编年史》（中），福建人民出版社2000年版，第1855页。

1970年元旦,《红旗》发表上海大批判小组评论《文科大学一定要搞革命大批判》,新闻舆论界依然沉浸在大批判的气氛中。2月的计划工作会议上,经济上又出现"左"倾冒进的迹象,各种指标、速度被订得奇高。3月,毛泽东建议召开四届人大修改宪法,提出不设国家主席。而林彪提出不同意见,引起毛主席的不快。8月,党的九届二中全会在庐山召开,有关矛盾在会议上不断交锋,林彪失宠,并对陈伯达进行审查和批判。本年度一些经济指标虽有所上升,但浪费巨大,经济效益持续下滑。如当年全国上马施工大中型项目1409个,后来真正建成投产的仅有235个,投产率连17%都不到。这种状况使国民经济各种比例关系严重失调,滑到崩溃边缘。

1971年"九一三"林彪堕机后,毛泽东受到沉重的打击。各单位传达了国庆不再举行大规模庆祝活动的通知,但人们对最高领导层发生的巨大变动知之甚少。有关文件从10月上旬开始,由党内逐步向党外传达。年底,中央专案组发出有关《粉碎林(彪)陈(伯达)反党集团反革命政变的斗争》诸材料,在全国范围内开展"批林整风"运动。

1972年,周恩来主持中央日常工作,提出要批极"左"思潮,强调"抓革命,促生产,促工作,促战备","鼓足干劲,力争上游,多快好省地完成和超额完成国家计划"。4月,《红旗》杂志刊登《正确理解和处理政治和业务的关系》一文,提出为革命钻研业务,学习文化,学习技术,指出"'冲击'社会主义生产和业务的'政治',决不是无产阶级政治"。《人民日报》发表了经周恩来审查同意的社论《惩前毖后,治病救人》。5月,《红旗》杂志又以《执行"惩前毖后,治病救人"的方针》为题,论述了有关的干部政策。10月1日,"两报一刊"联合发表社论《夺取新的胜利》,明确要"继续落实毛主席的干部政策、知识分子政策、经济政策等各项无产阶级政策","要提倡又红又专,在无产阶级政治统帅下,为革命学业务、文化和技术"。几天后,《光明日报》发表北大副校长周培源根据周恩来意见所写的文章《对综合大学理科教育革命的一些看法》,强调要重视和加强自然科学基础理论的学习和研究。《人民日报》刊登了《无政府主义是假马克思主义骗子的反革命工具》等三篇文章,严厉批评无政府主义倾向。

1971年,全国报纸增加到195种,然而时有增减。中央人民广播电台的对外广播有所扩大,农村的有线广播得到较大发展。1971年,全国电视台发展到32座,除西藏之外,各省、直辖市、自治区都有了电视台。1973年,彩色电视开始在北京、上海、天津试验播出。1974年,中央人民广播电台调频广播正式播音。北京广播学院1969年停办,1973年复校,次年开始招生。1971年,中国人民大学停办,其新闻系也随之撤销。北京大学中文系新闻专业则得以恢复。这一年,复旦大学新闻系招收第一批工农兵学员,仅有的几门课程也充满极"左"思潮的烙印。1973年,周恩来依然坚持加强经济管理的力度,纠正工作中的一些"左"的政策,国民经济稳定恢复,生产有所增长。

然而,中央高层的有关思想路线斗争依然没有停止,在新闻媒体上也时有表现。如周培源的文章发表后,《文汇报》立即发表《马克思主义哲学是各门科学的基础理论》一文进行攻击。在1972年11月28日的外事会议上,张春桥有意说:"当前的主要问题是否仍然是极'左'思潮,批林是否就是批极'左'和无政府主义?"江青也附和道:"我个人认为应批林彪卖国贼的极右,同时批他在某些问题上的形左实右。"12月7日,毛泽东在与周恩来、张春桥、姚文元等人的谈话中指出:林彪不是极"左","是极右,修正主义,分裂,阴谋诡计,叛党叛国",从而否定了对极"左"的批判。1973年"两报一刊"的元旦社论《新年献词》,再次强调文化大革命的必要性,及批林整风"首先是批修",即批极右。8月,中共十大召开,批林之余仍肯定九大的路线,并认为文化大革命七八年就应来一次。毛泽东认为,林彪和国民党一样,都是"尊孔反法",提出"批孔"问题。会后,全国展开"批林批孔"运动,反对"右倾回潮"运动,新闻界和学术界再次陷入荒唐的是非旋涡。

"四人帮"直接操纵全国数十个写作班子,如"北大、清华大批判组"(梁效)、"上海市委写作组"(罗思鼎)、"中共中央党校写作组"(柏青),相当数量的学者、教师成为御用文人,写了大量的批判文章。如梁效共炮制了219篇文章,公开发表了181篇,其中36篇由"四人帮"亲自点题授意。还有许多御用文人(包括一些老专家、老教授),炮制了一批个人名义的大批判文章。在"批林批孔"中,尊法反儒,大搞"影射史学",如把孔子曾任鲁国司寇说成"宰相儒",以揪"现代大儒"及"批林批孔批周公"等手法影射周恩来。再如《红旗》杂志发表罗思鼎的文章《秦王朝建立过程中的复辟与反复辟的斗争》,用吕不韦影射周恩来。同时,各报在有关文章中或吹捧汉代吕后,或歌颂唐代武则天,以讨好江青。如《北京大学学报》发表梁效的文章《有作为的女政治家武则天》,竭尽阿谀奉承之能事。各地革委会也组织写作班子依样画葫芦,形成"小报抄大报,大报抄梁效"的荒唐局面,各级党报与相关新闻媒体已彻底堕落为"四人帮"的整人工具。

1973年7月19日,《辽宁日报》头版头条发文,吹捧大学招工农兵学员时交白卷的张铁生,编者按说张在白卷上写的信是"一份发人深省的答卷"。《人民日报》和《文汇报》相继对此进行转载和讨论,张铁生由此青云直上,成为"反潮流"的英雄。不久,《人民日报》又登载"马振扶事件",河南唐河县马振扶公社一女学生在英语考试时交了白卷,并在背面写了一首打油诗,受老师批评后投河自尽,称她是被"修正主义教育路线逼死的"。12月,《北京日报》以《一个小学生的来信和日记摘抄》为题,发表其批判"师道尊严"的有关内容,也被奉为"反潮流"英雄,搅乱了学校教育秩序。《红旗》第11期发表《谈反潮流》一文,阐述毛泽东指示"反潮流是马列主义的一个原则"。

1974年1月,第四届全国人大在极其"秘密"的状况下召开。会前,代表们得到通知是保密的,不允许暴露给外人;代表证不准公开佩戴,只能藏在衣兜里;代表来到北京后,其驻地也严格规定"四不":不准打电话,不准会客,不准上街,不准互相交流。开幕那天,年轻代表从秘密通道步行至人民大会堂;年长代表集体坐大客车,车上窗帘紧闭,不动声色地来到大会堂。会议期间,新闻媒体也不能作任何采访和报道,直到会议结束后才大张旗鼓地宣传大会公报。据后来有关评论,说这次大会的成功之处就是召开期间除代表外,国内外几乎无人知晓。

1974年7月,《红旗》杂志发表《京剧革命十年》,鼓吹样板戏,为江青歌功颂德。中央广播电台播出样板戏的时间,曾占全天播出文艺节目的85%以上。电视台还打出"毛主席革命文艺路线胜利万岁"字样,配以"大海航行靠舵手"的音乐。全国文艺舞台几乎只剩下八个样板戏和《东方红》、《国际歌》、《大海航行靠舵手》、《三大纪律八项注意》、《歌唱祖国》等八首歌,真可谓"八亿人听八首歌,八亿人看八个样板戏"。而对其他文艺节目往往予以打压,如江青要求展开对晋剧《三上桃峰》和湘剧《园丁之歌》的批判。

"批林批孔"运动中,许多人忙于搞阶级斗争,无心生产管理。还有人提出"不为修正主义生产,不为错误路线生产"的口号,大大冲击了经济的正常发展。1974年的工农业生产全面下降,国民经济损失严重,人民普遍不满。

六、十年浩劫的悲凉尾声

1975年初,党的十届二中全会和四届人大以后,邓小平复出主持中央日常工作,开始对各条战线进行全面整顿。而以江青、张春桥为首的"四人帮"又利用毛主席"学习无产阶级专政理论"的指示,竭力宣传"全面专政"理论。2月1日,《红旗》杂志刊登《认真学习无产阶级专政的理论》一文,强调过渡时期阶级斗争的残酷性与尖锐性。随后,《人民日报》刊发了张春桥组织选编的《马克思、恩格斯、列宁论无产阶级专政》。4月1日,《红旗》杂志发表张春桥的《论对资产阶级的全面专政》一文,大谈"限制资产阶级法权的历史和现实意义"。接着,其写作班子又发表一系列文章,以"反对经验主义"为幌子,攻击周恩来、邓小平是"经验主义","复辟旧经验、旧制度"。

1975年7月,电影《创业》遭到批判,作者张天民写信请邓小平转呈毛泽东。毛泽东作出批示:"此片无大错,建议通过发行,不要求全责备。而且罪名有十条之多,太过分了,不利调整党内的文艺政策。"《创业》得以劫后重生。8月,毛泽东又谈到《水浒》这部书"好就好在投降,做反面教材,使人民都知道投降派。《水浒》只反贪官,不反皇帝。屏晁盖于一百零八人之外。宋江投降,搞修正主义,把晁的聚义堂改为忠义堂,让人招安了"。学术界与新闻界又掀起评《水浒》运动,在"四人帮"的煽动下,认为其要害是"宋江架空晁盖",又搅起影射攻击周恩来、邓小平的邪风。

邓小平的整顿工作于上半年已颇有起色,然而与"四人帮"的斗争也进入白热化状态,更不免触及纠正文化大革命的一些问题。对此,毛泽东是绝不能容忍的,在"四人帮"和毛远新的汇报下,1975年底和1976年初发动"反击右倾翻案风",认为"整顿就是复辟"。运动从教育系统开始。1975年12月4日,《人民日报》、《红旗》刊登"北京大学、清华大学大批判组"文章《教育革命的方向不容篡改》,将当时对教育工作的整顿说成是"复辟修正主义"。运动逐渐推向全国。1976年2月,《红旗》杂志发表《回击科技界的右倾翻案风》。3月,《人民日报》发表社论《翻案不得人心》,对邓小平的言行进行不点名的公开批判。

1976年1月8日,周恩来逝世。"四人帮"极力压低新闻报道规格,不准作系统的宣传。但是,一些新闻工作者还是冲破阻力做了大量工作,《参考消息》、《人民日报》、新华社和上海、北京电视台都作了各种报道,刊发照片,出版画册。中央新闻纪录电影制片厂完成大型纪录片《敬爱的周恩来总理永垂不朽》。3月5日,《文汇报》在刊发纪念学习雷锋的稿件时,故意删去了周恩来当年的题词。有关报道中甚至以"党内那个走资派"影射周恩来。这引起民众的极大愤慨。从3月底开始,首都群众按清明节缅怀先烈的习俗,自发地向人民英雄纪念碑敬献花圈、花篮,张贴传单,朗诵诗词,发表演说。4月4日,纪念活动达到高潮,到天安门广场的群众达二百万人次以上,纪念碑周围的花圈已增至数千个,一片雪白的海洋。当晚,中共政治局会议认为此活动是"反革命性质的反扑",决定镇压。

4月5日,"三联指挥部"行动了,共出动民兵5万人,警察3千人,卫戍部队5个营,带着木棍封锁了天安门广场。群众与民兵、警察和战士发生流血冲突,几辆小车被推翻后冒出滚滚浓烟,警卫部队的小灰楼也被火焰吞没。晚上6点半,北京市委第一书记吴德发表广播讲话。9点半,在数万民兵和警察、军队的镇压下,广场上群众遭到殴打和驱赶,约数百名民众在被打伤后投入了监狱。夜晚11点,数百名公安干警用水和墩布在天安门广场拖擦着地上的血迹。

4月7日晚,经毛泽东批准,中央广播电台播报了姚文元炮制的所谓现场报道《天安门广场的反革命政治事件》,同时广播了中共中央关于华国锋担任第一副主席、国务院总理,以及撤销邓小平党内外一切职务、保留党籍以观后效的决定。次日,《人民日报》刊载了这篇报道及有关消息,并配发了题为《天安门广场事件说明了什么》的社论。

4月9日,《热烈欢呼毛主席、党中央的英明决策,首都一百多万军民群众上街游行庆祝》的大标题和《北京市一万多名青年代表举行大会,坚决拥护中共中央两个决议,愤怒声讨邓小平的罪行,彻底粉碎反革命逆流,誓把反击右倾翻案风的伟大斗争进行到底》的副标题及有关内容,占据了《人民日报》第一版版面。此后接连几天,《人民日报》又发表了社论《伟大的胜利》及《英勇战斗的首都工人民兵》等有关文章,以大量篇幅报道了在天安门事件中参与镇压的民兵、警察和卫戍战士的"光荣事迹",把投身"四五运动"的广大民众说成是"一群反共、反人民、反社会主义的反革命分子",而"邓小平是这些反革命分子的总代表"。其后,"万箭齐发对准邓小平"、"愤怒声讨天安门事件的罪魁祸首邓小平"之类的标语,充斥了所有新闻舆论阵地。

7月28日,唐山大地震,市区被夷为平地,伤亡数十万之众,由于震级之高与物力缺乏,不能及时采取救援行动,同时又拒绝外国的任何援助。"四人帮"叫嚷:"唐山才死了几十万人,有什么了不起,批邓是八亿人的事,不能拿救灾压批邓。"翻开报纸,满眼都是:"在毛主席党中央的亲切关怀和全国军民大力支援下,唐山灾区人民以人定胜天的革命精神英勇抗震救灾。灾区人民含着热泪高呼:'天大地大不如党的恩情大,河深海深不如阶级友爱深!'""人民自有回天力,泰山压顶不弯腰。""别看唐山遭了灾,大庆红花照样开!""十二级台风刮不倒,七级地震震不垮!""自力更生的抗灾努力说明马克思主义、列宁主义、毛泽东思想武装起来的、经过无产阶级文化大革命考验的人民是不可战胜的,说明我国无产阶级专政的社会主义制度具有极大的优越性。""地大震,人大干,掀起批邓反击右倾翻案风的新高潮。"新闻基本不报道有关震灾的详情、损失、惨状,《人民日报》在半个月内刊登来自灾区的照片三十多张,却没有一张是反映灾情的。

9月9日,毛泽东逝世。"四人帮"在新闻宣传中开始突出自己,特别是美化江青,还伪造了一个"按既定方针办"的毛主席临终嘱咐。从9月17日开始,新华社的《内部参考》、《人民日报》、《红旗》、《文汇报》、《解放日报》、《学习与批判》等,连篇累牍地宣扬"按既定方针办",有关社论文章计有数百篇之多。10月4日,《光明日报》在头版头条发表了梁效的文章《永远按毛主席的既定方针办》,叫嚷:"任何修正主义头子胆敢篡改毛主席的既定方针,是绝对没有好下场的。"江青自以为应是当然接班人,为当女皇,她更是到处活动。而此时,"文革"已临近尾声。

"'文化大革命'是一场由领导者错误发动,被反革命集团利用,给党、国家和各族人民带来严重灾难的内乱。晚年的毛泽东对这一全局性的、长时间的

'左'倾严重错误负有主要责任。"① 这一时期的新闻传媒性质发生了畸变,报纸、广播除了对个人迷信的大肆渲染外,充斥版面的都是由语录、口号和革命导师著作中的只言片语组织成的拙劣文章,新闻真实性原则早已被严重践踏。

据最保守的估计,历时十年的文革,直接的国民经济损失至少达5000亿元。而间接的各种经济损失,诸如国家的文物古迹、图书资料之类,尤其是人民的生命财产所遭受的摧残、社会的道德文化所遭受的打击等等,都是无法计算的。

"由于种种原因,毛泽东的新闻思想在建国以后背离了马克思主义的方向,发展出一些致命的错误,严重干扰了中国新闻事业的健康发展,在一定时期内还造成了相当的历史悲剧。正如我们前面所提及的1957年反右和'大跃进',对国家和人民都造成了不可挽回的损失,新闻事业也损失惨重。这一切与毛泽东过分强调报纸是阶级斗争工具是分不开的。同时他片面对待社会主义时期的新闻自由,夸大思想文化领域的阶级斗争,将争取新闻自由看做是'秀才造反'、修正主义。……遗憾的是,'百花齐放'和'百家争鸣'最后都变成了一花独放与一家争鸣。"

---

① 方汉奇主编:《中国新闻传播史》,中国人民大学出版社2002年版,第417页。

第十四章 改革开放初期风云

粉碎"四人帮"后,十年"文革"宣告结束,人们开始拨乱反正,重新思考许多问题。由于前期灾难的深重,人们在经过炼狱般的磨难之后,走起路来仍不免跌跌撞撞,新闻事业的发展也不免挫折起伏,需要不断探索进程。

一、思想观念的艰难转折

1976年10月6日晚,以华国锋、叶剑英为首的党中央在中南海拘捕王、张、江、姚"四人帮",随即派耿飚将军占领中央人民广播电台,派迟浩田将军进驻《人民日报》,新华社和《红旗》杂志也很快撤换了领导,全面控制了新闻媒体。10月10日,北京大学出现针对"四人帮"的大字报。10月14日,中共中央正式公开宣布粉碎"四人帮"的消息,"两报一刊"发表社论《伟大的历史性胜利》,同时公布了华国锋继任中共中央主席的决议。这两条重要消息的公布,在中国掀起欢快的热潮,标志着十年"文革"的结束,中国逐步进入一个新的历史时期。然而,一路走来,并不十分轻松,风风雨雨与沟沟坎坎,都在新闻传播领域不时反映出来。

新闻出版界在揭批"四人帮"的同时,又掀起对华国锋个人崇拜的宣传之风。报刊上登出毛泽东和华国锋两人的巨幅彩色画像,把毛泽东写给华国锋"你办事,我放心"的字条,用大号黑体字醒目标出,"英明领袖"成为华国锋的专用定语,铺天盖地的为华国锋歌功颂德的热潮在全国弥漫开来。《人民日报》、《解放军报》和《红旗》杂志不断发表社论《华国锋同志是我们党当之无愧的领袖》、《华国锋同志为我党领袖是毛主席的英明决策》、《华国锋同志是毛主席革命路线的卓越继承者》、《一切行动听华主席为首的党中央指挥》、《华主席是卓越的马克思主义领导者》……全国各大报紧随其后,仅湖南就发表了《华主席是执行毛主席建党路线的光辉典范》、《华主席在思想文化战线上一贯高举毛泽东思想伟大红旗》、《英明统帅华主席率领我们胜利前进》、《华主席带领我们走毛主席指引的金光大道》、《英明领袖华主席关怀着我们青年的成长》、《紧跟华主席永远向前进》……其他如电台、电视台、出版社及文艺界等,也紧随其后。

1977年1月21日,华国锋在写作班子为他起草的一份讲话提纲中,写下了这么一段口气极硬的话:"凡是毛主席作出的决策,我们都必须维护,不能违反;凡是损害毛主席的言行,都必须坚决制止,不能容忍。"2月7日,"两报一刊"发表重要社论《学好文件抓住纲》,正式提出"两个凡是"口号:"凡是毛主席作出的决策,我们都坚决拥护;凡是毛主席的指示,我们都始终不渝地遵循。"5月1日,《人民日报》用红字标题刊发了华国锋的文章《把无产阶级专政下的继续革命进行到底——学习〈毛泽东选集〉第五卷》,继续推崇"两个凡是"等一系列"左"倾理论。当华国锋坚持"两个凡是"的路线方针之际,5月24日,刚刚复出的邓小平首先提出质疑,他在与王震等人谈话时认为"两个凡是"不符合马列主义,强调"毛泽东同志自己多次说过,他有些话讲错了。他说,一个人只要做工作,没有不犯错误的";"一个人讲的每句话都对,一个人绝对正确,没有这回事情。"

同时,在中央党校副校长胡耀邦领导下,对新中国建立以来冤假错案的平反工作也提上议事日程。1977年11月27日《人民日报》在头版头条刊出的评论员文章《毛主席的干部政策必须认真落实》,便是胡耀邦主持起草的。文章指出,无产阶级的原则是"有错必纠,部分错了,部分纠正,全部错了,全部纠正"。平反冤假错案是一个最为棘手的问题,实际上就是对过去历次政治运动中的错误给予最无情的曝光。它集中着最为错综难解的历史关系和最为尖锐复杂的人事矛盾,交错着最敏感的"政治神经",简直就是一个硕大的"马蜂窝",在当时还是一场否定"两个凡是"的具有实质内涵的攻坚战。12月,胡耀邦被任命为中共中央组织部长。面对新中国建立以来如此严重的错案冤狱(据后来统计达三百多万件,仅"文革"中制造的冤假错案就有二百多万件),及广大干部民众的平反要求,他曾激动地说:"我们不下油锅,谁下油锅!"然而,"两个凡是"不首先推倒,平反工作便无法深入开展。

新闻界也在艰难抉择中改变着思想观念,首先在形式上取得了一些突破。如1978年2月,北京电视台最先停办《毛主席语录》节目。3月,《人民日报》取消了每天在报纸报眼位置的"毛主席语录"专栏。许多报纸也依样画葫芦,并减少了文章中的语录,不再刊登伟大领袖的大幅彩色照片,也改变了原来对领袖的称呼及有关领袖人物的新闻编排方式。这些明显的变化,都需要新闻界付出极大的改革勇气。当然,中央与地方各类新闻媒体真正开始清理个人崇拜、神化领袖的相关内容和形式,还是在1979年以后。

1978年3月26日,《人民日报》发表一组理论文章,其中有一篇署名"张成"的短文《标准只有一个》,提出:"真理的标准,只有一个,就是社会实践。这个科学的结论,是人类经过几千年的摸索和探讨,才得到的。"这一观点在社会上引发较大反响,人们开始深入思考这一问题。5月11日,《光明日报》在显著位置发表特约评论员文章《实践是检验真理的唯一标准》,从理论上否定了"两个凡是"观点。同一天,新华社向全国播发这篇文章,随后《人民日报》、《解放军报》等三十多家报纸进行转载,掀起理论界的轩然大波,由此引发了一场席卷神州大地的大讨论,一场波及全国思想文化界的强烈地震。

1977年10月,《光明日报》收到南京大学哲学系教师胡福明的这篇文章,总编辑杨西光特别重视,经孙长江、马沛文、王强华等多位研究人员的反复讨论和修改,最后由胡耀邦同志审定,再慎重发稿。该文提出:"思想理论本身不能成为检验自身是否符合客观实际的标准,只有千千万万人的社会实践,才能完成检验真理的任务。""实践不仅是检验真理的标准,而且是唯一的标准。"因此,"一切思想和理论都必须由实践来检验"。"'圣经上载了的才是对的'这种倾向依然存在。无论在理论上或实际工作中,'四人帮'都设置了不少'禁区',对于这些'禁区',我们要敢于去触及,敢于去弄清是非。科学无禁区。凡有超越于实践并自奉为绝对的'禁区'的地方,就没有科学,就没有真正的马列主义、毛泽东思想,而只有蒙昧主义、唯心主义、文化专制主义。"文章对"两个凡是"理论提出了尖锐批评。

文章发表后,不同观点的反响是强烈的。《人民日报》编辑部收到的来稿来信中只有一封来信表示完全赞同,其他来信来稿或表示不能接受,或表示不能完全接受,还有二十几封明确反对的来信来稿。他们主要认为,马克思主义应该是检验真理的标准,否则便是贬低马克思主义。来信者大多是在"文革"中成长起来的年轻人,其思想尚显稚嫩。

高层发出的反对声音,也是一波接着一波。曾任《人民日报》总编辑、中央宣传部副部长,时任毛泽东著作编辑委员会办公室副主任的吴冷西认为:"这篇文章犯了方向性错误。"中共中央副主席汪东兴看了这篇文章后,迅即意识到"文章实际上是把矛头指向主席思想的",他说:"此文理论上是荒谬的,思想是反动的,政治上是砍旗的。"他批评《人民日报》"没有党性",要求《红旗》杂志及各省市不要发表支持文章。华国锋也指示宣传部及其下属机关"不表态"、"不卷入",强调"团结"和"纪律"。① 在6月15日中宣部召开的中央直属新闻单位负责人会议上,汪东兴再次重申:"党报要有党性。党性与个性的关系,是个性服从党性。《红旗》是党的刊物,《人民日报》是党报,新华社是党的喉舌,广播电台是党的喉舌,《光明日报》也是党报。党性与个性要摆得对,允许个性,但个性要服从党性,个性不能超过党性。……我们要对党对人民负责。现在我们的党

---

① 参见中共中央党史研究室:《中国共产党历史大事记》,人民出版社1989年版,第339页。

性还不够强,路线觉悟不高。有一次会上,我针对一个问题(即《实践是检验真理的唯一标准》)讲过:党性不强,接受教训,下不为例。"①

然而,支持的力量还是非常坚实的。6月2日,邓小平在全军政治工作大会上作了重要讲话,主题为阐述和发扬实事求是的思想作风。第二天,《人民日报》发表了这篇讲话,并用了这样的标题:《邓副主席精辟阐述毛主席实事求是的光辉思想》,实际上是对《实践是检验真理的唯一标准》的有力支持。李先念、叶剑英、陈云等老干部和一些思想理论界专家也以各种方式表达支持的意见。

6月16日,《人民日报》刊发了邢贲思的文章《关于真理的标准问题》。24日,《解放军报》发表了特约评论员的文章《马克思主义的一个最基本的原则》。两文再次阐述和论证了"实践是检验真理的唯一标准"。9月14日,《光明日报》用整整两个版面刊载了严家其的哲学幻想小说《宗教、理性、实践——访问三个时代关于真理问题的三个"法庭"》,用生动、活泼的文学形式深入浅出地阐述了实践是检验真理的标准问题,引起一般读者的广泛兴趣。10月2日,《人民日报》刊登李洪林的文章《科学与迷信》,指出:"在马克思主义看来,世界上除了永恒运动的物质以及物质运动所固有的辩证规律之外,没有什么是永恒的。这个原则,同样适用于马克思主义本身。"

当然,斗争还在持续中。《红旗》杂志总编辑熊复的态度是:"理论问题要慎重,这点要特别注意。在理论问题上,是捍卫毛主席的思想、路线呢?还是没有捍卫,这个问题是要很好考虑的。"基本上遵从华国锋、汪东兴的指示办事。8月,宣传部长张平化在吉林的某次会议上,如此高度概括党的宣传工作:"我们只能宣传一个领袖,过去宣传毛主席,现在宣传华主席。"②

这次讨论有一个奇怪的现象,就是那些持反对意见的人,没有发表一篇像样的论文。包括那些反对派领导人,也都只是发表内部指示或讲话,尽管这些指示、讲话态度鲜明、观点尖锐,却不见报刊上有一篇持反对意见的文章。据说《红旗》杂志曾组织专家写了一篇反对意见的文章,题目为《重温〈实践论〉——实践标准是马克思主义认识论的基础》(以下简称《重温〈实践论〉》),首先谈道:"由于实践发展的有限性,带来了实践标准的相对性和'不确定性',这表现为三种情况:第一,实践在一定条件的范围内,只能相对正确地检验某一认识的真理性……第二,实践在一定在发展阶段,不能对现有的一切理论和观点都作出正确的判断……第三,在某些实践中,由于某种不可抗拒的力量在起作用,使实践结果带来局限性……"而后又论证"实践已经证明""文化大革命"是如何"正

---

① 叶永烈:《1978:中国命运大转折》,广州出版社1997年版,第461页。
② 同上书,第510页。

确",最后在高呼"排除干扰"中结束。文章写成后,9月20日曾送往中国社会科学院哲学研究所征求意见,遭到尖锐的批评。加上此时"实践是检验真理的唯一标准"的观点在全国已占绝对上风,中央政治局最终没有同意《红旗》杂志发表此文。"倘若《重温〈实践论〉》一文在当时如果能够在《红旗》杂志推出,会使实践是检验真理的唯一标准的大讨论更加有声有色!"①

这场真理标准问题的讨论在中国思想史上意义重大,它让人们逐渐冲破"两个凡是"和个人崇拜的长期禁锢,开始解开思想僵化和教条主义的沉重枷锁。这次思想理论基本问题的讨论,成为中国进入现代化建设新时期的宣言。1979年1月13日,《光明日报》又发表金汎的文章《阶级斗争"任何时候"都是"纲"吗?》,公开否定"以阶级斗争为纲"这个口号,《文汇报》、《浙江日报》、《黑龙江日报》等予以转载。

二、《中国青年》复刊风波

《中国青年》杂志是中国共产主义青年团中央的机关刊物,具有悠久的历史和广泛的影响。"文革"中,青年团被红卫兵取代,《中国青年》被迫停刊。1978年8月,中共中央转发共青团十大筹委会《关于红卫兵问题的请示报告》,决定取消全国的红卫兵组织,恢复共青团的活动。共青团十大定于10月中旬召开,作为其机关刊物的《中国青年》也定于9月11日复刊。

复刊后第一期的《中国青年》选用了叶剑英的题词,发表了特约评论员的社论《破除迷信,掌握科学》,《"句句是真理"为什么是荒谬的》一文颇显还未走出蒙昧期的睿智,此外还刊载了宣传"四五天安门事件"中重要人物韩志雄的文章《革命何须怕断头》,选登了童怀周的《天安门革命诗抄》。当时社会上要求平反"四五天安门事件"的声浪已日渐高涨,中央如陈云等老同志也已提出平反要求,而邓小平的复出也意味着需对这一事件作重新评价。由是,随着《中国青年》的复刊,围绕"四五天安门事件"的平反问题展开了一场相当微妙的政治较量。

1978年9月,《中国青年》复刊号印刷出来后,先把样本送中共中央副主席汪东兴审阅。他看了十分不悦,提出四点质问:(1)为什么没有华主席的题词?(2)北京市团委报告说韩志雄这个人有问题,你们了解清楚了吗?(3)"四五天安门事件"尚未平反,怎么能刊登童怀周的《天安门革命诗抄》?(4)为什么没有纪念毛主席逝世两周年的文章。

---

① 叶永烈:《1978:中国命运大转折》,广州出版社1997年版,第552—558页。

汪东兴的指示,令《中国青年》编辑部陷入困惑。当时二百万册《中国青年》已大部分印刷完毕,且已经有四万多册发到了读者手中。1977年4月5日,《人民日报》为了纪念"四五天安门事件"一周年,曾选登了一整版童怀周提供的《天安门革命诗抄》,但这个版面被"上面"扣压了,没有发表出来。《人民日报》便干脆以"内部发行"的名义,印出了《天安门革命诗抄》一书,一下子风行全国。汪东兴知道后,曾严厉批评过《人民日报》。而如今,《中国青年》该怎么办?

"童怀周"为北京第二外国语学院部分师生的集体笔名,即"同怀周"的谐音,"周"指周恩来。他们在"四五天安门事件"中辛苦搜集了天安门广场上许多感人的诗篇,并将其汇集成书。这时,听到汪东兴指示要将《中国青年》复刊号上的《天安门革命诗抄》删除的消息,大家怒不可遏,随即在北京闹市王府井、西单贴出大字报《救救〈中国青年〉》,将杂志将被扣发的原委告之民众。有人还把已经印好的《中国青年》拆装后逐页贴到北京街头,吸引了熙熙攘攘的观众,更引发了读者的强烈共鸣和愤慨,许多人当即在近侧贴出支持《中国青年》的大字报。消息不胫而走,传遍了整个北京城。

9月14日,《中国青年》编辑部打报告给党中央,提出如果再出一个不同版本的《中国青年》复刊号,将对《中国青年》产生极不好的影响,希望此复刊号不要再作修改。晚上,汪东兴在人民大会堂召见了编辑部干部,说了一连串毫无商量余地且很是严厉的话:"中央叫我分管工青妇,这个你们知不知道?我翻了这期《中国青年》,还以为是清样,不知道已经正式出版了。如正式出版,就不要我审查了。你们已经发出四万一千份,发都发了,怎么叫我审查?""我现在分管,我就不能不提意见!出版《中国青年》是很重要的事情,涉及全国,发行二百多万份,涉及面是比较大的。出版就要考虑得周到点。《中国妇女》的出版是经过我批准同意了的。《中国青年》送来了,我下午就打电话,我并不慢啊。叫你们考虑一下,结果考虑出这么大的风波。"① 最后,他代表"党的领导",坚决要求《中国青年》复刊号删除有关韩志雄的报道以及童怀周的《天安门革命诗抄》。

关于结果,有截然不同的两种说法:叶永烈《1978:中国命运大转折》说:"《中国青年》杂志社不能不照办。他们终于删去了复刊号上有关韩志雄的报道,删去了童怀周的《天安门革命诗抄》,补上华国锋的题词,补上毛泽东的照片和诗词三首,重新印刷,重新出版,并把已经发出的四万多份尽量收回。这样,总算了结了'《中国青年》复刊风波'!"② 高皋《后文革史》说,由于北京民众及团中央都站在《中国青年》一边,"胡耀邦藉此形势向华国锋施加压力,周恩来总理和

---

① 叶永烈:《1978:中国命运大转折》,广州出版社1997年版,第599—600页。
② 同上书,第600页。

朱德元帅的未亡人邓颖超和康克清从旁助阵,迫使华国锋让汪东兴收回对《中国青年》的成令。华国锋亲自批准《中国青年》原样发行"①。

9月20日,胡耀邦在全国信访工作会议上指出:"判断对干部的定性和处理是否正确,根本的依据是事实。凡是不实之词,凡是不正确的结论和处理,所有冤案、假案、错案,不管什么时候、什么情况下搞的,不管是哪一级组织、什么人定的和批的,都要实事求是地改正过来。"有人问:"毛主席批的怎么办?"胡耀邦毫不含糊地回答:"照样平反。"在11月的中共中央工作会议上,陈云又一次提出要为"四五天安门事件"平反,得到邓小平、叶剑英、李先念等的大力支持。11月15日,新华社播发北京市委的决定,为"四五天安门事件"平反,宣布:"因参加此事件而被捕的三百三十八人中没有一个人是反革命。对于因悼念周恩来、反对'四人帮'而受到迫害的同志,一律平反,恢复名誉。"各报都在显著位置报道了这一消息。《人民日报》以"本报评论员"的名义发表了《实事求是,有错必纠》一文,其中特地引用了胡耀邦上述重要讲话,以促进全国平反冤假错案工作的进行。

1978年12月18日,中共十一届三中全会在北京京西宾馆开幕。五天的议程给中国历史作出了战略性决策,完成了工作重心从阶级斗争向经济建设的转移,提出"解放思想,实事求是,因地制宜,一切从实际出发"的思想路线,要肃清"左"的影响,使中国开始走上改革开放的道路。其中,新闻宣传媒体的工作重心也要转向加强经济改革的报道。全会结束后,《人民日报》连续发表社论《把全党工作的重点转移到现代化建设上来》、《解放思想,实事求是》,1979年元旦社论《把主要精力集中到生产建设上来》,3日社论《发扬民主和实现四化》等。各报刊也登载了大量文章,宣传全会精神。

三、气象万千的早春时节

十一届三中全会后,胡耀邦兼任中共中央秘书长和宣传部长。1979年1月8日至4月3日,中共中央在北京召开理论工作务虚会,思想界、理论界、新闻界的许多知名人士参加了会议。胡耀邦在开幕式上作了热情洋溢的讲话,肯定了这段时间思想理论和新闻宣传工作的成绩,但认为思想僵化情况仍相当严重,希望解放思想,冲破一切禁区,打碎精神枷锁,努力开创出新的局面。在此讲话精神鼓舞下,在继续批判"两个凡是"的气氛中,许多人作了大胆精彩的发言,会议开得欢畅、热烈。如著名理论家李洪林作了《领袖与人民》的发言,他铿锵有力

---

① 高皋:《后文革史》,台湾联经出版事业公司1992年版,第179—180页。

地说,"公开宣传全国人民要无条件地服从一个人的权威",是中国的"耻辱","有损于中国人民的尊严"。"领袖与人民的关系,不是人身依附关系,而是平等关系。""实践证明,'人民必须忠于领袖'的原则,已经严重地阻碍了我们社会的发展,因此,必须抛弃它,而代之以'领袖必须忠于人民'的原则。"所以,"人民可以选择领袖,领袖却不能选择人民"。其观点引起与会者的强烈震撼,发人深省。

1979年3月10日,《光明日报》刊登了徐炳、白玉琴的文章《"言者无罪"与"以言治罪"》,指出:"我国宪法上虽然明确规定公民有言论自由,但事实上存在着'以言治罪'的自由,前者并没有约束后者。""社会主义的法律一定要取消以言定反革命罪这一条。任何一个公民,按宪法规定,只要他没有被剥夺公民权,就有言论自由,这里包含了公民有批评共产党、批评社会主义的权利,有批评党和国家领导人包括最高领导人的权利,还有批评错了而不被治罪的权利,只有包含这些内容,言论自由才会有实际意义。"

3月,全国新闻工作座谈会在北京召开,会议围绕文化大革命中新闻传播工作所犯的严重错误展开了热烈讨论。有人提出报纸的"党性与人民性"如何把握的问题,在新闻界引起广泛的争论。也有学者重提私人办报、民间办报,打破党报一统天下局面的问题,同样引起许多不同观点的对峙。胡耀邦在会议上作了《关于新时期的新闻工作》的报告,阐述了新时期新闻工作的主要任务,认为其有很高的党性,而党性与人民性应该是一致的,离开了人民性就不叫党性,因为从党的根本性质来说,党性与人民性是一致的。

3月21日,文化大革命中惨遭迫害的张志新案在辽宁得以平反,新闻媒体也对此案的来龙去脉进行了大量的宣传,以控诉极"左"路线对人民的摧残。5月25日,《人民日报》发表文章《要为真理而斗争》,介绍了此案的概况。随后,《人民日报》又刊登了张志新在狱中的境遇、感想、答辩等一系列情况介绍,张志新案成为全国人民瞩目的一件事情。6月24日,《光明日报》发表了郭罗基的文章《谁之罪?》,指出强加于张志新头上的"恶毒攻击罪",恰恰是人民应当享有的对党和国家领导人进行批评、监督的权利。文章谴责统治者"把蔑视法制的原则提升为法"的非法行为,责问类似的冤案、惨案还有多少没有得到平反昭雪,这样的冤案、惨案还会不会重演。如果说不希望它重演,那么需要什么样的制度保证?文章进一步指出,革命先烈的理想绝不是要为后代重新安排一个以流血牺牲为代价去探求真理的环境,而是要改造那追求真理要以流血为代价的社会。

5月15日,《人民日报》发表评论员文章《坚决反对搞特权》,严厉批评某些共产党领导干部"利用职权,拉亲结派,排斥异己,顺者昌,逆者亡";"严重脱离群众,当官作老爷,动辄训人、骂人";"利用职权,非法调用人力、资金和物资,大兴土木，为个人扩建或新建华丽的高级住宅"；"千方百计为其儿女乃至亲属谋求理想工作岗位和舒适的生活条件"；"慷国家之慨，巧立名目，大吃大喝，铺张浪费"等官僚特权，可谓切中时弊。《人民日报》前后还刊登过《全党为整顿党风、严肃党纪而战斗》、《一个有关党风的重要问题》等文章或社论，并辟有关专栏，刊登民众对特权的批评稿件。

《河北文学》1979年第六期发表了署名李剑的文章《"歌德"与"缺德"》，作者称，"在创作队伍中，有些人用阴暗的心理看待人民伟大事业，对别人满腔热情歌颂'四化'的创作行为大吹凉风"，他们"不为人民'歌德'"，是"善于在阴湿的血污中闻腥的动物"。"那种昧着良心，不看事实，把洋人的擦脚布当做领带挂在脖子上，大叫大嚷我们不如修正主义、资本主义的人，虽然没有'歌德'之嫌，但却有'缺德'之行。"文中愚昧的观点，尤其是那无限上纲的政治倾向、蛮横霸道的文痞作风，引起文艺界和理论界的极大愤慨。《光明日报》、《河北日报》等都发文给予反击，《人民日报》还用了好几个版面讨论了有关问题。很清楚，所谓"歌德"派，根本不是在探讨什么理论问题，而只是一种利益需要和政治投机，用的是打棍子的政治手段，遭到了文化界的一致谴责。

1979年春，复旦大学改正了新闻系教授王中1957年被划为右派的错误处理。7月，北京市委为"文革"中新闻界第一大冤案"三家村反党集团"平反，恢复邓拓、吴晗、廖沫沙三人的政治名誉。其他新闻界的"右派"、"黑帮"们也逐一得到平反与改正，曾被定为"大毒草"的《人民日报》副刊杂文专栏《长短录》也获平反。据有关方面统计，全国公职人员中被改正的"右派"达552877人，占1957年国家干部总数的5.8%，其中不包括留下做"样品"未予改正的，也不包括尚未纳入国家干部行列的大学生、中学生、民办教师、工商界、民主党派等方面的"右派"，这批人也不下10万。到1980年，"文革"中被错判的184000多名"反革命"得到平反或改正。①

恽逸群1926年入党，历任县委书记、特委秘书长。他1932年入新闻界，历任新声通讯社编辑、《立报》主笔。1937年，他被推为中国青年记者协会秘书主任、总会理事。抗战时期，他为上海《译报》主笔、《华美日报》主编，后抵香港主编《二十世纪》，为《星岛日报》主编《新闻学》专刊，兼《立报》主笔和建文出版公司编译所所长。解放战争时期，他任《新华日报》华中分社社长兼总编辑、华中新闻专科学校校长、《大众日报》社长和总编辑等。解放后，他任上海《解放日报》社副社长兼总编辑、新华社华东分社社长、华东新闻学院院长、复旦大学新闻系主任、《新闻日报》社社长。1951年9月，因《解放日报》漏登斯大林贺电，

---

① 参见戴煌：《胡耀邦与平反冤假错案》，中国工人出版社2004年版，第17、158页。

他被降职处分。他又因借千元公款给友人开办小煤窑,遭停职反省,次年被开除党籍。他1955年作为"潘汉年反革命集团"成员被捕,关入秦城监狱,囚禁十年之久。1965年,他又被判十一年徒刑,旋即戴"反革命"帽子假释,送江苏阜宁某中学管制劳动。"文革"结束的1978年4月,他上访中央组织部,得以先恢复工作。12月,他因病逝世。1980年,他被宣告无罪。1984年,他终得以平反昭雪。①

1979年7月24日,《人民日报》发表评论员文章《捍卫真实性,反对假报道》,把半年来《人民日报》刊登过的假报道、失实报道作为例子予以解剖、批评,带动了全国范围内展开对假报道的"围剿"。上海《文汇报》也紧接着发表了《坚决反对假报道》的评论员文章,其《湖北日报》、《甘肃日报》、《辽宁日报》、《陕西日报》等也先后发表了有关"坚决维护新闻真实性"的评论员文章。

1979年8月4日,《北京日报》发表孙瑞鸢、李燕奇的《社会主义国家不能搞"思想犯"》一文,在从法学角度分析了思想与行为的区别后指出,思考问题、发表意见、保留看法都是宪法赋予公民的基本权利,行使这些权利与犯罪毫不相干。语言、文章都是思想的表现形式,离开这些形式,思想就无从表达。思想不同于行为,法律只惩处行为,所以不能以思想作为法律惩处的依据。以言治罪,惩处思想犯实为一种倒退。如果把发表不同意见或对领导人进行批评视为犯罪行为加以惩处,那么宪法就变成了一文不值的废纸。

1979年8月,在"怎样加快农村发展"的讨论中,《安徽日报》报道了凤阳县一些村庄实行"大包干"的办法,解放了农村生产力。继而,《人民日报》等对此予以支持,"包产到户"或农村生产责任制成为中国农村体制改革的起点。到1980年,报刊转向"农民怎样尽快富起来"的讨论。

1979年6月下旬召开的第五届全国人大第二次会议,通过了《全国人民代表大会和地方各级人民代表大会选举法》,修订了县一级人民代表直选采用无记名投票和差额选举的办法,并决定从1980年1月1日起开始实施。7月10日,《人民日报》刊登全国县级直选办公室主任陈子华的文章《保障人民行使管理国家权利的重要法律》,认为县级直选和差额选举办法是充分发扬民主的保障。1980年下半年开始,县级直选在全国铺开,上海、长沙、北京等许多地区都出现选民主动参加竞选的场面,尤其是大学生踊跃参选的勇气令人鼓舞。虽然由于文化传统和民众素质诸因素,中国要走向真正的民主选举还有待时日的推进,但是这次基层民主选举的演习仍然意义重大。

1980年2月十一届五中全会上,汪东兴辞去中共中央副主席职务,胡耀邦

---

① 参见顾雪雍:《恽逸群》,人民日报出版社2005年版,第148页。

被选为中央委员会总书记。9月五届人大第三次会议上,华国锋辞去国务院总理,由赵紫阳接任。1981年6月十一届六中全会上,华国锋辞去中共中央主席和中央军委主席职务,由胡耀邦接替中共中央主席,赵紫阳为副主席,邓小平出任中央军委主席,政治局常委中还有叶剑英、李先念、陈云。这个新的领导集体的建立,标志着历史进入邓小平时代。

四、风风雨雨的20世纪80年代

1979年3月30日,邓小平作了《坚持四项基本原则》的重要讲话。1980年2月,北京新闻学会成立,中央书记处书记胡乔木在会上作了长篇讲话,转达了邓小平对新闻工作者的要求,希望报刊成为巩固安定团结、生动活泼的政治局面的重要力量。8月18日,邓小平作了《党和国家领导制度的改革》的报告。这引发了理论界对制度问题更积极的探讨,如《光明日报》编辑部10月6日就组织了相关问题的座谈会。9月,"大鸣、大放、大辩论、大字报"的"四大"权利被从《宪法》第45条中删除。党中央要求,思想解放不能偏离四项基本原则的轨道。

1979年11月25日,石油部海洋石油勘探局"渤海2号"钻井船由于指挥失误、违规操作,在迁移途中翻沉,造成72人丧身,直接经济损失达3700多万元。事后,石油部领导非但不追究责任,反而谎报情况,开展所谓大总结、大评比、大宣传、大表彰活动,以此掩盖责任事故。1980年7月22日,《人民日报》、《工人日报》同时披露了这一事故,并连续发表评论,批评石油部的官僚主义作风,在全国引起重大反响。党中央和国务院也给予极大的重视,最后作出严肃处理。从这个意义上说,此次事故的报道冲破了长期以来"左"的思想对新闻媒体的禁锢,为督促政府工作打开了一扇窗户,或可谓新时期中国舆论监督的先声。其后在加强舆论监督方面,如揭露"官倒"等黑幕,新闻报刊不断有所进展。

1980年第五期《中国青年》上刊登了一封女青年潘晓的来信《人生的路,怎么越走越窄……》,诉说着青年人在人生道路上的坎坷经历,吐露其苦闷、彷徨、失望的心路历程,引起社会的广泛注意,反映出当时人们的信仰危机。随后,各种经历、各种背景、各种年龄、各行各业的人都踊跃参加进来,一场有关人生意义的讨论,以《中国青年》为主战场热烈地展开了。生动活泼的讨论也惊动了中央高层,胡乔木亲自来到《中国青年》编辑部了解情况,深表理解。新华社还特别报道了有关活动,引起了香港、台湾地区读者的兴趣,一些台湾作家也敞开胸怀发表了自己的意见。

1981年1月29日,中共中央颁布《关于当前报刊新闻广播宣传方针的决定》。这一纲领性文件对新闻媒介在前段时间思想解放方面的突出表现给予肯定,也批评了新闻媒介没有主动宣传四项基本原则,乃至对反四项基本原则的言论斗争不力,要求新闻界认真进行坚持四项基本原则的宣传,大张旗鼓地宣传建设社会主义的高度精神文明;同时,再次强调新闻媒体都是党的舆论机关,要严格按照党的路线、方针、政策进行宣传。

1982年9月,党的十二大通过的党章规定:"党必须在宪法和法律的范围内活动。"12月,五届人大第五次会议通过新《宪法》,其第35条规定:"中华人民共和国公民有言论、出版、集会、结社、游行、示威的自由。"早在1980年9月的五届人大三次会议上,赵超构就在小组会上第一次提出制定新闻法的口头建议。1983年6月,六届人大一次会议上,有代表提出《在条件成熟时制定中华人民共和国新闻法》的书面建议。1984年1月,中共中央宣传部新闻局提出《关于着手制定新闻法的请示报告》,得到中央的批准,新闻法起草小组在北京成立,新闻法制定工作正式起步。

1985年2月8日,胡耀邦在中央书记处会议上作了《关于党的新闻工作》的发言,提出:"从最根本的特征来说,党的新闻事业是党的喉舌。这不但是站得住脚的,而且是不能动摇的。""党的新闻事业是党的喉舌,自然也是党所领导的人民政府的喉舌,同时也是人民自己的喉舌。"1987年1月,国家新闻出版署成立后,新闻法制定工作改由该署主持。至1988年10月,起草小组先后拿出三个《新闻法》草案。然而,由于种种原因,新闻立法很快陷于停滞。

进入20世纪80年代,新闻改革从酝酿踏入实践阶段。新闻报道强调以新为主,增强新闻的实效性,开拓报道领域,扩充版面,扩大信息量,增加可读性、可听性、可视性。如《人民日报》自1980年起恢复日出八版,信息量大大增加。中央电视台《新闻联播》自1980年起开始播送地方台传送的新闻和通过卫星收录的国际新闻,时间有所延长。1984—1985年,中央电视台又开办了《午间新闻》和《晚间新闻》。中央人民广播电台自1982年起开设《快讯》节目,1988年7月起又实行每逢整点播告新闻的制度,"整点新闻"颇受民众的欢迎。经济报道的日益增加,也是新闻改革的重要成果之一。各级报纸开辟反映市场经济的专栏或专页,经济、科技类新闻增多,读者来信、专题讨论等形式广受欢迎,广播与电视台恢复广告节目。在经济改革的推动下,报业经营管理也发生变化,走企业化道路,开展多种经营,增强创收和自身发展能力。当然,在西方科技的引进下,编辑手段和通讯技术也获得了突破性发展。

除对农村生产承包责任制的一些调查研究,以及如何让农民尽快富起来的讨论外,新闻媒体宣传报道的内容还有:对国有企业改革的具体报道,如1984年10月,十二届三中全会通过关于经济体制改革的决定,主要是如何救活国有企业、兴建经济特区等;保护消费者权益的内容,如每年"3·15"消费者权益日都要开展活动;对金融业如何深化改革的考察,1987年《金融时报》的创刊就是为此目的;对加强社会主义精神文明建设的系列宣传,在全国推出一大批先进人物进行表彰;科技新闻也是宣传我国科技进步的重要窗口,同时大力反对伪科学,揭露封建迷信活动;对新闻本身的研究也得到一定的恢复,如讨论新闻的定义、新闻的价值、新闻事业的性质等相关问题。

"文革"中,晚报业被打入冷宫,停止出版。1979年11月,《南昌晚报》率先复刊,掀起文革后办晚报的高潮。1980年1月,《云南日报》社的《春城晚报》创刊。2月,《北京晚报》和《羊城晚报》同时复刊。7月,《兰州晚报》创刊。1982年元旦,被迫停刊15年的上海《新民晚报》复刊。至1982年底,全国已有晚报19家,超过了"文革"前的规模。其后,影响较大的晚报还有:1984年创刊的天津《今晚报》,1986年创刊的南京《扬子晚报》,1987年创刊的杭州《钱江晚报》等。到1991年,全国晚报总数已达51家,可谓迎来了晚报的春天。在中国,晚报是最贴近百姓生活的一张报纸,也是最受欢迎的一张报纸。

1985年底,新中国第一起"新闻官司"在上海发生,原告为上海某公司业务经理,诉《民主与法制》1983年第1期的通讯《二十年"疯女"之谜》涉嫌诽谤。1987年元旦《中华人民共和国民法通则》实施后,"新闻官司"急剧上升,出现"告记者热"的现象。1988年,"新闻官司"进入高潮。据不完全统计,上半年全国就发生新闻纠纷诉讼案200多起,被告从中共中央机关报到地方各级的党委机关报都有。上海处于这一高潮的中心,各法院受理的"新闻官司"全年达30余件,涉讼新闻机构18家。

李良荣《中国报纸的理论与实践》说:"自1981年以来,中国的新闻界就宣传与新闻的相互关系展开了一次大讨论。这涉及到我国新闻事业的基本功能问题。长期以来,我们习惯把新闻事业纯粹当作宣传工具,并要求所有报纸上的版面、新闻、文章都传达、反映党、政府的意图,宣传规律取代了新闻规律。这使得我们的报纸报道领域狭小,新闻单调、枯燥、迟缓、说教味很浓。随着我国改革开放总方针的深入实施,社会对信息的有效需求日益增加,新闻事业完全宣传化的状况难以适应社会需要。宣传与新闻相互关系的讨论正是在这种背景下出现的。这场讨论尽管还有某些分歧,但基本观点日趋统一:新闻与宣传是两个相互独立的社会现象;它们各有自己的特点,在实际运行中又相互渗透。"[①]宣传活动传播的是观念,新闻活动传播的是信息,新闻界总算注意到两者有着相当的不同之处。

[①] 李良荣:《中国报纸的理论与实践》,复旦大学出版社1992年版,第29—32页。

然而,阶级斗争的思维模式仍不时有所反映,反对资产阶级自由化仍是新闻宣传的一个重要内容。如人民性与党性是否对立问题,有人认为人民性高于党性,新闻界就组织批评,予以纠正。1981年批判电影剧本《苦恋》的自由化倾向,胡乔木在《红旗》杂志上发表《当前思想战线的若干问题》和《关于资产阶级自由化及其他》两篇文章。1983年10月,邓小平提出思想战线要批判精神污染问题。理论界开始批判资产阶级人道主义和异化论,《人民日报》发表《四根擎天柱——论坚持四项基本原则的重大意义》,《红旗》杂志发表《思想战线不能搞精神污染》,《光明日报》发表《在思想理论战线上必须坚持马克思主义立场》,对资产阶级自由化进行批判。1984年初,胡乔木发表《关于人道主义和异化问题》,进一步深化批判。1986年底至1987年初,北京、上海等地引发学潮,《人民日报》陆续发表5篇社论,1月6日社论《旗帜鲜明地反对资产阶级自由化》态度颇为坚决。《北京日报》发表《大字报不受法律保护》、《不要害怕真理》等文章,一些报纸还发表文章或社论点名批判了方励之、王若望、刘宾雁等人的自由化论点。

《中共中央关于当前报刊新闻广播宣传方针的决定》要求:"报刊、新闻、广播、电视是党的舆论机关,要加强组织纪律性。必须无条件地同中央保持一致,不允许发表与中央路线、方针、政策相违背的言论。必须接受和服从党的领导,凡是涉及党的路线、方针、政策以及重大政治性理论问题,对外必须统一于党中央的决定和口径,与党的步调一致,不得各行其是。"[①]1987年3月29日,根据反对资产阶级自由化若干问题的通知精神,中共中央又发出《关于坚决、妥善地做好报纸刊物整顿工作的通知》,要求对错误比较严重、在社会上造成恶劣影响的报刊实行整顿,指出:"端正新闻、舆论阵地的思想政治方向,首先要把有关报刊及出版单位整顿好,这是反对资产阶级自由化的一个重要方面,也是保证这场斗争顺利发展的必要条件。"

1988年6月,《人民日报》发表消息,宣传电视纪录片《河殇》,并刊登了部分解说词。中央电视台也正式播出了这部纪录片,各新闻单位也有所捧场,在社会上引起极大反响。不久,中央宣传部认为这是一部有严重资产阶级自由化倾向的片子,开始组织力量对其进行严厉批判。这一年,新闻媒体对社会上不正之风的批评报道也明显增加,尤其是以权谋私、"官倒"、贪污腐化等内容,激起很大民愤。7月14日,《人民日报》头版头条刊登消息《"官倒"二例》,并配发评论员文章《治治"官倒"》,提出要深化改革,消除滋生"官倒"的土壤。9—10月,各报又对这一社会现象进行了揭露,由《人民日报》领头,连续发表了消息《监察部

---

① 新华社新闻研究所编:《新闻工作文献选编》,新华出版社1990年版,第286页。

等查处13起"官倒"案》、《"官护"作祟,"官倒"难倒》,评论《坚决惩治"官倒"》、《治"官倒"手不软》,痛击了这一社会腐败现象。

1989年,新闻界部分报刊也出现了自由化倾向,如上海的《世界经济导报》等,受到了严肃的查处。中央特别重视对前段新闻工作的反思及对新闻队伍的清理。11月,江泽民、李瑞环代表党中央在中宣部举办的新闻工作研讨班上分别发表《关于党的新闻工作的几个问题》、《坚持正面宣传为主的方针》的重要讲话,为新时期新闻工作的纲领性文件。江泽民强调新闻工作是党、政府和人民的喉舌,其基本方针就是为社会主义服务、为人民服务,必须坚持党性,反对所谓"人民性高于党性"的主张。新闻宣传必须在政治上与党保持一致,旗帜鲜明地反对资产阶级自由化。李瑞环则强调新闻报道必须坚持以正面宣传为主的方针,实事求是地反映社会生活的主流,形成鼓舞人民前进的巨大精神力量,营造有利于安定团结的舆论环境。

五、探索前进的新闻传播业

1992年春,邓小平视察南方,发表南巡重要讲话,强调中国要警惕右,但主要是防止"左",鼓励人们仍要大胆改革,大力发展经济。3月31日,《人民日报》发表深圳特区报记者陈锡添的长篇通讯《东方风来满眼春》,报道了邓小平这次来广东考察的情况,及发表的要求加大改革开放力度的思想,对中国20世纪90年代乃至21世纪的经济发展起到至关重要的指导作用。1997年9月,党的十五大召开,明确提出邓小平理论为党的指导思想,并将其写进党章。各媒体立即认真宣传邓小平理论,发表了一批有影响的理论文章。2000年2月,总书记江泽民在广东提出"三个代表"重要论述,新闻媒体在有关主管部门的部署下,开始了有关"三个代表"思想的大力宣传。

1978年,全国报纸只有186种,总印数约为128亿份。1980年、1985年和1992年前后,出现三次办报高潮。据1983年的统计,当时全国公开发行的报纸有792种。1987年,这一数字扩展到1482家。到1992年,报纸数量猛增至2200种。经过几年的治理整顿,报纸数量有所下降。2000年初,公开发行的报纸为2007种,发行总印数约为329亿份,全国平均每千人每日占有报纸60多份。其中,党报约占40%,还有经济、文化、科技、教育、生活类专业报,晚报、文摘报等品种大量增加,花样繁多。此外,还有各省、市、县级报纸,服务层次呈现多样化。但是,各地报纸总体结构并不合理,有重复办报、资源浪费的情况。报业竞争颇为激烈,80年代末至90年代,一些报纸为扩大销路而逐渐走上自办发行的道路。尤其是90年代中期,出现了中国第一批证券报。90年代末,一批新型的财经报纸应运而生，如《21世纪经济导报》、《经济观察报》、《财经时报》等，加上原来的《经济日报》，对中国经济的起飞发挥了重要作用。

1978年，全国有期刊930种，总印数7.6亿册，总印张22.74亿。到2000年，期刊总数已达8725种，总印数为29.4亿，总印张达100亿。其中，综合类期刊556种，社会科学类2089种，自然科学类4449种，文化教育类913种，文学艺术类529种，少年儿童类121种，美术画刊68种。月刊2767种，双月刊2773种，季刊2584种，而周刊和半月刊的份额不大。大部分的知名杂志都为娱乐类、文摘类、健康类、妇女类，几乎还没有一份真正影响主流社会的政经、新闻杂志。改革开放初期，《中国青年》曾是期刊界的一面旗帜，由于复刊风波的影响，发行量一度突破300万大关。但是，报纸发行量在80年代末至90年代一路下滑，1990年跌破100万，1994年不足50万。除了杂志内容的影响力日益贫瘠外，原有的庞大读者群已被雨后春笋般涌现出的杂志分流。作为后起之秀的《读者》却能日益扩大其影响力，90年代的发行量突破400万大关，在16开期刊中位居第一。

1978年，全国电视机的社会拥有量仅为3万台。到90年代末，全国拥有3亿多台电视机，城市居民的电视普及率已达99%，全国电视观众达11亿，有线电视用户达8000多万户。1983年的相关调查表明，全国受众获取新闻的渠道为：53%听广播，34%读报纸，只有13%看电视。当然，在一些大城市中，读报纸的人数或要超过听广播的人数。到1988年，电视已跃居三大传媒之首，广播退居其次，报纸位居第三。到90年代，报纸又跃居广播之前，逐渐形成电视—报纸—广播的新闻传受模式。在综合影响力方面，报纸时或超过电视。2000年，全国31家省级电视台已全部开设卫星频道，60%的家庭通过各级有线电视台收看卫视节目，星网结合，多频道竞争成为电视传播的主流。

到20世纪末，新华社在国内建立了30多个分社和10多个支社，拥有采编人员3000多；在五大洲92个国家和地区设置了100多个总分社、分社和支社，拥有国外工作人员500多，其中编辑记者约300人；同时，还在35个国家聘用当地记者和编辑等。新华社在世界范围内已建立了一个较为完整的新闻信息采集和发布的网络，形成了向全球24小时不间断对外发稿的通讯体系。2000年，全社新闻和电子信息用户发展到9730家，其中国内用户达6523家，基本覆盖了从中央到地方的各级各类新闻媒体；国外用户达3207家，其中包括许多发达国家的主流媒体。1978年，中国新闻社恢复建制，其服务对象主要是香港、澳门、台湾同胞及海外华侨。该社还出版《中国新闻周刊》、《中国经济周刊》等期刊，2000年曾三次派记者到台湾采访，在东南亚一带有广泛影响。

1980年，我国有广播电台106座，发射台和转播台500座，调频台90多座，初步形成全国范围的广播系统。到2000年6月,全国共有广播电台近300座,除中央人民广播电台、中国国际广播电台外,还有省级台37座,地市级台260座。此外,我国还有中、短波广播发射台和转播台738座,调频发射台和转播台9909座,县市级有线广播站1304个。除汉语普通话外,还用其他38种方言和少数民族语言进行广播,各类电台广播在全国的覆盖率在90%以上。

1978年,原北京电视台改称"中央电视台",其他各省市级电视台有30余座。1983年,第十一次全国广播工作会议制定了中央、省、市、县"四级办电视、四级混合覆盖"的方针,改变了原来中央和省市两级办电视的事业格局。1988年,全国各类电视台达422座,其中大部分为市、县级开办的。这其中存在重复建设、重复制作、重复播出、重复覆盖等结构失衡问题,更出现力量分散、效益低下、粗制滥造、无序竞争等问题。2000年,中央和省市级电视台352座,县级广播电视台1543座,电视发射台和转播台47306座,有线广播电视台236座,卫星电视接收站278792座。电视机的社会拥有量,从1978年的3万台,增至1992年的2亿多台。此外,网络媒体的发展也很快。

进入90年代中期,在加快市场经济步伐的同时,新闻舆论监督的力度也有所加强。1980年7月,《人民日报》发表关于"渤海2号"钻井船翻沉事故的消息,《工人日报》刊登《渤海2号钻井船翻沉事故说明了什么》一文,分析报道了石油部石油勘探局严重违章指挥造成国家数千万元损失的重大责任事故,在全国引起强烈反响。中央电视台设立的《观察与思考》与上海电视台设立的《新闻透视》,是当时较有影响的电视深度报道节目。此后,关于官员腐败、官倒严重的相关报道也常常见诸报端。

1994年4月开播的中央电视台《焦点访谈》,主要采访和揭露各类社会弊端,引起全国上下广泛关注。1998年10月7日,国务院总理朱镕基在视察中央电视台与《焦点访谈》的编辑记者座谈时赠言:"舆论监督、群众喉舌、政府镜鉴、改革尖兵",第一次提出"群众喉舌"的概念。《焦点访谈》节目的成功,在全国掀起一波舆论监督的高潮。

1978年,我国恢复了被停止有12年之久的高考,恢复了高校新闻专业的招生。8月,中国社会科学院新闻研究所成立,为我国第一所专门的新闻学研究机构,并招收硕士研究生。9月,中国人民大学和复旦大学恢复新闻系,并招收本科生和硕士研究生。这一年,暨南大学新闻系也宣告成立。随后,各重点综合性大学都创办了新闻专业。1984年,中国新闻教育学会成立。1985年,中国人民大学和复旦大学开始招收新闻学博士研究生。到1994年,全国设有新闻学专业的高等院校有60多所,在校学生56000人,师资队伍近1000人。1999年,北京广播学院成立全国首家网络传播学院。

90年代中后期,新闻媒体出现集团化趋势。从1996年起,开始成立一些报业集团,它们以党报、大报为龙头,兼并一些小报小刊,壮大了原有的实力,促进了存留报纸和期刊的优化组合及经济效益,有的还进行相关产业的经营。如广州日报报业集团从1996年正式挂牌运行,广东还有羊城晚报报业集团、南方日报报业集团等,后者在1984年1月创刊的《南方周末》,以深入的批评报道赢得声誉,成为全国最有影响的报纸之一。到2000年,全国建立了16家报业集团,1998年7月在上海成立的文汇新民联合报业集团,是我国最大的报业集团之一。有的地方还成立出版集团,以某一城市为据点,把许多出版社整合在一起,以优化资源配置,增强市场竞争力。2001年5月,北京广播影视集团成立,这是我国第一个集广播、电视、电影三位于一体的企业集团。随后,上海的东方传媒集团成立。12月,经党中央、国务院批准,中国广播影视集团在北京成立,主要成员有中央电视台、中央人民广播电台、中国国际广播电台、中国电影集团公司、中国广播电视互联网等单位,员工2万多人,成为中国规模最大的新闻传媒集团。

20世纪90年代后期开始,互联网络在我国得到广泛使用,且发展势头喜人,目前用户已超过1亿,网民人数仅次于美国,是继报刊、广播、电视之后的第四大传播媒体。随着第四媒体在社会上的普及,世界全方位的各种信息传播更为快捷和便利,必将为中国的现代化建设作出巨大贡献。

六、管理体制与存在问题

我国1949年成立过新闻总署,到1952年2月就撤销了。此后,我国报刊新闻媒体都由当地的中共各级党委与宣传部门管理,直到1982年成立中央广播电视部,1987年才设立国家新闻出版总署,1998年成立国家广播电影电视总局,各省也陆续建立相关的机构。这样,就出现了各级党委及宣传部门和政府的有关新闻出版官署同时管理我国各类新闻媒体的局面,即所谓"条块结合"、双重领导的管理体制。目前,我国对新闻事业实行管理的主要机构有:中共中央宣传部、国务院新闻办公室、国家新闻出版总署、国家广播电影电视总局。在我国,中共中央和地方各级党委是新闻媒介的最高决策机关,中央宣传部和各级党委宣传部具体领导各级新闻媒介,党委批准或直接任命各新闻媒介的主要负责人,制定工作方针,批准各阶段的工作计划,审查重大的新闻报道、评论文章,并监督其财务收支状况。而政府有关机构则负责新闻媒介的行政管理制度,包括起草法律、法规,审批发放执照,审读节目文章,及对各种违规媒体的各类处罚,如警告、罚款、停刊整顿直至吊销刊号等。

我国新闻媒体要受到六个方面的调控：(1) 政党调控，即各级党委和宣传部在宣传政策方面的领导。(2) 政府调控，即新闻出版局在行政、财政诸方面的管制。(3) 法律调控。1988年11月24日，国家新闻出版署发布《期刊管理暂行规定》，共六章三十九条，对期刊的审批、登记、出版、经营、处罚等方面作了规定，包括任何期刊不得刊载的九个方面内容等。1990年，《报纸管理暂行规定》颁布，分六章对报纸的审批、登记、出版、经营等方面作了规范。1996年，《计算机信息网络国际联网管理暂行规定》通过。1997年，《出版管理行政处罚实施办法》、《电子出版物管理规定》、《报纸管理条例》、《广播电视管理条例》等颁布。1998年，《内部资料性出版物管理办法》颁布。(4) 集团调控，有的新闻媒体往往和一些社会团体（如民主党派之类）有关联而受其监管。(5) 行业调控，即新闻行业组织（如全国记协、报业协会）有关方面的协调管理。1991年初中华全国新闻工作者协会通过《中国新闻工作者职业道德准则》。(6) 市场调控。80年代以后，新闻媒体逐步走出"事业单位，企业化管理"的双轨制管理模式，分期分批"独立核算，自负盈亏"，这是与社会主义市场经济大背景相适应的重要改革。

1994年，中华全国新闻工作者协会修订了《中国新闻工作者职业道德准则》，1997年，中共中央宣传部、广播电影电视部、新闻出版总署、中华全国新闻工作者协会联合发出《关于禁止有偿新闻的若干规定》，对有关的行为规范和职业道德进行了整肃。

目前，我国尚未建立起较为完备的新闻政策体系，有关法规只散见于各种法律之中，既不完整，又不利于操作，导致许多新闻纠纷无法可依，新闻监督更缺乏法制的保障。1998年，我国政府在联合国正式签署了《公民权利和政治权利国际公约》。人们渴盼在国家大法和国际公约的原则基础上，加大新闻法学研究的力度，加快完备新闻立法的步伐。

有学者诚挚指出："20世纪末，随着我国社会两种经济体制的逐步转换，中国新闻传播事业体制也相应发生了翻天覆地的变化。大多数新闻传媒开始实行'事业单位，企业管理，独立核算，自负盈亏'的管理模式。新中国的传播媒体真正成为了具有独立法律地位的法人单位，有了更大的自主性。这种管理体制的巨大变化，与中国社会主义新闻媒体的'党报'性质和'喉舌'作用的不改变，如何在社会主义市场经济条件下达到完满的统一，如何把社会主义新闻传播活动纳入社会主义法制轨道，成为摆在新闻工作者面前的一道严峻的考题。解决这道难题的方法，只有一个，就是建立和完善社会主义新闻法制，依法管理新闻传播事业和依法进行新闻传播活动。"[①]

[①] 赵中颉主编：《法制新闻与新闻法制》，法律出版社2004年版，第331页。

第十五章　香港、澳门地区概述

香港、澳门地区原是外国殖民地,除抗日战争时期遭受日寇的侵略与破坏之外,其社会的发展一直较为平稳,经济繁荣,新闻事业走过的路程也颇为顺畅。那么,这里的新闻风景有什么独特之处呢?

一、香港早期新闻业的开拓

鸦片战争前,香港只是一个有五千余人、面积 80 平方公里的山形小岛。1842 年《南京条约》签署后,香港成为英国殖民地。香港第一家英文报纸《华友西报》(Friend of China,亦译《中国之友》)即告诞生。同时,前一年在澳门创刊的《香港钞报》(Hong Kong Gazette,亦译《香港公报》)也迁往香港,与《华友西报》合并,改称《中国之友与香港公报》。1827 年创刊的《广州纪录报》(Canton Register)也于 1843 年迁往香港,改称《香港纪录报》(Hong Kong Register),至 1863 年停刊。1845 年,日后在新闻业界地位颇为重要的《德臣报》(The China Mail)也在香港创刊。可以说,香港这时几乎垄断了当时中国的英文报业,直到 1850 年上海的英文报《北华捷报》创刊为止。

1844 年港英政府成立后通过的第一个出版法,共计 11 条,都是属于报刊登记手续与有关程序方面的问题,违反者要被处以罚款或两年以下监禁。法令对报刊内容并未涉及,因有关问题可援引英国本土法律处理,媒体享有相当的新闻自由。殖民统治下的安全感,给报纸新闻提供了旧时代所没有的自由条件。英国乃至诸国商家也纷纷把远东总部迁往香港,无疑给英文报纸提供了基本的读者群。英文报纸的不断创刊与迁入,使香港于华南的英文报业中处于领导和支配的地位。但是,香港还未发展成为繁荣的商业港口,其对外贸易开始时也并不顺利,1845 年来港船只 672 艘,一连几年所增无几。香港人口相当少,如 1844 年时,华人为 19009 人,外国人才 454 人;到 1848 年,华人增至 22500 人左右,外国人也增至 1502 人。这些都决定了香港新闻报业不可马上蓬勃发展起来。

1853 年 8 月,英国传教士主持编辑的第一份中文月刊《遐迩贯珍》出版。其内容主要是宣传教义,也有一些时事新闻。因经营不善,该刊物曾经三易其主,1856年停刊。由于该刊物以传教为宗旨,一些论著并不认为它是香港第一份中文报刊。

1851—1861年,香港经济好转,从收支平衡发展到有所盈余,且日趋繁荣。例如,1851年来港船只1082艘,1861年增至2545艘。来香港定居的华人激增,香港成为华人准备海外移民的主要出口港,与海外华侨之间的贸易活动日渐频繁,成为一个极其繁忙的商港。由此,当地许多船务公司应运而生,其贸易、航运业务也日渐繁闹,加速了香港商人阶层的兴起,同时人们对船期、货价诸行情消息的需求也大增,这就给报道有关商业信息的报业服务提供了发展的基本条件。

1857年,中国第一家英文商业日报《孖剌报》(The Daily Press)在香港诞生,其报名的副标题就是"船务、商业与殖民地"(Ships, Commerces and Colonies)。它与《德臣报》在香港新闻业中长期抗衡,成为香港报坛上的两大巨星。该报最初的出版人为美国商人赖德,很快英国商人孖剌成为主要决策人并收购了全部股权。接着,他便创刊出版了中国第一份中文日报《香港船头货价纸》(实为周三次刊),后改名《香港中外新报》(主编为黄胜)。这激发了华人自办报纸的原动力,随后《香港近事编录》、《香港华字日报》创刊(1864年),王韬的《循环日报》(1874年)问世。其他还有肖锐德公司发行的《香港航运录》、《香港航运录及商业资讯》,以及《德臣报》出版的《香港德臣公报》、《香港德臣杂项记录》等。香港发出的经济讯息,不仅供应本港、澳门和广州诸地,也受到其他沿海开放城市商家的欢迎与重视,自然成为中国东南沿海的商业信息的中心。

卓南生在评论《香港船头货价纸》时说:"这份第一家中文日报是英国人所办,又是在香港殖民地发行,加以报纸内容主要取自西报(特别是《孖剌报》),因此,它基本上不能摆脱《孖剌报》的影响。特别是在香港殖民地问题、英法出兵等直接影响英国利益的问题上,它完全站在英国人一边,在一定程度上扮演了英殖民地当局中文'官报'的角色。不过,在对待其他欧洲国家的问题上,该报相对上就享有一定的言论自由,得以提出异议或批判。在中国国内问题上,该报除了在关系到英国利益问题时,对清廷政府极尽讥讽抨击之能事外,有时也对当局提出善意的批评,多少流露出中国人编者要求中国改革的愿望。"①

英国人统治香港一百五十多年,实行所谓"无民主,有自由"之制度。港英政府与新闻媒体之间基本上处于良性合作状态,政府对言论的控制较为宽松。不过,初期也发生过几起干涉新闻自由的事件。1850年8月,台仁特购得《中国之友与香港公报》产权并担任主编后,持反对政府的态度,对港英政府的弊政和

---

① 卓南生:《中国近代报业发展史》,中国社会科学出版社2002年版,第147页。

腐败进行猛烈攻击,敢于指名道姓地揭露其高级官员的丑闻,曾于 1859 年被控诽谤罪入狱,却赢得了直言的美名。台仁特出狱后于 1860 年将报纸迁广州出版,1863 年再迁上海,1869 年停刊。《孖刺报》的孖剌和台仁特一样,敢于揭露港英政府的弊政和官员的腐败,对港英政府基本持批评态度。孖剌于 1858 年被控对香港总督的诽谤罪名成立而被判坐牢半年,但是他并不因此而停止办报,相反在狱中还亲自编辑、出版《孖刺报》。

1860 年,港英政府对英文报刊揭露官员的做法十分恼火,但又不能严加镇压,于是便颁布了《修正报纸出版条例》,规定办报须有两个担保人,如果报纸被断定出现诽谤文字,发行人与担保人要分别承担罚款等责任。该条例主要是维护港英政府的利益,报纸只要不触犯政府,一般不会受到言论限制。因此,政治性新闻报刊依然繁荣,尤其是内地各种政治势力和党派都可在香港创办自己的报刊。

二、香港中文报刊的发展

中国最早的一批近代华文报刊,很多是在香港创办的。香港是中国近代报业的发祥地之一,并开创了商业化报纸的先河。它在印刷条件、技术装备、经营管理、报业理念等方面,相比内地处于领先地位。香港早期的中文报刊往往由英文报刊派生而来,《香港中外新报》就依附于英文《孖刺报》,1864 年创刊的第二份中文日报《香港华字日报》也脱胎于英文《德臣报》。中文报刊大多是翻译西报的消息和转载"京报"(朝廷官报)的一些消息,以商业内容为主。其编务人员往往为留过洋的中国学子,如《香港中外新报》的黄胜、伍庭芳,《香港华字日报》的陈霭亭等。1864 年创刊的另一份香港华文报纸,文献中称《香港日报》,时称《香港近事编录》,王韬曾任主编,其文章常为《上海新报》、《益报》、《申报》所转载。王韬于 1874 年创办的《循环日报》为纯粹的华人报纸,编办得相当成功,在中国新闻史上有划时代的地位,但在编辑、排版诸方面仍明显受到西报的影响。这是一个虚心向西方学习的时期,西方文化对香港报业有着深刻的影响,而资本主义社会的运作模式则给香港新闻报业的发展提供了得天独厚的条件。可以说,在中国文化传播史和中国新闻事业史中,香港占据了举足轻重的地位。

黄胜(1828—1902),一名达权,字平甫,可算香港近代中文报业的先驱,贡献甚大。他 1847 年与容闳等赴美留学,两年后因病返港,在《德臣报》学习印刷,后任伦敦传道会印刷所总裁。有资料记载,他 1860 年与英商孖剌合作创办香港第一家中文报纸《香港中外新报》,为首任主编。1864 年,他赴上海担任广方言馆的英文教司,襄助洋务。1872 年,他与王韬合办中华印务总局。1873 年,他又筹办《循环日报》。不久,他便率领第二批少年赴美留学,任留学生事务所教习三年。他后来曾任香港考试委员会委员、立法局委员。

香港的中文报业一开始就与国家命运和民主运动紧密联系在一起,政治性的报刊不断涌现,曾是维新派报刊、革命派报刊、抗日救亡报刊、民主自由报刊的重要基地。晚清维新运动中,除《循环日报》外,改良派创办有《维新日报》、《粤报》等。1900—1911年新创办的26份报刊中,革命派占7份:《中国日报》、《世界公益报》、《广东日报》、《有所谓报》、《香港少年报》、《新汉日报》、《东方报》;倾向革命的占6份:《日日新报》、《社会公报》、《小说世界》、《人道日报》、《真报》、《珠江镜报》(香港版);改良派才3份:《香港商报》、《实报》、《国民新报》(《维新日报》改);其余多为商业报如《香港日报》,妇女报如《女子世界》、《女界星期录》,教会报如《德华朔望报》等。① 这一时期,革命派报刊占主流地位,改良派已明显退居为少数。20世纪初的香港,虽然政治报刊持续涌现,但是商业报刊也已有所抬头和发展。

民国初年至抗战前夕的30年间,香港有报刊约50多种,情况颇为复杂。革命派的《中国日报》内迁广州,1913年秋即遭军阀查封。改良派的《香港商报》改名《共和报》,论调发生一百八十度的大转变。《香港中外新报》因经济困难,接受军阀津贴,至1919年停刊。1913年,基督教会创办《大光报》,孙中山为其题词。华商总会1919年商会创办《香港华商总会报》,1925年由《华侨日报》接办,继续商业性报纸的运作。1925年,《工商日报》在工潮中诞生,很快成为香港三大商业性报纸之一。同时,内地黄色小报之风蔓延到香港,以男女色情及古怪精灵的低级趣味讨好小市民。1931—1941年,销量最大的报刊有《胡椒》、《骨子》、《探海灯》、《春秋》、《天文台》、《华星》等六家。直到抗战前期,一大堆只谈风月、不问政治的黄色小报仍在香港大行其道。对比当时内地轰轰烈烈的抗日宣传,茅盾曾形容1938年的香港为"文化的沙漠"②。

当时,党派和军阀创办的报刊也不少。国民党1915年在香港创办《香港晨报》,1919年改名《香江晨报》,1921年又创办《香港晚报》。国民党元老胡汉民等1916年创办《现象日报》,抨击地方军阀,1932年又创办《中兴报》。1924年,军阀陈炯明派陈秋霖创办《香港新闻报》,反对孙中山的护法运动。不过,陈秋霖很快倒戈,声明脱离军阀,转而拥护国民党。1928年,广东省主席陈铭枢创办《新中国日报》,没多久就停刊,1934年再创办《大众报》。1929年,国家社会主义派创办《香港时报》,指斥地方弊政。同年,香港出现马克思主义者创办的《香

---

① 参见李谷城:《香港中文报业发展史》,上海古籍出版社2005年版,第187—189页。
② 茅盾:《我走过的道路》(下),香港三联书店1989年版,第35页。

港小日报》，主要宣传其经济学说，行销不广，数月而停刊。1930年，汪精卫出资创办《南华日报》，鼓吹"和平运动"，抬高汪系人物，打击反汪人士，并最先发表汉奸言论。1934年，李宗仁等桂系军阀创办《珠江日报》。

以1936年7月为例，香港主要报纸有24种，其中华文报20种，英文报4种；另有周刊3种，通讯社4家。几家主要报纸简况如下：《中国邮报》创刊于1845年，日对开3张，发行2400份。《香港日日新闻》创刊于1857年，日对开4张，发行3000份。《华字日报》创刊于1872年，日对开4张，发行6000份。《循环日报》创刊于1874年，日对开4张，发行1.5万份，同时发行《循环晚报》。《香港电闻报》创刊于1881年，日对开3张，发行3000份。《南华晨邮报》创刊于1896年，日对开4张，发行5000份。《大光报》创刊于1913年，日对开4张，发行4000份。《华侨日报》创刊于1924年，日对开4张，发行1.4万份，同时发行晚报《南中报》。《工商日报》创刊于1925年，日对开4张，发行1万份。《超然报》创刊于1926年，日对开3张，发行4000份。《南华日报》创刊于1930年，日对开4张，发行7000份。《东方日报》创刊于1931年，日对开3张，发行5000份。《新中日报》创刊于1932年，日对开3张，发行6000份。《中兴报》创刊于1932年，日对开3张，发行4000份。《香港午报》创刊于1934年，日对开2张，发行5000份。《大众日报》创刊于1934年，日对开2张，发行9000份。

抗日战争开始后，许多内地报纸迁往香港，如胡政之的《大公报》、邹韬奋的《生活日报》、罗吟圃的《星报》、成舍我的《立报》、刘荫荪的《国华报》等，其中许多报刊抗日爱国的激情可歌可泣。1938年8月，虎标万金油永安堂老板胡文虎独资在香港创办《星岛日报》，又增出《星岛晚报》、《星岛晨报》，原意是想宣传自己的商品，走商业化之路，在报道新闻的同时也善导社会、改良风俗、增益学术。当时正值抗战之际，该报遂大力宣传抗日救国，成为极具影响力的爱国报纸。胡文虎还为该报定下有关原则，要求报纸独立报道新闻，建设性地为公众服务，为人间不公正鸣不平，不为强权势力所压服，不为邪恶威胁而低头。在这一精神指引下，《星岛日报》一开始就获得很大成功，日后成为香港一大报。

1939年6月，国民党中央在香港创办《国民日报》，蒋介石派陶百川主持，作为国民党中央的机关报。1941年4月，共产党派廖承志到香港创办《华商报》，以"国父遗训"为号召，统战海外华商。中国民主政团同盟于1941年3月在重庆成立，9月在香港创办中央机关报《光明报》，社长梁漱溟。

1941年12月，香港沦陷。日军查封抗日报刊，1942年将中文报纸合并为六家：《香港日报》（日人主办）、《南华日报》（汉奸主持）、《华侨日报》、《香岛日报》、《东亚晚报》、《大成报》。日本占领时期，严厉钳制舆论，使香港的新闻报业陷入空前的黑暗中。

1945年8月日本投降后，香港重新光复，各报才纷纷重整旗鼓，复刊出版。据《香港年报》记载，1946年，香港主要有14家中文报纸，4家英文报纸。14家中文报纸包括9家日报，其中以《华侨日报》、《星岛日报》、《工商日报》发行量较大；另有5家晚报，即《华侨晚报》、《工商晚报》、《星岛晚报》、《新生晚报》、《中英晚报》。4家英文报纸是《中国邮报》、《星期日先驱报》、《南华早报》、《香港电讯报》。其中，《南华早报》影响最大，于1903年由肯明罕集资组成有限公司而创刊。60年代末，汇丰银行掌握该报51%的股权。80年代以来，该报发行量近10万份。其言论常以港英当局的态度为依据，被人视为"半官方报纸"。

在战后香港，共产党领导的报刊主要有：1945年11月中共广东区委创刊的《正报》，每天发行八千份，1946年7月改为旬刊杂志，1948年停刊。1946年1月复刊的《华商报》，其《复刊词》说："我们认为，内战不容再继续，一党专政不容再存在，兴风作浪，压迫异己分子不容再与闻国事，应立即停止内战，结束党治，清除反民主分子，成立联合政府，然后精诚团结，方能获致！"1949年，该报停刊。1947年1月在香港复刊的《群众》周刊，到1949年完成使命停刊。

民主党派的报刊主要有：农工民主党的机关报《人民报》1946年3月在香港创刊，4月迁往广州，从三日刊改为周刊、半月刊，1948年宣布接受中共领导。民盟中央机关报《光明报》1946年8月在香港复刊，至1947年7月停刊，因民盟被国民党宣布为非法组织而被迫解散。1948年1月，民盟三中全会在香港举行，决定恢复机构，复刊《光明报》。1949年初，民盟中央迁北京。6月，《光明报》迁北京，后改名《光明日报》。1946年1月，香港知名人士创刊《愿望》周刊，反对内战和独裁，争取民主与和平，在国民党的禁扰下，出版19期后于5月停刊。

随着战后社会环境的逐渐安定，在自由经济政策的刺激下，香港经济不断发展繁荣，逐步发展为亚太地区的贸易中心、金融中心、航运中心、信息中心和旅游中心。人口也大量增加，1945年为60万，1947年为175万，1949年前后上海、广州等地又涌入至少七八十万人，1950年为233万，1960年为300万，1980年达500万。与此相适应，香港新闻业也获得巨大发展，战前停刊的主要报纸大多迅速复刊。从出版时间上分类，有早报（凌晨5时）、日报（上午）、午报、晚报（下午）、夜报。有的报业公司统揽早、中、晚报，如南华早报公司。从语言方面看，不但中文报业发达，英文报业也异常活跃，有《虎报》、《星报》等。据有关统计，1945—1950年，香港有155家报刊注册。1950—1959年，又新办报纸85家。1960—1969年，新办报纸108家。1960年前后，香港中英文报纸的总销量大约有50万份，1965年增达90万份，后逐步跃升至150万份。按当时人口计算，1963年每百人拥有报纸17份，翌年达25份，在亚洲仅次于日本（40份），远远高于当时亚洲每百人1份的平均水平。

随着内地政治局势的确定,出于对共产党政权的"抵御",1948年10月,港府制定《公安条例》,严防"煽动叛乱","禁止恶意发布虚假新闻"。1949年5月,港府制定《社团条例》,规定一切社团都必须登记注册。8月,立法局通过《驱逐不良分子出境条例》。为此,左派组织与报纸提出抗议,并进行了一些斗争。11月,香港警务处拒绝38个爱国社团的注册,《大公报》等刊登30多个团体的联合声明,据理争取合法地位。1951年,港府制定《刊物管制综合条例》,规定报社需交1万元保证金(原为3000元),还有管制诱使他人参与非法社团、管制虚假新闻等内容,以及对违法报刊的禁制措施等,被认为是香港新闻史上最为严厉苛刻的管理法令。港英当局虽制定了相关严厉的新闻管制条例,但仍秉承英国的新闻自由传统,实行"立法严,执法宽"的方针,基本能让媒体享有相当的新闻自由。它从未使用行政手段禁止报刊的出版,也未对报刊的内容有什么规定(只要不触犯港英政府的重大利益),主要由自由市场经济带动新闻事业的发展。

三、中资与台资对峙时期

20世纪50至80年代,香港出现以中资支持的左派报刊和以台资支持的右派报刊对峙的局面。港英当局不允许中国政府设立官方的代表机构。新华社1947年在香港设立分社,1952年港英政府才承认其国家通讯社的地位。而中共50年代中期成立的港澳工作领导小组,长期只能以半公开甚至地下的方式进行工作。直到1983年,中共中央委员许家屯出任社长,新华社香港分社才正式走到香港政治的前台。然而,由于共产党在大陆与国民党在台湾对峙势力的形成,各政治势力在香港新闻报业中的角力也使其阵营泾渭分明,它们都布置了自己的新闻宣传战线,其政治态度可明显地分为左、右两大派。当然,也有许多报刊没有鲜明的政治倾向性,成为以纯商业赢利为目的的中间派。尤其是60年代以后创刊的报纸,大都走中间路线,遂出现"两头小中间大"的香港报纸结构。

中资支持的左派报纸主要有:《大公报》1938年曾在香港发行。1948年3月,胡政之领导该报恢复香港版。11月,该报转变立场,成为左派报纸,以财经新闻为主。1967年创刊英文版。《文汇报》1947年在上海被国民党当局勒令停刊,部分职工转移去香港,1948年9月在香港出版,以文教新闻为主,姿态"中间偏左"。《新晚报》1950年10月创刊,实为《大公报》的晚刊,它大力加强本地新闻的采访报道,副刊的武侠小说专栏推出陈文统(梁羽生)、查良镛(金庸)的作品,结果一炮打响,销量大增,顿时洛阳纸贵。金庸还以"林欢"为笔名,在"下午茶座"副刊撰写影评。还有严庆澍(笔名"唐人")的连载小说《金陵春梦》,也轰动一时。这三家报纸政治态度鲜明,被称为"红色报纸"。中间偏左的报纸有:《香港商报》1952年创刊,以报道财经与金融新闻为主。《晶报》1957年创刊,前身是《明星日报》,1965年成立晶报有限公司。此外,还有《香港夜报》、《正午报》、《新午报》等。50年代,新华社香港分社与诸左派报刊之间基本上还保持着共同协作的关系,后来一度成为领导与被领导的关系。

《大公报》在1948年4月胡政之离港后,由费彝民继任经理,李侠文为编辑部主任。11月10日,该报发表王芸生的社评《和平无望》,标志着其走上"左"派路程。1949年元旦,该报发表社评欢呼新中国的即将诞生。直到70年代,该报基本维持两大张,新闻重内地和国际,轻香港本地。其副刊《大公园》、《艺林》也很有特色,许多著名作家都参与撰稿。1978年12月1日,巴金《随想录》开始在副刊露面,一直写了8年,最终完成5卷本。然而,在内地极"左"路线的影响下,该报时而也"左得可爱",如宣传土改、三反、五反诸运动,就使发行量大减。1958年内地"大跃进",《大公报》等"左"派报刊也大放"卫星"。此后,该报紧抓阶级斗争为纲,不但骂台湾国民党、骂日本,也骂美国、英国,四面树敌,结果销量锐减。文化大革命中,该报照搬《人民日报》的做法,报头刊有"毛主席语录",头版新闻多是套红大字标题,其内容要素也多为口号式宣传,与国内报纸几无任何差别,质量一落千丈。再如《新晚报》,曾辟一"像章小记"专栏,每篇介绍一个或几个毛主席像章,一连写了好几个月。直到70年代中期,该报才有所改观。

费彝民(1908—1988),祖籍苏州,生于上海,8岁迁居北京,1925年毕业于北京高等法文学堂。他1930年进天津《大公报》任记者,此后一生致力于《大公报》。他1936年参加上海版的筹备,后又转重庆馆工作。抗战胜利后,他任上海馆副经理。他1947年到香港,准备复刊工作,后任经理。1952年改组后,他任社长兼总经理,直至逝世。作为爱国报人,他曾任中华全国新闻工作者协会副主席、全国政协常委、全国人大常委会委员。1982年3月,法国驻香港总领事代表法国授予他"骑士荣誉勋章"。

台资支持的右派报纸由台湾国民党创办或资助,主要有:国民党的《香港时报》,1949年创刊,它是国民党在香港的党报,并在台湾和澳门发行,1993年2月因严重亏损而停刊。国民党人卜少夫主持的《新闻天地》,1945年初创办于重庆,1949年迁香港,直到2000年10月停刊。老牌的《工商日报》,言论上一贯亲英亲台而反共,深得右派人士喜欢,其言论还经常被台湾广播电台转播。与之形成"三足鼎立"之势的《华侨日报》、《星岛日报》也是偏右的立场,称台湾为"我国"、"自由中国",版面上台湾消息也很多。尤其是《华侨日报》,战后数年销量最大,用德国高速印报机,1964年首设无线电采访车。这三家报纸读者数量颇多,与当时的人口结构也有关。它们与港英政府的关系也颇融洽,港府的告示一度也仅在这三家报纸上刊载。此外,还有《红绿日报》、《超然报》、《新闻夜报》、《天下日报》、《真报》也都可算右派报纸,且销量不少。《万人日报》也较右倾,于1975年创刊,为原《星岛晚报》辞退人员陈子隽创办。香港最著名的两家英文报纸《南华早报》与《虎报》(1949创刊),立场中间偏右。

卜少夫(1909—2000),江苏江都人,毕业于日本明治大学新闻科,回国后从事新闻工作60余年,在中国新闻史上亦属罕见。30年代初到40年代中期,他先后在浙江《民国日报》、江西《真实报》、南京《新民报》与《新京日报》、香港《立报》与《大公报》、广州《民国日报》、武汉《武汉日报》、贵阳《中央日报》、重庆《中央日报》任职。他1945年1月在重庆创办《新闻天地》月刊,9月任南京《中央日报》总编辑,后又兼上海《申报》副总编辑。1949年,他到香港任《新闻天地》社长,兼香港联合书院新闻系教授。1965年,他又创办《旅游杂志》社,1978年,他任香港出版人发行人协会理事长。1979年,他任"世界人民反共联盟"、"亚洲人民反共联盟"香港代表。1981—1986年,他当选台湾"立法院"委员,为香港右派新闻系统的领导人之一。他的一生极富传奇性,在国共新闻战线的争夺战中充当了相当重要的角色。他著述甚多,有《战地记者讲话》、《日本军阀专政史》等。

《星岛日报》、《星岛晚报》是"万金油大王"星岛集团老板胡文虎传媒王国的王牌,他1929年在新加坡创刊《星洲日报》,为当时著名的华侨报纸。1935年,他又在新加坡创刊《星中日报》。他1938年到香港创刊《星岛日报》,宣传抗日,一度成为香港较有影响的报纸,还创立了星岛报业集团。香港沦陷时,日军将《星岛日报》"劫收"后改名《香岛日报》,战后恢复原名。1953年,胡文虎之女胡仙接位主持报纸运营。60年代,其势力范围从亚洲扩展到澳大利亚、欧洲和北美华人区。70年代,其业务向多元化发展。80年代,星岛报业集团在香港股票市场上市,胡仙任董事长,逐渐脱离台资。1999年,该报业集团被国际投资银行接盘。

以商业赢利为目的的中间派报纸主要有:《东方日报》,1969年初创刊,由广东潮阳马家兄弟等人合股创办,精心经营香港社会新闻,由70年代每日发行10多万份增至80年代的30万份,再至90年代的50万份,雄踞各报之首。《成报》,1939年创刊,何文法家族创办和掌控,60年代销量约15万份,后增至30万份,70年代前一直雄踞发行量的榜首,后被《东方日报》超出而退居次席。《明报》,1959年创刊,创办人为查良镛(金庸)和沈宝新,是一份知识分子型报纸,开始靠武侠小说支撑版面,主要特色是大量报道内地新闻,连同《明报晚报》发行数万份。该报因报道内地"三年自然灾害"、"文化大革命"之类消息而销量大增,发行量突破15万份,成为香港第三大中文报。1960年11月初出版的《天天日报》,是香港第一份彩色日报,由于印刷精美,甚至被誉为"世界第一份彩色日报",销量不断上升,直至名列前几位。彩印很快蔚然成风。同时,各报增加了摄影、图片的比例,整版广告也开始流行。1960年创刊的《新闻夜报》,成为香港第一张夜报,声言要网罗一天中最后的香港及国际新闻。此外,还有《快报》、《新报》及《田丰日报》等。

香港最早的小报可追溯到1905年郑贯一主事的《有所谓报》,自称"唯一趣报"。该报也时有抨击满清之文章,嬉笑怒骂,多含政治色彩,对以后香港的小报风格颇有影响。随着读者注重享受和娱乐,30—40年代,小报发展很快。这些小报或为双日、三日刊,或为周刊,没有电讯、港闻,多以小说、杂文、时人行踪、名人轶事为主,搜奇探秘,轻松有趣。其中,纯娱乐性的有《大快活》、《游乐场》、《开心》、《疏肝》、《骨子》等,以小说为主的有《天光报》、《春秋》等,以政海秘闻为主的有《探海灯》、《胡椒》等。50年代后出现的主要有《红绿日报》、《新星日报》、《电视日报》、《世界夜报》、《新灯日报》、《明灯日报》、《娱乐新闻》、《赛马日报》、《专业马报》等。

香港的期刊主要有三类:一是以国内外时事及政治评论为主的新闻刊物,如《新闻天地》、《明报月刊》、《镜报月刊》、《广角镜月刊》、《九十年代》、《争鸣》、《百姓》等,以知识分子为主要读者对象。二是消闲娱乐型周刊,以报道影视界新闻及名人隐私为主要内容,如《东周刊》、《壹周刊》、《香港周刊》、《明报周刊》、《城市周刊》、《清新周刊》、《香港电视》、《亚洲电视》等,以一般市民为读者对象。三是色情刊物,如《龙虎豹》、《黄皮书》、《奇艳录》等,以青少年不宜的"成人杂志"的名义出版。

港府也通过政府新闻处设定舆论方向。长期以来,政府公共关系办公室一直是政府新闻的重要喉舌和来源之一。1959年,政府公共关系办公室改称"政府新闻处",扩大工作范围,给报社、广播电台提供有关政府的消息。

四、香港新闻界几大事件

1952年"三一事件"和1967年"反英抗暴事件"所引起的报纸官司,成为香港新闻史上绝无仅有的两件大事。

1951年11月2日,九龙东头村发生大火,烧掉木屋数万间,灾民达1.6万余人。这里的居民多为爱国拥共的工联会会员,他们怀疑这一事件是有目的的纵火案。港英当局救灾动作缓慢,并宣布不得重建木屋,须分散到其他指定地区居住。港九工会联合会决定发起反抗斗争,要求重建木屋。《大公报》、《文汇报》、《新晚报》三报大造反英舆论,号召全港同胞起来斗争。1952年3月1日,中共华南分局决定派出广东慰问团到香港支持斗争,港九工会联合会发动灾民和工人万人到尖沙咀迎接,港英当局调集上千警察驱散群众,双方发生冲突。警方明令禁止慰问团入境。广州《南方日报》和香港《大公报》报道,慰问团行前得到港英禁止入境的消息,决定延期出发。群众以为港英当局阻拦了慰问团,双方展开混战。冲突中,2辆警车和1辆电车被焚,数人中弹受伤,1人死亡。事后,警方拘捕百余人,其中18人被判刑,12人被递解出境。

"三一事件"发生后,中国政府提出抗议,《人民日报》刊登措辞严厉的短评。香港《大公报》、《文汇报》、《新晚报》均在头版转载了这篇短评,《大公报》同版还刊登了广州《南方日报》有关的声明和抗议。三报被指控"刊载一项有煽动性的文字"罪名,负责人分别被捕,由高等法院审理。法院判决《大公报》经理罚款4000元或囚禁9个月,编辑罚款3000元或监禁6个月,《大公报》停刊半年。上诉后,判决维持罚款项目,对是否停刊半年未置可否。周恩来发表声明,强烈抗议港英政府的非法审判。数日后,港英当局接到伦敦指令,才停止执行对《大公报》的判决,以及对《文汇报》、《新晚报》的指控。由"三一事件"引发的新闻官司至此结束,期间《大公报》实际停刊12天(5月6日至17日)。这是香港新闻史上首宗根据《刊物管制综合条例》强制停刊的案例,最后也不了了之。

1964年10月16日,中国第一颗原子弹试爆成功。香港左派报纸纷纷欢呼祝贺,《明报》发出不和谐音,其社评《中共爆炸原子弹的评价》认为:"核弹是一种罪恶……我们不赞成中共制造核弹,决不认为那是中国人的光荣。做一件有害人类的事,何光荣之有?"三天后,《明报》继续发表社评《核弹是一种罪恶》。新华社大为震怒,要求香港"左"派报刊全面出击,围剿《明报》,痛斥查良镛反共反华、亲英崇美、背叛民族的谬论,甚至要求在广告和发行业务两方面打击和封锁《明报》。《大公报》首先发难,刊登《略揭最恶毒反华的〈明报〉的画皮》、《明报主笔的罪恶》、《明报的妖言和妖术》等文。《文汇报》也刊登《明报何以妖言惑众》诸文,还有《新晚报》、《商报》、《晶报》等,群起而攻之。《明报》也不甘示弱,迎头反击,连续刊出以编辑部为名的26篇文章,总标题为《敬请〈大公报〉指教和答复》,每日向《大公报》讨教一个问题,最后声明:"你们辱骂《明报》的口气很恶毒,用的字眼很难听,我们完全没有回敬。"

60年代,随着经济的发展,香港劳资矛盾也有所加剧,工人罢工、居民闹事、学生运动时有发生,港府往往出动警察镇压。1967年春,许多工厂工人相继罢工,要求增加工资。5月6日,新蒲岗人造塑胶花厂劳资双方发生冲突,港府出动200名警察抓捕工人。据《大公报》报道,被抓工人高呼"毛主席万岁"等口号,事后港府又扣押前往抗议的工人代表。11日下午,工人手持《毛主席语录》进行示威和静坐,港府再次出动军警镇压,逮捕了许多人,并抢夺、践踏《毛主席语录》。新华分社立即指示左派新闻战线全面出击:"舆论领先,发动群众,组织起来,全面进攻。"《大公报》、《文汇报》、《新晚报》积极响应和配合,用四分之三的版面反英抗暴,宣传内地对港人的支持。

　　当时,文化大革命正如火如荼地进行,外交部造反派坚决支持香港同胞的斗争,对港府提出"最紧急、最强烈的抗议"。新华分社便发动港民到港府示威,声讨港督的罪行。16日至20日,每天都有几千名学生、工人及各色人士到港府示威游行,在墙上贴满大字报,甚至安营扎寨,大有包围港府之势。这在香港是史无前例的。20日,港府调集军警数千人镇压,打伤和逮捕数千人,并宣布戒严。这更激怒了爱国群众,有关领导拒绝港府谈判的要求,"文革"领导小组还成立了"联合指挥部",直接领导这场斗争。6月3日,《人民日报》发表社论《坚决反击英帝国主义的挑衅》,声称:"一场伟大战斗,在香港爆发了。"几天后,内地和香港接连发生冲突,武斗不断升级。有关领导还发动群众制造炸弹安放于香港市区,甚至从广州运输枪支弹药到香港,准备武装斗争。《人民日报》7月1日社论《以血还血,以牙还牙》,直接鼓动武装斗争。

　　这时,一些中间偏左立场的民营报纸也积极报道有关新闻,甚至刊登某些不实消息,其煽动力与左派报纸不相上下。如《香港夜报》刊登了一条道听途说的新闻,说香港海域出现中国炮舰和兵船。8月9日,港府拘控《香港夜报》、《新午报》和《田丰日报》三报负责人,起诉罪名包括"刊登或教唆刊登虚构新闻和煽动性新闻"等99条。在审讯期间,三报又继续刊登"不实报道",被勒令暂行停刊。其后,三报又私出《三报联合报》,"罪加一等"。三报被判停刊半年,两报社长和一名督印人各被判入狱三年,两家承印报纸的公司分别被罚款12000元和18000元。这成为继1952年"三一事件"后,又一起援引《刊物管制综合条例》的案件。

　　此案使当时的斗争进一步升级,发展到街头大规模的武装冲突,当局动用直升机运载大批军警进行镇压,封闭工会、学校,拘捕无辜群众,甚至与深圳民兵发生枪战。8月20日,中国外交部愤怒谴责港英当局,要求撤销对三家报纸的判决,立即释放被捕的人员。23日,在外交部造反派的指挥下,北京红卫兵与民众万余人火烧英国驻华代办处,上海也烧毁了英国领事馆,制造了严重的外交事件。事后,中国政府只得向英国赔礼道歉,提出重修房屋,赔偿一切损失,事件总算平息下来。在此事件中,有51人死亡,800多人受伤,5000多人遭到港英当局的逮捕。各报虽然销量大增,记者采访活跃,但是新华分社、《大公报》、《文汇报》、《商报》、《晶报》等单位的十余名记者被判入狱,各被判刑达2—5年之久。《香港夜报》、《田丰日报》、《香港商报》等报负责人被判入狱3年。

　　香港人反抗港英当局的镇压是合理的、正义的,错误在于一些领导人将其扩大为一场动乱。周恩来曾说:"香港有责任,北京有责任,主要责任在北京。"这场运动对"左"派报刊的冲击是巨大的。报纸在错误路线的指挥下,把"反英"、"反资本主义"、"反封资修"作为其头等任务,取消"马经"、"狗经"版,甚至取消副刊。结果,老读者纷纷离去,销量大落。运动前,《大公报》、《文汇报》、《新晚报》总发行量达10万多份,《香港商报》、《晶报》、《正午报》各约12万份,六报的销量约占香港中文报纸总销量的一半。运动后,各报销量暴跌,《大公报》、《文汇报》各1万多,《新晚报》2万,而《香港商报》、《晶报》、《正午报》各仅剩3—4万。香港人读左派报纸曾一度被视为"羞事",一些人竟然躲在厕所里才敢阅读。如果不是中国政府的支持,左派报纸很难立足于竞争如此激烈的香港市场。

《明报》一开始就站在港府一边,反对左派采取过激行动,支持港府严厉镇压,并与左派报纸展开大论战。查良镛被左派痛骂为"豺狼镛"、"汉奸"、"走狗"。运动中,《明报》与其他9份香港报纸被禁销澳门,其一名左派员工还撬换了《明报》的一块版面,而其他员工则受到人身安全的威胁。香港商业电台著名播音员林彬,因报道中反对左派的"暴动行为"而被淋油活活烧死。查良镛也只得滞留瑞士,受到警方的暗中保护。

五、回归前后的香港报业

1971年,香港有中文报纸67家。70年代,本土化的商业报纸成为香港报业的主流。1973年,香港第一家财经专业中文日报《信报》创刊,它不但指导百姓投资理财,还监督政府及大财团在香港的经济活动,所以颇得市民的青睐。还有《远东经济日报》之类,虽不如《信报》权威,却也深得中下层读者的欢迎。一些大报也开辟为经济专版,增加经济报道的内容与分量。1976年,美国财经报纸《华尔街日报》在香港发行英文亚洲版,名为《亚洲华尔街日报》,显示出美国财经界对香港在亚太地区重要性的认可。1977年,香港中文报纸增加到128家,创历史纪录。

1984年中英会谈前后,香港媒体空前活跃,各报大致持三种态度:一是以《大公报》、《文汇报》为首的"左"派报纸,赞同香港回归,支持中国政府的立场。二是以《东方日报》为代表的中间立场报刊,不太谈有关政治问题,但常常有文章对香港前途表示疑虑。如《星岛日报》、《信报》、《成报》等,都持保留怀疑态度。三是以《香港时报》、《工商日报》、《南华早报》为代表的反对派,反对香港回归,甚至不承认《中英联合声明》的合法性。总的来说,主要呈现"亲中"(中国政府)与"亲港"(港英政府)之分。媒体围绕回归这一重大历史事件所进行的报道,持续时间之长,分歧意见之大,讨论内容之多,参与方面之杂,所占版面比例之大,在香港新闻史上都是前所未有的。

1984年12月19日中英双方就香港问题签署联合声明之后,《香港基本法》经过五年的起草,于1990年4月颁布,"一国两制"的方针以法律的形式规定下来。香港进入回归的过渡时期,新闻事业在汰旧迎新中调整格局。国民党的《香港时报》自70年代末便开始衰退,日渐不适应香港的时局变化,1991年2月不得不停刊。同时,亲台的《工商日报》与《工商晚报》也因经济原因相继停刊。1995年,与台湾有渊源关系的《香港联合报》与《中国时报周刊》在竞争中落败,也宣布停刊。自此,与台湾相关的报纸全部退出香港市场。

这时,各报政治对立的趋势在减退,许多报刊的政治倾向趋于模糊,已难作左、中、右之分,三足鼎立的报业格局终于被打破。各报都以市民化、娱乐性为办报理念,用煽情、刺激诸手段吸引读者,形成香港特有的大众报刊文化。还有一个趋向是"大小报的融合"。原来的香港报业,传统上形成两个极端:一是严肃的大报,以政治内容为主,有既定目标;一是活泼的小报,完全商业化,只讲赚钱。而1995年6月《苹果日报》创刊后,打破了两者的分界线,由于其"大报小报化"的倾向,5个月后销量突破30万份,对香港报业影响颇大。

香港的报业上市,开始于70年代香港股市疯狂发展时期,这也标志着报业企业化发展进入新的阶段。1971年11月,英文南华早报有限公司率先公开发售股票,并在证券交易所上市。1972年,星岛报业有限公司也公开发售股票。随后,新报社、东方日报社、天天日报社、成报社也相继进入发售股票集资扩展的阶段。1991年,明报集团有限公司也进入股市,公开发售股票。1993年,查良镛将所持股份售出,并辞去董事局主席职务,正式告老引退。

1988年,在香港注册出版的报纸共有68家,其中中文报纸44家,英文报纸5家,均为私营。这里报纸种类繁多,市场竞争激烈,减价大战时起。一些不适应市场竞争的报纸只能关闭停业。除上述一些亲台报纸外,80年代末90年代初停刊的还有《财经日报》、《金融日报》、《星报》、《明报晚报》等,以及战后第一家晚报《华侨晚报》。资格相当老的《华侨日报》,也在1995年初因亏损而停刊。此后,《电视日报》、《快报》、《南华经济新闻》等也在减价战中败北停办。电视对晚报的冲击很大,1990年只剩下两家:《星岛晚报》和《新晚报》。1996年底,《星岛晚报》停刊。1997年7月,《新晚报》也宣告关门,晚报退出香港报业的历史舞台。

据有关研究报告显示,1992年,香港有阅报能力的人约为500万,而经常读报的人约有350万。新闻传媒从业人员有7385人,其中报业3844人,杂志社2821人,电台与电视台558人,通讯社162人。报纸每日的总发行量达180多万份,平均每3人占有一份报纸。香港成为亚洲人均读报最多的地区之一,也是世界上最大的中文刊物出版中心之一。读者人数超过5万的报纸有《东方日报》、

《成报》、《天天日报》、《明报》、《南华早报》、《新报》、《星岛日报》等。在全世界十个最爱读报的地区中,香港位居第二。1995年,《星岛日报》推出香港第一份电子日报。

1997年7月1日,香港回归,其新闻传媒业也进入一个新的时期。1999年3月,东方报业集团又创刊《太阳报》,每日出报20张左右。不久,《东方日报》、《苹果日报》、《太阳报》的报纸发行量已达近100万份,占据香港报纸市场的60%。据《香港年鉴》统计,1999年香港注册报纸为45家,其中英文报纸8家;期刊为705家,新闻从业人员约10400多人,其中记者2500多人。香港每千人每日拥有报纸380份以上。

六、通讯、电台、电视诸业

香港有港人自办的通讯社,如中国新闻社香港分社1954年建立。此外,还有各国通讯社在香港设立的分社,如美国合众国际社和美联社、日本共同社和时事社、法国法新社、英国路透社等世界各大通讯社均有香港分社。新华社香港分社成立于1947年,回归前实际是内地驻港办事处。台湾的"中央社"也在香港设有分社。

1923年,香港市民中一批爱好者自发组成无线电广播社,试播一些新闻。后来,电台规模渐大,设在山顶,每周广播两天,每天两三小时,有时还对戏院上演的歌剧进行转播。1928年,由政府资助和督办。香港广播电台成立次年,该台被正式宣布为政府电台,每逢周三、六播音,以转播英国BBC电台的海外节目为主。它只比世界上最早的美国匹兹堡电台晚了8年,比英国BBC电台晚了6年。1938年起,该台开设中文节目,并正式成立香港第一个中文广播电台:ZEK中文台。1948年,该台正式定名为"香港广播电台"。香港广播事业在一种独特的殖民地政策下发展,前期处于政府的监管和调控之下。电台作为政府的部门和喉舌,垄断经营,缺乏竞争,缺少生气,直到1959年才打破这一格局。80年代,电台的角色定位才有所转变,开始全天24小时广播,趋向英国广播公司式的立场,主张独立编辑,监督政府,对公众和社会负责,不做政府的传声筒。

目前,香港主要有3家广播电台:(1)香港广播电台,有4套中文节目和2套英文节目。该台1970年成立电视部,目前有7套节目,后改称"香港广播电视台"。(2)香港商业广播有限公司的"香港商台",1959年创办。这是政府发出的第一家民营广播机构的牌照,打破了政府垄断的局面,加入与香港电台、丽的呼声的角逐,有2套中文节目和1套英文节目,主播娱乐和广告节目。(3)新城广播电台,为第二家民营广播机构,由香港嘉禾、德宝电影、和记通讯三大财团和美国广播集团出资筹备,1991年7月正式开播,也有2套中文节目和1套英文节目。

此外,"丽的呼声"有线电台,1949年创办,打破了香港广播电台的垄断地位。它是伦敦"丽的呼声"在香港的分支,初期各有一个中、英文电台,1956年开设第二个中文电台。后因增设电视台播映,1973年,该有线广播电台停播。香港英军电台,1971年建立,回归后停播。香港卫星电台,1995年创办,第二年由于商业原因而停播。

香港电视事业起步于1957年,英国财团经营的"丽的映声"有线公司首次作有线黑白电视播映,播映欧洲原版英文电视片。该公司1963年增设有线中文电视台,1973年以"丽的电视有限公司"之名获得无线电视广播权,12月开始彩色电视播映。1967年11月,无线电视广播有限公司正式开播,共有两条频道:翡翠台是中文频道,明珠台是英文频道,为香港二百多万家庭提供电视服务。1971年,无线电视开办彩色电视,虽比世界晚了四十多年,但仍为当时世界上少有的几家彩色电视台之一。无线电视还兼营录像、出版杂志、发行唱片、旅游娱乐等行业。1975年9月,佳艺电视有限公司开播,成为香港第三家电视台,以教育内容为主。后迫于商业压力,娱乐节目比重提升,但电视台仍亏损严重,1978年终因经营面临困境而停播。蔡和平1995年创办华侨娱乐电视,由于经营不善,1999年几近倒闭,由时代华纳等收购。

香港目前有电视台:

(1)亚洲电视有限公司(亚视),前身是丽的电视有限公司。1982年,英国资本退出,华人财团和澳洲财团各半,改今名。华人财团邱氏家族1984年购入全部股权,1989年又出售给新世界发展公司、林建岳家族和丽新集团,后为林百欣家族所有,1999年再出售给封小平为首的联合财团。其中文台叫"黄金台",英文台叫"钻石台"。

(2)香港电视广播有限公司,即原无线电视广播有限公司,1967年由香港利氏家族的孝利和邵逸夫等香港知名人士合股创办,与亚视竞争激烈,有翡翠台和明珠台,收视率有所领先。该公司1994年后进军卫星电视领域,开办多条无线卫星电视频道,在台湾地区影响显著,并面向欧美,如在英国创办"时事电视台"。

(3)香港卫星电视有限公司,1990年由和记黄埔有限公司和李嘉诚家族共同创办,1991年5月开播。"亚洲卫星一号"发射信号覆盖亚洲38个国家和地区,亚洲各地也向卫星公司提供电视节目。该公司1992年开设对欧洲直播台,1993年开设对台湾直播台,共有5个台:中文台、新闻台、体育台、音乐台及合家欢乐台,全天24小时播出。

（4）凤凰卫视，1996年由卫视、亚视和华颖三家公司联合成立，是香港唯一全部用国语播出的电视传媒，卫星覆盖亚太50多个国家，开创联姻东西文化的电视风格。

（5）有线电视台，香港有线传播有限公司1985年夺标，宣布开办有线电视网络，1990年受卫星电视威胁，宣布终止有线电视发展计划。1993年，船王包玉刚家族主持的九仓集团创办有线电视台，1995年增至20多个频道，用户百万以上。

1998年，香港政府将电视广播全面放开，让市场自由竞争。2000年，香港又开放收费电视市场，仅7个有线电视台就可为公众提供149个频道的节目。

七、新闻媒体管理及新闻教育

香港的新闻政策由政务司负责制定，政府通过新闻处向媒介发布消息。新闻处下设新闻科、公共关系科，以提供服务的方式间接地引导舆论。新闻科负责发布官方新闻，组织记者招待会，免费提供新闻稿及相关图片，编印《新闻公报》供媒体选用。公共关系科负责各种宣传公关活动，改善政府与新闻媒体、市民群众的关系，同时编辑《新闻摘要》，汇集重要新闻、各报社论以及电台和电视台意见，帮助政府了解舆论动向。

除香港电台外，香港的新闻传媒均为私营的民间企业，按市场法则自由竞争，与政府之间主要是相互监督的关系。当然，政府可以通过法治对其进行招标经营的总量控制，而媒体可以自由地对政府、官员及其相关政策、法律提出批评和建议。1987年9月，广播事务管理局成立。它并不是对有关节目进行审查的机构，电台、电视台的节目无须事先送审，而是采用设立投诉委员会的办法，处理市民对电台、电视台节目的投诉。管理局根据投诉委员会的建议，向电台、电视台进行警告或处罚。如1989年共接到投诉903起，管理局在委员会的建议下，向其中两家电视台发出警告34次，罚款2次。

1954年成立的香港报业公会，现有会员23个，赞助会员5个。1968年，香港记者协会成立，分为体育记者联谊会、影剧摄影记者联谊会、经济记者协会。1986年注册的香港新闻行政人员协会，包括报纸、杂志、电台、电视台及通讯社中担任行政职务的各色人才。这些团体的基本任务是促进同行之间的业务交流，维护其专业的尊严与权利。总部设在香港的世界中文报业协会，对香港及内地、海外的华文新闻报刊从业人员的学习和交流贡献良多。

1987年，港英当局修改《刊物管制综合条例》为《本地报刊注册条例》，撤销了对媒体印刷、采访、报道方面诸多管制限制。同时，当局还修订了《公安条例》,撤销了"禁止恶意发布虚假新闻"诸条款。1988年,当局宣布撤销要求电视台播放一定时间的英联邦国家制作节目的规定。1991年,当局通过《人权法案条例》,给新闻自由以法律保障的地位。香港市场研究社和刊物销数公证会,也为香港新闻报刊的销售数量、阅读对象等方面的情况提供较为准确的资料。

香港回归后,特区政府又制定公布了《淫亵及不雅物品管制条例》、《广播条例草案》诸法条。1999年8月,法律改革委员会批评部分媒体滥用新闻自由,职业操守下降,出版内容低俗,建议设立法定组织,负责处理市民投诉而作出调查、裁决。经过广泛讨论,香港记者协会、新闻工作者联会和新闻行政人员协会等组织,于2000年草拟了《新闻从业人员专业操守守则》。同年7月,由11份报纸和2个新闻团体参加的报业评议会正式成立,但香港当地销量最大的几家报纸并不响应。

香港中文大学的新闻与传播系创办于1963年,现有报业、广播电视、公共关系与广告三个专业,另设有新闻传播研究所,招收研究生。美国基督教浸信会香港分会创办的浸会大学,1968年成立传理系,现改为传理学院,含新闻、广播电视、广告公共关系和电影四个专业。此外,还有树仁学院新闻系(创始于1971年)和珠海书院新闻系(创始于1968年),前者还与中国人民大学新闻学院合办硕士研究生班。香港新闻从业人员主要由这四所院校培养,当地的新闻教育为新闻事业的蓬勃发展打下良好基础。

香港是报纸密集、广播电视最为发达的世界新闻中心之一,要保持香港的这一地位,良好的法治管理是重要保障。

八、澳门新闻传播述略

澳门是中国最早出现新闻事业的地区。1822年9月12日,葡萄牙文报纸《蜜蜂华报》作为葡澳政府的公报创刊,它是中国境内出版的第一家外文报纸,也是中国境内第一家近代报刊,保存了大量相关时事的第一手资料。该报1824年改名《澳门报》,两年后停办。1828年,英国传教士马礼逊在澳门创刊了宗教性刊物《澳门杂文编》,它是中国境内出版的第二份英文报刊。30年代,《澳门钞报》和《帝国澳门人报》也较有影响,还有《澳门政府公报》、《澳门邮报》、《商报》、《真爱国者》等。1837—1838年出版的《依湿杂说》,用中、英文两种文字出版,是澳门出版的第一份中文刊物和英文刊物。该刊物初出时,中国人争购之,因其文字中多有讥刺官府之陋规,遂很快为官府所禁止。1842—1894年,澳门出版的葡萄牙文报刊有《大西洋国》等17种。由于中国人中懂葡萄牙文者极少,且这些报刊的内容多以葡萄牙国情为主,所以影响甚小。

中国人在澳门办报,始于19世纪末。1893年7月18日,时居澳门的孙中山与葡萄牙印刷商能地合作出版中葡文双语周报《镜海丛报》,其中文版是澳门第一份中文报刊。该报宣传改良主义思想,曾刊孙中山的《农学会序》诸文,针砭时弊,鼓吹革命。其发行地区遍及香港、广州、福州、厦门、上海、汉口、新加坡、菲律宾、旧金山各处,至1895年1月停刊。改良派的《知新报》1897年1月21日创刊,至1901年1月自行停刊。该报是改良派在华南地区的宣传中枢,也是澳门历史上最有影响的报刊之一。

20世纪上半叶,澳门主要有三家中文报纸和一家葡文报纸。1933年创刊的《大众报》是当地历史最悠久的中文报纸。1937年创刊的《华侨报》是香港《华侨日报》的澳门版,60年代中期脱离后者而独立运作。1944年创刊的《市民日报》以娱乐新闻和文化副刊为主。40年代创刊的葡文周报《号角报》为澳门天主教会机关报。此外,还有《濠镜报》、《澳门通报》、《澳门时报》、《平民报》、《民生报》、《新声报》、《朝阳日报》等,在太平洋战争爆发后相继停刊。《大众报》到1948年才恢复出版。

新中国成立后,澳门中文报业进入大发展时期。作为澳门爱国团体新民主协会会刊的《新园地》小报出版,1958年8月变为大型日报《澳门日报》,设有20多个专刊和副刊,集新闻性、生活性、服务性、知识性、趣味性于一体,颇有影响力。该报发行量近4万份,约占当时澳门中文报纸发行总量的70%,后发展到号称日销8万多份,还被允许在相邻的中山、珠海等城市发售。

1963年,中文报纸《星报》和葡文报纸《澳门人报》创刊,后者另有中文版周刊。1978年创刊的《正报》,原为《澳门体育会》周刊,后易名《体育日报》,主登体育新闻和评论,1982年再改为综合性日报《正报》。1979年,中葡建交,葡文报纸又增加5家:1982年创刊的《澳门晚报》和《澳门论坛报》(周报),1987年创刊的《澳门商业报》(周报)和《澳门》(澳门政府新闻司主办的月刊),1988年创刊的《东方快报》(周报)。1982年,老资格的《大众报》也增加了葡文版,成为当地唯一的一家中葡合璧的报纸。

澳门人口不多,报纸种类却不少。中文报纸有《澳门日报》、《华侨报》、《市民日报》、《大众报》、《星报》、《正报》、《现代澳门日报》、《华澳日报》8家,另有5份中文周报,大多为小本民营,也有一些是教会所办。葡文报纸有7家。香港每天约有20多份报纸运入澳门,如《苹果日报》、《东方日报》、《太阳报》等在澳门的发行量达3万份以上,在一定程度上限制了澳门中文报纸的发展。1968年元旦,6家主要中文报社成立澳门新闻工作者协会,以维护新闻报人的正当权益。

1933年,澳门第一家民营广播电台由一些无线电爱好者创办起来。1940年,政府将该台改为官办,正式命名为"澳门广播电台",隶属澳府新闻旅游处。

此外,"绿村电台"是私营商业台,1950年由华人开办和主持。澳门广播电台后因经费不足而停办,60年代后又开办,改由邮电厅主办。1982年,澳门广播电视公司成立,由公司电台部主管澳门广播电台,24小时播音。1984年,该公司所属电视台开播,初创时每周只播40小时,此前主要收看香港电视。由于经营亏损,电视台4年后转为私营股份公司,政府拥有约一半的股份。1990年,电视台设中文和葡文两个频道,每周播放约60小时节目。尽管不断推出新鲜节目,延长播放时间,直播大型活动等,但电视台仍无法与香港电视竞争,经营一直不佳。

1999年6月,澳门卫星电视台正式开播,所播节目频道覆盖70多个国家和地区。2000年7月,由中国内地、澳门、葡萄牙三方投资的"澳门有线电视"正式开播,转播40多条频道节目,最多能提供200条频道。同时,由中国内地、香港、澳门三地投资的"澳门卫星电视亚洲台"也开始试播,为亚太地区观众提供24小时的综合节目,其行政总部与控制中心位于澳门。12月,"中华卫星电视有限公司"获澳门经营牌照,计划在3年之内为整个亚太地区提供6个卫星电视频道,其中澳门科教电视台最先开通。2000年底,澳门网上宽频广播电视开通,观众也可以在网络上收听、收看澳门电台、电视台的所有节目。

1987年,新华社澳门分社成立。当地最具规模的通讯社,是1988年设立的葡萄牙通讯社澳门分社,用中、英、葡三种文字发稿。次年,该分社改组为亚太区总分社,下辖澳门、香港、北京三个分社。本地另有5家通讯社,即澳门通讯社、时事通讯社、宇宙通讯社、金星通讯社、时代通讯社,主要负责向香港报纸提供新闻,规模都很小。实际上担负澳门新闻通讯任务的是澳门日报社,该报社从香港租用两条新闻专线,通过卫星直接接收新华社和其他国外大通讯社的新闻,以供报纸选用。

澳门政府新闻司的权力有限,主要为当地各项新闻事业提供支持,同时为政府负责相应的公关工作。回归后,新闻局推出《鼓励本地报业提升竞争力方案》,希望通过一些直接投资方式,鼓励澳门报业的管理技术优化,提升专业资格,确保社会多元化新闻格局的发展。同时,新闻局鼓励海外媒体到澳门投资,强调对外开放卫星电视业务,使本地居民获得更多的资讯,提升澳门的国际形象。

九、港澳新闻传媒的特点

在特殊文化背景下,香港、澳门新闻传播媒体的主要特点是:

(1)自由原则与多元化。港澳实行的是自由开放的资本主义社会制度,新闻自由为其重要文化原则。香港、澳门没有新闻审查制度,全世界各地的消息和资料都可以畅通无阻地公开报道,任何个人和团体只要按法律进行了牌照登记注册后,即可创办新闻媒体,发布消息和评论,新闻传播就可以自由运作。只要不抵触《人权法案条例》关于人身攻击、危害公共秩序等规定,任何市民和团体的各类消息都可以报道,乃至可对政府、官员或政党进行指名道姓的揭露和批评。在这一法制状况下,不同的言论,无论属何种信仰,属何种意识形态,属何种政治文化,都有充分表达的机会。就意见和信息而言,"错误"的发布与真理受同样的保护。

在这样的新闻制度模式中,传媒没有执行政府意志的义务和责任,更不是政府用以向人民进行宣传、教育的机器。诚然,有少数传播媒体仍受到各方政治力量和经济集团的控制,但多数传媒是独立经营,保持着政治中立。香港、澳门特有的多元文化背景,使得各种不同信仰的人们、政党、团体能够建立风格迥异的各类新闻传媒,甚至吸引一些国际传媒巨头去投资。由于东西方各类传媒精英的加盟,创建出五彩缤纷的传媒新闻节目,港澳传媒业走着一条多元整合的发展之路。

(2)市场规则与法制化。经自由资本主义社会百余年的运作,市场经济法治体制渗透到传媒业的各个层面,港澳建立了一套相对公平的市场游戏规则,其法律规范着传媒之间的良性竞争、共同发展的机制。政府只能采用最为有限的文化干预政策,不能强迫新闻传媒发布任何消息,不能刁难和压制新闻传媒的正常运作。新闻传媒有相当程度的专业自主权,它们为新闻发布而进行的材料收集和采访不受限制,其超越国界的消息收发也不受任何限制。这保证了新闻传媒从业者在此规范中尽可能地发挥自身的文化创意,以最接近事实的报道,最大限度地实现传媒业作为社会公器进行娱乐大众和监督政府的功能。

在香港沿用的与大众传媒有关的法律共31种,其中主要是《本地报刊注册条例》、《书籍注册条例》、《广播事务管理局条例》等7种,立法颇严、执法较宽是其主要特点。自1986年港府采纳"监管自由化"政策以来,有关法律已越来越宽松。在1991年《人权法案条例》通过以后,对言论、出版及新闻自由的基本人权也更为尊重,并反映在各项相关的法律上。而《官方保密法》、《公安条例》等仍严苛地监管着媒体的运作。

(3)工业化与商业化。传媒公司作为文化工业的一部分,是一种讲究成本核算的营运企业,其生产、包装、销售的节目运作必须经过严密的市场调研和收听、收视反馈的多重考验,其商业细胞的活性渗透到传媒的各个生产环节,适者生存的市场法则使传媒必须以受众为核心,不断有所创新。为追求高收视率和抢发新闻的轰动效应,它们会千方百计地搜寻独家新闻,挖掘幕后消息,在尽可能多的途径中获取有价值的信息,将自身颇有个性的原创节目与市场的需求紧密联系,以获得有效的利润回报。

私营传媒企业占绝对主导地位。香港电台及其电视部是"公营"机构而非"官方"机构,严格奉行编辑自主的行政独立原则。香港特区政府虽有对其高层行政人员的调动权,但对其节目内容绝少干预。在一定意义上说,政府并不拥有作为其"喉舌"的媒体,特区新闻处主要负责有关资料和消息的发布。这样,除若干有中国内地官方背景的报刊(《文汇报》、《大公报》和《香港晚报》)外,绝大多数新闻媒体都是私营机构,它们建有自己的专业团体(如各类协会)和工会以协调相关的工作。

(4)通俗化与娱乐化。港澳传媒以市场商业模式为主导,以收视率为其操作运行的根本动因,追求商业卖点,创造热点话题,保持新鲜前卫成为其运作的指导方针。完全的市场导向,也就是传媒的完全商品化。当然,新闻的时效性和信息的贴近性、报道的可视性,也是港澳传媒追求的目标。

社会的开放性格与市民情结决定了传媒的市民性的人格化传播特色。港澳传媒的新闻报道大多关注具体民生,重视相关利害,迎合市民所最关心的当前时事及自身的问题,有意将政治新闻"人情化",或者将新闻进行漫画式的个性解读,接近性成为新闻头条的价值首选。人格化的信息传播得以全方位开展而分外生动。当然,这是建立在认同并履行若干社会正当义务的基础之上的,如不侵犯少数社群,不扰乱公众秩序,并承担一定的社会责任。

(5)从远离政治到靠近政治。在港英殖民统治时期,人们在政治上没有发言权,同时政治格局也较稳定,所以许多媒体对本地政治和内地时局都漠不关心(少数以境外政治势力为背景的媒体除外)。1984年中英会谈后,定下"一国两制"之前景,英国准备"光荣撤退",并匆匆布置离港前的"民主"计划。如除区议会外,立法局议席也开放直选等,香港新闻界开始大量报道有关选举的消息,且纷纷派出记者专访,追踪名人,暴露内幕,各大媒体进行着政治色彩日益浓厚的新闻较量。有关文人政客也纷纷就香港政治、经济前景,发表各自不同的看法与预测,热闹不已。

同时,香港的未来与内地时局的关系日益紧密,内地的政治新闻也成为媒体的热点。内地的政治时局是香港文人政客最关注的,内地的经济建设和投资环境是香港商人最关心的。而移居香港的内地居民的不断增加也为内地新闻提供了较为广阔的读者市场,各大报都设有"中国组",物色"中国通"加盟,专门采访内地新闻,并进行大量报道,在独家消息方面的竞争十分激烈。

第十六章　宝岛台湾新闻简史

台湾是我国领土不可分割的一部分,是我国的第一大岛。台湾命运坎坷,日本人曾占领了五十年,国民党又进行了数十年的一党专制统治。然而,台湾知识分子与新闻报人艰苦卓绝的斗争,最终将台湾推上了新闻自由之路。

一、早期新闻报业的发展轨迹

1885年,台湾巡抚刘铭传仿效北京官报《京报》模式出版《邸钞》,内容主要为法令规章、官员调迁等,用人工抄写而非印刷,不定期发行,分送全台各大小衙门,可算台湾最早的中文报纸。同年由英国传教士创办的《台湾府城教会报》,不用中文,而是采用闽南语罗马拼音编写文章,以印刷方式发行,可算是台湾地区第一家近代报纸。

1895年甲午战争后,台湾被日本人占领。1896年,日本人创刊《台湾新报》。随后,又有日本人办的《高山国报》、《台湾日报》、《台湾新闻》、《台湾政报》、《台北州报》、《台南新报》等出版。初期禁止中国人办报,所办报刊均为日文,新闻法规和舆论控制甚严。1905年,《台湾新报》和《台湾日报》合并而成的《台湾日日新报》创设中文版。

1920年后,一些台湾进步青年受"五四"运动影响,在日本东京创办中文报刊《台湾青年》,鼓吹新思想,反对日本统治,要求自治,屡遭日本当局查禁。1922年,该报改名为《台湾》,分别出中文、日文两种版本。1923年,部分人员扩充改组的《台湾民报》在东京创刊,以提倡汉文和中华文化为宗旨。1926年,该报获准在台湾销售,同年8月迁至台湾本岛出版。1932年,重新改组而成的《台湾新民报》在台北创刊,林献堂为社长。1937年,该报中文版被迫停刊。1941年,太平洋战争爆发,又停办一些报刊,《台湾新民报》日文版改名《兴南日报》。1944年,日人下令将所剩6家报纸(台北《台湾日日新报》和《兴南日报》、台中《台湾新闻》、台南《台湾日报》、高雄《高雄新报》、花莲《东台湾新报》)合并为《台湾新报》,独家发行,其他报刊全部停办,直到日本战败。

1915年,由日本人创办的台湾通讯社在台北成立,因采用其文稿者不多,业务不振,不久便停办。1920年,日本电报通讯社(电通社)在台北设立分支机构。后日本新闻联合社也在台北设立分社,并派遣记者在台湾采访新闻。1936年,日本政府将两社合并改组为官办的同盟通讯社,并设分社于台北。日本官方下令关闭其他通讯社业务,形成一社独大之局面,为日本政府御用之通讯社。它也是台湾报道国际新闻的唯一窗口,当地报纸没有不刊登同盟社消息的自由。

台湾广播事业起始于20年代末。1928年,台湾第一家广播电台"台北放送局"建立。1931—1944年,台湾先后创办有台北、台中、台南、花莲、嘉义等6家广播电台,均为日本人开办,由日据时期的"台湾放送协会"统一管辖。收音机由"台湾放送协会"及各地分支机构统一登记、收费。截至1945年7月,全台湾的收音机数量达97541台。

1945年8月,台湾光复,国民党接收《台湾新报》,改名《台湾新生报》,隶属台湾省行政长官公署宣传委员会,前三版为中文,第四版仍以日文译刊当日重要新闻,至1946年12月始全部改为中文。光复初期,当局废除新闻检查,办报不受限制,言论自由有所保障,一时民营报纸如雨后春笋般创刊,计有《民报》、《人民导报》、《大明报》、《中华日报》、《台湾经济日报》、《国是日报》、《国声日报》、《和平日报》、《兴台日报》、《自强报》、《光复新报》等十几家相继出版。1948年,台湾报纸有28家,其中日报17家;刊物近30种,但大都印刷简陋,质量下乘,均无特色可言。

1947年,"二二八起义"遭到镇压。期间,许多报纸给起义以舆论支持,遭当局查封,甚至出现暴徒包围报社,强迫报刊登载片面言论,致使半数以上报纸停刊,新闻界陷入一片混乱之中。事件中,《民报》社长林茂生、《人民导报》社长宋斐如、《新生报》总编辑吴金链及总经理阮朝日等人失踪,许多编辑记者被捕。台湾一度只剩下国民党直接操纵的几家报纸。当局为加强新闻统治,遂成立省新闻处。半年后,一些新报纸又陆续创刊,如7月台北创刊《全民日报》,10月创刊《自立晚报》和《公论报》。1948年,台北又有《国语日报》、《华报》等报创刊。到1949年,台湾地区报纸总计达40余家,但由于政局动荡,其中时有昙花一现者。

1945年,国民党政府派员接管日本同盟社台湾分社和所有广播电台,任命了"中央社"驻台特派员,改组成立"台湾广播电台",并在各地建立分台。1946年2月,"中央通讯社"台北分社正式成立。此时,一些军队广播电台及上海的民本、凤鸣和南京的益世等几家民营广播电台迁台,到1949年共有5家11座广播电台。

1945年光复初期,台湾有百余家出版社,以出版日文书籍为主,包括中小学课本、综合类图书和民间通俗读物。此后,内地几家老字号出版社,如商务印书馆、中华书局、世界书局、正中书局、开明书店等,纷纷渡海来台设立分支机构,销售本版图书。

二、国民党退守台湾初期

1949年,国民党《中央日报》等内地报纸迁往台湾。50年代初,台湾报纸又恢复达40余家。除上述各报外,台北还有《台北晚报》、《闽南日报》、《大同日报》、《台湾日报》等,花莲有《更生报》、《警民报》、《台东日报》、《公民日报》,基隆有《潮声报》、《大声报》、《民钟日报》,台中有《民声日报》、《民风报》、《自由日报》、《天南日报》、《中台晚报》、《工业新报》等,高雄有《国生日报》、《台湾时报》、《中国晚报》等,台南有《商工经济新闻》,彰化有《青年新报》、《新台日报》等。其中一部分报纸因经济情况欠佳,未能维持长久,至1952年初存30家。

1951年6月,当局发布训令,以报刊"已达饱和点"及"节约用纸"为理由,宣布今后对新申请创办报纸从严限制登记。1952年4月,当局正式发布行政命令,宣布"停止报纸登记",台湾从此进入"报禁"时期。此后直到1987年底,除1952年10月"国防部总政治部"创办《青年战士报》外,当局没有再批准过一份创办报纸的申请。也就是说,在这30多年时间里,台湾一直保持31家报纸的局面。其中,25家为日报,6家为晚报,除2家为英文报纸外,其余都用中文出版,且大都是综合性报纸。

《中央日报》为国民党中央机关报,1949年3月迁来台北,除在台湾发行5个分版外,还在香港和世界几十个重要城市发行航空版,还出版《中央星期杂志》、《大华晚报》及旧金山《少年中国晨报》,1979年改彩色印刷。《中华日报》为省党部机关报,1946年在台南市创刊,1948年又在台北出北版,遂有"中华南北版"之分,新闻报道上着重"大众文化生活"方面的内容,在香港、日本、美国、韩国有特派记者。以上报纸属于国民党党营报团体系。《台湾新生报》为台湾省机关报,1945年在台北创刊,1949年成立高雄南部版,1961年改组为报业有限公司,将南部版更名《台湾新闻报》,另有《新闻晚报》,属政府报团体系。《青年日报》和《台湾日报》为国防部主办,《忠诚报》由陆军总部主办,《金门日报》、《马祖日报》、《建国日报》(澎湖)则属军队报团体系。总之,以《中央日报》为核心的官报报业集团,直接控制台湾三分之一的报纸,成为当局控制舆论的基本力量。

《联合报》和《中国时报》为台湾发行量最大的两家民营报团。《联合报》1951年创刊,由《民族报》、《全民日报》、《经济时报》三家合并而成,故名。60年代,王惕吾独立经营。60—70年代。该报有很大发展,逐步拥有《民生报》、《经济日报》和《中国论坛半月刊》、《联合月刊》两个刊物,一家出版公司,一家通讯社,还在泰国和纽约出版《世界日报》,在巴黎出版《欧洲日报》,成为实力雄厚的报业集团。1984年,《联合报》首先采用电脑排版,为台湾报业高科技化的先驱。

《中国时报》原名"征信新闻通讯社",1960年改名《征信新闻报》,1968年才改此名。报业集团还拥有《工商时报》、《时报周刊》、《时报杂志》和《工商时代》月刊,两家出版公司,在纽约出版美国版《中国时报》(后改《时报周刊》),在世界各大城市均设有办事处,以派驻海外记者的第一手采访报道为国际新闻的主要来源。1987年,其驻香港办事处主任江素惠抵厦门采访,为第一家采访大陆的台湾报纸。它与《联合报》两家都为台湾销量最大的日报,自称"客观报道新闻"、"独立评论时事",早期都是亲国民党当局的民营报纸。

《自立晚报》1947年创刊于台北,由温州人顾培根创办,为台湾第一家晚报。该报后来数次易手,1959年由实力雄厚的吴三连接办。该报标榜"无党无派,独立经营"和"公正客观,不偏不倚,无隐无讳",以纯民间报纸的立场,经常发表反映非官方的民间观点和意见。该报曾三次停刊,四次改组,六易社址,终于发展成台湾最有影响力的大报之一,发行量达12万份,在台湾6家晚报中拥有约70%以上的市场占有率。1987年,当局宣布开放两岸民间的旅行探亲。该报便派两记者到大陆采访,先后到北京、杭州、广州、厦门等城市,发表系列通讯《我们叩开大陆之门》,在台湾引起轰动,销量猛增。还有《中国日报》、《中国晚报》报系,以及《民众日报》、《台湾时报》、《大众报》(原《台中民声日报》)、《自由日报》、《更生报》、《民族晚报》都为影响较大的民营报纸。

台湾各报一律自办发行,自设营业网点,发行量较大的几家报纸在国内外普遍设有发行的分支机构。50年代报纸销售量有限,31种报纸1951年共发行约21万份。60年代后期每日发行总数约56万份。70年代逐年有所增加,1978年突破200万份。1982年增至250万份。据新闻局统计,1987年已达370万份,即平均每5至6人拥有一份报纸。1986年6月,《中国时报》宣布每日实销120万份,《联合报》(含《民生报》、《经济日报》)也公布发行量为144万份。这两大报团的销售总量至少占台湾报业市场的70%以上。到解除"报禁"前夕,全台报纸的日销量已近400万份。

1949年,随着国民党迁台,几个老字号出版社也移台湾出版图书。同时,一些新的出版社也不断诞生。台湾1953年仅有出版社138家,1961年增为587家,1971年为1395家,1981年有2209家。其中如三民书局(1953)、学生书局(1959)、文津出版社(1970)、文史哲出版社(1971)、巨流图书公司(1973)、联经出版图书公司(1974)、尔雅出版社(1975)、洪范书店(1976)、九歌出版社

(1978)等,对于推动台湾图书出版事业与学术界的发展都功不可没。1974年,远景出版社成立,将台湾出版事业带入彩色封面的时代。

1949年国民党迁台前,台湾期刊不足100家。迁台后,北京、上海等地的若干杂志社移至台湾复刊;同时,一班热心文化事业的移台人士各本志趣,也集资或独立创办定期刊物,开启了台湾杂志事业的拓荒时期,使台湾期刊在两年后增长到184家。后台湾省杂志协会在台北市中山堂成立,为杂志事业之合法权益尽力甚多。由于报禁,不少人便转向办杂志,使期刊发展很快。1961年杂志社增达686家,1966年达831家,1968年达1228家,1971年为1370家。不过,随着报纸种类的增加,往往发行有限,勉力支撑。70年代初,受能源危机影响停刊者不少,危机过后又急剧增长。1978年的期刊数为1558家,1980年突破2000家大关,1982年为2331家,1986年达到2743家。这些都是官方办有登记手续的刊物数字,其实能定期出版并经常与读者见面的刊物仅有约200余种。

五六十年代,时事政治类刊物非常畅销,影响也较大,如胡适与雷震创办的《自由中国》、张其昀主办的《中国一周》、余凌云主办的《民主宪政》、兰文征主办的《时与潮》,以及国民党的《中央月刊》、民主社会党的《民主中国》、青年党的《民主潮》与《醒狮》等。此外,还有各色杂志,如《文星》、《东方杂志》、《政治评论》、《中华杂志》、《天下杂志》、《历史月刊》、《科学月刊》、《民主时代》、《政治家》、《第一线》、《张老师月刊》等。

台湾杂志的发展,深受岛内社会、政治、经济等方面事件的重大影响,形态与内容在每个年代都有所不同。70年代中期以后,台湾已经具备社会现代化的雏形,杂志出版也日益专业化,一些大报媒体纷纷涉足杂志界,如《中国时报》的《时报新闻周刊》、《联合报》的《联合月刊》等。随着公职人员选举的热络,各类政治议题的兴起,政论性杂志发展仍颇旺盛,其在台湾社会走向政治现代化方面的贡献甚为突出,如《台湾政论》、《八十年代》、《美丽岛》、《千秋评论》等杂志。

1950—1970年是台湾新闻传播教育的奠基时期。政工干校(后改"政治作战学校")1950年首先成立新闻组,次年改新闻系。1953年,中国文化学院成立大学部,设新闻系,后又成立新闻研究所和新闻暨传播学院。政治大学1954年设立新闻研究所,次年恢复新闻系,后成立传播学院。台湾师范大学1955年成立社教系新闻组,1963年改为"文化新闻系"。成舍我等1955年秋发起筹建"世界新闻职业学校",1956年完成筹备,1957年创办《小世界》周刊,1958年创办世新广播电台,1960年改为"世界新闻专科学校",后改为"世界新闻大学"。70年代后,新闻传播教育进入发展期。1971年,辅仁大学成立大众传播学系(后升格为新闻传播学院)及相关研究所。1983年,淡江大学成立大众传播学系等。1990年,铭传大学建立大众传播学系。政治大学、师范大学、辅仁大学等学校还办起了新闻专业的硕士、博士班。

台湾当局对通讯社的设立并未严格"立法"限制。几十年中，除国民党"中央通讯社"外，一直有其他公、私营通讯社加入营运，大约保持在37—44家左右，虽然有少数通讯社几经易手，但是总数变化不大。而论其影响力，都无法与"中央通讯社"相比。国民党"中央通讯社"一向以"正确、迅速、客观、公正"标榜，实际上都代表国民党当局的观点。"中央通讯社"1973年改组为"中央通讯社股份有限公司"，有7个分支机构，在世界各大城市有9个分社和20个办事处，还发行《中文电脑新闻》(日刊)、《英文快报》(日刊)和《世界年鉴》。其他小通讯社以发布地方新闻和专业新闻为主，分工比较明确。由于国民党所占据的权势地位，所以"中央通讯社"在台湾的发展史，几乎就是台湾通讯事业发展的缩影。

曾虚白(1895—1994)，原名焘，字煦伯，以笔名"虚白"行世。他毕业于上海圣约翰大学，1926年为天津《庸报》驻汉口记者，从此投身新闻界。他曾任上海《大晚报》总经理兼总主笔、国民党军事委员会第五部国际宣传处处长、中央政治学校新闻学院副院长、中国广播公司副总经理。1950年，他接替萧同兹为中央社第二任社长。1954年，他兼任台湾政治大学新闻研究所首任所长。1964年，他从中央社退休。他1966年主编《中国新闻史》，这是一部集台湾有关学术界名流共同完成的大型通史，在台湾新闻界颇具影响。

老报人马星野1964年接任中央社社长，1972年转任中央社管理委员会主任及"中国新闻学会"理事长，1973年为"中央通讯社股份有限公司"第一任董事长，1984年接受母校美国密苏里大学的"杰出新闻事业终生服务最高荣誉奖"，1985年退休。他著有《新闻学概论》、《新闻事业史》、《新闻自由论》、《新闻与时代》等书。

国民党迁台后，有关公、私营电台也纷纷迁台或筹办。经过10年努力，至1961年，全台湾有33家60座广播电台。1959年，当局宣布停止新电台的设置。而到1981年，33家已增至134座电台。到1988年底，台湾共有33家186座广播电台，其中公营台12家(国民党党政部门8家，军队4家)130座。"中国广播公司"一家规模独大，其主体为"大陆广播部"，目标是向大陆进行所谓"攻心战"，1976年恢复"中央广播电台"的独立建制。公营电台还有复兴广播电台、汉声广播电台、军中广播电台、空军广播电台、警察广播电台、国声广播电台、教育广播电台、光华广播电台、幼狮广播电台和台北台、高雄台等。民营台21家56座，主要有正声广播公司、台湾广播公司、凤鸣广播公司、民本广播公司，以及政治大学台、益世台、世新台等。进入80年代后，一些广播电台开始全天24小时连续播音，向系列化、专业化方向发展。

台湾的电视事业开始于20世纪60年代初。"国立教育电视广播电台"1962

年 2 月开始试播,1963 年 12 月正式播出。"国防部"和"教育部"议定,合作成立中华电视台(简称"华视"),1971 年正式播出,1972 年改组为股份有限公司。1962 年 4 月,台湾电视事业股份有限公司(简称"台视")成立,选定日本四家电器公司作为合作对象。1962 年 10 月,台视正式开播,为台湾第一家民营电视台。1969 年 9 月,台视发射了台湾第一个彩色电视信号,试播彩色节目成功。到 1972 年,台视的彩色节目占 80%。"中国电视事业股份有限公司"(简称"中视")1968 年成立,1969 年正式播出。1986 年,中视迁入自建南港电视大厦,为台湾设备最完善的电视中心。约从 1972 年华视开播起,此后 20 多年台湾电视事业进入三台鼎立时期。三家电视台分别由国民党(中视)、省政府(台视)、"国防部"(华视)控制,其高层人士均为台湾党政军要员。

1969 年底,台湾第一座卫星地面站启用。70 年代初,台湾已用微波通讯系统实现了全岛的电视覆盖。80 年代中期,由日本相继发射几颗直播卫星覆盖台湾,地面利用小型接受天线即可收到 NHK 的电视节目。此外,台湾许多地方建立了社区共用天线系统,建立者成立"共用天线电视设备协会",目标也是用天线系统发展有线电视。而有线电视系统 1969 年开始在台北、基隆等地出现,发展极快,民间习称"第四台",开始属于非法经营,曾受取缔打击,然而其"愈挫愈勇",至 80 年代发展到二百多家。

20 世纪 80 年代末,台湾人均 GDP 达 7518 元,电视机已超过每家一台的水准,彩色电视机的普及率也达 96%,对信息需求量的增加提出进一步的要求。

三、严厉控制与奋力反抗的较量

国民党统治下的台湾,管理新闻报业的机构有四方面的相关部门:一是国民党中央及其文化工作委员会,这是党的领导;二是"行政院内政部新闻局",按《出版法》、《广播电视法》等法律或制定相关行政法规直接管理台湾新闻事业,这算政府职能部门;三是台湾"警备司令部",可按《戒严法》、《惩治叛乱条例》等执行公务,用武力对新闻报业的工作进行监控;四是立法院与法务部的调查局,以制定法规干预新闻报业的运作。

1948 年颁布的《戒严法》,在台湾实行 30 多年。它规定最高当局有权"取缔言论、讲学、新闻、杂志、图画、告白、标语暨其他出版物之认为与军事有妨害者"。1951 年,当局实施"报禁",包括"限证"(限制登记)、"限张"(限三大张)、"限印"(限发行地)、"限价"、"限纸"。"一报五禁"的情形实行了 30 多年,台湾报业环境呈现畸形状态。1952 年颁布的《出版法》第二章规定:"非常时期政府得以命令方式对报刊的内容加以限制。"1954 年,《戒严期间新闻纸杂志图书管制办法》公布。"内政部"又出台《战时出版品禁止或限制登载事项》(通称《九项禁令》),包括"涉及政府、军事、外交之机密而有损台湾利益者","传布荒谬怪诞邪说混乱社会视听者","记载不实之消息意图毁谤或侮辱元首或政府机关名誉足以混淆社会视听者","对于法院刑事诉讼进行中案件之批评足以混乱社会视听者",等等。其内容严苛,令舆论哗然。

1954年8月,台湾"中国文艺协会"等团体发起"文化清洁运动","内政部"乘机对10家杂志下停刊令,其运动主导人士也立即发表声明予以支持。表面上看,这些团体打着净化文化内容的旗帜,实质上则是当局有计划地对刊物进行言论管制。11月5日,"内政部"出台《九项禁令》,准备对新闻自由进行扼制,以致引起各方的强烈挞伐。如《联合报》社论批判道:"今乃弃最正常的司法途径于不顾,另行颁布战时法令,以空泛含糊之措辞,笼统限制出版界的正当文字刊载,行见稍有批评建议,尽可指为'意图毁谤或侮辱政府机关名誉',稍有描绘揭露,尽可指为影响社会治安,则试问国家社会动态之真相,何由得而传播至于公众?政治人事之得失,舆论何由得而贡献当局?真相隐而谣诼兴,直言无而谀词进;如此而欲期政治修明,社会安定,宁非南辕北辙,缘木求鱼?"立法委员成舍我说此举"史无前例",并在立法会议上提出质询:"鼓励人民食粮增产,为什么对于最重要的精神食粮的增产,却千方百计地加以束缚?"监察委员陶百川强调,内政部此举"实为一种违法行为"。还有委员直言:"内政部对人类基本自由权利予以剥夺,实为一大遗憾。"在报业集团的大力抗议和部分立法委员的严厉谴责下,《九项禁令》实施5天后,当局只得宣布暂缓实施,未能发生实际作用。即使如此,1957年,国际新闻学会曾对台湾作过如下结论:"台湾新闻确无我人所谓之自由,新闻皆由政府指导,无反政府之自由报道。"

1958年6月,当局公布第五次《出版法》修正案,内容比原法苛严,处罚加重。表面上看,这是为了取缔"黄色刊物",实际上是钳制新闻自由。如原对出版物违法的行政处分有四项:"警告、罚款、禁售、停刊",修正案则增加"撤销登记"。此时,民营报纸群起反对,认为其妨害新闻自由与基本人权,是"违宪"的,因此要求将其废止。某些"立法委员"也提出不同看法,但在舆论的大声疾呼中,修正案终得以在立法院顺利通过。而此际民营报纸一篇篇文章义正词严,要求当局正视新闻自由与言论权利,表明坚决反对立场,令人动容。如《自立晚报》的数篇社论:《我们沉痛而坚决的要求——出版法修正案应予撤回》、《政府要有察纳雅言的精神》等。《联合报》的社论有:《我们沉痛抗议——论出版法修正案草案之不当》、《民主法治不容摧毁》、《"立法院"错了》、《"立法院"历史荣辱的关键》。《征信新闻》先后发表了《受威胁的何止新闻自由》、《政治公开的责任感》、《对"立法院"的期望与建议》等。上述种种从民间舆论中发出的正义怒吼,在台湾新闻史上是空前的。

台湾当局1960年公布《台湾地区戒严时期出版物管理办法》,1976年颁布《广播电视法》等,限制与处罚都颇为严厉。如对广播节目中有"散布谣言邪说或淆乱视听"者,便处以10万元以下罚款、停播3日以上处分,直至"吊销执照"。有学者指出:"一般而言,'限证'及'限张'政策必然成为报业健全发展的障碍,随之而来对出版品登载事项的限制,以及透过执政党为约束党员所创办之报刊而传达的宣传指示,一使新闻事业在新闻报道及言论表达方面缺少可发挥的空间,减弱大众对新闻传播事业的信心;更因'报禁'对既有报纸无形中产生保护作用,造成报业资源共享的失衡,影响报纸不能健全发挥其功能。"①

50年代初,《联合报》报道美国军人枪杀中国平民刘自然事件,记者林震霆以"挑动反美情绪"罪名被送往火烧岛长期监禁。60年代,《自由中国》、《文星》两杂志"涉嫌叛乱"案;《中华日报》副刊"侮辱元首",有关主编雷震、李敖、郭衣洞(柏杨)均被判处有期徒刑。70年代,《台湾政论》、《美丽岛》杂志遭查封,主要人员被加以莫须有罪名,判以重刑。此外,《自立晚报》、《民族报》、《公论报》都曾因发表批评当局的文章而遭到勒令停刊的处分。国民党当局对海外出版的华文报刊也不时进行限制。如美国《国际商报》的主持者李亚频遭到台湾当局逮捕,菲律宾华侨报纸的负责人于氏兄弟被台湾引渡并判以重刑,爱国作家江南在美国出版《蒋经国传》被暗杀。这些事件都曾遭到国际舆论的谴责。

四、雷震与《自由中国》案

1949年11月20日,以雷震、胡适、殷海光、夏道平诸人为首,创办《自由中国》半月刊。其宗旨除反对共产主义外,主要是督促国民党走改革之路,放弃一党专政和个人独裁,建立欧美式的自由民主社会。

1951年6月1日,《自由中国》刊出夏道平执笔的社论《政府不可诱民入罪》,揭露台湾省"保安司令部"要人利用权势诱人入罪,继而敲诈勒索的事实。但是,在当局的压力下,《自由中国》不得不发表致歉文字。胡适抗议当局对言论自由的压制,表示要辞去发行人的衔名。1952年11月,胡适回台湾讲学,在《自由中国》创刊三周年纪念会上发表演说:"自由民主的国家,最重要的就是言论自由。我个人的看法,言论自由,只在宪法上有那么一条提到是不够的,言论自由同别的自由一样,还是要靠我们自己去争取的,法律的赋予与宪法的保障是

---

① 郑贞铭编著:《20世纪中国新闻学与传播学·台湾新闻传播事业卷》,复旦大学出版社2005年版,第16页。

不够的。人人应该把言论自由看作最宝贵的东西,随时随地的努力争取,随时随地的努力维持。"

1954年12月,《自由中国》发表《抢救教育危机》一文,指责当局借教育之名实行党化教育,逼使学生辛苦背诵那些"连篇累牍、念之不尽、读之不竭"的"三民主义、总理遗教、总统训词、青年救国团发下来的必读小册子"。此外,还有救国团下达的各种活动、会议、募捐等等,所有这些都严重干扰了学校正常的教育体制。文章呼吁"教育当局和救国团不可以假教育之名而行党化之实","不能让青年在受教育的阶段就使他们对于民主制度有了全然歪曲的认识"。杂志出版后,蒋介石大怒,下令开除雷震的党籍,撤销他的全部职务。同时,国民党还策动若干刊物进行反击。《自由中国》与国民党上层就此决裂。

1956年10月,蒋介石七十大寿。蒋介石指示婉拒祝寿,但"盼海内外同胞"就国计民生"直率抒陈所见"。《自由中国》在第15卷第9期出"祝寿专号",其社论《寿总统蒋公》,对蒋介石提出三点建议:一选拔继任人才;二确立责任内阁制;三实行军队国家化,撤销军队中的国民党党部。胡适撰写《述艾森豪总统的两个故事给蒋总统祝寿》,是说艾森豪威尔出任哥伦比亚大学校长和美国总统时,承认自己没有专门知识,完全信任属下的故事。胡适说:"一国元首要努力做到'三无',就是要无智、无能、无为。无智,故能使众智也;无能,故能使众能也;无为,故能使众为也。这是最明智的政治哲学。""这是何等风度!""艾森豪先生真是有做一国元首的风度。"他希望蒋介石"彻底想想这六字诀,努力做一个无智而能御众智,无能无为而能乘众势的元首"。新儒家的代表人物徐复观发表《我所了解的蒋总统的一面》,运用人格心理学方法,批评蒋介石的性格造成专制统治,导致国民党失败。这一期《自由中国》出版,在台湾引起轰动,连印11次,发表数月之久。如此祝寿,当然触怒当局,后遭到"国防部总政治部"的猛烈抨击,组织围剿《自由中国》大半年。

1957年4月1日,《自由中国》刊登《反对党!反对党!反对党!》一文,呼吁反对党的出现。而此次讨论"今日的问题",其最后一篇社论就是《反对党问题》,说:"客观情势指示,在今日自由中国出现新的反对党,应有极大的可能……反对党是解决一切问题的关键之所在。"社论还提出了组建反对党的初步构想。为了配合这篇社论,同期还发表了《三论反对党》、《论政党政治》等文章,在海内外引起热烈反响。胡适就任"中央研究院"院长,5月发表题为"从争取言论自由说到反对党"的演说,公开主张由知识分子、教育界人士及青年出来,组织一个在野党,以制衡执政的国民党。

从1957年8月到1958年3月的7个月时间里,《自由中国》以"今日的问题"为总标题,推出了15篇专题社论:《是什么,就说什么》、《反攻大陆问题》、

《我们的军事》、《我们的财政》、《我们的经济》、《美援运用问题》、《小地盘,大机构》、《我们的中央求政制》、《我们的地方政制》、《今天的立法院》、《我们的新闻自由》、《青年反共救国团问题》、《我们的教育问题》、《近年的政治理想与作风》、《反对党问题》,系统评论了台湾社会的一系列要害问题,对其存在的实质性弊端进行了无情的揭露与剖析。

1957年8月初,《自由中国》发表殷海光执笔的《是什么,就说什么》一文,指出:"我们所处的时代,正是需要说真话的时代,然而今日我们偏偏不能说真话。"自从国民党退守台湾以来,"台湾在一个大的借口之下,有计划地置于一个单一的意志和单一的势力严格支配之下"。几年来,官方总是以"国家利益"、"基本国策"、"非常时期"、"事态紧张"等为理由压制言论自由。在国民党军警宪特的控制下,当局不问是非,不问黑白,把说真话当做"违背基本国策"、"违背国家利益",而以官方之意志为真理之标准。官方对于民间思想言论之衡量,全以自己颁定的范畴和尺寸为甄别的标准。其语意现象大都是用一切光明的字眼,掩饰一切阴暗的里层。其特征为:一言不由衷,二空话连篇,三推托抵赖,四威胁利诱,五谎言满纸,六敌友无常。殷海光还指出,"政党即政府"、"政府即国家"是根本错误的,"一个国家以内,只可有一个政党的说法,是现在独裁极权统治的说法。""国家是永久的,不可更换的;政府不是永久的,而且是可以更换的。"政党不等于政府,政府也不能等同于国家。

1958年,殷海光又发表《我们的教育问题》一文,说:"今日的台湾教育,细细观察,不仅不及民国初年,而且不及满清末年。那时的教育,是逐步向'开放的社会'发展;今日台湾教育,则是向建立一个'封闭的社会'之途迈进。大致说来,这几年台湾教育的退步,至少退了50年。这等于说,这半个世纪的时光,是白白浪费掉了。"其倒退的主要原因为:一是"党化教育",以党团组织控制教工与学生,通过文件规定课时,强迫灌输党化思想,传播政治神话。二是狭隘的"民族精神教育",夸大对台湾恭维的言论,甚至断章取义,歪曲篡改,把台湾说成是世界上至美至善的乐园。他指出,"党化教育"培养出来的人,充其量不过是造出一批只听一个党的话的盲从之众,这除对一党之外,对国家、民族没有什么好处,所以必须停止"党化教育"。此外,他主张学术自由,简化课程,提高品质。不久,他又发表《学术教育应独立于政治》一文,尖锐指出台湾的"党化教育"使小孩子学会应用谎言投机取巧,铸成口是心非的双重人格,为了钻营奔竞,爬上高位,甚至监视师长,打小报告,乃至成为不可救药的两面人。他强烈呼吁当局解除扼杀学术教育的措施,让学术教育独立于政治。

1959年元旦,《自由中国》发表社论《欣喜中的疑虑》,对蒋介石声明不修改"宪法"表示欣喜,对其未明确不连任的态度表示疑虑。16日,他又发表《蒋总统不会作错决定吧》,公开向社会表明增订"临时条款"就是修改"宪法",反对蒋介石违宪而第三次连任"总统"。在一片拥蒋连任的声浪中,《自由中国》独树一帜,连篇累牍地发表了反对意见。直到"国民大会"召开前夕,《自由中国》仍发表了《敬向蒋总统作一最后的忠告》,看到台湾大学校园内极不正常的"拥蒋连任"诸幕,甚至用特务监视、逮捕反对派学生。殷海光发表了《乌烟瘴气的活动在台大》一文,开头就讽刺蒋介石道:"给我金权、军权与警权,即使我是世界上最坏的坏蛋,我也有本领造作出看起来好像世界上的人都全体一致通过拥护我的伟大场面。""总统的候选人不是同时也不能是绝对的……如其不然,我们就不是'民有民治民享之民主共和国'。""总统的选举必须是真正的合法的,任何偷税漏税的办法也不行。"在大多数知识分子明哲保身、随声附和之时,殷海光的勇气实为罕见。

胡适在《自由中国》第 20 卷第 6 期上发表《容忍与自由》一文,引证宗教史和思想史的资料,论证"容忍比自由更重要","容忍是一切自由的根本",指出:"一切对异端的迫害,一切对异己的摧残,一切对宗教自由的禁止,一切思想言论的被压迫,都由于这一点:深信自己是不会错的心理。因为深信自己是不会错的,所以不能容忍和自己不同的思想信仰了。"他劝谏当局:"养成能够容忍谅解别人见解的度量。"

殷海光接着又发表了《开展启蒙运动》一文,直批国民党的一党专政,说:"近几十年来政治祸乱的基本病根就在一党专政。一党专政一行,则依照少数人的见解甚至意气及好恶与夫幻想,藉着政治权力,塑造中国,扭曲中国前进的方向。一党专政一行,则事事造成一孔之见,对于一切都以'党见'作出发点来定是非。一个党从'党见'作出发点来定是非犹以为不足,更透过教育、宣传、饭碗控制,和人事威胁等等方式,强迫举国以'党见'为国是。驯致只有党见,并无国是。一党专政一行,则一切措施都以一党的权利为最高的衡断标准。当着国家的利益与此一党的利益冲突时,这一专政的党必假借种种藉口和使用手段曲曲折折牺牲国家利益来满足一党利益。例如,将国家军队、法制机构、特殊组织、保安力量,一概置于一党亦即极少数人的意志支配之下,作有利于一党亦即少数人的使用。一党专政一行,党费必从国库开支,于是属于国家的财政金融机构就变成该党的账房钱庄。整个国家也就变成一党的'汤沐邑'。这种局面的造成,人们想生活求存,必须仰承该党的鼻息,必须迎合该党的好恶,必须依照该党的路线,必须遵从该党的专断规定。否则,他纵不被迫害以致消灭,也必因失去生活的依凭而困顿以灭。"其分析可谓鞭辟入里,入木三分。在《胡适与国运》一文中,他直言:"目前所行的一党专政,在政治的实质上,实在是专制政体和贵族统治的一种变形。所以,我们如果希望中国走上民主的道路,那么先决条件就是结束一党专政。"同时,他具体提出了几件"最需急办"的事项:"一取消一党专政;二取消党化军队;三取消浪费青年生命,制造个人势力的反共救国团;四取消党化教育,各大学停止党化课程,停读党化书刊;五取消修正了的出版法。"

可以说,在台湾公开而系统地反对一党专政、呼吁开放党禁者,《自由中国》为第一学刊。殷海光的斗志尤为坚强,学术界称他为"自由主义精神领袖"和"民主斗士"。殷海光认为,尼采说得对,一切保持缄默的真理都会变得有害,民主不会从天而降,要为台湾人民争取自由,必然要付出代价。自己既已认定了自由民主,就应为自由民主而死。有了这样的信念,他的胆量和勇气就更大了。台湾当局不但剥夺了殷海光在台大的演讲权,甚至千方百计地阻挠他的文章的发表。《华侨青年》是台湾大学学生联合会主办的月刊,向殷海光约稿,就被台大校党部卡压。于是,殷海光在《自由中国》上写下《我们要有说真话的自由》,指出近十几年来,台湾愈有权势的人士愈爱说假话,这些人说假话在态度上,比普通人说真话时表现得还要真;在语气上,比普通人说完全肯定的话时还要肯定。其假话还可得到别的假话的支持,于是假话就畅通无阻,完全取代了真话的市场。假话甚或比真话有威力,为了维护其威力,便最忌人说真话点破,所以他们一定要用金钱、官位、威吓甚至暴力维系其"假话之幕"。在这种社会氛围中,大家即使知道其假,也彼此心照不宣,把假话当真话听,甚至当真话说,互相唱和。这类人士在说假话的竞赛上,实在可得"勇气奖"。而万一有沉不住气或者良心未泯之人当面点破,十之八九要成为维护假话威信的祭品。这种"假话权威"之树立,堪称十余年台湾政治上最彻底的成就。

1960年初,《自由中国》连续发表《反共不是黑暗统治的护符》、《蒋总统如何向历史交待?》、《敬向国大代表同仁说几句话》等社论,以及曹德宣的《拥护蒋总统继续领导而不赞同连任》、傅正的《护宪乎?毁宪乎?》、杨金虎的《岂容御用大法官滥用解释权》等署名文章,指责国民党专权和反对蒋介石连任第三任总统,引起当局的不满。

50年代中期以来,以《自由中国》为核心的自由知识分子群体为建立反对党展开了一系列思想舆论准备工作。1960年5月到6月,地方选举改进座谈会的成立,发表声明,宣布筹组一个新党,为真正的民主而奋斗,"务使一党专政之局,永远绝迹于中国"。这标志着新党的组建活动进入实质性的阶段,然而却遭到国民党的舆论围攻和警务干扰。9月1日,在《自由中国》即将被国民党取缔的最后一期上,雷震、李万居、高玉树三人发表"紧急声明":"我们组织新党,系基于爱国心切,不能坐视因国民党一党专制,过分集中政治权力而误人误国。……预定在九月底以前即可宣告成立,我们敢断定这不是任何干扰所能阻止的。"殷海光发表了《大江东流挡不住》这篇雄文,为雷震等人准备成立中国民主党进行辩护,指出民众组织新的政党是依据宪法所应有的基本权利,任何人不得以任何借口剥夺。"这个世界不是少数人控制的。……没有永远可被欺骗的人众,也没有永远看不清楚的世界大势。……大江总是向东海奔流的。我们深信,凡属大多数人合理的共同愿望迟早总有实现的一天。自由、民主、人权保障这些要求,决不是霸占国家权力的少数私人所能永久阻遏的。"①殷海光的思想影响了一大批知识分子,为台湾自由主义者争取民主自由的斗争打下了坚实的基础。

然而,自由知识分子们还是错误估计了形势,低估了国民党专政的严酷性。9月4日,台湾"警备司令部"以"涉嫌叛乱"的罪名,将新党秘书长雷震,及《自由中国》主编傅正、经理马之骕、会计刘子英等人抓捕,并查抄了《自由中国》编辑部和雷震的住宅,杂志被封禁。10月,军事法庭以"知匪不报、涉嫌叛乱"等罪名判刘12年、雷10年、马5年、傅3年徒刑。《自由中国》率先向国民党极权政治发动凌厉攻势,连篇累牍地揭露国民党反自由、反民主、反宪政的专制统治嘴脸,并热衷于自由知识分子的民间组党活动,触犯了国民党的政治禁忌,最终导致主要负责人被捕下狱的悲壮结局。

此案引起海内外强烈震动,许多自由知识分子与社会名流提出抗议,如胡适、张君劢(民社党主席)等。雷震被捕当日,监察委员陶百川与"立法委员"成舍我、胡秋原等人质疑台湾"警备司令部",监察院为此派出一个由陶百川等五人组成的调查小组,对案情作进一步调查,终因最高当局的百般阻挠而无果。《自由中国》主笔殷海光、夏道平等人不顾个人安危,发表联合声明,表示愿承担有关文章的言论责任,并抨击国民党搞政治陷害。后来,殷海光也承受了被迫离开台湾大学(后改为只领薪水,不许授课)等困境。

五、《文星》李敖案与柏杨案

《文星》杂志1957年11月创刊于台北,由国民党元老萧同兹之子萧孟能主办,开始四年成绩平平,影响微弱。从1961年起,李敖的文章大量出现,杂志声誉大增,加上刊登一些介绍西方哲学、文学等方面的文章,逐渐成为一个引人注目的刊物。1963年,李敖又出任《文星》主编,其讨论的中国现代化道路问题引起社会的广泛关注。《文星》书店的出版业随之红极一时。在1965年5—6月的香港书展上,台湾22个参展单位展出图书1700余种、27000余册,而其中《文星》出版图书竟独占24000余册,几乎占90%的份额。《文星》之风光不言而喻,然而其噩运也紧随其后。

---

① 以上诸文俱见《殷海光全集》第10—12卷,台湾桂冠图书股份有限公司1990年版。

1961年11月,李敖发表于《文星》的第一篇文章《老年人和棒子》,提出从大陆去台湾的老一代人已经跟不上新时代的步伐,而新一代人又没有足够的机会与发展空间,两代人之间已出现尖锐的代际冲突。他对国民党的权势要人喊道:"大老爷别来绊脚,把路让开!"其大胆泼辣的文风,打破台湾思想文化界的沉闷和压抑,令人耳目一新,颇为振奋。从此,李敖以新一代人的战斗活力和批判勇气,鞭挞传统与现实,大造时势,赢得赞赏,其文章也拉开了一场"中西文化大论战"的序幕。

　　1962年初,《文星》接连刊登了李敖的《播种者胡适》、《胡适先生走进了地狱》等一系列评述胡适的文章,阐释其自由主义和全盘西化的思想,指出胡适思想的精华是"全盘西化",然而其一生又过多地致力于中国古代学术的考据和辨伪,说明胡适是一个保守的自由主义者。他认为:"胡适之是我们思想界的伟大领袖,他对我们国家的贡献是石破天惊的,不可磨灭的。"然而,一个不断长进的民族,应该不断前进,他提出要无情地超越胡适。晚年的胡适对国民党统治主要持"容忍"态度,更显其保守的一面。

　　1962年底,李敖又发表《给谈中西文化的人看病》、《中国思想趋向的一个答案》等文章,以要求"全盘西化"的态度,对中国传统文化进行了猛烈的抨击。他指出,中国人对于西方文化的思想病态主要有11种:盲目排外的"义和团病"、夸大狂的"中胜于西病"、热衷比附的"中国古已有之病"、充满谎言的"中土流传病"(这本来就是我们的)、小心眼的"不得已病"(怕失国粹而拒绝西方)、善为巧饰的"酸葡萄病"、蛊惑人心的"中体西用病"、浅薄的"东方精神西方物质病"、意识空虚的"挟外自重病"(用西方人偶尔倾慕中国文化的话以自重)、梦呓狂的"大团圆病"(中西融合,以中国圣人为新世界文化的主宰)、虚矫不实的"超越前进病"(超越西方)。他在论述了产生这些弊端的种种原因后,得出中国只有"全盘西化"的结论,鼓吹"一剪剪掉传统的脐带",而向西方亦步亦趋地学,"除了死心塌地地学洋鬼子外,其他一切都是不实际的"。

　　蒋介石、国民党一直以中国传统文化的继承者自居,自诩为继承了自尧舜禹汤文武孔孟一直到孙中山的"道统",标榜台湾是民族复兴和文化复兴的基地。而鼓吹"全盘西化",全面否定传统文化,必然危及蒋介石、国民党崇奉的"道统",危及国民党统治的正统地位。李敖抨击传统文化,很重要的一个方面就是批评国民党的统治,他讥讽国民党"四维八德十三经二十五史虽多,可是还得靠人家(美国)援助";有的人口头上大喊"历史精神文化",而物质上却又崇洋媚外,只不过是一些伪君子。他还指名道姓地批评了台湾一大批党政要人和学界名流,如CC系领袖陈立夫、"监察院"副院长刘哲、理论界权威陶希圣、"教育部部长"张其昀,以及学者官僚胡秋原、任卓宣、郑学稼、陈启天等,遭到胡秋原等的凶猛反击,双方展开一场激烈的笔战,在社会上掀起一场轩然大波,使中西文化论战走向高潮。反驳李敖的文章主要刊登在《政治评论》、《民主评论》和《世界评论》上,社会上故有"一星战三论"的戏称。

1965年8月,当局先查禁《文星》第九十期。10月,胡秋原正式控告李敖和《文星》杂志。李敖也研究法律,准备应战,说:"我出道写文章以来,就准备殉道。我绝对对我所写的任何一个字负责任,并愿面对考验与审判。打击与监狱,我是不怕的。"12月1日,他又在《文星》上发表《我们对国法党限的严正表示》,批评国民党一党专制,直指国民党负责宣传工作的中央党部某些人违反国民党蒋总裁"不应凭借权力,压制他人"的指示,诬控青年,陷害良善,"一手掩天下耳目";要求在宪政体制下,"国民党不但要注意退出司法、退出军队,并且还要注意在政治上所遗留的训政式的余波与惯性"。

12月25日,《政治评论》发表社论,骂《文星》"走了《自由中国》的道路","完全是造谣中伤,挑拨人民与国民党的恶感,用心至毒"。26日,台北市政府新闻室发出通知,以"违反发行旨趣"为由,命令《文星》停刊一年。警方还禁止《文星》12月号的发行。一年过后,当《文星》准备复刊时,收到国民党中央第四组的通知:"兹据有关方面会商的结果,认为在目前情况下,《文星》杂志不宜复刊。"彻底宣判了《文星》杂志的死刑。蒋介石又下手令:"该书店应即迅速设法予以封闭"。1968年初,《文星》书店被迫停业。

李敖在《文星》出版的许多著作也相继遭禁,但仍继续以各种方式抗争,不屈服于当局的压力。1970年初,台大学者彭明敏偷渡案发,李敖作为好友而遭软禁监视。10月,驻台湾的美国新闻处发生爆炸案。次年2月,台北的美国商业银行也发生了爆炸案。由于案件参与犯谢聪敏与李敖是同学,且有一定来往,李敖遂被逮捕。后李敖被以"参与彭明敏叛乱活动"及"台独分子搞叛乱"定案,判刑十年。此案中,国民党并不以压迫言论自由的相关罪名抓人,而用其他办法罗织罪名,迫害思想异己分子。

郭衣洞于1960年开始以"柏杨"笔名为《自立晚报》写杂文,于"倚梦闲话"专栏,1961年连载报告文学《异域》,描述国民党军队在缅甸残部的悲惨遭遇及回台湾后的困境。1962年,他在《公论报》辟"西窗随笔"专栏,时有讽刺文字发表。1968年1月2日,《中华日报》刊出美国"大力水手"连环漫画,由柏杨翻译,其中将"Familiar"译为"全国军民同胞们"等字样,让人与前一天蒋介石发表的《告台湾军民同胞书》产生联想。在文中的父子对话中,父亲叫嚷:"我是总统,我有至高无上的权力……我的话就是圣旨。"儿子反对,要搞民主,要求自由,并且也提出要参选总统……这让人又觉有影射蒋氏父子之嫌,逐成为入狱的导火线。① 3月,调查局以"共产党间谍"及"打击国家领导中心"等罪名,判柏杨死刑,后改判12年有期徒刑。1971年,他被由台北县景美镇军法处监狱解送"国防部"绿岛感训监狱。

1975年,蒋介石去世,台湾进行特赦,政治犯减刑三分之一。李敖的刑期改判为5年8个月,于1976年11月出狱。柏杨的刑期后改为8年,1976年3月刑满后仍被软禁于绿岛,1977年4月在美国有关人士的关切下才得以被释放。

六、20世纪70—80年代的转型期

《大学》杂志于1968年创刊,70年代初发出政治改革的呼声。在1971年元月号的创刊三周年纪念刊上,刘福增、陈鼓应、张绍文发表《给蒋经国先生的信》,谈及台湾社会的政治改造。1972年元月号,《大学》又登出多人联合撰写的《国是九论》:一论保障基本人权,二论人事与制度,三论生存外交,四论经济发展,五论农业与农民,六论社会福利,七论教育革新,八论地方自治,九论青年与政治。这篇文章再次在社会上引起轰动。

1972年5月,蒋经国出任"行政院长",提出"十项政治革命"措施,还宣布了要增选各级"民意代表"的办法。《大学》8月号发表了张俊宏、许信良等人的《廿年来台湾选举史的探讨》,说:"选举是民主政治最根本的制度,可以说,没有选举,就没有民主。用一句古老但却充满智慧的话,选举乃是一种以'数人头代替打破人头','以选票代替枪弹的制度'。"这直接触及了台湾政治统治的民主化问题。《大学》还发表了《开放学生运动》等反对国民党独裁和呼吁言论自由的文章。尽管《大学》杂志的班组和撰稿人大多为国民党员,提倡自上而下的政治改革,但它已不是国民党控制下的言论工具,而具有了强烈的党外特征,许多人后来都脱离了国民党。《大学》所推动的政治革新的理念,对当时台湾社会(尤其是大学校园)产生了相当大的影响。

《台湾政论》杂志于1975年8月创刊,其发刊词说:"搭起民间舆论的发言台……在批判官僚制度的行径上,对于在闭锁的环境中所造成的诸种不合理的现象,发挥'扫除脏乱'的功能。"它弥补了《大学》因内部分裂而停刊后党外言论、民间声音颇为冷寂的真空状态,并表现出更为激烈的要求政治改革倾向。黄信介为发行人,康宁祥任社长,张俊宏任总编辑。黄信介50年代退出国民党,1964年竞选台北市议员成功。1969年11月,"无党无派"的康宁祥也出人意料

---

① 参见窦应泰:《情爱苦旅:柏杨与他的五位妻子》,台海出版社2004年版,第252页。

地当选台北市议员。而在"中央民意代表"的补选中,具有草莽性格的黄信介当选为终身立法委员。1972年,康宁祥也当选立法委员。这一年,在台湾"中央"、地方选举中,党外人士取得一定成功,一些人当选"立法委员"、"国大代表"或"省议员"。

《台湾政论》发表了姚嘉文的《宪法与国策不可以批评吗?》、郭雨新的《被遗忘的社会——人道主义所不能容忍的军眷村问题》、陈鼓应的《早日解除戒严》及《谈"蒋院长说"》诸文,批评国民党的警察统治,要求改造国会、公平选举等,都非常引人注目,得到社会的广泛重视,订户不断增加。但是,《台湾政论》很快就因言论过激而被勒令停刊。导致刊物被禁的直接原因是第5期上邱垂亮的《两种心向》一文,该文被指责为"煽动他人触犯内乱罪,情节严重"。《台湾政论》杂志遭查封,总编辑被以"从事颠覆叛乱计划"的罪名,判有期徒刑10年。《台湾政论》遭受打击是当时制度所必然采取的措施,因为它不仅是社会的批评者,似乎已成为国民党统治的对立面。康宁祥也认为:"借着《台湾政论》这个桥梁,在从民国58年的几次选举以来,已经形成的新生在野政治人物,与从《大学》杂志时期政治改革运动分化出来的知识分子,才得以结合,这个结合使党外的力量、素质提高了。"或可说《台湾政论》的出版,标志着在思想和竞选战线上"党外势力"的形成,为《自由中国》之后最具震撼力的党外杂志,这不能不引起国民党的警觉和打压。

1977年的地方选举,在总共选出的20个县市长中,党外人士占4席。这一结果鼓舞着党外人士掀起了新一轮参政热潮,许多人加入1978年的"增额中央民意代表选举",并成立"党外人士助选团"。10月,助选团提出"十二大政治建设"纲要,作为党外候选人的共同政见,其主要内容有:"彻底遵守宪法规定,'中央'民意代表全面改选;省市长直接民选;军队国家化;司法独立化;各级法院改隶'司法院';废除违警罚法;思想学术超然化;禁止党派党工控制学校;言论出版自由化,修改出版法;开放报纸杂志;参政自由化;开放党禁;旅行自由化,开放国外观光旅行";以及"尊重人格尊严"、"大赦政治犯"等。12月,中美建立外交关系的公报发表,国民党宣布台湾处于紧急状态,下令取缔一切竞选活动,党外人士助选团因此夭折。但是,党外人士阐述了自己的政见和思想,取得了实质性的成果。

1979年3月,国民党宣布解除对杂志的禁令。党外人士作出迅速反应。7月,《八十年代》率先登台,康宁祥任发行人兼社长,司马文武(江文勇)为总编辑,其主要撰稿人为一些大学教授,多属于年轻的新生一代。其发刊词提出以下口号:"我们不愿被任意摆布,我们必须争取生存的权利","只有透过参与,才能把许多个人对权利和机会的主张,融合成整体的权利和机会的主张"。林浊水

《剖析南海血书》一文,对国民党宣传机构进行剖析和驳斥,打破国民党的现代政治神话,轰动一时。黄煌雄《竞争者之路——国民党与党外的健全化》一文指出:"国民党与党外今后应由支配者与批判者的角色,转为竞争者的角色。"该杂志的目标是参政议政,论道性文章为其主色调。

为了有效遏制党外人士的活动,当局实行高压政策。8月8日,当局拘捕了《潮流》杂志关系人陈博文、杨裕荣。总编陈婉真在美国访问得此讯息,就地举行绝食抗议,国民党被迫释放了两人。然而,当局相继又逮捕了一些党外人士,如作家陈映真、李庆荣等。10月,《美丽岛》杂志社台中服务处主任吴哲朗被捕,矛盾不断激化。

《美丽岛》于1979年8月在台北创刊,发行人黄信介,社长许信良,副社长吕秀莲、黄天福,总编辑张俊宏,总经理施明德。其社务委员达61人,3个月后增补到91人,几乎网罗了当时党外人士中的精英,在实质上或有政党雏形的味道。《美丽岛》在高雄、台中、南投等大城市设立了11个办事处,发行量多达十几万册。其发刊词声称:"今年是决定我们未来道路和命运的历史关键时刻,动荡的世局和暗潮汹涌的台湾政治、社会变迁在逼使我们在一个新的世代来临之前抉择我们未来的道路。……我们相信,决定我们未来道路和命运,不再是任何政权和这政权所豢养之文人的权利,而是我们所有人民大众的权利。……我们认为,在历史转折点的今天,推动新生代政治运动,让民主永远成为我们的政治制度是台湾一千八百万人民对中华民族所能作出的最大贡献,更是我们新生代追寻的方向。"《美丽岛》自我标榜为"台湾民主运动的杂志",并在全岛各大城市举办茶话会、演讲集会、火把游行等活动14次,一开始就显示出向专制当局英勇进攻的气势,与反动势力发生严重冲突。

1979年9月8日,《美丽岛》杂志创刊酒会在台北举行,极右杂志《疾风》就纠集人马在场外挑衅。11—12月,黄信介的住宅和多处分社相继遭到不明身份者的骚扰,冲突逐渐升级。12月10日是"世界人权纪念日",《美丽岛》杂志决定在高雄举行演讲大会,但在向治安当局登记3万人的集会游行申请时遭到拒绝。9日晚,《美丽岛》杂志宣传车的工作人员遭到警方的查没和殴打。10日早晨,《美丽岛》发表《告同胞书》,对警务当局提出抗议,要求严办有关警员。傍晚,《美丽岛》高雄服务处以"庆祝世界人权节"的名义举办了2万多人参加的集会和游行,黄信介、吕秀莲、姚嘉文等先后发表慷慨激昂的演说。由于受到防暴警力的封锁和驱赶,双方发表冲突,人们高呼"打倒特务统治"、"争取人权"、"反对国民党专政"等口号,开始游行,受到军警的镇压。此次冲突中,群众被当场打伤有200多人,据称宪警也有186名受伤。

第二天,《美丽岛》发表《国际人权日事件备忘录》,并举行了记者记者招待会,说明事件真相。然而,当局开始大逮捕,共有152人被捕,杂志被以"恶意攻击政府"、"意图颠覆政府"等罪名查封。当局后又宣布给《美丽岛》杂志社停刊一年的处分。《美丽岛》杂志主要成员黄信介、吕秀莲、张俊宏、施明德、姚嘉文、林义雄、林弘宣、陈菊、王拓、周平德、苏秋镇等被送上军事法庭,采用逼供、诱供和疲劳审讯等手段,加以勾结大陆"匪区"、共谋叛乱、颠覆政府等罪名,1人被判无期徒刑,其余被判12至14年有期徒刑。国民党控制下的新闻媒体在报道此事件时,上述人士都被冠以"阴谋分子、危险人物、不法之徒、流氓、暴徒、凶手、恶棍、淫妇、人民公敌"等头衔,进行谩骂和攻击。

由于错误估计形势,此事件给党外势力造成重大打击,尤其是《美丽岛》杂志的主要领导人几乎被一网打尽(社长许信良当时在美国而得以幸免),其他一些进步杂志也受到牵连。此事件成为台湾新闻的焦点,产生了空前的轰动效应,其自由主义的思想言论得到广泛传播,另一批党外新兴力量也得到培养而兴起。1980年1月,党外"立法委员"康宁祥向"立法院"提出一份《为我们的民主前途请命》的书面质询。美国50名大学教授联名写信给蒋经国,抗议国民党对持不同政见者的大肆镇压。8月,许信良和陈婉真在美国恢复了《美丽岛》的出版。

上述知识分子及其所办刊物所进行的自由主义宣传,取得了令人瞩目的成果,而与国民党当局的斗争也日趋白热化。据统计,1984年,因违反《出版法》而受到处分的报刊达96家之多,其中处以定期停止发行的有31家,移送司法机关侦办的有18家,予以警告处分的有42家,受罚款处分的有5家。1985年,又有11家报刊受停刊处分,仅1至4月,党外杂志被查禁71次之多,查禁率高达90%。1986年,当局处罚康宁祥主办的《八十年代》杂志停刊一年,并以"诽谤罪"严判党外杂志《蓬莱岛》罚款,并判3位编辑8个月监禁。5月19日,《自由时代》系列刊物负责人郑南榕发动"五一九绿色行动",指挥党外人士请愿队伍到"总统府"前广场请愿,要求当局立即解除戒严,实施真正的民主宪政。不久,郑南榕遭逮捕。这类镇压引起舆论界的强烈批评,党外人士纷纷强烈抗议当局的政治迫害。党外人士并没有被恐怖统治吓倒,反而加速了独立组党的进程。

1970—1986年是台湾政治体制的转型期。代表本土籍的政治人物的涌现,还带出了一大批有活力的年轻人,他们在政治上有强烈的兴趣、坚定的信仰,最终逼迫当局进行实质性的政治改革。在70年代末的一次"国建会"上,参加新闻组的《联合报》代表建议"开放报纸登记"、"取消篇幅限制"。1984年12月,台湾最后两名政治犯走出监狱,走进陌生的阳光。① 1987年7月,台湾当局宣布解除戒严令。民间要求解除"报禁"的呼声日益高涨。8月,"台湾政治受难者

---

① 参见龙应台:《一个主席的三鞠躬》,载《中国青年报·冰点周刊》2005年11月23日。

联谊总会"成立,前"政治犯"及其家属开始向政府要求基本人权。9月,《自立晚报》派记者经日本赴大陆采访,开始了台湾记者大陆之行的历史脚步。12月,"新闻局"正式宣布:从1988年1月1日起解除"报禁",放宽对新闻言论的控制。这一年也竖起了国民党开放党禁的划时代里程碑,蒋经国在其任职的最后时刻做出了顺应时代要求的举动,这也是台湾走向民主的起步。

七、现代台湾新闻传播格局

1987年2月,台湾"新闻局"在"行政院长"俞国华的指示下,提出"维护新闻自由、确保公共利益、避免集中垄断、促进健全发展"的政策指标。3月,由11位专家组成的专案研究小组成立,开始进行如何开放"报禁"的研究工作。5月,研究报告完成,提出开放"报禁"的具体建议与办法,被"新闻局"一一采纳。"新闻局"分别在台北、台中、台南举行十多次听证会,邀请有关专家学者和民意代表发表具体意见,最后与报业公会达成开放"报禁"的八项决议,落实一些具体事项,如不刊登不良广告、广告版面不得多于新闻版面、多处印刷应各别登记之类。12月,"新闻局"宣布从1988年元旦起解除"报禁"。这一重大事件开始解构台湾往昔的报业生态。市场完全开放后,任何新闻报刊不再受无形保护伞的呵护,得各凭自己的本事接受市场的新挑战,从而在走向新闻自由的大道上迈出了坚定的步伐。

1988年开放新闻报业后,岛内政治适逢巨大变动,财团与私人纷纷踊跃办报,3个月内就有33家新的报纸和20家新的通讯社向新闻局办理登记手续。到年底,报纸已接近80家。几年内,报纸数量爆增,如到1993年底办理登记手续的报纸有237家,实际发行的为139家;1997年有344家登记,实际正常发行的为76家;2000年有445家登记,2003年达602家,而实际发行的自然要大打折扣。新增的报纸大致有几种情况:(1)以旧报为基础的滋生新报。如解除"报禁"后创办的第一份报纸《自立早报》,就是《自立晚报》的滋生新报。《中国时报》和《联合报》增办了晚报,《联合报》等还增设了南部版。(2)企业界人士创办新报。时已91岁高龄的老报人成舍我创办《台湾立报》,实现了自己在台湾办报的理想。成舍我1991年去世后,由其女成露茜主持报社工作。此外,还有宏国建设企业支持的《大成报》、东南水泥等企业支持的《太平洋日报》等。(3)新政党创办的报纸。"党禁"解除之后,岛内曾掀起一场组建新党的高潮,如1989年组建政党就达37个。为宣传自己的政治主张,新政党也创办了许多报纸。

"报禁"开放初期,报界充满生机,各报不但数量大增,在新闻内容、报道速度、版面设计诸方面的相应变化也是很大的。如政治新闻报道被强化,内容丰富而多元,各界社会舆论深受重视,副刊或特刊的个性更得以张扬。这样,终于打破了全岛一个声音、一种腔调的局面,对政府当局的批评逐渐增加,对社会阴暗面的揭露、曝光也成为报纸的重头戏之一,透明度与开放度都有了很大的提高。报纸张数的增加使版面篇幅已无不足之困扰,尤其是各报抢新闻、抢时间之竞争更为激烈。随着科技进步,编排采用电脑化操作和全彩印刷,版面设计不时创新,并以先进的电话系统作民意调查,展开颇为精确的数字化新闻报道。报业欣欣向荣,不断有所开拓。如《自由时报》自1988年创刊后,极力标榜自己是一份关心台湾两千多万人的人权状况的报纸,也是一份内容丰富、形象鲜明的综合报,加上连续3年的赠奖促销活动,在新闻界与学术界都引起相当震撼,发行量大增。1996年,台湾地区报纸的日发行量在400至600万份之间,平均每3—5人即拥有一份报纸。

然而,90年代中期以后,随着电子媒体的快速兴起,尤其是网络新闻的出现,改变了大众接触媒体的习惯,报业发展急转直下。发行份数的急剧降低,广告数量的锐减,使一些报纸在恶质竞争中倒地。晚报首当其冲,如《民族晚报》、《自立早报》、《大华晚报》相继停刊,一些报纸以裁员减薪、开源节流及各类手法对应形势。经过一阵混乱的竞争,官营、党营报纸大都日薄西山,老牌的《中央日报》因市场萎缩而大裁员,从排行第四到被淘汰出前十名,《中华日报》只剩南部版苦撑。新报状况也不佳,如《大成报》一年下来累计亏损一二亿元。民营旧报也危机重重,如《中国时报》裁撤中部、南部编辑部,《联合报》连年亏损……总之,台湾报业正以种种科学化的措施,艰难地渡过这一新闻媒介时代巨变的难关。

尤其值得注意的是官报、军报的转型。《台湾日报》于1978年为军方接办,1996年因亏损而停刊,不久便被《自由时报》买下接办,成为民营报纸。2000年,省政府的《台湾新生报》和《台湾新闻报》也转为民营,脱掉了"官报"的外衣。2002年,国民党《中央日报》并入《中华日报》,这张资格最老的党报也结束了它的风光岁月。台湾报业逐渐形成《联合报》、《中国时报》、《自由时报》三大民营报团鼎立的竞争态势。

"报禁"开放也带动了杂志事业的发展风潮,从80年代的2000余家急速增长,1990年达4337种。90年代后,台湾开始引进大量的国际杂志,到1997年超过5600种。进入21世纪,杂志事业同样面临电子媒体和网络的挑战,面对前所未有的读者流失的压力,受到市场竞争极为残酷的冲击。即使如此,台湾杂志仍呈现出有增无减的奇特现象。至2001年,杂志增长至6641家(或说7236种),平均每天就会有一种杂志被注销,同时也会有两种新杂志创刊。杂志类型也更为拓展,台湾成为世界上杂志业密集度最高的地区之一。以《天下》、《远见》为代表的财经类杂志销量已远远超过文化教育类杂志,曾经风光一时的政论类杂志、纯文学杂志数量锐减,风光不在。办杂志成为一种高投资、高科技、高成本的营利事业,个人以理想主义办杂志的情况已较少,主要经营者为机关团体、公司商号或学术社团、宗教社团等。目前,《时报周刊》、《商业周刊》、《新新闻周刊》等电脑、休闲类杂志成为新的阅读时尚。

图书出版业的发展也极为迅猛。尽管90年代前期台湾图书出版市场一度萧条,出版业面临重大考验,但还是从80年代的2000余家出版社发展至2002年底的7810家。据台湾"新闻局"出版处统计,其中约有80%的出版社在台北。每年能出版新书20种以上者,约200家;出版新书100种以上者,仅二三十家。有人预见台湾未来的出版业,或将"大者愈大,小者愈小",且以网络、多媒体形态为主。

"报禁"解除后,通讯社也开始猛增,且进入多元化发展时期,除少数几家有官方背景的之外,出现一些靠大财团支持的通讯社,而资本额小的独资通讯社却为多数。通讯社一度达到250家,但不稳定,如1990年总数为176家,1998年增至238家。其实,能经常看到的通讯社电稿也不过四五十家。除国民党"中央通讯社"是综合通讯社外,其余大多是专业性通讯社,规模较大的有台湾通讯社、军事新闻通讯社、中国经济通讯社、华侨通讯社等。1995年,应台湾政治的需要,国民党"宣传部"控制的"中央通讯社"改组为"国家通讯社"。

在各方压力下,1992年3月,主管机关宣布"开放广播频率设立电台"的政策,民营广播事业长达30余年的冻结期终于结束。"新闻局"自1993年起至2000年,分十梯次开放广播频率,使台湾地区广播事业的发展进入一个新的境界。到2001年底,台湾广播电台整合为174家,其竞争更趋激烈,传播文化也更为丰富多彩。

随着台湾电视媒体运作日趋成熟,以及社会大众对言论自由呼声日高,"行政院"决定自1987年7月1日起取消台视、中视、华视三台新辟节目送审的规定。从此,电视台新辟节目基本无须向"新闻局"广电处送审,即可直接播出。如此,电视台需严以律己,自负责任,减少了主管单位的行政干涉。其后续措施,往往是组织专家学者、社会人士组成常设性的"节目评议委员会",专职处理对有争议节目的评议事宜。有学者以为,其措施可说是对随之开放"报禁"的一项呼应。

1981年,中视率先播放了由外国记者摄制的《河西走廊》、《敦煌千古》等大陆风光片。1987年9月,三台都开播大陆主要城市天气概况。1988年,"新闻局"规定,大陆城市天气预报准许播出,大陆风光片每周每台不得超过2小时,奥运会可以整场转播台湾与大陆选手的赛程,及大陆选手争夺金牌的赛程。1989年,华视开辟大陆新闻特别报道,台视和中视也在有关栏目中开播大陆新闻。90年代初开始,大陆中央台4套节目毫无阻拦地出现在台湾电视之上。1991年,台湾家用彩电的拥有率达99%,拥有录像机的家庭为84%。1992年元旦起,台湾电视业进入立体声、多声道系统的新纪元,卫星收视户占全省人口的三分之一。

1988年后,有线电视台重整旗鼓,再度活跃起来,地下的与公开的,数量难以统计。1993年,《有线电视法》《有线电视节目播送系统暂行管理办法》相继发布施行,当局正式开放有线电视市场。年底,618家"第四台"变成合法经营者。经过市场竞争,1998年整合为90家,到2003年全台共计64家有线电视业者开播营运。此外,1994年,全民联合无线电视公司成立。1996年5月,民视新闻台开播。1998年7月,经过18年筹备,非营利性质的公共电视台终于开播。此时,共有5家无线电视台进入竞争市场,节目更为丰富,手法也更自由。尤其是各路有线电视台,挟其众多频道与活泼丰富的节目内容之优势,在所有传播媒体中异军突起,独领风骚,给传统的无线电视台业务带来强大压力,影响力几乎独霸一方。当局陆续开放有线、无线电视频道与卫星电视服务,台湾电视的发展也进入崭新境界。

进入90年代后,台湾新闻传播专业的教育发展更是突飞猛进。据《20世纪中国新闻学与传播学·台湾新闻传播事业卷》统计,1991—2003年,台湾各大学总共有60个相关系所成立,约占50年代以来有关系所的74%。目前,台湾大学有关专业和研究所共达81个,其中新闻系及新闻研究所有12个,大众传播系及相关专业有26个,传播新科技类也有16个系所,视觉传播类有9个系所,传播管理类有7个系所,艺术传播类有6个系所等。此外,国际网络高速公路新闻传播方面的建设日益先进。

台湾开放"报禁"、"党禁"之后,废除了与戒严令相关的政令法规,如1992年废止《刑法》第100条"言论内乱罪",1999年废止了控制言论的《出版法》。当局对新闻媒介的控制方式有所调整,有众多"婆婆"管制的局面已完全改观。"新闻局"也强调"依法办事",不再对新闻报业、广播电视进行行政干预,而对保持媒体多元化的相互竞争态势、反对垄断行为的出现负有重要责任。台湾新闻传播业逐渐步入商业化自由竞争的良好时期,主要利用新闻评议会制定的《新闻道德规范》及报业公会制定的《解除报禁后各报应共同遵守的八条规范》等文件,要求新闻媒介加强自律。当然,要做到真正的新闻自由和有限新闻资源的公平合理分配等目标,台湾各界与新闻界仍须不断努力。

图书在版编目(CIP)数据

中国新闻传播史/杨师群著.—北京:北京大学出版社,2007.8
(新闻传播学系列教材)
ISBN 978-7-301-12603-5

Ⅰ.中…　Ⅱ.杨…　Ⅲ.新闻事业史-中国　Ⅳ.G219.29

中国版本图书馆 CIP 数据核字(2007)第 121274 号

书　　　名：中国新闻传播史
著作责任者：杨师群　著
责 任 编 辑：华　娜　朱　彦　王业龙
标 准 书 号：ISBN 978-7-301-12603-5/G·2148
出 版 发 行：北京大学出版社
地　　　址：北京市海淀区成府路 205 号　100871
网　　　址：http://www.pup.cn
电　　　话：邮购部 62752015　发行部 62750672　编辑部 62752027
　　　　　　出版部 62754962
电 子 邮 箱：law@pup.pku.edu.cn
印　刷　者：北京大学印刷厂
经　销　者：新华书店
　　　　　　730 毫米×980 毫米　16 开本　22.5 印张　416 千字
　　　　　　2007 年 8 月第 1 版　2009 年 8 月第 2 次印刷
定　　　价：30.00 元

未经许可,不得以任何方式复制或抄袭本书之部分或全部内容。
版权所有,侵权必究
举报电话:010-62752024　电子邮箱:fd@pup.pku.edu.cn